华东师范大学课程思政研究丛书

总主编 梅 兵
副总主编 王宏舟 戴立益

法学学科课程思政教学范例

主 编◎任海涛 张惠虹

华东师范大学出版社
·上海·

图书在版编目(CIP)数据

法学学科课程思政教学范例/任海涛,张惠虹主编. —
上海:华东师范大学出版社,2021
ISBN 978 - 7 - 5760 - 1578 - 2

Ⅰ.①法… Ⅱ.①任…②张… Ⅲ.①思想政治教
育-教案(教育)-高等学校 Ⅳ.①G641

中国版本图书馆 CIP 数据核字(2021)第 064375 号

华东师范大学课程思政研究丛书

法学学科课程思政教学范例

主　　编　任海涛　张惠虹
责任编辑　赵建军
项目编辑　孔　凡
责任校对　邱红穗
版式设计　庄玉侠
封面设计　俞　越

出版发行　华东师范大学出版社
社　　址　上海市中山北路 3663 号　邮编 200062
网　　址　www.ecnupress.com.cn
电　　话　021 - 60821666　行政传真 021 - 62572105
客服电话　021 - 62865537　门市(邮购)电话 021 - 62869887
地　　址　上海市中山北路 3663 号华东师范大学校内先锋路口
网　　店　http://hdsdcbs.tmall.com

印 刷 者　上海盛隆印务有限公司
开　　本　787×1092　16 开
印　　张　18.25
字　　数　444 千字
版　　次　2021 年 5 月第 1 版
印　　次　2021 年 12 月第 2 次
书　　号　ISBN 978 - 7 - 5760 - 1578 - 2
定　　价　68.00 元

出 版 人　王　焰

法学学科课程思政教学范例
编写组

主　编： 任海涛　张惠虹

副主编： 李胜利　马青连

编　委（以撰写章节为序）：

岑　峨　孙本雄　晋　涛　刘旭东　陈胜强

陈晓峰　汪迎兵　肖梦黎　沈　岚　王思杰

余　华　姜　宇　郑旭江　胡　晓　李志栋

张　弛　段　磊　丁国峰　杨宇静　侯　莎

吴秀云　许楚旭　罗　芳　叶　强　王苏野

ZONG XU 总序

  教育是功在当代、利在千秋的德政工程。培养什么人、怎样培养人、为谁培养人是中国高等教育必须回答的根本问题。从习近平总书记在全国高校思想政治工作会议中提到"要用好课堂教学主渠道,使各类课程与思想政治理论课同向同行,形成协同效应",到《高校思想政治工作质量提升工程实施纲要》《教育部关于深化本科教育教学改革全面提高人才培养质量的意见》等系列文件,明确提出坚持把立德树人成效作为检验高校一切工作的根本标准,把课程思政建设作为落实立德树人根本任务的关键环节,课程思政在为党育人、为国育才中的重要地位不言而喻。

  课程思政自提出以来,高校对专业建设、教材建设、教学教法、评价与质量保障体系等教学全要素进行了卓有成效的探索,教师从理念到实践已经取得初步的成果。但同时一些重点和难点问题尚未解决且制约着课程思政的深入发展,比如:从理念向实践转化的一般性原则和方法、不同学科课程思政的指标体系与实施策略、"以学为中心"理念下学习成效的评价方法,这些都是课程思政开展中悬而未决、亟待解决的问题。

  华东师范大学是新中国成立后组建的第一所社会主义师范大学,始终坚持以德立学、以德施教,把为国育英才作为自己的使命与责任。在办学中,学校继承了其前身大夏大学和光华大学爱国主义的优良传统,秉承"智慧的创获,品性的陶熔,民族和社会的发展"的办学理想,持续深化人才培养模式改革,在学分制、通识教育、思政课程、课程思政、师范生培养、拔尖创新人才培养等方面取得了良好的成绩。2017年,学校在已有工作的基础上全面实施课程思政教育教学改革;2018年3月,学校举行第十三次党代会,会议明确了"育人""文明""发展"的新使命;2019年,学校发布《华东师范大学关于一流本科教育建设的实施意见》,强化思想政治教育贯穿教育教学全过程,明确以学生的素质和能力达成为中心,提出以教育模式的深刻转型推动人的全面发展。

  学校以顶层设计保障课程思政的有效落实、以分层行动推动课程思政全覆盖、以教研文化激发教师将课程思政作为内在需要、以质保体系促使课程思政的持续改进,形成了思政课程—课程思政、教师思政—学生思政、教师发展—学生发展有机统一、协调发展的课程思政教育教学改革模式,获得了上级教育主管部门和专家同行的认可,2017年入选上海市首批"课程思政教育教学改革整体示范校",2019年入选上海市首批"高校课程思政整体改革领航高校",课程思政教学改革的影响力走出校园,辐射其他兄弟高校并与基础教育形成联动与衔接。

在开展课程思政教育教学改革的过程中,学校注重抓关键环节和关键问题。教师在示范课程建设中,精心进行教学设计,在教学内容有机融入课程思政元素、课程思政教学成效的评价方法方面积累了丰富的经验;示范专业和领航学院基于OBE(成果导向教育)理念,在培养目标—毕业要求—课程体系的完整链条中总结课程思政的一般性规律和共同要素,形成课程思政教学指南;职能部门则以"教育家"和"标准人"为目标,以冯契先生"化理论为方法、化理论为德性"的思想为指导,对课程思政实施中的管理机制、评价体系和质量保障体系进行探索创新。学校出版课程思政研究丛书,既是对课程思政教育教学改革经验的梳理和总结,也是对关键问题的研究和提炼。从实践操作案例到理论研究,聚焦课程思政从理念到实践转化的关键问题,期待以我校课程思政开展的逻辑与脉络、经验与模式、顶层设计与实践方法,为兄弟高校提供一种参考。我们希望这套丛书能够在以下方面对一线教师和教学管理人员有所启发:

一、课程思政教育教学改革的学理支撑

课程思政的实施需要一般性原则指导。丛书以教育学、汉语言文学、历史学、生物科学、地理科学、生态环境类、体育教育、美术学等不同学科、专业的实证研究,总结出开展课程思政的一般原则和策略,揭示推进课程思政的内在逻辑,为管理部门和一线教师开展课程思政提供学理支撑。

二、课程思政教育教学改革的体系框架

课程思政实施是管理、教学、教材、质保、评价的全链条、全要素协同。丛书以教师的课题研究成果搭建了管理体系、教学体系、质量保障体系、评价体系的框架,为其他高校开展课程思政提供借鉴与参考。

三、课程思政教育教学改革的实践指南

课程思政重在实践。丛书内容涵盖不同专业开展课程思政的教学指南,以及映射不同思政点的高质量课程思政案例集,为管理人员和一线教师提供从理念到实践的具体操作参考案例,同时又具有一定的开放性,一线教师和管理者可以根据本校的传统和特色进行拓展。

由于课程思政教育教学改革本身是在摸索中前进,其理念、内涵、方法在不断发展和深化,尽管本套丛书的编写者工作非常努力,撰写数易其稿,但代表的也仅是一家之言,再加上诸多局限性,本套丛书的缺点和不足在所难免,仅以此套丛书跟大家交流华东师范大学的探索和心得,欢迎各位同仁提出宝贵意见和建议。

梅　兵

2020 年 5 月于华东师范大学

主编、副主编简介

　　任海涛：男，河北文安人。华东师范大学法学院副教授，硕士生导师，法学博士。主要研究方向为教育法学、法治教育。参与全国《青少年法治教育大纲》的起草、解读及配套读本编写工作，《教师法》《未成年人保护法》的修改工作，其中"校园欺凌防治"等条款由其执笔完成。7篇论文被《新华文摘》《人大复印资料》等全文转载。参与国家社科重大项目3项，主持省部级项目3项。入选"上海市青年法学法律人才库""上海市教育法学人才培养计划"。出版《校园欺凌法治研究》《教育惩戒法治研究》《中小学法治教育模式范例》《法治教育的理论与实践》等著作。

　　张惠虹：女，福建漳州人。华东师范大学法学院党委书记，教育部青少年法治教育协同创新中心执行主任，教育立法研究基地主任。先后在华东政法大学学工部，上海市教卫党委宣传处，上海市教委德育处，华东师范大学宣传部、规划部、法学院等多个部门工作，主持多项教育部、上海市课题，参与《未成年人保护法》《青少年法治教育大纲》《教师法》《上海教育十三五规划》等国家和上海市多项教育立法和重要文件制定工作，入选上海首批教育法学人才。在上海市教委德育处工作期间，负责上海大学生思政工作，参与和推动上海高校思政课和马克思主义理论学科建设。

　　李胜利：男，安徽颍上人。安徽大学法学院副院长，教授，博士生导师，法学博士。安徽大学经济法制研究中心副主任、研究员。兼任中国经济法学会理事、中国商业法学会理事、安徽省经济法学会副会长、安徽省法学教育研究会副会长等。主要从事本科生、硕士生和博士生的竞争法、经济法、房地产法等课程的教学与研究工作。教学研究成果曾获安徽省教学成果特等奖和三等奖。公开发表学术论文、译文60余篇，出版学术著作十多部，主持并完成国家社科基金、教育部人文社会科学研究项目、国家市场监管总局委托研究项目等科研项目十多项。

　　马青连：男，安徽颍上人。安徽医科大学法学系教授，硕士生导师，法学博士，清华大学法学院访问学者，法学系主任。兼任中国农村卫生事业协会理事、安徽省法理学会副会长、安徽省法制史学会副会长、合肥市法学会常务理事、合肥市政府法律顾问。研究方向：中国法律史、法理学、卫生法学。主要代表作：《清代理藩院的法律功能研究》，中国社会科学出版社2016年12月（获得安徽省社科三等奖）。近年主持国家社科基金以及省部级课题6项，发表学术论文20篇。主要讲授课程"法理学""中国法律史""中国政治思想史""卫生法学""医疗法律实务"等。

QIAN YAN 前言

习近平总书记指出:"要用好课堂教学这个主渠道,思想政治理论课要坚持在改进中加强,提升思想政治教育亲和力和针对性,满足学生成长发展需求和期待,其他各门课都要守好一段渠、种好责任田,使各类课程与思想政治理论课同向同行,形成协同效应。"2020年5月28日,教育部印发了《高等学校课程思政建设指导纲要》,针对高校开展学科课程思政给出了明确的指导意见,为课程思政实践活动提供了重要的政策依据。

自2018年开始,华东师范大学法学院就着力推进每个部门法课程的课程思政教学实践活动。在学院领导的支持下,法学专业入选华东师范大学首批课程思政教育教学改革特色专业项目,"法理学""宪法学""刑法学""民法学""商法学""法律思想史""环境法学"等学科都作了大量尝试。学院积极探索法学专业课程有机融入思想政治教育元素的教学设计,课程思政建设团队成为上海高校课程思政特色改革领航团队,"法律思想史""宪法学"课程成为精品改革领航课程,钱叶六、任海涛、段磊等老师在华东师大课程思政教学设计研讨与征集活动中多次获奖。学院课程思政建设团队还举行了"法律思想史"课程思政建设总结及理论研讨会、"法学专业教育与思政教育同向同行"研讨会等活动,吸引了国内部分高校法学院从事法学专业课程思政建设的骨干教师参会研讨。

2020年,华东师范大学设立"课程思政教育教学改革研究专项课题",岑峨副院长支持任海涛团队申报"法学学科课程思政教学的原理与方法"选题,经过专家评审,该项目获得华东师大课程思政教育教学改革研究课题重点项目立项。立项后,岑峨副院长多次参与课题设计与讨论,教务处谭红岩副处长、郭源源老师在课题推进过程中,也给予了大力支持,特此感谢。在法学学科课程思政研讨会上,华东政法大学张磊教授、上海财经大学胡凌教授、上海师范大学陶庆教授介绍了他们此前的实践经验,为本书的完成提供了重要启发,特此感谢。

课题获批后,两位主编对研究思路、写作提纲进行深入研讨,并且在写作过程中与各章节作者反复沟通。两位副主编充分发挥各自优势,组织本单位优秀教师参与各章节编写,为本书的完成作出了重要贡献。

书稿完成后,我们召开专家鉴定会,上海市教育科学研究院党委书记汪歆萍、华东师范大学教育学部教授柯政、上海师范大学法政学院副院长韩思阳教授、华东师范大学法学院副教授张伟四位专家给出了详细、专业的修改意见,为本书的进一步完善提供了重要参考。华东师范大学马克思主义学院闫方洁教授先后两次对于本书总论部分第一稿、第二稿进行了通读并提出许多专业意见。特此致谢！

本书编者在统一指导思想下分工合作，对自己熟悉的学科、熟悉的理论进行深入研究，合力完成本书。他们来自于十几所高校，包括：华东师范大学、中南财经政法大学、华中科技大学、安徽大学、北京理工大学、华东理工大学、河南大学、南京财经大学、四川师范大学、浙江理工大学、杭州师范大学、安徽医科大学、厦门大学嘉庚学院、巢湖学院等。本书若干章节是由多位编者完成，详细作者简介在各章标题之下注明，每一章节负责人署名为编委会成员。感谢各位编者的辛苦付出！

本书还有一个小的特色，就是在书中增加了"教育法学"和"卫生法学"两个新兴交叉学科课程思政内容，教育法学是华东师范大学法学院自主设立的法学二级学科，近年来受到学校和学院重视，卫生法学为安徽医科大学法律系特色学科。这两个学科在未来法学教育体系中，应该会愈加受到重视，因此本书专门设立此两章。

"课程思政"是高校教育教学理念、方法的一次嬗变与探索。本书努力为法学学科领域实施"课程思政"趟出新路，但在知识、理论、框架、逻辑方面肯定还存在各种不足和问题。欢迎各位专家、读者指正、批评，以便我们持续修订、不断完善。

主　编

2021 年 2 月 1 日

目录

总　　论

分　　论

总　论

第一章

课程思政的基本概念[①]

一、课程思政概念的提出及重要意义

课程思政,其实质不是增开一门课,也不是增设一项活动,而是将高校思想政治教育融入课程教学和改革的各环节、各方面,实现立德树人润物无声。[②]

(一)课程思政理念的形成与发展

2016 年 12 月 7 日,习近平总书记在全国高校思想政治工作会议上指出,"要坚持把立德树人作为中心环节,把思想政治工作贯穿教育教学全过程,实现全程育人、全方位育人,努力开创我国高等教育事业发展新局面"。此后,"课程思政"这一落实和回应全国高校思想政治工作会议精神的标志性词汇,迅速在全国高校中普及开来。事实上,将思想政治教育与课程教育相结合的做法,经历了较为漫长的发展历程。

1. 从"政治与思想教育"到"思想政治工作"

思想政治教育在我国建设和发展的各个阶段,历来是我党、我军关注的重点;同时,重视思想政治教育工作,也逐渐发展为我党、我军的优良传统。中华人民共和国成立于革命战争年代,受该种历史背景的影响,新中国成立初期到社会主义改造完成这段时间内,高校的思想政治教育工作一般被称为"政治与思想教育"。如 1949 年 12 月 30 日召开的第一次全国教育工作会议上,时任教育部副部长钱俊瑞在总结报告中指出:"新区学校安顿后的主要工作,是进行政治与思想教育。""其主要目的乃是逐步地建立革命的人生观。"[③]从当时的课程体系看,政治与思想教育的课程主要围绕马克思主义基础理论和中国革命史展开,旨在不断提高学生的社会主义觉悟,把学生培养成懂得马克思列宁主义理论基础,掌握现代最新的科学技

[①] 作者简介:孙本雄,云南宣威人,北京理工大学法学院助理教授,硕士生导师,法学博士,工商管理博士后。主要讲授"刑法学""刑事政策学""经济刑法学"等课程。

[②] 高德毅,宗爱东. 从思政课程到课程思政:从战略高度构建高校思想政治教育课程体系[J]. 中国高等教育,2017(1):44.

[③] 教育部社会科学司. 普通高校思想政治理论课文献选编(1949－2006)[M]. 北京:中国人民大学出版社,2007:4.

术知识,身体健康,并全心全意为社会主义建设服务的各种高级专门人才。①

1957年2月,毛泽东在《关于正确处理人民内部矛盾的问题》的讲话中明确指出,"现在需要加强思想政治工作"和"要学会正确处理人民内部矛盾"。此后,有关思想政治教育的工作逐渐过渡为"思想政治工作",增加了对毛泽东思想学习和教育的要求。如1961年4月,教育部提出《改进高等学校共同政治理论课程教学的意见》,明确高等学校共同政治理论课的教学任务,是"向学生进行理论和实践统一的马克思列宁主义教育,帮助他们理解马克思列宁主义、毛泽东著作,了解党的路线、方针、政策;引导他们以马克思列宁主义基本原则为指导,去观察问题、研究学问和处理工作,不断地同现代修正主义、资产阶级思想和其他反动思想的影响进行斗争"。1964年10月,中央宣传部、高教部党组、教育部临时党组发布了《关于改进高等学校、中等学校政治理论课的意见》,明确当时高等学校、中等学校政治理论课的根本任务是用马克思列宁主义、毛泽东思想武装青年,向他们进行无产阶级的阶级教育,培养坚强的革命接班人;是配合学校中各项思想政治工作,反对修正主义,同资产阶级争夺青年一代。②

2. 从"思想政治工作"到"学科德育"

虽然在1955年时任高等教育部副部长的刘子载即指出,"一切新中国的教师,不管他们教哪门课程,都应在教学中对学生进行政治思想教育,不应该只注重传授业务技术知识,还应该结合业务技术知识的教育随时进行整治思想教育和道德教育","只有这样通过全体教师渗透在各个教学环节(这是最主要的方面)和适当的课外活动中来进行,才能使政治思想教育工作变得丰富多彩,更加深入,更加多样化,更适合青年特点,使工作更为有效"。③ 但"思想政治工作要多方协作进行"的思想真正得到落实,是在改革开放之后。

改革开放后,在邓小平同志的倡导下,全国高考制度得以恢复,高校中开展思想政治教育工作的传统逐渐恢复,高校思想政治教育工作多方协作的思想得以贯彻落实。如1978年4月,教育部办公厅发布的"关于加强高等学校马列主义理论教育的意见(全国教育工作会议征求意见稿)"指出,"马列主义理论课与政治运动、形势教育、劳动教育、政治工作等,从不同角度对学生进行马列主义思想教育。各有侧重,不宜互相代替"。④ 1980年4月29日,教育部、共青团中央发布的《关于加强高等学校学生思想政治工作的意见》指出,"学校的思想政治工作必须结合为'四化'培养人才这个中心来进行,决不能把思想政治工作和教学、科学研究工作对立起来或割裂开来"⑤。

1994年8月31日,中共中央发布的《关于进一步加强和改进学校德育工作的若干意见》正式以官方文件的形式,反复强调学校德育工作的重要性,认为学校应当进一步做好德育工作,整体规划学校的德育体系,发挥全体教师在引导学生德智体美劳全面发展中的育人作用,促进各类学科与课程同德育的有机结合。此后的1995年11月23日,国家教委发布《中国普通高等学校德育大纲(试行)》,进一步明确和强调了德育的目标,并对德育的内容、德育

① 教育部社会科学司.普通高校思想政治理论课文献选编(1949-2006)[M].北京:中国人民大学出版社,2007:20.

② 同上,第50页。

③ 同上,第22页。

④ 同上,第71页。

⑤ 同上,第79页。

原则、德育途径、德育考评、德育实施等问题做了明确的规定。之后,"德育寓于各学科教学中,贯穿于教育教学各环节"的理念得以形成和逐步落实。如2004年8月26日中共中央、国务院下发的《关于进一步加强和改进大学生思想政治教育的意见》指出,"高等学校各门课程都有育人功能,所有教师都负有育人职责"。"要把思想政治教育融入大学生专业学习的各个环节,渗透到教学、科研和社会服务各个方面。要深入发掘各类课程的思想政治教育资源,在传授专业知识过程中,加强思想政治教育,使学生在学习科学文化知识过程中,自觉加强思想道德修养,提高政治觉悟。"

3. 从"学科德育"到"课程思政"

学科德育要求各个学科的教师都应当成为德育工作的重要参与者,在课程教学的同时,将本课程所蕴含的德育内容,通过各种方式贯穿到课堂教学的各个环节,实现学科德育的全学科、全过程化。该理念被提出后,即得到多部门的响应,并被积极落实到具体的教育教学实践中,以充分发挥课程在立德树人方面的积极作用。但从效果上看,"全课程、全员育人理念"并没有完全树立起来,思政教育和专业教育"两张皮"的现象未能根本改变;教育理念上不能正确认识知识传授与价值引领之间的关系,队伍建设上教师育德能力和育德意识有待提升,人才培养上各学科思政教育资源没有得到充分挖掘,管理机制上多部门合力推进思想政治教育的体制机制有待进一步完善。① 基于此,自2014年起,上海市在教育部指导下,率先开展"课程思政"试点工作,将思政理论贯穿到教学、研究的全过程中,深入发掘各类课程的思想政治理论教育资源,调动授课教师参与思政教学的积极性、主动性,探索推进思政课程向课程思政转变的有效做法。

习近平总书记在全国高校思想政治工作会议上指出,"做好高校思想政治工作,要因事而化、因时而进、因势而新。要遵循思想政治工作规律,遵循教书育人规律,遵循学生成长规律,不断提高工作能力和水平。要用好课堂教学这个主渠道,思想政治理论课要坚持在改进中加强,提升思想政治教育亲和力和针对性,满足学生成长发展需求和期待,其他各门课都要守好一段渠、种好责任田,使各类课程与思想政治理论课同向同行,形成协同效应"。此后,为深入贯彻落实习总书记的这一重要讲话精神,不少高校都积极探索实现"课程思政"与"思政课程"协同发展、同向同行的有效形式。如北京大学积极落实立德树人根本任务,整合教师与课程资源,持续完善通识教育与专业教育相结合的育人模式,推动"思政课程"向"课程思政"转型,推广大班讲授和小班研讨相结合的教学模式,在思政课、通识课、专业课、实习课中广泛深入地播信仰、植信念。② 2019年8月14日,中共中央办公厅、国务院办公厅印发《关于深化新时代学校思想政治理论课改革创新的若干意见》明确要求"解决好各类课程与思政课相互配合的问题,发挥所有课程育人功能,构建全面覆盖、类型丰富、层次递进、相互支撑的课程体系,使各类课程与思政课同向同行,形成协同效应"。2020年5月28日,教育部关于印发《高等学校课程思政建设指导纲要》指出,"全面推进课程思政建设,就是要寓价值观引导于知识传授和能力培养之中,帮助学生塑造正确的世界观、人生观、价值观","要紧

① 高德毅,宗爱东. 从思政课程到课程思政:从战略高度构建高效思想政治教育课程体系[J]. 中国高等教育,2017(1):43.

② 教育部."学习宣传贯彻党的十九大精神专辑之一 北京大学迅速兴起学习宣传贯彻党的十九大精神热潮"[EB/OL].[2020 - 11 - 14]. http://www.moe.gov.cn/jyb_sjzl/s3165/201711/t20171113_319006.html.

紧抓住教师队伍'主力军'、课程建设'主战场'、课堂教学'主渠道',让所有高校、所有教师、所有课程都承担好育人责任,守好一段渠、种好责任田,使各类课程与思政课程同向同行,将显性教育和隐性教育相统一,形成协同效应,构建全员全程全方位育人大格局"。至此,课程思政的理念被正式明确。

(二) 课程思政建设的重要意义

课程思政理念的贯彻落实,对提升高校思想政治教育实效性,充分发挥课堂育人主渠道作用具有不容忽视的意义。具体而言,课程思政的建设,具有如下重要意义。

1. 有助于立德树人根本任务的落实

"培养什么人、怎样培养人、为谁培养人是教育的根本问题,立德树人成效是检验高校一切工作的根本标准。"立德树人要求将价值塑造、知识传授和能力培养融为一体,即将价值观念引导融入知识传授、能力培养的全过程,以帮助学生树立正确的世界观、人生观和价值观。课程思政建设要求教师在传授知识的过程中,引导学生将所学知识及知识中所蕴含的价值观内化为德行,转化为自身精神系统的有机组成部分,真正内化为学生认识世界、改造世界的能力,成为其认识世界、改造世界的方法。无疑,课程思政的建设让所有高校、所有教师、所有课程都承担好育人责任,守好一段渠、种好责任田,使各类课程与思政课程同向同行,形成协同效应,这有助于立德树人根本任务的落实。

2. 有助于全面提高人才培养质量

"高等学校人才培养是育人和育才相统一的过程。"传统教育教学工作存在思政教育和专业教育呈"两张皮"的现象,此种形式割裂了思政教育与专业教育的关系,在育人与育才工作之间人为设置了界限。课程思政建设将思想政治工作体系贯通于高水平人才培养体系中,深入挖掘各类课程和教学方式中蕴含的思想政治教育资源,让学生通过学习,掌握事物发展规律,通晓天下道理,丰富学识,增长见识,塑造品格,解决好专业教育和思政教育"两张皮"问题,有助于使学生成为德智体美劳全面发展的社会主义建设者和接班人。

3. 有助于进一步发扬我们党重视思政课建设的传统

我们党历来重视思政课程的建设。如新民主主义革命时期,我们党在红军大学、苏维埃大学、抗日军政大学、陕北公学等高校开设"党的建设""中国革命运动史""马列主义""辩证唯物主义""科学社会主义"等课程;新中国成立后,我们党就把"中国革命常识""共同纲领"列入中学教学计划,在高校开设"中国革命史""马列主义基础""政治经济学""辩证唯物论与历史唯物论"等课程,强调中高等学校政治理论课的任务是用马克思列宁主义、毛泽东思想武装青年,培养坚强的革命接班人;改革开放以来,党中央先后出台10多个关于学校思想政治工作的文件,对思政课建设提出明确要求,不断推动思政课改革。在新的历史时代,提倡思政课程与课程思政的协调统一,不仅继承了我们党历来重视思想政治教育的历史传统,也通过显性思政教育和隐性思政教育相统一的方式,发扬了我们党的这一优良传统。

4. 有助于促进社会主义核心价值观的种子在学生们心中生根发芽

习近平总书记在 2019 年 3 月 18 日的学校思想政治理论课教师座谈会上指出,"'为学须先立志。志既立,则学问可次第着力。立志不定,终不济事'。要成为社会主义建设者和接班人,必须树立正确的世界观、人生观、价值观,把实现个人价值同党和国家前途命运紧紧联系在一起"。课程思政将专业知识与理想信念教育等融为一体,改变空洞谈论思想政治理论的做法,有助于引导学生将抽象的政治理论与具体的专业知识结合,进而增强中国特色社会主义道路自信、理论自信、制度自信、文化自信,把爱国情、强国志、报国行自觉融入坚持和发展中国特色社会主义、建设社会主义现代化强国、实现中华民族伟大复兴的奋斗之中。

二、课程与思政的关系

课堂教学是思想政治教育的主渠道,有效推进思想政治教育,离不开课堂教学的有效开展。课程设置是课堂教学的基础,课堂教学是课程教学计划的具体实施。从思政与课程的关系看,课程承载思政,思政寓于课程。即高校所有教师都肩负着培养具有正确政治立场和政治方向的社会主义事业建设者和接班人的任务;相应地,高校的所有课程都应当承载思想政治教育的功能。

(一)课程承载思政

课程教学的目的在于全面提高人才培养的能力,所有高校、所有课程都应当积极贯彻和落实该目的。按照2020年5月28日教育部印发的《高等学校课程思政建设指导纲要》的要求,课程体系设置上,高校应当有针对性地修订人才培养方案,切实落实高等职业学校专业教学标准、本科专业类教学质量国家标准和一级学科、专业学位类别(领域)博士硕士学位基本要求,构建科学合理的课程思政教学体系。

1. 课程承载思政的层次

第一,思想政治理论课突出思政教育的系统性。思想政治理论课是落实立德树人根本任务的关键课程,其作用不可替代。中国特色的社会主义高等教育,应当通过开展系统性思想政治教育工作的方式,用新时代中国特色社会主义思想铸魂育人,引导学生增强中国特色社会主义道路自信、理论自信、制度自信、文化自信,厚植爱国主义情怀,把爱国情、强国志、报国行自觉融入坚持和发展中国特色社会主义事业、建设社会主义现代化强国、实现中华民族伟大复兴的奋斗之中。内容上,通过对马克思主义基本原理、毛泽东思想和中国特色社会主义理论体系概论、中国近代史纲要、思想道德修养与法律基础、形势与政策、中国特色社会主义理论与实践研究、中国马克思主义与当代及马克思主义与社会科学方法论等课程的学习和相关知识的传授,使学生树立正确的世界观、人生观、价值观。

第二,公共基础课强调思政教育的综合性。公共基础课程作为提高大学生思想道德修养、人文素质、科学精神、宪法法治意识、国家安全意识和认知能力的课程,应注重在潜移默化中坚定学生的理想信念、厚植爱国主义情怀、加强品德修养、增长知识见识、培养奋斗精神,提升学生的综合素质。同时,还应当积极打造一批有特色的体育、美育类课程,帮助学生在体育锻炼中享受乐趣、增强体质、健全人格、锤炼意志,在美育教学中提升审美素养、陶冶情操、温润心灵、激发创造创新活力。

第三,专业课程教育课关注思政教育的规律性。专业课程是课程思政建设的基本载体。要深入梳理专业课教学内容,结合不同课程的特点、思维方法和价值理念,深入挖掘课程思政元素,有机融入课程教学,以达到润物无声的育人效果。操作上,根据不同学科专业的特色和优势,深入研究不同专业的育人目标,深度挖掘提炼专业知识体系中蕴含的思想价值和精神内涵,科学合理拓展专业课程的广度、深度和温度,从课程所涉专业、行业、国家、国际、文化、历史等角度,增加课程的知识性、人文性,提升引领性、时代性和开放性。

第四,实践类课程注重思政教育的针对性。专业实验实践课程,要注重学思结合、知行统一,增强学生勇于探索的创新精神、善于解决问题的实践能力。创新创业教育课程,要注重让学生"敢闯会创",在亲身参与中增强创新精神、创造意识和创业能力。社会实践类课程,要注重教育和引导学生弘扬劳动精神,将"读万卷书"与"行万里路"相结合,扎根中国大地了解国情民情,在实践中增长智慧才干,在艰苦奋斗中锤炼意志品质。

2. 课程承载思政的重点

课程思政的开展,目的在于落实立德树人的根本任务。因此,在具体的推进过程中,课程承载思政的具体实践应注重目标导向的一致性、过程推进的合规律性与环节衔接的协同性。

第一,以育人为目标导向。思想政治教育工作要始终围绕育德树人的目标展开,努力把学生培养成为德智体美劳全面发展的社会主义建设者和接班人。在学科专业的建设、培养过程中,不仅要体现出对本学科专业知识、专业技能的培养,更要重视价值引领在具体学科中的落实。且也应体现本学科、本专业的特色,如研究型教育更突出体现创新精神、创新意识的育人要求,应用型教育更突出敬业精神、工匠精神的要求。

第二,承载过程遵循规律性。思政教育过程作为一种科学实践过程,必须遵循特定的客观规律,才能高效率地达致育人目标,实现育人结果。思政教育过程是一个主观见之客观的过程,要求思政教育遵循思想工作规律、教书育人规律及学生成长成才规律。其一,思想教育工作作用的成效,很大程度上取决于说法释理的深刻性。故课程思政建设的过程,必须注重情理融合,言之有物,不能过于空洞。其二,教书育人工作强调知识传播的同时,促进育人目标的实现。课程思政建设不能违背教书育人的规律,须立足学生的身心发展特点,从具体问题入手,改变理论说教的机械方式,通过润物细无声、平易近人的方式,使思想观念、价值取向等变得更富亲和力、感染力。其三,学生对学习、生活的认识有一个渐进的过程,应从当代大学生的思维习惯、学习特点入手,通过让学生更加感兴趣的教学手段,引导学生参与到课程思政价值观念的学习过程中,真正实现思政价值观念的内化。

第三,承载环节注重课程间的协同。课程思政要求所有课程都贯彻和体现思想政治的育人功能,这不仅需要确保思想政治理论课和各类课程的协同,也需要追求课堂内外、校园内外的协同。就前者而言,需从纵向和横向两个方面展开。纵向而言,既要注意学生不同学习阶段对思政内容价值元素引导的衔接,也要注意学生从课堂到社会这一过程中身份转变对思想观念发展的需求,确保课程思政的开展能够保持持续性、前瞻性;横向而言,要从不同课程、不同学科体系的角度,把握知识教育与价值教育之间的关系,做好各课程之间思政教育内容的协同。就后者而言,要注重专业知识可实践性的同时,通过价值观塑造、理念融入等方式,确保专业知识被用于促进社会的发展,而不是相反。

3. 课程承载思政的着力点

课程承载思政的过程中,教师是课程思政的育人主体,其作用的发挥,影响着育人目标的实现成效;教材是育人的基本依托,是学生日常学习的必备工具;思政融入课程教学,要确保融入的自然性、合理性,这影响着课程思政建设的深度和广度;思政教育绝非一日之功,需要体系谋划、长效实施、系统推进,离开制度保障,会削弱课程思政建设的统一性、系统性。

总之，课程思政建设过程中，教师是关键，教材是基础，价值发掘是切入点，制度建设是保障。

第一，教师是课程思政建设和开展的关键。教师作为育人主体，其育人意识、育人能力、育人水平的高低，直接影响课程思政建设和开展的成效。因此，提升教师的育人意识、育人能力和水平，对课程思政建设具有重要的作用。首先，提升课程教师的育人意识，有助于提升思政课程建设的积极性和主动性。其次，确保教师教书与育人能力的统一。课程教育不能仅仅成为知识传授的象牙塔，也应当成为为学生提供榜样、帮助学生塑造品格、品行的讲习所。因此，教师在课堂教学中，应当注重知识传授、学生能力培养、学生思想引领的统一，确保每门课程都能不同程度地发挥教书育人的功能。再次，教师应当积极提升育人能力和水平。育人能力和水平的提升，不仅包括学科专业知识的提升，也包括育人方法、育人理念的学习和提升，在课程思政建设过程中，教师应在确保专业知识与时俱进性的同时，增强知识传授过程的趣味性、亲和性，积极吸引学生参与到课程学习过程中。最后，教师应当确保言传与身教的统一。"学为人师，行为世范。"教师的言行举止对学生的教育和影响作用不容忽视，故教师在日常工作、生活过程中，应当以身作则，为学生树立榜样。

第二，教材是课程思政建设和开展的基础。教材作为日常课程教学的基本依托，不仅是学生学习的重要资料，也是教师教学工作的重要参考，其作为一种相对稳定的知识体系，体现了理念的意志导向性。因此，教材的编写应当突出和体现课程思政的内容，将思政内容积极融入到教材内容中；同时，也应当根据中国特色社会主义理论体系相关内容的完善和发展，确保教材思政内容的与时俱进性。

第三，课程思政价值的发掘是课程思政建设和开展的切入点。课程思政要求思政教育与课程学科体系建设相结合，确保课程知识传授与价值观念导引的融合。因而，积极寻找思政内容融入课程知识体系的切入点，是课程思政开展顺畅性、自然性的必要保证，也是遵循教书育人基本规律的必然要求。故应当从本课程的特点出发，挖掘课程的思政教育资源。如法学专业课教育过程中，应在传授法律基本知识的同时，注重法治观念、法治思维、职业伦理等的培养和引导。

第四，制度建设是课程思政建设和开展的有力保障。思政教育需要一种常态性的机制保障，无论是领导机制、运行机制，还是管理机制、考评机制，均是如此。从课程思政持续、高效开展的角度而言，不仅需要课程之间保持目标的统一性，更需要各课程在思政教育中保持协调性、协作性；并且，课程思政的建设对师资队伍、管理体制、考评机制等亦提出了更高的要求，这些都需要从制度建设的层面予以保障。

（二）思政寓于课程

思政寓于课程，其目标是在课程知识传播的同时，实现价值引领。为充分保证价值引领作用的充分发挥，应使思政融入课程。即思政寓于课程不是另外增开一门思政课程，也不是在课程教学中单独增加一项思政教育活动，而是通过将思政内容融入课程教学的各环节、各方面，实现思政教育的润物无声、春风化雨。这个过程中，应极力防止出现知识传授和思政价值引领呈现"两张皮"的现象。

1. 树立全课程育人理念

理念指引行为的方向，只有在正确的理念指导下积极开展实践，才可能得出令人满意的结果。思想政治教育工作的开展和实施，离不开正确的理念指导。思想政治教育工作是一项复杂的系统工程,在当下价值多元化、利益诉求多样化的时代,不能认为该工作就是思政课教师、辅导员、班主任的事情,而是应当在所有高等教育参与者之间形成合力,共同调动各方积极性,推动思政工作的有序开展。从教学活动实施主体的角度看,应当充分调动各方教育资源要素,整合高校内部、高校之间、教师之间、课程之间的多方教育资源,形成合力,共同发挥多学科、全课程综合作用的优势,将更多的学科资源整合到育人资源之中。即在全课程的教学过程中,既要在知识传授中体现价值引领,又要在价值传播中体现知识底蕴,真正做到课程与思政的融合,实现由单课程育人向全过程育人的转变。

2. 注重显性课程与隐性课程的协调统一

高校思政课程包括显性思政课程(高校思想政治理论课)和隐性思政课程(各种公共基础课程、专业课程、实践类课程)。思政教育作用的充分发挥,需要显性思政课程和隐性思政课程共同发力。显性思政课程作为对大学生系统开展思政教育的专门性课程,其重要性容易被理解。但隐性课程作为润物细无声式的思政教育课程,作用往往容易被低估,这在主张全课程思政育人的时代,应当特别重视。

3. 统筹育德与育才的关系

"培养什么人、怎样培养人、为谁培养人是教育的根本问题,立德树人成效是检验高校一切工作的根本标准。""立德"既是中国传统文化的精神传承,也是"树人"的前提;"树人"是立德的价值实现。离开"树人"的价值追求,"立德"也就变得虚无缥缈。课程思政要充分发挥育德树人的作用,势必应当统筹育德与育人的关系。

第一,育德与育才统一于人才培养的过程中。育德与育才同属于高校人才培养的目标追求,不可偏废。一方面,不能为了追求短期效益,忽视、轻视育德工作而滑向单纯育才,进而培养出有才无德"畸形人才"的现象;另一方面,也不能过于偏向德育而忽视育才工作的开展。只有在专业知识、专业技能传授的同时,注重价值引领,价值内化,才能培养出德才兼备的新时代人才。同时,在育德与育才的关系上,应当强调德育为先,确保专业知识的学习和运用被用于社会主义建设,而不是相反。

第二,育德与育才需要在实践中落实。育德与育才不是单纯的理论,更不是空话、口号,而是指导我们培养符合时代发展要求新人的理念。因此,应在实践中实现育德与育才的辩证统一。一方面,通过教师的言传身教、政治素养、人格魅力,引导学生在实践中提升思想政治素质水平的同时,积极践行社会主义核心价值观;另一方面,深挖专业课程、实践课程等课程中的思政元素,通过具体专业知识的实践,促使学生领悟德才兼备新时代人才的时代意义和内涵。

第三,育德与育才需要在考评中强化。育德育才工作的有序开展,离不开相应考评机制的监督,故育德与育才工作也应当在日常考评中强化。就考评机制而言,既应当考评学生端,也应当对教师掌握和运用育德育才理论、方法的能力进行多样化考评。具体方法上,应杜绝形式化的唯考试论、唯论文论等做法,从动态考评、日常考评等角度,强化教师育德育才能力,增强学生育德育才的主动性和积极性。

三、法学课程思政与其他课程思政的关系

法学课程思政和其他课程思政作为思政育人的重要内容,在思政育人方面,既具有联

系,也有区别,二者统一于立德树人的育才目标中。

(一) 共同发挥思政教育作用

习总书记指出,其他各门课程都要守好一段渠、种好责任田,使各类课程与思想政治理论课同向同行,形成协同效应。法学课程思政与其他课程思政之间,应当具有目标一致性,与思想政治理论课同向同行。

1. 法学课程思政与其他课程思政同向而行

课程思政之间的同向而行,源于课程思政与思政课程的同向而行。从具体内容上看,法学课程思政与其他课程思政的同向而行,至少应包括如下内容:

第一,政治方向上同向而行。课程思政无论什么学科、专业,都应当在政治层面具有高度的一致性,这需要课程的建设和实施都应始终坚持四项基本原则,共同作用于推动学生对道路、国家、民族、理论、制度、文化等的认同。即课程思政在建设和实施的过程中,应当自觉同党中央保持高度一致,自觉维护党中央权威,党中央提倡的坚决响应,党中央决定的坚决照办,党中央禁止的坚决杜绝。

第二,育人方向上同向而行。育人方向上,课程思政应当始终坚守育人的目标,始终关注"培养什么样的人,为谁服务"的问题,把方向统一到中国特色的社会主义道路、始终坚持培养社会主义接班人、为建设有中国特色的社会主义现代化强国服务的目标上来。当代中国,课程思政的育人方向要统一到学习贯彻新时代中国特色社会主义思想层面上来,始终坚持认为:培养人才是为了建设新时代中国特色社会主义服务,是为了坚守新时代中国特色社会主义道路;是为了增强理解和发展新时代中国特色社会主义理论服务;是为了增强理解和发展中国特色社会主义制度服务;是为了增强理解和发展中国特色社会主义文化服务。也就是说,各课程的课程思政内容在育人方向上都要统一到中国道路、中国理论、中国制度、中国文化的认同层面上来,增强学生的道路自信、理论自信、制度自信和文化自信。

第三,文化认同上同向而行。课程思政成效问题,根本上说还是一个文化认同、价值观念认同的问题。因而,各课程的思政内容在文化认同、价值观认同上要保持一致,要统一起来,不能自说自话,甚至相互矛盾。就具体内容的落实而言,各课程的思政内容应当统一到中华优秀传统文化认同、当代中国文化认同、当代中国价值观认同、人类共同价值观认同层面上来。毕竟,课程思政在当代中国价值观层面的统一性,其实就是社会主义核心价值观的统一。

2. 法学课程思政与其他课程思政合力而行

法学课程思政与其他课程思政合力而行,要求它们相互之间步调一致、相互补充、相互促进、共享发展。

第一,法学课程思政与其他课程思政之间步调一致。步调一致究其根本,指各课程思政在引导学生塑造正确的世界观、人生观、价值观方面,始终处于同一步调,紧紧围绕坚定学生理想信念,以爱党、爱国、爱社会主义、爱人民、爱集体为主线,围绕政治认同、家国情怀、文化素养、宪法法治意识、道德修养等,重点优化课程思政内容供给,系统进行中国特色社会主义和中国梦教育、社会主义核心价值观教育、法治教育、劳动教育、心理健康教育、中华优秀传统文化教育。

第二,法学课程思政与其他课程思政在思政教育方面应当相互补充。课程思政建设要深入梳理专业课教学内容,结合不同课程的特点、思维方法和价值理念,深入挖掘课程思政元素,有机融入课程教学,以达到润物无声的育人效果。而课程之间存在一定的区别,它们各有侧重,如文史哲课程更注重社会主义核心价值观、中华优秀传统文化、革命文化、社会主义先进文化的践行、弘扬和培育;而经管、法学等更注重引导学生培养经世济民、诚信服务、德法兼修的职业素养。因此,应注重法学课程思政与其他课程思政在思政教育方面作用的互补性。

第三,法学课程思政与其他课程思政相互促进。法学课程思政要促进其他课程思政的建设,其他课程思政也能促进法学课程思政的发展。随着社会的发展,学科的发展呈现出开放性,如随着大数据、人工智能技术等的发展,法律与科技的融合发展也成为关注的重点。此时,法学的发展应注重对技术伦理的关注和借鉴,同时技术开发、运用等也应当受到法律的规制。体现在思政教育上,在法学课程中,应当引导学生关注技术伦理、技术标准等的规范作用;在智能科技相关课程中,应促进学生形成崇德尚法的规范意识。

第四,法学课程思政与其他课程思政相互共享信息和资源,共同为立德树人服务。法学课程思政与其他课程思政共享主要体现在学生思想观念资源共享、课程建设资源共享、教学方式方法资源共享等方面。应不断优化共享结构、方式、途径,推动法学课程思政与其他课程思政的协同发展。

(二) 法学课程思政与其他课程思政在功能上存在区分

法学课程思政与其他课程思政共同致力于实现立德树人的育人目标,具有目标导向的一致性,但各课程作为思政教育的组成部分之一,在功能上亦存在区别。

1. 各学科课程思政在思政教育工作中存在功能区分①

文学、历史学、哲学类专业课程,要在课程教学中帮助学生掌握马克思主义世界观和方法论,从历史与现实、理论与实践等维度,深刻理解中国特色社会主义理论体系的基础上,结合专业知识教育引导学生深刻理解社会主义核心价值观,自觉弘扬中华优秀传统文化、革命文化、社会主义先进文化。

经济学、管理学、法学类专业课程,要在课程教学中坚持以马克思主义为指导,加快构建中国特色哲学社会科学学科体系、学术体系、话语体系,帮助学生了解相关专业和行业领域的国家战略、法律法规和相关政策,引导学生深入社会实践、关注现实问题,培育学生经世济民、诚信服务、德法兼修的职业素养。

教育学类专业课程要在课程教学中注重加强师德师风教育,突出课堂育德、典型树德、规则立德,引导学生树立学为人师、行为世范的职业理想,培育爱国守法、规范从教的职业操守,培养学生传道情怀、授业底蕴、解惑能力,把对家国的爱、对教育的爱、对学生的爱融为一体,自觉以德立身、以德立学、以德施教,争做有理想信念、有道德情操、有扎实学识、有仁爱之心的"四有"好老师,坚定不移走中国特色社会主义教育发展道路。体育类课程要树立健康第一的教育理念,注重爱国主义教育和传统文化教育,培养学生顽强拼搏、奋斗有我的信

---

① 高等学校课程思政建设指导纲要[R/OL]. [2020 - 11 - 25]. http://www.moe.gov.cn/srcsite/A08/s7056/202006/t20200603_462437.html.

念,激发学生提升全民族身体素质的责任感。

理学、工学类专业课程要在课程教学中把马克思主义立场观点方法的教育与科学精神的培养结合起来,提高学生正确认识问题、分析问题和解决问题的能力。理学类专业课程,要注重科学思维方法的训练和科学伦理的教育,培养学生探索未知、追求真理、勇攀科学高峰的责任感和使命感;工学类专业课程,要注重强化学生工程伦理教育,培养学生精益求精的大国工匠精神,激发学生科技报国的家国情怀和使命担当。

农学类专业课程要在课程教学中加强生态文明教育,引导学生树立和践行绿水青山就是金山银山的理念,注重培养学生的"大国三农"情怀,引导学生以强农兴农为己任,"懂农业、爱农村、爱农民",树立把论文写在祖国大地上的意识和信念,增强学生服务农业农村现代化、服务乡村全面振兴的使命感和责任感,培养知农爱农创新人才。

医学类专业课程要在课程教学中注重加强医德医风教育,着力培养学生"敬佑生命、救死扶伤、甘于奉献、大爱无疆"的医者精神,注重加强医者仁心教育,在培养精湛医术的同时,教育引导学生始终把人民群众生命安全和身体健康放在首位,尊重患者,善于沟通,提升综合素养和人文修养,提升依法应对重大突发公共卫生事件能力,做党和人民信赖的好医生。

艺术学类专业课程要在课程教学中教育引导学生立足时代、扎根人民、深入生活,树立正确的艺术观和创作观。要坚持以美育人、以美化人,积极弘扬中华美育精神,引导学生自觉传承和弘扬中华优秀传统文化,全面提高学生的审美和人文素养,增强文化自信。

2. 法学课程思政在课程思政体系中作用突出

法学课程思政作为课程思政中的重要组成部分,在培养法治精神、规范意识、贯彻国家方针政策等方面,具有极为突出的思政教育作用。具体而言,法学课程思政在课程思政体系中的突出作用体现为:

第一,有助于培养德法兼修的法治建设者和接班人。2017年5月3日,习近平总书记在考察中国政法大学时指出,"全面依法治国是坚持和发展中国特色社会主义的本质要求和重要保障,事关我们党执政兴国,事关人民幸福安康,事关党和国家事业发展。随着中国特色社会主义事业不断发展,法治建设将承载更多使命、发挥更为重要的作用"。"建设法治国家、法治政府、法治社会,实现科学立法、严格执法、公正司法、全民守法,都离不开一支高素质的法治工作队伍。法治人才培养上不去,法治领域不能人才辈出,全面依法治国就不可能做好"。"中国特色社会主义法治道路的一个鲜明特点,就是坚持依法治国和以德治国相结合,强调法治和德治两手抓、两手都要硬。法学教育要坚持立德树人,不仅要提高学生的法学知识水平,而且要培养学生的思想道德素养。各级领导干部要做尊法学法守法用法的模范,以实际行动带动全社会崇德向善、尊法守法"①。从总书记的重要讲话中我们可以看出,"德法兼修"的法治人才很大程度上影响和决定着我国法治建设的速度和成效。在法学课程中开展课程思政建设,通过法律知识的传授、法治精神的培育,让学生在法学规范体系内理解法律、法治的精神实质,明晰法律与道德的关系,从道德、法律内化为自身修养的角度提升自身素养,真正成为崇德尚法的法治建设者和接班人。

第二,有助于增强公民的规范意识,提升崇德向善、尊法守法的意识和能力。法律作为

---

① 习近平在中国政法大学考察[R/OL]. 新华网[2020 - 11 - 19]. http://www.xinhuanet.com/politics/2017-05/03/c_1120913310.htm.

一种规范体系,其既能作为行为规范,为人们的行为提供指引,也能作为裁判规范,指引司法者、执法者的执法、司法行为。但法律的遵守和实施,仅依靠外在的强制力量,不仅效率低下,也会徒增执法、司法成本。因此,最为有效的法治实施方式,是人们在对法律信仰基础上的自觉遵守。法学课程思政的建设和实施,能够在向学生传授行为规范知识体系的同时,促进学生发现蕴含在法律规范背后的价值观念、法治精神,提升学生崇德向善、尊法守法的能力。如在宪法课堂上,在对公民基本权利和义务、国体、政体等内容讲授的过程中,结合其他国家的政治制度的优劣,分析我国社会主义制度的优越性,让学生理解我国社会主义制度、人民代表大会制度等的价值和意义,进而从内心深处认同国家的基本制度设置,提升崇德尚法的意识和能力;在刑法、侵权责任法、公司法等课堂上,让学生理解具体法律制度的设置与社会主义核心价值观、中华优秀传统文化的关系,促进学生自觉遵纪守法。

第三,有助于在坚定学生理想信念的同时,提升学生理论联系实际的能力。习总书记强调,"法学学科是实践性很强的学科,法学教育要处理好知识教学和实践教学的关系。"[1]法学教育教学过程,既涉及理论知识的传授,也涉及实践能力的培养。在理论知识传授方面,思政内容的融入,能够真正让学生理解中国特色社会主义法治体系是根植于我国土壤、文化之中的法律制度,具有优越性,进而坚定学生崇尚社会主义法治的理想信念。同时,法学的实践特点要求学生在课程学习中积极实践,将所学知识运用于社会现实生活,这要求学生在学习法律制度的同时,关注社会现实,这个过程中,学生的实践能力无疑能够得到锻炼和提升。也就意味着,学生在学习法律的过程中,时时刻刻都在教师的引导下,践行社会主义核心价值观,此种既传授法学专业知识,也实践社会主义核心价值观的课程推进方式,真正实现了把文章写在祖国的大地上,属最为生动的思政教学形式。

第四,有助于提升学生的法治思维能力,降低社会治理成本。思政教育的目的在于立德树人,但从社会资源有限性的角度看,我们不能完全不计成本。因此,通过思政教育以较低的成本实现社会治理的法治化,是法律人共同追求的目标。在法学课程思政建设过程中,因为将体现国家意志的法律、社会主义核心价值观与活生生的社会生活相联系,让学生在现实中掌握和理解法律,进而崇尚法律、遵守法律。如此,法律的指引作用即能得到贯彻落实,人们通过法治方式思考和解决问题的能力亦能得到增强。相应地,因为法律得到了遵守和执行,人们行为违法的可能性得到降低,解决纠纷的方式也逐渐法治化、规范化,社会治理成本也呈下降趋势。

---

① 习近平在中国政法大学考察[R/OL]. 新华网,[2020 - 11 - 19]. http://www.xinhuanet.com/politics/2017-05/03/c_1120913310.htm.

第二章

课程思政的体系化构建：
功能、要素、原则[①]

　　课程思政建设离不开整体观的指导，勾画出课程思政的核心元素，并理顺它们之间的逻辑关系是当前重要的任务。课程思政承担着"底色"教育、"素养"教育与"技能"教育的职能，应在这三种教育的合力下促成"立德树人"目的的实现。课程思政应处理好载体、学生、教师和学校等四个要素之间的关系，每个要素还都有很大的改进提升空间。课程思政受到系统原则、发展原则、互动原则、实效原则的制约，严格遵循这些原则有助于推进课程思政的建设，有助于课程思政的稳步发展、提质增效。

　　"教育应当对一个人的知识、道德观、行为习惯、审美和能力的发展起到帮助。"[②]课程思政在育人过程中承担价值塑造、知识传授和能力培养的重要使命，目的是实现教育立德树人的诉求。教育部《高等学校课程思政建设指导纲要》（以下简称《思政纲要》）明确了课程思政的使命担当："让学生通过学习，掌握事物发展规律，通晓天下道理，丰富学识，增长见识，塑造品格，努力成为德智体美劳全面发展的社会主义建设者和接班人。"可见，课程思政的目的在于"立德树人"，课程思政的功能、要素、原则都要服务于、服从于立德树人的目标。立德树人的目的诉求为课程思政建设提供了清晰的线路图和指挥棒。

一、类化课程思政的功能

　　课程思政对于人格培养和知识掌握都具有积极功能，对此已有共识。"实际上，如果有人要指出有关教育知识中最受忽略的领域之一，可能就是这一点，即缺少对意识形态和教育思想与实践之间关系的批判性研究，缺少对指导我们过度强调技术性思维领域的常识性假设研究。"[③]课程思政的提出就是要改变当前高校人才培养过程中过于强调知识传授、忽视价值引导的尴尬状态。现在人们意识到每门课程蕴含丰富的价值观念、情感元素、思考路径、

① 作者简介：晋涛，河南濮阳人，河南大学法学院讲师，河南大学"黄河文明与可持续发展研究中心"司法文明研究所副所长，法学博士，教育学博士后。主要讲授"刑法学""日本刑法"等课程。
　　黄涛，山东聊城人，青海民族大学法学院副教授，法学博士。主要讲授"刑法学""犯罪学"等课程。
② 迈克尔·马修斯.科学教学——科学史和科学哲学的贡献[M].刘恩山，郭元林，黄晓，译.北京：外语教学与研究出版社，2017：6.
③ 迈克尔·W·阿普尔.意识形态与课程[M].黄忠敬，译.上海：华东师范大学出版社，2001：13-14.

思维方式等内容,众多课程并不缺少思政元素,而是缺少发现思政元素的方式、方法,这与课程思政功能的缺乏直接相关。

课程思政的功能是落实"底色"教育、"素养"教育和"技能"教育,目的在于让三种教育同步进行、相互渗透,以培养出爱国爱党、坚守理想信念、充满道德情怀、具有正义理念的社会主义的建设者和接班人。

学界根据课程功能和定位,从思政的角度将课程划分为思政课、通识课和专业课。"加强高校思政教育的顶层设计,进一步明晰思想政治理论课、通识课及专业课在思政教育中的功能定位。"①教育部在《思政纲要》中对课程做出了新分类,《思政纲要》将课程思政教学体系分为了公共基础课程、专业教育课程、实践类课程。本书认为,课程思政承担着"底色"教育、"素养"教育、"技能"教育的职能,它们之间相互融合又有所区分,可以大致做出如下对应性判断:公共基础课程主要负责"底色"教育、"素养"教育,以培养拥护中国共产党领导、具有马克思主义情怀、坚守社会主义核心价值观的人才为主要目标。将科学精神、人文情怀、伦理道德、正义观念植入学生的认知体系,发挥理性、伦理对行为的内在约束作用,是公共基础课承担的重要职责。专业教育课程、实践类课程担负着"技能"教育的功能,旨在进行专业知识、技能的传授和训练。公共基础课程承担着"底色"教育、"素质"教育的使命,专业教育课程、实践类课程具有"技能"教育的功能使命,同时,实践类课程还具有聚合、深化、凝练、提升"底色"教育、"素质"教育、"技能"教育的综合性职能。课程思政的建设,应在实践中打磨、调整课堂知识,以帮助学生对知识的消化和转化,促进课程思政的功能发挥,实现立德树人的育人目标。

(一)注重"底色"教育

大学生正处在国家观、价值观、利益观形成的关键时期,因此高校是思政领域应重点关注的关口。课程思政通过系统的知识传授、思想洗礼、情景置入等方式引导学生形成正确的家国观念,从而帮助他们建立起对党和国家的理论认同、思想认同和情感认同。"马克思主义基本原理概论""毛泽东思想和中国特色社会主义理论体系概论""习近平新时代中国特色社会主义思想概论""中国思想史""形势与政策""中国近现代史纲要""中国共产党思想教育史"等课程承担着"底色"教育的功能。

中国共产党领导的改革开放的伟大实践实现了经济发展、科技进步、环境改善、人民幸福。特别是近年来,在民众比较关心的反腐倡廉、问责追究、权力制约方面取得了有目共睹的成就,凸显了以习近平总书记为核心的党中央将人民利益放在首位的执政理念。中国特色社会主义能够集中全国、全社会的力量,统一调配资源攻坚克难,促进了国家实力的迅猛提升。已经成型的高铁网络、逐渐完善的城市功能、日渐好转的环境治理、迅速推进的脱贫摘帽都在彰显着社会主义制度的优越性。

高等教育的使命是培养能够为我国特色社会主义建设提供强大智力支持的人才。受过高等教育的人才应支持、拥护中国共产党的领导和中国特色社会主义制度,从心底认同中国共产党的政策、决议和部署,这是新时代中国特色社会主义人才培养的基本要求。课程思政"底色"教育肩负着培养学生知悉中国共产党艰苦奋斗的发展历程、拥护习近平新时代中国

---

① 董勇.论从思政课程到课程思政的价值内涵[J].思想政治教育研究,2018(5).

特色社会主义思想与践行社会主义核心价值观的光荣使命。通过第一课堂系统学习中国共产党的历史功绩和使命担当，树立起全心全意为人民服务的信仰。通过第二课堂，特别是参观革命老区、博物馆、纪念馆，听老红军、老革命讲历史，组织学生参加红色之旅，规划实施重走长征路，让学生在具体的现实语境中感受今昔对比，加深对当今世界的理解，从而坚定理想信念。只有打牢了"底色"教育的基础，才能培养出"可用""能用""敢用"的社会主义建设者。

（二）强调"素养"教育

公共基础课程着眼科学精神、人文情怀、伦理道德和正义观念的培养。自然科学、人文科学和社会科学分工细化是不可阻挡的趋势，也是学科成熟完善的标志。过于强调专业知识的获取，忽视科学精神、人文情怀、伦理道德和正义观念的培养，会产生"跛脚"教育现象。这种重知识传授、轻素养培养的教育模式，给个人和社会制造了很多隐患。例如，由于缺乏必要的科学精神、人文情怀、伦理道德和正义观念，致使个人对生活的理解、问题的处理、未来的规划缺乏足够的理解力和掌控力，让学习、生活充满冲突，不利于幸福感的获得。社会分工越来越细，领域的交叉和融合更为密切的情况下，只有具有科学精神、人文情怀、伦理道德和正义观念的人，才能够更好地适应社会的发展。具有科学精神、人文情怀、伦理道德和正义观念的人，拥有更多理性，能够较好地管理自己的情绪和行为，通常能够避免非理智、非科学的行为，做出对自己和社会有利的选择。

公共基础课程重点要提高大学生思想道德修养、人文素质、科学精神、宪法法治意识、国家安全意识和认知能力，注重在潜移默化中坚定学生理想信念、厚植爱国主义情怀、加强品德修养、增长知识见识、培养奋斗精神，提升学生综合素质。打造一批有特色的体育、美育类课程，帮助学生在体育锻炼中享受乐趣、增强体质、健全人格、锤炼意志，在美育教学中提升审美素养、陶冶情操、温润心灵、激发创造创新活力。公共基础课程内容丰富多元，它能够培养学生的科学思维、理性逻辑、明德意识与公众情怀。"素养"教育让学生具有了"主心骨"，在进行"是与非""善与恶""情与理""公与私"的选择时，往往能够做出符合社会大众和自己本心的判断，减少盲从和冲动，有利于社会发展。

（三）抓牢"技能"教育

"技能"教育是课程思政理念落实的关键举措，是学生来到学校接受教育的原动力，更是学生走向社会后参与社会竞争、立足于社会的支撑。现在社会分工向纵深化发展，岗位和职业的要求更加专业化。"学校教育为越来越多的现代角色提供其所需要的文化内涵。它还提供合法的、最为本质的基础，把人们分配到各自的角色中去，无论是职业的还是经济的、政治的或是组织的，甚至还有个人的、家庭的关系。对于所有这些角色而言，通过教育而实现的社会化以及职业训练可以说均为其提供了根本的文化内容。"[①]专业教育课程能够提供学生需要的技能，帮助他们完成从"素人"到"职业人"的转变，为他们适应社会角色提供技能储备。

专业教育课程要求根据不同学科专业的特色和优势，深入研究不同专业的育人目标，深

---

① 莫琳·T·哈里楠.教育社会学手册[M].傅松涛，等译.上海：华东师范大学出版社，2004：189.

度挖掘提炼专业知识体系中所蕴含的思想价值和精神内涵,科学合理拓展专业课程的广度、深度和温度,从课程所涉专业、行业、国家、国际、文化、历史等角度,增加课程的知识性、人文性,提升引领性、时代性和开放性。专业实践课程注重学思结合、知行统一,增强学生勇于探索的创新精神、善于解决问题的实践能力,将"读万卷书"与"行万里路"相结合,扎根中国大地了解国情民情,在实践中增长智慧、才干,在艰苦奋斗中锤炼意志品质。

"技能"教育能够带来社会分工要求的特定的技术和能力。社会对人才需求是多方面的,但无疑以具有知识和技能为前提。"事实上,理想的课程思政教学应该激发学生对专业学习的热情,培养他们基于专业的职业担当和责任感。"①没有过硬的专业知识,学生走上工作岗位后可能会因为缺乏竞争力而饱受挫折,否定自身能力和学校所教授知识的可信性,进而动摇或者怀疑已经建立起的世界观、人生观和价值观。"技能"教育对于博士研究生、硕士研究生、本科生和专科生的培养和要求也不相同。对于博士生主要培养专业领域的研究能力,重在考察他们的创新能力。对于本科生和专科生主要培养学生掌握基本知识和技能,特别强调学生的动手、应用、实践能力。

"技能"教育注重教育的专业性。高等教育就是专业教育,学生接受不同的专业训练。各个专业都有具体而复杂的学习体系,通过几年的系统性学习,学生对于本专业的学习内容、学习方法、思维方式都有了大致的掌握。在一定程度上,学什么专业决定了今后的躬耕领域和工作岗位,甚至影响到自己会成为一个什么样的人,过着怎样的生活。专业教育的展开方式应该"以专业知识点为基础,以经典案例为核心,以核心价值观为引领,加快案例库建设,找准切入点;加强课程导论的讲授,和学生职业生涯教育相结合,让专业课上出人文味道。课外辅之以社会实践活动和科创活动,使核心价值观浸润和专业知识传授同频共振,让学生从专业成才到精神成人"。②

"技能"教育应注重专业技能的时效性。现代社会是科技社会、网络社会和消费社会,社会的发展速度超出了人们的设想。社会快速化发展推动了职业、技能的飞速更新。因此,技能在不断的迭代升级,技术更新的速度要求人们要不断充电、终身学习。那些曾经令人骄傲的技术可能在一夜之间就变成了陈旧的知识,再加上跨行业、全领域成为业界常态,"技能"教育对跟踪前沿领域保持着极大的热情,努力着跟上技能知识的更新换代。因此,"技能"教育一定要跟上形势发展,注重教材、教师、设施设备的升级,避免用那些陈旧的知识误导学生,更不能让学生感觉到专业知识与社会存在严重脱节。

技能是人才的生存关键,"技能"教育是职业共同体形成的前提和基础。没有"技能"教育,"底色"教育、"素养"教育就失去了强力有的支撑和依托。即便学生通过"底色"教育、"素养"教育,具有了良好的政治素养和文化涵养,但如果没有掌握过硬的专业本领,就会面临竞争失败、谋生失利,最终会无事可做、生存堪忧。在这种状况下,"底色"教育、"素养"教育将无从发挥更多的效果和价值,这无疑是一种教育失败。课程思政应关注"技能"教育,因为"技能"教育决定了一个学生的职业前程,决定了他们的今后发展,甚至决定了国家的综合竞争力。

法学专业主要是为国家、社会输送合格的法治人才,为国家、社会的现代化治理提供人

---

① 杜震宇,张美玲,乔芳.理工科课程思政的教学评价原则、标准与操作策略[J].学科与课程建设,2020(7).
② 王海威,王伯承.论高校课程思政的核心要义与实践路径[J].学校党建与思想教育,2018(6).

才供给和人才储备。法律是一项技艺,法律人才应具备坚定的法律理念、掌握全面的法律知识、知悉法律的适用方法,促进良好法治生态的形成、发展。法学课程思政要求"在课程教学中坚持以马克思主义为指导,加快构建中国特色哲学社会科学学科体系、学术体系、话语体系。要帮助学生了解相关专业和行业领域的国家战略、法律法规和相关政策,引导学生深入社会实践、关注现实问题,培育学生经世济民、诚信服务、德法兼修的职业素养"。

二、锁定课程思政的要素

根据系统论和控制论,一个事物的良性运行需要外部条件和内在要素的完美配合。在国家和教育部出台了课程思政的相关决议和纲领后,课程思政的外部条件具有了组织、制度性保障,解析课程思政的内部要素,最大程度上发挥课程思政的功能,就成了核心课题。课程思政大体上分为四大要素,即课程思政的载体、课程思政的受众、课程思政的支撑、课程思政的组织。

(一)课程思政的载体

课程思政的载体是课程思政的承载物或者行为。课程思政的载体首先是教材,其次是校园,然后是实践。

1. 教材

教材是教学的指南和规范。教材能够准确概括提炼课程的主干知识,帮助学生掌握学科、课程的整体面貌和基本知识。教材具有静态性,教材内容要转化成学生易吸收的知识点,需要老师的专业解读和耐心讲授。教材是讲授的依据,教材的好坏直接影响到学生的接受程度和学习水准。如果已经出版"马工程"教材就应当采用"马工程"教材作为讲授、学习的依据和指南。"马工程"教材对于巩固马克思主义指导地位,推动当代中国马克思主义大众化,用马克思主义占领教育阵地,落实立德树人根本任务,培养造就德智体美全面发展的社会主义合格建设者和可靠接班人具有重大和深远的意义。

公共基础课程教材、专业教育课程教材的发展趋势应是独著作品,尽量避免作者汇编的形式(主编教材)。主编教材是多位作者通力协作的作品,难免出现前后冲突、观点平庸、深浅不一等情况。即便是独著性教材,也应当加强教材的实效性,促进教材不断地升级改版,原则上应每两年修改一次。在知识获取快捷化时代,教材的陈旧老化很快,跟不上形势发展的教材对于课程思政反而具有不良作用。公共基础课程教材、专业教育课程教材应多选用真实的、最新的案例作为支撑材料,避免空洞说教和陈词滥调。

法学类"马工程"教材已经成为法律专业人才培养的主要内容和指引,与此同时我们还要做好案例教学类教材的编纂,注重法学专业实用技能的培养。法学专业应依托现有的应用、复合、涉外法律人才培养模式,花大力气对法学专业学生基础能力、课外实践能力、理论联系实际能力进行培养,充分调动骨干教师的积极性,为法治社会的建设贡献力量。

2. 校园

校园的整体风貌及其内部元素都是课程思政的隐性载体。校园的建筑风格、新旧程度、内部装修、校园文化、公共设施与位置布局都体现着思政价值,校园集中、持续地体现着学术气息、科研氛围与精神追求。对于专业知识的传授,有些校园设施如实验室、教学器材和教材一样,构成了知识传授的重要载体。学校、学院在条件允许的情况下,应当注重校园设施、设备的建设。通过构建有助于学习氛围的校园,向学生传递正确的价值观,激发他们的学习热情,从而发挥价值塑造、知识传授和技能培养的功能。

3. 实践

实践是一部百科全书。"'课程思政'不能停留在理论和政策层面,必须走向实践,并在实践中努力找准改革的发力点。"①课程思政要触碰实践,与实践发生反应、联动,让学生在实践中深化认知。"当今世界全球化、信息化日新月异,任何一门专业课若要做到知识对学生的有效输入,必须理论紧密联系实际,讲知识点时穿插社会热点,谈现实问题时追求理论解读,唯有如此,才能让学生心服口服,学有所获,这样的课程思政也才能真正入耳入脑入心。"②课程思政一定要安排、留出专门的实践环节,如社会调查问卷、专业实习、暑假实践、模拟法庭等,根据学生在实践中的反应、反馈,验证课程思政的效果,进而作出调整方案。实践出真知,一流的实践出一流的认识。课程思政要把课本中的理念注入学生的内心,获得他们发自内心的认同,就必须让他们带着理论、理念去感受、体验、解释现实世界,观察实践与理论关联时发生的反应。学生在实践中能更好地吸收还未消化的知识,激发他们对知识、理念、思想的兴趣,从而转化成自己的确信。实践包括勤工俭学、毕业实习、假期生活、学术调研等多种形式,每一种形式都暗含着丰富的思政价值。

高校课程思政要融入课堂教学建设,作为课程设置、教学大纲核准和教案评价的重要内容,落实到课程目标设计、教学大纲修订、教材编审选用、教案课件编写各方面,贯穿于课堂授课、教学研讨、实验实训、作业论文各环节。要讲好、用好马工程重点教材,推进教材内容进入培养方案、教案课件和考试。要创新课堂教学模式,推进现代信息技术在课程思政教学中的应用,激发学生学习兴趣,引导学生深入思考。要健全高校课堂教学管理体系,改进课堂教学过程管理,提高课程思政内涵融入课堂教学的水平。要综合运用第一课堂和第二课堂,组织开展"中国政法实务大讲堂"等社会实践、志愿服务、实习实训活动,不断拓展课程思政建设方法和途径。

(二) 课程思政的受众:学生

"在传统的教育教学模式中,教师往往居于主体地位,学生只是扮演着接受知识灌输、服从学校管理的被动角色。但是,作为'改变现实和走向未来的重要途径',教育归根到底'是一项培养人的社会活动',这从逻辑上决定了其必须对教育的对象即学生展开充分的理论与实践关怀。不过,随着我国教育现代化和法治建设的发展,学生个体的独立性越来越受到社会的认可和尊重。"③学生是课程思政的受众和对象,是课程思政终极受力体。学生的学习效果、认知程度、精神状态直接检验着课程思政的效果。现在我们有数量庞大的高等学校学生,形成了包括大专生、本科生再到研究生培养的完整的教育体系。课程思政既要坚持全国"一盘棋"的布局,又要考虑学生的多样性和差异性,使课程思政具有针对性和"对口性"。根据就读学校的差异,可以大致分为"双一流"高校学生、非"双一流"本科高校学生和高职高专

---

① 伍醒,顾建民."课程思政"理念的历史逻辑、制度诉求与行动路向[J].大学教育科学,2019(3).
② 马亮,顾晓英,李伟.协同育人视角下专业教师开展课程思政建设的实践与思考[J].黑龙江高教研究,2019(1).
③ 任海涛.论学生的法律地位[J].东方法学,2020(1).

学生。课程思政应依据学校的培养方案和学生状况编排、调整授课目标、具体内容、讲授方式、评价标准。同时,高等学校存在数量众多的专业,如文、史、哲、经、管、法、理、工、医、农、教育、艺术等门类,课程思政应根据不同的专业,制定有针对性、灵活的思政供给方案。

公共基础课程、专业教育课程需要进行规范化改造和编排,形成能够吸引学生注意力、激发学生兴趣点的新素材,从而增强课程思政的可接受性。要避免课程思政的口号化和概念化,使课程丧失思政教育的核心吸引力和竞争性。

(三)课程思政的支撑:教师

教师是"活"的课程思政。教师要进一步强化育人意识,找准育人角度,提升育人能力,确保课程思政建设落地落实、见功见效。教师要通过开展经常性的典型经验交流、现场教学观摩、教师教学培训等活动,促进课程思政能力建设。"高等教育政策倡导的成败根本上依赖于各系和学科的大学教师的行为,他们的影响难以测量,但它是决定性的。"[①]思想丰富、学识渊博、举止儒雅、育人有方的教师能够获得学生发自内心的尊敬。在知识扩散便利、成本较小的时代,知识的碎片化存在已成为常态。根据学习规律,人们较为容易在短时间内掌握浅层知识,但要形成系统化的知识就需要经过长期的努力和艰苦的训练。学生要掌握专业知识、具有科学理念,就需要在教师的指导下经过长期的训练。高校教师兼具教学和科研双重职责,教师从事专业教学和研究都需要深耕专业知识,成为领域内专家。如此,不论是课堂讲授还是疑问解答,都需要用专业性打动学生,赢得学生的认可和信赖。

教师要用专业知识赢得尊重,就需要教师发自内心热爱本专业、本学科,认真对待教学工作,享受知识传授的过程。教师解疑释惑具有知识传授、学术传承、人格培养多重功能。老师需要不断地学习充电,保持知识的有用和在线。现代社会,借助电脑、网络和专业的研究设备,再加上研究的职业化、终身化和团队化,知识生成、创新、迭代的速度呈现出"光速"发展的态势。如果教师掌握的知识不与外界有意识的进行信息交流和碰撞,很快就会变得陈旧。陈旧的知识就像过期的食品,没有营养,吃多了还有副作用,妨碍对新知识的吸收。

教师在从事专业学习、研究之时,也要加强个人素质的提升。要树立牢固的马克思主义世界观,具有为国家和人民工作的热情,明确认识到育人工作的意义。教师在传授知识的过程中自然伴随着价值观念、认知方式的输出,会对学生形成持续性的影响。如果教师自身缺乏应有的修养和担当,课上一套课下一套,当着学生的面是一种表达,背过学生就是另外一种姿态,不会达成令人确信的"身先示范"效果。

教师有爱祖国、爱人民的内心信仰,才能在知识传授、日常生活中将正确的价值观念传递给学生。学习法和方法论在学科中处于较高位阶,是系统掌握一门学科知识的钥匙和通道。教师应注重所教授科目的学习法和方法论运用,这样才能帮助学生养成能学习、会学习的习惯。

(四)课程思政的组织:学校

"学校既'加工'知识也'加工'人。"[②]学校是课程思政的组织者和责任主体,课程思政的具体方案和实际效果应作为评估学校教学质量的衡量因素。高校要建立起专门的课程思政

① 弗兰斯·F·范福格特. 国际高等政策比较研究[M]. 王承续,等译. 杭州:浙江教育出版社,2001:43.
② 迈克尔·W·阿普尔. 意识形态与课程[M]. 黄忠敬,译. 上海:华东师范大学出版社,2001:36.

实施组织体系,发挥好党委的领导作用,学校各级行政人员负有落实课程思政的职责。"作为学校办学的主体,二级学院和教学部是课程思政的主要责任单位,也是课程思政能否真正得到落实的重要节点,各级学院、教学单位要结合学院特点开展课程思政的具体落实。"[①]"唯有在高校内部形成各部门、各院系普遍参与和协同运作的'大思政'格局,课程思政的展开才能形成良好的外部氛围,教学的实效性也才能真正得到提升。"[②]马克思主义学院要统筹推进学校课程思政的实施方案和实施实效的落实。学校应当根据自己的办学定位以及在读学生的认知水平,制定学校、学院、教师三级课程思政的实施方案。中央部门所属高校要统筹利用中央高校教育教学改革专项等中央高校预算拨款和其他各类资源,结合学校实际,支持课程思政建设工作。地方高校要根据自身建设计划,统筹各类资源,加大对课程思政建设的投入力度。

法学专业课程思政要注重教材、学生、教师、学校四元素的建设,四元素的有机结合能够为培养合格的法治建设人才提供有力保障。

三、课程思政的实施原则

课程思政的建设和推进不能仅凭一时热情,必须经过科学规划和严格论证,契合教师教学、学生学习的实际,才能真正推进课程思政入脑入心。课程思政转化成学生思维具有复杂的生成机制。课程思政的实施原则贯彻在课程思政的全过程,是能够对课程思政发挥良好育人作用的指导性纲领。课程思政的原则有四项内容,即系统原则、发展原则、互动原则和应用原则。

(一) 系统原则

"系统究竟是什么?系统是由彼此处于因果关系中的许多变量所构成的一个网络。系统中,变量甚至可以说与其本身有一种因果关系。"[③]系统论认为没有任何一个元素可以孤立存在,元素存在于整体之中。离开了整体这一框架和背景,元素就失去了运行的轨道,从而制约元素的功能发挥。应看到,整体离不开众元素的支撑。没有了元素会导致整体的功能紊乱甚至坍塌。

课程思政的系统原则意味着课程思政应具有整体思维、系统思维,应重视课程思政的元素,注重课程思政的载体、学生、教师、学校的内在关联,实现各要素的无缝对接和信息自由传递,在系统中激活各要素的最大潜能,促成课程思政在"立德树人"过程中的引导功能。

课程思政分为公共基础课程、专业教育课程、实践类课程。三大类课程的功能承担有所区别,公共基础课程主要负责习深刻理解近平新时代中国特色社会主义思想、社会主义核心价值观,形成爱党爱国信念,培养具有家国情怀、政治合格的社会主义接班人,主要承担"底色"教育功能。同时还承担着培养科学精神、人文情怀、伦理道德和正义观念,能够兼收古典与现代,内含保守与开放,锻造具有"中国心"的现代知识性人才,主要承担"素养"教育的功能。专业教育课程、实践类课程根据学科分工,向学生传授专门知识,让他们掌握某一领域

① 刘益,李桐,薛国珍. 以思政教育为课程铸魂[J].北京教育(高教),2020(7).
② 胡洪彬. 课程思政:从理论基础到制度构建[J].重庆高教研究,2019(1).
③ 迪特里希·德尔纳. 失败的逻辑[M].王志刚,译.上海:上海科技教育出版社,2010:69.

的知识和技能。"传统的孤立的学科专家倾向于把课程看成是以学科本身为最终目的。他们把一门学科的个人和社会教育目标看成是含混的,因此,认为拿出时间来进行个性教育,就是从学科教学中瓜分时间,而学科教学本身总是负担过重。只有学科专家建立了整体的课程模式,才有可能讨论别科目怎样才可以对某个具体的整体课课程目标例如个人和社会发展目标作出贡献。"①课程思政作为一种教学理念和追求,具有明确的目的和功能设定。公共基础课程、专业教育课程、实践类课程在功能定位上不同,从不同视角导入思政内容,共同承担着塑造"可用""能用""敢用"人才的重任。

课程思政的实施离不开公共基础课程,更离不开专业教育课程。"课程思政是一项系统工程,在这一系统工程中,'专业课程'思想政治教育是最为核心、最为关键和最难解决的部分。只有基于系统思维,借助科学的设计,统筹各种资源,调动多方面的积极性,才能真正推动这一工程卓有成效地开展。"②专业教育课程承担着训练学生成为专业人才,向学生传授将来谋生的技能,会影响到大部分学生的工作领域和生活轨迹。学生只有掌握了过硬的专业知识,依靠坚实的积累再加上不断的学习、历练,才能成为能够胜任工作岗位的人才。这样能够印证学校所学专业课程的重要性,使其能够从内心沿着老师和学校的教导继续发展。课程思政必须建立在牢固专业知识之上,人们不希望看到谈起理想信念就眉飞色舞,但行动起来都是志大才疏、眼高手低。"空谈无益"仍然具有警示意义。掌握了牢固知识的学生一定领会课程思政的真意,考试作弊、学术不端、贪污受贿、滥用职权的行为,就是课程思政没有学好,背离了"立德树人"目的的表现。

系统性原则是在实施课程思政的过程中,用联系的、关联的观念看待元素之间的关系。"'课程思政'建设是项系统工程,需要在校党委统一领导下,各基层单位和各级党组织紧密配合,协同合作,形成联动机制,从制度、措施和保障等各方面推进落实。"③"课程思政建设是一项系统工程,其所涉及的不仅仅是某一学校某一门课程的思想政治教育,更重要的是能够在不同学校乃至全国学校建立起一个大课程思政,从而真正实现'课程育人'。"④课程思政实施离不开诸元素的密切配合,教材、学生、教师、学校组成了一个完整的运行系统,只有这些元素顺利对接、良性运行,才能真正促进课程思政功能的发挥、目的的达成。

(二) 发展原则

课程思政随着社会的发展也在不断地更新、升级,发展意味着更新、上升和进步。发展不一定是直线式上升,而是一个不断试错、调整的过程,螺旋式上升是发展的常态。课程思政需要不断的革新从而更好地引领学生的观念塑造、思维认知。用不变的、简单的思维对待课程思政本身不符合课程思政顺应时代发展、服务现实的使命。"目前,学生反映高校思想政治教育最为普遍的一个问题就是理论与现实脱节。这就要求在课堂教学中要有意识地回应学生在学习、生活、社会交往和实践中所遇到的真实问题和困惑。"⑤

当今社会是一个科技社会、网络社会和消费社会,社会的发展速度超过了每个人的预

① 麦克扬. 未来的课程[M]. 谢维和,王晓阳,译. 上海:华东师范大学出版社,2003:98.

② 陆道坤. 课程思政推行中若干核心问题及解决思路[J]. 学科与课程建设,2018(3).

③ 孙杰,常静. 高校加强"课程思政"建设现实路径选择[J]. 中国高等教育,2018(23).

④ 王学俭,石岩. 新时代课程思政的内涵、特点、难点及应对策略[J]. 新疆师范大学学报(哲学社会科学版),2020(2).

⑤ 刘承功. 高校深入推进"课程思政"的若干思考[J]. 学科与课程建设,2018(6).

想。课程思政的教授方式、支撑素材、都需要大胆创新。"随着'互联网＋'教育时代的到来，原先基于传统知识时代的'点性'生产和'线性'传播与社会对人才培养的要求已不相适应。这必然要求在原有的学科设置的课程版图上不断新增科目和内容，以适应外部环境变化和实践之需。"①如今学生的认知水平与过去相比发生了很大的变化，今天的学生已经不同于十年前的学生。十年前还没有微信、抖音、拼多多等聊天工具、娱乐平台、购物平台，网络还没有全面渗透、进入人们的生活。现在的学生基本上已经无法离开手机，只要有时间就在各大娱乐平台、购物平台、社交平台浏览。课堂知识相对于网络的丰富多彩就显得灰暗单调了许多，课堂甚至成为了他们"迫不得已"的负担，对于求知欲的激发缺乏足够的动力供给。很多学生到学校来就是为了一纸文凭，学生学习兴趣的变化、接受知识方式的改变，对课程思政提出了挑战和更高期待。课程思政应大胆利用新鲜案例、近身材料阐释相关理念和原理，争取获得学生的认同和共鸣。

"那些教育工作人员则需要了解年轻人所体验的更多学校之外的世界，应该更多地了解这种非学校生活如何与他们通过课程所体验的世界的差异，以及我们如何帮助他们加强这种联系。"②教师应着眼丰富多彩的现实生活，洞察生活的变化。教师、学校应该把握好这些发展机遇，努力为课程思政注入新的理念、新的思维，为学生的消化吸收提供"催化剂"。

（三）互动原则

课程思政应摒弃一厢情愿式的说教和幻想式自嗨，要走脑入心就必须注重互动。互动原则强调课程思政的参与者之间要进行沟通、对话，找准问题，促进落实，实现价值塑造、知识传授和技能培养的有机结合。

互动性具有三个方面的内容：①学生与老师的互动。②老师与学校的互动。③学校与教育部门的互动。这些互动有助于将课程思政存在的问题、积累的经验、效果的评价进行整合，在评估、反思的基础上提升课程思政的水准。"课程思政实质是一种课程观，不是增开一门课，也不是增设一项活动，而是将高校思想政治教育融入课程教学和改革的各环节、各方面，实现立德树人润物无声。"③互动性原则在系统性原则基础上，更强调元素与元素之间的呼应与配合。"'课程思政'要重视人、环境、教育的互相影响，实现三者的协调配合，从而使所有的课教学过程及教育资源起到共同建构学生知识、能力及价值观的作用。"④现在学生的认知水平、理解力都比过去有了很大提升。以前教师讲的许多内容学生只能凭想象建立起模糊的认识，现在只要他们用心就可以从网上找到相应的实物、出处和原型，从而能更好地理解课堂教学的内容。老师和学校应熟悉网络发展，留意学生们普遍感兴趣的网络内容，适当地引入课堂、设计成课堂例证或反例，这样使课堂内容能够贴近学生，引起他们的兴趣，吸引他们的注意力，从而真正接受教师、学校的教诲。

网络"游逛"已成为学生日常生活的一个组成部分，教师和学校不应将网络、平台、游戏当作洪水猛兽，而是应主动迎接网络发展的态势，利用网络丰富教学内容和手段，为课程思政提质增效开辟多条线路。

---

① 邱伟光.论课程思政的内在规定与实施重点[J].学科与课程建设,2018(8).
② 麦克扬.未来的课程[M].谢维和,王晓阳,译.上海:华东师范大学出版社,2003(40).
③ 高德毅,宗爱东.课程思政:有效发挥课堂育人主渠道作用的必然选择[J].思想理论导刊,2017(1).
④ 邱伟光.课程思政的价值意蕴与生成路径[J].思想理论教育,2017(7).

（四）应用原则

课程思政在帮助学生掌握知识和技能的同时，让他们具备科学的认知和思维方式，在此基础上具有坚定的理想信念。从国家到高校再到老师，国家投入了大量的人力、物力推进课程思政建设。课程思政本身不是目的，它仅是教育的一种手段。最终目的是培养具有家国情怀、责任担当、业务过硬的德才兼备的社会主义建设人才。

课程思政必须以结果为导向，注重实效。课程思政的实效原则具体而言，包括方法合理和结果有效。方法的合理就是课程思政的方法能够服务于课程思政的理念和目标。方法的合理具体包括：

1. 教学内容安排具有层次性

针对大专生、本科生、研究生的课程思政，教学内容应有所区别和侧重。大专生、本科生的课程思政应强调基础知识、基本技能、做人准则、理想信念的教育。研究生的课程思政应强调国家观、方法论、研究力的培养。

2. 教学方式具有差异性

大专生、本科生的课程思政主要依靠老师的课堂讲授，学生的主要知识来自于课程学习。研究生的课程思政应以学生的研讨为主，老师加以适当的引导。

成效是否明显取决于两个方面的内容：

1. 学生课业成绩是否过关

高等教育是专业教育，培养的人才水平如何，第一标准还是看是否掌握了专业知识。应认为学生掌握了专业知识，成绩合格，已经满足了课程思政的初始要求。

2. 学生是否具有家国情怀、责任担当、知识素养

掌握了知识，但不具有良好的职业道德和个人修养就可能走上社会后为了个人利益而不择手段。"白领犯罪"就是典型例证，"白领犯罪"是高智商、高技能的人才实施的危害社会的犯罪行为。掌握了专业知识的人才，同时具有自我管理、自我约束的能力，能够在"对与错""是与非""国与家"之间作出正确的取舍，是课程思政的重要使命。有了正确的价值观、大局观、是非观，能够保障学生远离违法犯罪，不走弯路，对个人、社会、国家都有好处。

法学专业课程思政应严格遵循系统、发展、互动、实效四原则，将专业特色与思政规律相结合，提高育人成效和效果，为社会主义法治事业的发展培养主力军。

"要紧紧抓住教师队伍'主力军'、课程建设'主战场'、课堂教学'主渠道'，让所有高校、所有教师、所有课程都承担好育人责任，守好一段渠、种好责任田，使各类课程与思政课程同向同行，将显性教育和隐性教育相统一，形成协同效应，构建全员全程全方位育人大格局。"课程思政不是"作秀"，更不能"娱乐化"，而是要真真切切、实实在在地帮助学生掌握专业知识，养成良好的道德感，成为对社会、对国家有益的可用之才。

第三章

课程思政建设的保障体系[①]

    课程思政建设需要多维的保障体系。高校党委作为组织保障,能够为学科课程思政凝聚坚实的合力;不同专业、不同教师以及不同学校之间的交流合作是教研机制保障;充分利用好网络的资源优势,通过新的手段营造学科课程思政的全新局面是团队建设保障;全面提升授课者的综合素质是学科课程思政建设的教育培训保障;充分发挥教师工作部的作用是课程思政的教师教育工作保障;内容保障方面,学科教育在意识形态与非意识形态领域都要与思想政治教育形成有机融合,提升课程思政的可行性;同时还要充分发挥教学改革的积极功用。

    课程思政要求在"立德树人"思想的指导下,将思想政治理论同各类课程予以结合,形成协同效应,形成全员、全程、全课程的思想政治理论教育格局。习近平总书记在全国高校思想政治工作会议上就曾强调,要用好课堂教学这个主渠道,各类课程都要与思想政治理论课同向同行,形成协同效应。"全面推进课程思政建设,就是要寓价值观引导于知识传授和能力培养之中,帮助学生塑造正确的世界观、人生观、价值观,这是人才培养的应有之义,更是必备内容。这一战略举措,影响甚至决定着接班人问题,影响甚至决定着国家长治久安,影响甚至决定着民族复兴和国家崛起。"[②]为此,各高校应当研究建构课程思政建设的保障体系,把思想政治教育贯穿人才培养体系,全面推进高校课程思政建设,发挥好每门课程的育人作用,提高高校人才培养质量。

一、课程思政建设的体制机制保障

    "课程思政建设是一项系统工程,各地各高校要高度重视,加强顶层设计,全面规划,循序渐进,以点带面,不断提高教学效果。要尊重教育教学规律和人才培养规律,适应不同高校、不同专业、不同课程的特点,强化分类指导,确定统一性和差异性要求。要充分发挥教师

---

① 作者简介:刘旭东,江苏徐州人,南京财经大学法学院讲师,法学博士。主要讲授"法理学""宪法学""中国法律史"等课程。

② 教育部关于印发《高等学校课程思政建设指导纲要》的通知[R/OL]. 中华人民共和国中央人民政府[2020 - 11 - 21]. http://www.gov.cn/zhengce/zhengceku/2020-06/06/content_5517606.htm.

的主体作用,切实提高每一位教师参与课程思政建设的积极性和主动性。"①因之,课程思政的开展需要坚实的组织保障和教研机制保障,从而确保课程思政的效益。

(一) 组织保障

习近平总书记指出:"高校思想政治工作关系高校培养什么样的人,如何培养人以及为谁培养人的根本问题。"因此,课程思政建设需要始终将"立德树人"作为课程思政工作的核心环节,为课程思政的开展提供坚实的组织保障。具体来说,课程思政聚焦于在新时代提升学生的思想政治教育水平,这就需要高校党委来担负起最终的主体责任。只有强化党委的集中统一领导,才能充分释放出各行政系统及各位老师的积极性与主动性,形成开展课程思政工作的合力。正如有论者指出的那样:"高校'课程思政'建设要做好顶层设计,统筹规划,建立常态化的行之有效的领导机制、管理机制、运行机制及评价机制。高校党政主要领导要深入'课程思政'第一线,亲自授课、听课,指导'课程思政'建设。"②

首先,应强化党委的组织领导,加强课程思政的顶层设计。"党委全面领导是新时代高校党的建设的鲜明特征,做好顶层设计是提高决策科学化水平,增强实施效果的客观要求。"③党委在课程思政改革中的组织责任体现在党委对课程思政的顶层设计、宏观指导与统筹实施方面,这需要重点明确学校党委领导的责任分工,强化学校党委和学校各科室的指导与合作,充分整合课程思政的各类资源。为此:第一,高校党委应当成立领导所有学科课程思政的组织机构,制定全校各类课程思政的改革指导方案,调配资源,协调各个科室的行动。第二,二级学院的党委(党总支)是组织实施高校党委课程思政改革方案的第一线组织,高校党委的改革方案只有经过二级学院党委的贯彻才能实施。二级学院的党委需要严格执行学校党委的要求,并根据学校党委的精神,来制定具体的学科课程思政大纲及具体目标任务,形成自己的特色。第三,各院系教师应当学习领悟学校及院系党委课程思政改革的精神,根据各级党委的要求,通过集体备课的方式制定学科课程思政的具体教学大纲,确定授课内容、方案及任课教师。

其次,高校党委能否在上述基础上发挥好主体责任将直接决定高校课程思政改革与实施的成功与否。因此,必须强调高校党委的主体责任,充分发挥好高校党委在学科课程思政开展进程中的领导功用。第一,"高校党委作为思想政治工作改革主体,以全国高校思想政治工作会议精神为指针进行顶层设计,牢牢把握住党对高校工作的领导权,决定了思想政治工作能在阵地扩展、渠道多样以及作用多面的新模式下,紧紧围绕培育社会主义事业建设者和接班人的重大任务来展开"④。第二,高校党委应发挥好党委办学治校的主体功能,促使学校的各级组织、各个院系充分凝聚于思想政治工作,保证各类资源能够获得有效配置,进而使课程思政工作有更强大的组织保障。总之,在课程思政的进程中充分发挥党委的主体责任,可以进一步密切高校党委与二级学院以及一线教师的联系,这将融党建于教学过程中,助力课程思政教学的顺利开展,形成全校联动的思想政治新格局。

---

① 教育部关于印发《高等学校课程思政建设指导纲要》的通知[R/OL].中华人民共和国中央人民政府[2020-11-21]. http://www.gov.cn/zhengce/zhengceku/2020-06/06/content_5517606.htm.
② 邱伟光.课程思政的价值意蕴与生成路径[J].思想理论教育,2017(7):14.
③ 韩宪洲.以"课程思政"推进中国特色社会主义一流大学建设[J].中国高等教育,2019(2):6.
④ 李江.领航课程思政:党委主体责任的逻辑与行动[J].中国高等教育,2017(Z3):18.

最后,严格落实高校党委在学科课程思政改革中的推动责任,充分调动学校基层党组织以及党员教职员工的积极性和主动性,将课程思政改革的任务落到实处。第一,高校课程思政领导机构和相关职能部门、二级学院应当制定课程思政改革及实施的责任清单,明确上下各个机构的责任,分工到位,避免发生推脱责任的现象。第二,高校党委应当定期展开对课程思政实施状况的评估,及时发现并解决课程思政实际进程中的问题。第三,对于具体承担课程思政任务的教师,学校党委应当制定相应的激励与退出机制,充分发挥一线教师的积极主动性,提升教学效益。总之,在课程思政中强化高校党委的主体责任,能够充分凝聚课程思政的力量,促使所有学科的课程思政的开展都能够树立好政治方向。

实践中,上海市就按照"党委统一领导、党政部门协同配合、以行政渠道为主组织落实"的思路,建立起了党委领导课程思政的机制,所有高校都成立了"课程思政"改革领导小组,并且,所有高校的党委书记都亲自担任改革领导小组的组长。再如,武汉大学成立了"课程思政"教学改革指导委员会,该校的教务处、教师发展中心、人事处等部门积极配合,将课程思政纳入年度考核,学校和各二级学院则密切合作,学校整合各部门的资源,为课程思政的开展提供各类技术支撑。总之,上述地方或学校的课程思政都获得了学校党委的坚实领导与支持,并取得了良好的效果,这充分展现了党委领导的组织保障功能。

(二)教研机制保障

"高校思想政治工作必须构建协同一致、合力育人的思想政治工作格局,破解思想政治工作的'孤岛现象',使学校各方力量、各种资源、各门课程都能发挥育人功能,从而真正实现育人的'协同效应。'"①所谓课程思政建设的教研机制保障,就是指高校内部保障课程思政顺利开展而需要的高校内部机构协同育人的机制。有论者指出,课程思政的建设应当坚持科学理念、秉持系统思维、借助周详规划与设计、卓有成效的实践加以推进。② 这一目标的实现就需要高校内部各个机构与人员的通力协作。比较而言,上述组织保障更为强调高校党委在宏观指导方面的积极作用,而教研机制保障则更为注重探讨高校内部各具体负责教育工作的机构及主体的互动与协作。

现代课程论之父拉尔夫·泰勒曾深刻阐释了课程资源的利用问题,提出应当最大限度地利用学校资源。借鉴这一观念,学科课程思政工作的教研机制应当注意以下三点:

第一,充分利用其他各门专业的智识与资源,不仅挖掘本学科中可以开展思想政治教育的内容,更要将其他学科中同法律有关的内容引入到教学进程中,并凝练其中与思想政治有关的内容,通过学科交流的方式实现课程思政教育。

第二,充分发挥教师的力量,促进教师之间的协同合作。学科各专业教师之间应当展开经验交流,讨论学科开展课程思政的思路,并总结各自的经验,相互之间取长补短,提升学科课程思政的科学性与效益。

第三,加强不同学校之间的合作与交流。课程思政教学改革对提升我国大学生的思想政治品德素质,巩固我国的意识形态,具有重要的基础作用。因之,课程思政不仅仅需要各个高校展开深入研讨,更需要学校之间展开精诚合作。各个学校在开展课程思政的进程中

---

① 韩进. 破解思政工作的"孤岛现象"[N]. 光明日报,2017-04-06.
② 陆道坤. 课程思政推行中若干核心问题及解决思路——基于专业课程思政的探讨[J]. 思想理论教育,2018(2):64-69.

所积累的经验需要同其他学校展开交流、讨论,相互之间取长补短,共同推进我国课程思政事业的发展。

二、课程思政建设的团队建设与培训、工作保障

(一) 团队建设保障

坚实的团队建设是提升学科课程思政效益的有力路径。立足于新时代信息化社会的发展趋势,学科课程思政的团队应当通过信息技术来武装自己,实现团队建设的信息化发展。习近平总书记在全国高校思想政治工作会议上强调,要运用新媒体信息技术使工作活起来,推动思想政治工作传统优势同信息技术高度融合,增强时代感和吸引力。总书记的讲话昭示着高校课程思政事业的开展应当充分利用好新媒体信息技术。当下,"'互联网 + '已经成为一种时代特征,互联网与传统行业、领域进行深度融合,创造新的发展生态,成为各个领域新的增长点。在思想政治教育课程改革领域,'互联网 + 课程思政'模式建构也有积极的观念基础、实践基础和技术基础"①。因之,学科课程思政的实施团队应当充分利用好网络的资源优势,通过新的手段营造学科课程思政的全新局面。

首先,课程思政建设需要破除现实课程与网络课程主次之分的思维误区。实践中,当下大部分的课程思政工作都没有充分利用网络课程来开展教育,即便是在施行网络课程的学校中,网络课程通常也被认为是对现实课程的补充,不具有基础性地位。这当然不利于在学科课程思政的教学进程中引入网络资源来多维地提升课程思政的品质。唯有破除这一思维误区,才能为课程思政多元化教学的开展扫清障碍。

其次,实践中还存在着让网络教学仅仅服务于第一堂课的守旧观念或行为。事实上,在"互联网 + "时代,大学生的独立精神与自我意识较之以往的几代人都大幅提升,传统的填鸭式教学很容易引发学生的疲惫心理甚至反感情绪,无法满足学生积极主动追求知识的诉求。网络课堂以全新的互动模式,提升了师生交流的便利性、交互性、平等性,有助于推动师生间平等、互动地开展学术研究,并从中探讨有关的思想政治问题。网络课堂集声音、图像、文字于一体的授课方式也可以令课堂不再枯燥,进而避免了学生认为思想政治教育较为"枯燥"的现象。总之,网络授课的方式能够充分激发学生的学习自主性和积极性,化被动为主动,推动学生们就思想政治理论展开深入讨论。所以,网络课程思政不是现实课堂的补充,它是学科课程思政的不可或缺的一部分。它不应仅仅是作为补充课堂而存在,它应当成为学生进行思政学习的通常路径。

总之,在当下信息化迅速发展的时代,学科课程思政教育工作不能固守传统的课堂话语体系,而应当建立全新的授课方式,以网络多样性授课的方式提升课程思政的效益。例如在上海市诸多高校开展课程思政的过程中,一些高校陆续推出了一批"中国系列"的网络课程,如复旦大学"治国理政"、上海交通大学的"读懂中国"、华东政法大学的"法治中国"、上海大学的"大国方略"等,这些课程不仅调动了各高校的优势师资进入学科课程思政的领域,而且也以灵活的方式为大学生提供了多样化的课程内容,有助于学生展开自我反思与探讨,树立正确的价值观。

---

① 刘淑慧."互联网 + 课程思政"模式建构的理论研究[J]. 中国高等教育,2017(Z3):15.

(二) 教师教育培训保障

"教师是教育教学核心中的核心,是充分发挥各门课程思想政治教育功能的实践者和推动者。"[①]学科课程思政的开展依赖于一批高素质的教师。但是,从事学科课程思政教育的教师尽管接受了长期的专业化的训练,然而他们在开展思想政治教育方面的经验较为薄弱。马克思指出:"环境是由人来改变的,而教育者本人一定是受教育的。"[②]因此,教师要想在本学科教育进程中开展良好的思想政治教育,其自身就需要首先不断学习和进步,除了学习本专业之外,还要广泛地从马克思主义理论、政治学等领域中汲取智识资源,获取学术支持,实现资源共享,信息互通,形成教育共同体,从而以过硬的专业素质来开展课程思政教育工作。

第一,高校需要率先重视对高校教师的思想政治教学技能的提升,要把教师的思想政治工作摆在重要位置,全方位地开展思想政治教育,避免让教师独自无效率地探索,从而创造性地实现针对教职员工的思想政治教育的转化。一要强化、提升教师的政治意识,促使教师在牢固掌握本门专业的基础上,在思想层面上也争作"有理想信念、有道德情操、有扎实学识、有仁爱之心"四有教师;二要强化教师的大局意识,让每位教师在教学的进程中自觉地践行教书育人、服务育人的理念,自觉地展开思想政治教育,实现科学研究、教书育人、提升学生思想素质的有机统一;三要提升教师的创新技能和协同意识,促使教师积极将其课程与其他学科予以交流融合,为本学科课程思政工作融入更为多元化的理论智识。

第二,除了依靠高校的主动培育外,高校教师也应当自觉地从思想层面认识到开展学科课程思政教育的重要性。只有教师发自肺腑地认同课程思政承载着重要的育人功能,才能真切地在实践中开展这一教育活动。在实践中,有一部分教师认为让学生掌握好本专业的知识才是自身的首要任务,因而忽视了在教育中穿插着对思想政治等内容的讲解。这种教学思路显然过于狭隘。教师需要改变那种偏重于讲授本专业知识,而忽视了塑造思想、传递价值理念的教学方式,教师应当自主地在讲授专业知识的同时,自觉将思想政治教育融入到课程之中,把传授知识、引领思想共同融入到人才培养体系的全过程中。

第三,教师还要不断地增强其人文社科素养,这是教师顺利开展学科课程思政的软实力所在。对于高校教师而言,人文社科素养涵盖了马克思主义、文学、史学、社会学、生态学、军事学、经济学等各个领域的知识,较为庞杂,博大精深。高校教师只有较为扎实地掌握这些社科知识才能游刃有余地开展课程思政工作。所以,教师应当有针对性地阅读学习马克思主义经典著作,广泛涉猎文学、历史、哲学、政治学、伦理学、经济学等代表性名篇,熟悉马克思主义理论、毛泽东思想、中国特色社会主义理论体系、习近平新时代中国特色社会主义思想,以及党的思想路线和政策方针。只有切实具备上述人文社科素养,教师才能准确把握时代的动向,才能为开展课程思政奠定良好的基础。

第四,教师需要善于发现全新的视角,特别是牢牢把握追踪当代大学生的心理动态,寻求大学生的兴趣点,以这些作为切入点从而在教育进程中开展思想政治教育,激发学生自主学习的动力。同时,教师还要对教学授课环节展开精心设计,确保学科专业内容与思政内容的有机融合,不能为了"思政"而"思政",不能导致学科内容与思政的"两张皮"。

---

① 王光彦.充分发挥高校各门课程思想政治教育功能[J].中国大学教学,2017(10):4-7.
② 马克思恩格斯文集:第1卷[M].北京:人民出版社,2009:504.

第五，正如上文所述，学科课程思政的展开需要依赖于现代信息化教学手段的应用，这一过程中需要充分发挥在线课程的知识传递与价值构建的功能，因此需要加强对任课教师网络信息素养的提升。网络信息素养主要包括通过网络来浏览信息、检索信息、获取信息、上传信息、发表信息、进行交流探讨、传递思想政治理念的技能，还包括通过网络展开后台编辑管理、成绩考核等内容。唯有教师具备丰富扎实的信息化教学技术，才能通过新的网络手段来开展学科课程思政工作。

（三）教师教育工作保障

当前，各大高校都设有教师工作部。但是，从课程思政实施的视角来看，教师工作部并没有充分发挥好对教师的引导工作。未来，教师工作部应充分依靠其部门优势，并与其他部门展开合作，有效提升教师的思想政治水准。

具体来说，当前各大高校的教师工作部的主要职能有：首先，落实党管人才的工作方针政策，执行国家、教育部、学校关于教师思想政治工作的决策和部署，统筹教师思想引领和管理服务工作，提升教师思想政治素质，把教师思想政治工作落实到教师入职、考核、聘任、培养、晋升、评优的全过程；其次，牵头开展学校师德师风建设工作，组织师德师风考核、教育、结果运用工作；再次，开展教师思想动态和管理服务工作的调查研究，指导二级单位开展教师思想教育和管理服务工作；最后，负责教职工的政治审查和各类评优评先工作。

可以看到，教师工作部的重要职责之一就是对大学教师展开思想政治教育工作，提升大学教师的思想政治水准。但是，当前我国各大高校的教师工作部的主要职能集中于对教师的规制、处罚方面，没有充分发挥在思想政治教育方面对教师的引导功用。为此，教师工作部应当积极与教务处展开合作，将对教师的思政建设与课程思政建设予以结合，形成有力的抓手机制。一方面，教师工作部应当联合教务处建立针对教师的思想政治学习制度，督促教师读原著、学原文、悟原理，仔细研读马克思主义经典著作和习近平新时代中国特色社会主义思想的主要著作，进而将党和国家的路线、政策渗透到日常的课程教育中。另一方面，教师工作部应当在有条件的情况下请马克思主义理论专家对专业课教师展开专门的指导和培训，以提升其在具体各自的专业课课程中展开思想政治教育的技能。

三、课程思政建设的内容保障

课程思政要求在实践中于普通专业课程中融入思政的内容，这使得"课程思政"与"思政课程"显然有了较大区分，主要体现在关于思想政治教育的"知识选择"方面。传统思政课程强调讲授知识理论的系统性和完整性，突出理论基础、概念意涵等要素，要求通过思政课程的开展来将相关思政内容完整地展现在学生面前，因此是一门完整独立的专业；与之不同，课程思政并不强调所讲授的思政内容的完整系统性，它强调的是在讲授专业知识的同时，将思想政治教育内容中与之相关的内容借助专业知识予以讲授，从而令大学生对某一方面的具体问题有着更为深入的认知；易言之，学科课程思政要突出价值导向，将社会主义核心价值观中的基本内容转化为具体的人文关怀，将学科培养方案中的诸多抽象概念转化为具体的教学内容。

(一) 开展课程思政的保障原则

1. 要坚持全面贯彻党的教育方针的原则

这是一条方向性的原则,是所有学科开展课程思政工作的首要原则。以法学学科为例,法学学科课程思政必须坚持依法治国与以德治国的结合统一,把立德树人作为教育的根本任务,坚持"德法兼修",坚持通过法学教育来培育社会主义高素质的接班人。

2. 坚持以学生为主体

学科课程思政坚持学生为主体是其本质需要,对学科课程思政进行检验的唯一标准就是学生的获得感,因为教育的本质目的就在于培养并发展人,学生的积极性、主动性只有被切实唤醒,其才能更为能动地、创造性地积极参与思政学习。

3. 坚持专业内容与思政内容有机融合的原则

学科课程思政在实施的过程中很容易导致部分教师对思政内容的引用发生生搬硬套、牵强附会的现象,从而导致课程的"拼凑"感较强,没有起到应有的教育功能。教师需要在专业知识中寻找可以接入思政内容的知识点,从而以润物细无声的方式完成学科课程思政的任务。

(二) 学科与思政内容的融合分析

高校教师在开展教育的进程中,应当充分把握学科知识内容的特殊性,以灵活的方式引入思政政治品德内容。

以法学中的法理学课程为例,法理学是法学的基础性学科,法理学对其他部门法学都具有指导意义,它是法学生的必修课,因此也是教师开展课程思政的重要场域。学理上,法理学的研究对象是法的现象的一般规律,即法律的本质、概念、特征等内容。可以看到,法理学的研究对象是一般性基础理论,其中部分知识揭示的是法学发展的一般规律,这类知识是人类文明的结晶,具有普适性,因而其必然涉及到意识形态的问题。此时教师需要灵活把握其中的关键点,在阐释法学中的意识形态问题的同时,引入思想政治品德的内容。

当然,法学课程与思想政治课程并不都是全然涉及意识形态的问题,所以,从内容的层面上来说,教师需要分别从意识形态与非意识形态两个方面促进法学学科与思想政治教育的融合。

仍然以法学学科为例,一方面,在意识形态的领域中,法学学科课程思政的教学改革相比其他学科而言,具有鲜明的实践上的优势。例如,当下法学教育普遍适用"马工程"的教材,在法理学课堂上,教师对法律本质的讲解必然需要引用马克思主义法学理论的观点,马克思指出:"法的关系正像国家的形式一样,既不能从他们本身来理解,也不能从所谓人类精神的一般发展来理解,相反它们根源于物质的生活关系。"[①]由此,马克思科学地揭示了法的物质根源。根据马克思主义的法哲学观,一定的社会物质生活条件从根本上决定了社会主体的利益需求,各类社会主体的利益需求"在社会主体的现实实践中被普遍化、抽象化、固定化,被赋予应有权利的理念。它们在经典作家的著述中往往被表达为'习惯权利'或'法权要

---

① 马克思恩格斯全集. 第 13 卷[M]. 北京:人民出版社,1962:8.

求'；一定社会条件下的人们因'法权要求'而结成的社会关系被称为'法权关系'"。① 这里所谓的"法权关系"，实际上就是"法"。② 同时，法"往往借助于统治阶级创制法律的实践活动，转化为统治阶级的直接社会权利要求，取得国家意志的形式"，③也就是取得法律的形式。可以看到，在马克思主义法哲学视阈下，法律乃是权利的外在表现形式，由一定的社会生产关系、经济条件所决定的社会群体的权利要求（也就是法）构成了法律最为本质的内容。并且，这些权利要求首先表现为习惯法，其次才表现为法律。"这些生产关系的总和构成社会的经济结构，即有法律的和政治的上层建筑竖立其上并有一定的社会意识形式与之相适应的现实基础。……不是人们的意识决定人们的存在，相反，是人们的社会存在决定人们的意识。"④

可以看到，根据马克思主义法学的观点，社会的经济基础将决定社会上层建筑的基本形态。因之，法学如此，其他上层建筑亦是如此。我国作为一个幅员辽阔的国家，民族众多，经济发展差异较大，因此，我国的社会制度是由我国的经济发展基础而决定的，具有深刻的制度基础，诸如人民代表大会制度等都是符合我国社会物质发展情况的制度；而西方的联邦制、多党制等制度，并不符合我国国情。对这种中西方的差异一定要充分考虑到社会的物质基础。显然，这种内容本身就是良好的思想政治教育，这种形式的授课显然要比单纯的对比类授课更加形象，更为吸引大学生，也更具有说服力和可信度。

另一方面，法学教育和思想政治教育也存在非意识形态的领域，在非意识形态的领域，二者依然可以实现较好的融合。例如在民法中的婚姻继承法方面，法律明确规定，"夫妻有互相扶养的义务。一方不履行扶养义务时，需要扶养的一方，有要求对方付给扶养费的权利"；"父母对子女有抚养教育的义务；子女对父母有赡养扶助的义务。父母不履行抚养义务时，未成年的或不能独立生活的子女，有要求父母付给抚养费的权利。子女不履行赡养义务时，无劳动能力的或生活困难的父母，有要求子女付给赡养费的权利。禁止溺婴、弃婴和其他残害婴儿的行为"。这些内容，尽管是法律的固有规定，但是，这显然也是思想政治教育所应当包含的内容。这些法律条款所呈现出的中华民族的传统美德，是思想政治教育中的重点内容，在这一方面，法学教育与思想政治教育再次实现了融合。

（三）课程思政与教学改革的融合分析

学科的课程思政与教学改革、第二课堂的开展也可以进行有机融合。课程思政的改革必然将引入新的教学内容、新的教学技巧，这些全新的改革内容必然将有效地体现中国国情与中国特色，通过教学改革的开展可以有效助力学科课程思政的开展；第二课堂的开展显然与课程思政也有着千丝万缕的联系，这些课堂中的诸多内容本来就反映着浓厚的思想政治理论内容。

首先，在进行教学的进程中，教师应当积极地引入更多的中国案例，增强学生的本国文化认同。以法学学科为例，诚然，中国属于法治后发国家，法治起步较晚，因此西方发达国家的法治实践值得我国予以认真学习，这导致我国法学教材中有大量西方的司法案例。但如

① 夏锦文主编.法哲学关键词[M].南京：江苏人民出版社，2012：18.
② 公丕祥主编.法理学[M].上海：复旦大学出版社，2010：29.
③ 同上，第31页.
④ 马克思恩格斯全集：第13卷[M].北京：人民出版社，1962：8.

今中国法治事业已经较为繁荣,法治政府、法治社会与法治国家的建设已取得了显著成效,在这一进程中,我国积累了大量宝贵的法治建设经验材料,尤其是司法领域积累了诸多有中国特色的本土案例。因此,在当下的教学改革进程中,教师应当将更多的精力放置于对中国本土案例的讲解之中,从而令学生更好地理解中国法治发展的独特面向,进而增强对本国文化的心理认同,这实际上正是进行法学学科课程思政的有益路径。

其次,参观实践基地教学法也是开展法学学科课程思政的应有之义。仍然以法学学科为例。实践基地凝练了人类文化、文明的结晶,展现了特定时期人类团体或个人的实践成果。诸如南京总统府、上海市博物馆、杭州五四宪法历史资料陈列馆、沈家本故居等实践基地就展现了丰富的法治内蕴,通过参观上述基地也可以起到良好的法学学科课程思政的效果。从教学案例的视角来看,教师可以安排学生们参观杭州五四宪法历史资料陈列馆,然后向学生们提出中国制宪过程中遇到的困难、中国宪法同国外西方国家的不同之处及其内在原因等问题,启发学生们思考我国宪法的特殊制定背景,从而更加深刻地理解中国特殊的国情。这显然是一种更加生动的思政教育过程。

最后,诸如课外辅导,尤其是团课党课等第二课堂更是开展课程思政的有效渠道。习近平总书记指出:"要让支部在基层工作中唱主角,成为团结群众的核心、教育党员的学校、攻坚克难的堡垒。"实践中,有关教师可以在党课进程中,让学生分组自行设置、编排、主持一节微党课,内容除了现场主持之外,还可以辅以视频播放、PPT展示、道具使用等,让学生通过主题的确定、素材的寻找、内容的编排、主持语的撰写,潜移默化领会党的方针政策,感受改革开放四十年带来的美好生活。

四、结语

课程思政在我国高等教育中发挥着重要的作用。"高等学校人才培养是育人和育才相统一的过程。建设高水平人才培养体系,必须将思想政治工作体系贯通其中,必须抓好课程思政建设,解决好专业教育和思政教育'两张皮'问题。要牢固确立人才培养的中心地位,围绕构建高水平人才培养体系,不断完善课程思政工作体系、教学体系和内容体系。"[①]完善我国课程思政体系,促使课程思政与思政课程的有机融合,对于塑造大学生完善的人格,对于我国高等教育的健康发展,甚至对于确保我国社会主义事业的有序推进,都有着显著的积极功用。

---

① 教育部关于印发《高等学校课程思政建设指导纲要》的通知[R/OL]. 中华人民共和国中央人民政府[2020－11－21]. http://www.gov.cn/zhengce/zhengceku/2020-06/06/content_5517606.htm.

第四章

法学类专业课程思政建设的基本思路①——以宪法学课程为例

宪法学课程思政建设在教育引导法科学生全面、深刻理解中国特色社会主义制度优越性方面发挥着支撑作用。当前我国高校宪法学课程教学存在着课程思政目标不明确、课程内容科学化合理化水平有待提升、实施方法单一等问题，影响了宪法学课程思政的效果。从知识传授、能力培养和价值塑造紧密结合的新时代要求出发，在明确的育人目标指引下，宪法学教师应在转变教学观念、推行教学内容模块化和教学方法多元化等方面形成自觉，从而培养出德法兼修的社会主义法治人才。

培养什么人，是教育的首要问题。习近平总书记强调："人才培养一定是育人和育才相统一的过程，而育人是本。人无德不立，育人的根本在于立德。"②作为人才培养的重要基地，高校立身之本在于立德树人。为落实立德树人根本任务，全面提高人才培养质量，2020年5月28日，教育部印发《高等学校课程思政建设指导纲要》，要求各地各高校结合专业特点分类推进课程思政建设。根据《纲要》，法学类专业课程要在课程教学中坚持以马克思主义为指导，加快构建中国特色法学学科体系、学术体系、话语体系；要帮助学生了解法学专业和行业领域的国家战略、法律法规和相关政策，引导学生深入社会实践、关注现实问题，培育学生德法兼修的职业素养。宪法学是法学类专业课程的基础性学科，在教育引导学生全面、深刻理解中国特色社会主义制度方面发挥着支撑作用。本章以宪法学课程为切入口，紧扣课程思政建设的政策、方针，分析了法学类专业课程思政建设的必要性、亟待解决的问题，进而提出法学类专业课程思政建设的思路与举措。

一、宪法学课程思政建设的必要性

首先，学科特点决定了宪法学课程思政建设的内生性。宪法学的研究对象是宪法，由于宪法具有高度政治性，宪法学便比法学其他学科"具有更加鲜明的现实政治性"③。以中国宪

---

① 作者简介：陈胜强，河南信阳人，河南大学法学院副教授、河南大学职务犯罪检察研究中心副主任，硕士生导师，法学博士，历史学博士后。主要讲授"宪法学""监察法学""行政法实训与实践"等课程。
② 马克思主义理论研究和建设工程重点教材编写组.习近平总书记教育重要论述讲义[M].北京：高等教育出版社，2020：46.
③ 马克思主义理论研究和建设工程重点教材编写组.宪法学[M].北京：高等教育出版社，人民出版社，2011：13.

法发展之路为例,尽管中国古代典籍中曾出现过"宪""宪法""宪章""宪令"等词语,但它们与现代宪法的含义相去甚远。鸦片战争以降,救亡图存催生了近代中国的立宪需求。在上下求索过程中,"中国革命同反革命的激烈斗争没有停止过。这种激烈的斗争反映在国家制度的问题上,就表现为三种不同势力所要求的三种不同的宪法"①。最终,中国共产党领导中国各族人民推翻帝国主义、封建主义和官僚资本主义统治,取得新民主主义革命的伟大胜利。毛泽东同志指出:"世界上历来的宪政,不论是英国、法国、美国,或者是苏联,都是在革命成功有了民主事实之后,颁布一个根本大法,去承认它,这就是宪法。"②掌握着国家政权的中国人民通过行使制宪权,制定了反映人民意志的《中华人民共和国宪法》,记载了中国革命、建设、改革的事实与经验,规定了国家的根本制度和根本任务、公民的基本权利和义务、国家生活中最重要的原则。中国宪法与欧美国家宪法在发展之路上的差异,揭示了宪法的高度政治性。如果忽视这一点,就极容易滑向"把一种理论观点和学术成果当成'唯一准则'"和"用一种模式来改造整个世界"的机械论"泥坑"③。宪法的高度政治性,决定了宪法学学科的鲜明政治性,进而决定了宪法学课程教学应教育引导学生形成对宪法发展的"中国故事"、中国宪法制度和宪法运行规律的正确认识。

其次,高校哲学社会科学育人使命驱动宪法学课程思政建设。哲学社会科学以各种社会现象和人类思想活动为研究对象,旨在通过研究揭示人类社会发展的规律。习近平同志指出:"高校哲学社会科学有重要的育人功能,要面向全体学生,帮助学生形成正确的世界观、人生观、价值观,提高道德修养和精神境界,养成科学思维习惯,促进身心和人格健康发展。"④作为哲学社会科学的重要组成部分,法学教育旨在培养德法兼修的社会主义法治人才,而宪法学课程思政在实现这一目标过程中发挥着重要作用。申言之,一方面,宪法学课程思政与思政课虽侧重点不同,但二者的"核心内涵都是育人,都是高校思想政治工作的内在要求"⑤。思政课以多视角、体系化的思路向学生传递"历史和人民选择了社会主义"之脉络;宪法学课程思政立足于专业领域,从"坚船利炮——西法东渐——变法图强——政体纷争与宪法设计"的专业性视角出发,梳理近现代中国立宪历程,并在比较中西法律传统、分析政治与法律相互作用关系的基础上,阐明"工人阶级领导的、以工农联盟为基础的人民共和国的宪法"成为历史和人民选择的理据。可见,在讲好宪法发展的"中国故事"时,宪法学课程思政与思政课"同向同行"。另一方面,宪法学课程思政是思政课的有益补充。在教育引导学生的方式上,思政课之讲授"中国故事""中国制度"犹如洪钟大吕,响彻心扉、发人深思;宪法学课程思政则如涓涓细流,春风化雨、润物无声。在"点"与"面"的关系上,宪法学课程教学为思政课中的诸多命题,如"经济基础决定上层建筑""法的本质是阶级意志的体现""马克思主义中国化的三次理论飞跃"等,提供了专业支撑;而思政课的价值塑造有助于宪法学课程思政保持正确方向,并为学生形成"四个正确认识"提供方向指引。

最后,贯彻落实党的十九届五中全会精神要求做好宪法学课程思政建设。依法治国是我国宪法确定的基本原则。在总结历史经验的基础上,党的十八届四中全会作出全面推进

---

① 刘少奇.关于中华人民共和国宪法草案的报告[J].江苏教育,1954(19).

② 毛泽东选集:第2卷[M].北京:人民出版社,1991:735.

③ 习近平谈治国理政:第2卷[M].北京:外文出版社,2017:340.

④ 同上,第345页。

⑤ 石书臣.正确把握课程思政与思政课程的关系[J].思想理论教育,2018(11).

依法治国战略部署,党的十九届四中全会将全面依法治国作为我国国家制度和治理体系的显著优势之一。更关键的是,党的十九届四中全会的决定还直接做出"健全保证宪法全面实施的体制机制"的各项部署,如"落实宪法解释程序机制""推进合宪性审查工作""加强备案审查制度和能力建设"等,这些部署指明了加强我国宪法实施和监督的方向。在此基础上,党的十九届五中全会强调法治国家、法治政府、法治社会一体建设,并把完善以宪法为核心的中国特色社会主义法律体系、提高依法行政水平、完善监察权审判权检察权运行和监督机制等内容作为推进我国政治制度自我完善和发展的重点任务和工作要求。深入贯彻党的十九届五中全会精神,是当前各级各类机关、单位和哲学社会科学研究者的重大任务。既然理论界把宪法监督制度作为宪法实施的抓手,宪法学课程教学就必须重视我国宪法文本,重视党的路线、方针、政策中关于宪法监督制度的论述,只有这样,学生才能全面、深刻理解贴近中国立宪行宪实际的宪法学原理。

二、宪法学课程思政建设亟待解决的问题

经过广大宪法学教师的不懈努力,我国高校宪法学课程思政建设取得显著成绩:"中国意识"成为学习、研究宪法的出发点,讲好宪法发展的"中国故事"、阐明"中国制度"成为理论界自觉,中国宪法制度的研究越来越体系化、也更贴近中国现实。但我们也看到,当前我国高校宪法学课程思政建设仍存在不少亟待解决的问题。

首先,课程思政目标不明确,以致曲解法学的规范分析方法,进而割裂社会主义民主政治"三要素"的互洽关系。课程本身就具有思政价值,"宪法学"课程尤其如此。然而,当前多数宪法学教师开展课程思政时没有专业化理论指导,也没有操作框架,主要"凭经验""靠灵感",再加上宪法学理论中"事实"与"规范"关系的恒久论争,宪法学课程思政的目标一直不甚明晰。正因为这一点,规范分析方法在"价值无涉"名义下遭到了曲解。众所周知,规范分析方法是法学学习和研究的基本方法,它极其重视法律文本。以我国《宪法》第10条中的"土地"这一术语为例,规范分析方法的思考脉络是:先在第10条中对系争术语进行语义分析,进而将系争术语置于《宪法》相关条文语境中进行体系分析,然后将《土地管理法》《城乡规划法》等下位法中的关联条款与《宪法》第10条进行规范群的比较分析,最后探究实践与制度是否一致、分析原因并提出对策。对于这些政治性色彩不浓的术语,"宪法学"课程教学一般会遵循马克斯·韦伯提倡的"价值无涉"理念,强调运用规范分析方法进行深入解读。但我国《宪法》中也有不少政治性色彩浓厚的术语,如"人民民主专政""党的领导""社会主义""民主集中制",等等。对于这些术语或政治现象,"宪法学"课程教学存在着某种程度的规范主义"偏见":或者回避它们的规范性,或者批评它们的规范性程度较低。实际上,根据马克斯·韦伯的说法,"今天的学生在讲堂上从教师的讲课中所应学到的东西是……承认事实,……然后把关于它们的规定和自己的价值态度区别开来……"[①]。这句话的妥当理解是,合格的社会科学老师在课程教学时既不应从"存在"中推出"应当",也不应动辄以"应当"改造"存在"。我国《宪法》序言以及第1条、第2条、第5条等条款确认"党的领导、人民当家作主和依法治国的有机结合"是社会主义民主政治的本质特征。以此视之,那种在宪法学课程教学时

---

① 马克斯·韦伯.社会科学方法论[M].韩水法,莫茜,译.北京:中央编译出版社,2008:140.

用西方宪法学原理生搬硬套地解读中国宪法基本制度的做法,人为割裂了社会主义民主政治"三要素"的有机联系,曲解了法学的规范分析方法,也陷入了机械论的"泥坑"。

其次,课程教学内容的科学化合理化水平有待提升。课程思政的目标要通过具体教学过程方能实现。对学生而言,课程内容是一种载体,在学习过程中逐渐内化为学生的学习经验;对教师而言,则需思考提供什么样的教育经验更有利于达成育人目标。于是,适当的教材、教学内容供给的专业独特性、学生的课堂体验,成为关乎课程思政目标的内容要素。作为"当今我国教育出版界错误最少的宪法学教材之一"①,在当前,"马工程"教材《宪法学》基本实现了对全国高校宪法学课堂的全覆盖。那么,如何依托该教材提供专业性的内容供给,增强学生的课堂体验,便成为实现课程目标的关键性因素。一般认为,基本原理、基本制度和宪法实施是宪法学课程体系的三大构成部分,基本原理部分旨在界定概念、梳理历史、阐明原则,基本制度部分立足宪法文本以诠释制度内涵,宪法实施部分重在揭示宪法监督的体制机制。三者之间的逻辑关系是:基本原理部分是总结归纳与总论,基本制度部分是本体内容与分论,宪法实施部分是保障机制与结论。三者之间既是逻辑上的前后延续关系,又是内容上的互洽与协同关系。令人遗憾的是,当前我国不少高校宪法学课程教学内容存在着"头重脚轻""重逻辑、轻经验""重知识、轻思政"现象。细言之,所谓"头重脚轻",是指在教学内容安排上,基本原理部分占据相当篇幅,基本制度部分占相应比例,宪法实施部分投入最少,授课教师在三大部分投入的时间和精力依次递减。所谓"重逻辑、轻经验",是指课程教学时对概念、特征、效力等抽象问题着墨极多,而对基本制度中的机关组成、权力内容、工作制度与程序,以及公民权利的内容、类型、行使方式等着墨偏少,甚至片面地将其与考试挂钩来取舍内容,而对于实践中正在运行的制度关注不多。所谓"重知识、轻思政",是指没有形成体系思维,孤立地解读教材和法条,不能清楚解答社会主义宪法与资本主义宪法的异同,不能深入阐释中国特色社会主义制度和国家治理体系的本质特征、制度优势、治理效能,不能立足国情而又平衡好古今中外的关系,从而无从引导法科学生形成"四个正确认识",并树立"四个自信"。由于课程教学内容的科学化合理化水平不高,"宪法学"作为法学专业的基础性课程,其课程思政建设要么被虚化,要么亲和力和针对性不强,达不到"守好一段渠、种好责任田"要求。

最后,课程教学的实施方法单一,课程评价流于表面,致使学生对宪法学课程思政有疏离感甚至抵触情绪。习近平总书记指出:"教师是人类灵魂的工程师,承担着神圣使命。……高校教师要坚持教育者先受教育,努力成为先进思想文化的传播者、党执政的坚定支持者,更好地担起学生健康成长指导者和引路人的责任。"②由此可见,专业课教师居于课程思政建设的核心地位,而其课程思政能力尤为重要。课程思政能力的外化和载体是教学方法,因此,从教学方法视角出发,更能对法学类专业课教师的课程思政能力有准确评价。与法学其他专业课程相比,"宪法学"专业性强、政治性强,对授课教师提出更高要求。但在当前,我国不少高校宪法学课程教学方法单一,突出表现为"以教师为中心""以教材为载体""以灌输填鸭为手段"三个方面,影响了课程思政的效果。细言之,所谓"以教师为中心",是指教学方案设计以方便教师课堂授课为宗旨,课程教学内容安排满满,强调知识传授、忽略

---

① 林来梵.宪法学讲义(第三版)[M].北京:清华大学出版社,2018:8.
② 习近平谈治国理政(第 2 卷)[M].北京:外文出版社,2017:379.

技能培养和价值塑造,课程教学沦为教师的"个人独奏",与之相应的是,应试化的考卷成为评价学生能力的主要载体。所谓"以教材为载体",是指课程教学完全依赖教材,而且不能以一条主线将学科内容串联,以至于教条地解读教材内容。所谓"以灌输填鸭为手段",是指割裂讲课与听课良性关系,忽视学生听课体验,将知识传授置于中心地位,教学安排限于"课堂四十五分钟"。这种课程教学方法的后果是,形成单向对立而非双向互动的课堂,形成知识传授至上但价值塑造淡薄的课堂,形成"学究"风气盛行但实践观念不彰的课堂。以培养德法兼修的社会主义法治人才为标准来审视,这种教学方法和流于表面的评价机制,不仅使得课程教学的专业性打了折扣,而且使得课程思政效果也无从提起。

三、宪法学课程思政建设的思路及举措

"教育应当对一个人的知识、道德观、行为习惯、审美和能力的发展起到帮助。"①高等教育中的法科教育以培养德法兼修社会主义法治人才为核心,以立德树人为根本,其重心是要实现学生德智体美劳全面发展。在协同育人要求下,专业课教师担负"守好一段渠、种好责任田"的重要职责。为此,专业课教师应形成课程思政的责任自觉,把"被动要求转化为自身的主动需求、由他律转化为自律"②。从一线教学实际出发,要做好宪法学课程思政,宪法学教师应按照"1+3+1"思路展开课程教学改革。

首先,宪法学课程思政建设应明确一个育人目标,即通过观察教师的教育经验,法科学生能够用自己的语言,用若干真实案例,有说服力地讲述中国特色社会主义制度的优越性。美国学者布鲁贝克认为:"大学需要将高深知识转化为智慧,智慧涉及价值和事实两个方面,当真正反映事物本质的知识按照人类的需要组合起来并满足人们希望时,智慧就会从知识的背后呈现出来。"③可见,大学的课程教学不能仅仅止步于知识传授,而应将"课程知识背后的'智慧与德性'呈现出来"④。宪法学课程教学首先担负着准确讲授国家权力配置与规范运行、公民权利确认与充分保障、宪法监督制度的专业性知识。为此,宪法学教师应谨守规范法学研究方法,从中国宪法、宪法性法律、宪法惯例等制度资源出发,结合中国立宪行宪实践,深入而系统地阐释中国宪法运行的机制与原理。只有这样,宪法学学科的知识性、学术性和应用性才能得到保障。进而,宪法学课程教学还要通过梳理宪法历史,揭示宪法产生、发展的一般规律和现代宪法的基本原则。为此,宪法学教师应当遵循"学术无禁区、课堂有纪律"要求,审慎、客观地分析问题、得出结论。以国家权力配置问题为例,西方秉持国家机关的权力分立理念,但基于各自国家法律传统不同而形成了美国式的"分权制衡"、英国式的"议会主权与权力分立"、德意式的"权力分立与制约"、法俄式的"权力分立与行政二元制";中国秉持国家机关的职能分工理念,基于法律传统而形成了民主集中制的权力配置模式。经过中西比较,我们可以说"权力制约是世界共识",但不能说"分权制衡是唯一选择"。在这样的比较过程中,中国宪法制度的独特性逐渐彰显,这就奠定了理解"中国制度"的基石。但宪法学教师不能仅止步于此,还应以比较分析得来的宪法一般知识为参照去梳理中国宪法

① 迈克尔·马修斯. 科学教学——科学史和科学哲学的贡献[M]. 刘恩山,等译. 北京:外语教学与研究出版社,2017(6).
② 罗仲尤,等. 高校专业课教师推进课程思政的实践逻辑[J]. 思想理论教育导刊,2019(11).
③ 布鲁贝克. 高等教育哲学[M]. 王承绪,等译. 杭州:浙江教育出版社,2001:131.
④ 伍醒,顾建民. 课程思政理念的历史逻辑、制度诉求与行动路向[J]. 大学教育科学,2019(3).

史,发掘出中国立宪事业发端的条件、立宪纷争与最终抉择。经过对现行制度的规范分析、中西制度的比较分析、中国制度的历史与文化分析三个阶段,宪法的"中国故事"如画轴一般展开,而学生如同置身画卷,对"历史和人民选择了社会主义""中国共产党领导是中国特色社会主义最本质的特征"有切身体会。这样一来,我国宪法序言记载的建政史、宪法条文的制度设计精神便如涓涓细流润入学生心田,学生在潜移默化中树立对中国特色社会主义制度和国家治理体系的信仰。

其次,"高等教育政策倡导的成败根本上依赖于属各系和学科的大学教师的行为,它们的影响难以测量,但它是决定性的。"①为此,宪法学课程思政建设还应依托于课堂、依托于宪法学教师,并着力开展三项具体改革。表现在:

(1)宪法学教师转变教学观念,平衡好知识传授、能力培养和价值塑造的关系。

课堂是专业课教师的"责任田"。要种好这块"责任田",宪法学教师既不能陷入"把'课程思政'视为大杂烩而冲淡专业"的误区,也不能陷入"把'课程思政'等同于思政课而淡忘主业"的误区。②为此,宪法学教师应当做到:其一,关注课程思政研究动态,对课程思政必要性、基本内涵、基本要求有清晰认识,明确宪法学课程思政建设的目标。其二,通过培训、研修、自学等多种形式,认真学习马克思主义和习近平新时代中国特色社会主义思想,做到自己首先将中国特色社会主义制度和国家治理体系的显著特征入脑入心。其三,关注中国宪法制度和行宪实践,并熟练运用规范法学方法对相关问题进行丝丝入理、环环相扣的论证,讲好"中国制度"。其四,通过言传身教和采用多元化教学方法,将中国特色社会主义制度和国家治理体系的显著特征讲好,实现知识传授、能力培养和价值塑造的紧密结合,引导学生走向深度学习。

(2)宪法学教师推行模块化教学,厚植课程教学内容之壤。

课程教学内容的科学化合理化水平与课程思政的效果密切相关。作为讲授中国国家根本法的专门课程,讲好"中国故事"、阐明"中国制度"是宪法学课程教学的应有之义。为此,宪法学教师应当:其一,统筹设计,按照"3:5:2"比例合理安排《宪法学》课程体系三大构成部分的课堂投入。其二,将宪法学课程教学中"引论(或导论)"和"总论"合一,言简意赅解答"宪法是什么",即"宪法是规定国家政权组织规则,确认公民基本权利和义务,明确宪法保障制度的国家根本法"。进而,通过对中国年度十大宪法事例进行个案分析,并结合对国外宪法现象的解读,让宪法贴近学生,让学生形成对"宪法学是治国安邦之学"的深刻印象。其三,以"基本原理——基本制度——宪法实施"为课程教学的主线,将教材内容与宪法文本有机结合:先做"减法",即通过教材目录的导读,让学生对宪法学课程体系有宏观把握;再做"加法",即将教材内容、中国宪法文本和国外典型宪法文本综合使用,逐步提高学生提取、分析信息的能力,让学生对宪法学作为一门法律科学有深入细致把握;最后再做"减法",即通过学期末复习总结,回顾宪法学知识体系,引导学生通过自主学习形成自己的知识体系,并形成对"中国制度"的理解与自信。其四,在宪法基本原理的课程教学中,特别是对中国宪法史、中国宪法基本原则的讲授中,不仅重视事实梳理(即"坚持党的领导"是中国革命、建设和改革的基本经验),也重视规范论证(即"坚持党的领导"是我国宪法和法律的明确规定),还

① 弗兰斯·范富格特. 国际高等教育政策比较研究[M]. 王承绪,等译. 杭州:浙江教育出版社,2001:43.
② 鄢显俊. 论高校课程思政的"思政元素"、实践误区及教育评估[J]. 思想教育研究,2020(2).

强调文化分析（即"坚持党的领导"是实现中国政治文化继承与更新的内在要求）。这样一来，宪法学教师厚重的学术素养、密切的现实关注、正向的观念引导，促进着学生对中国特色社会主义制度和国家治理体系有着全面、深刻理解。

（3）宪法学教师"以学生为中心"，采用多元化教学方法增强学生的课堂获得感。

与知识教育不同，思想教育影响的主要是学生的情感、认知模式、行为习惯和价值观，故思想教育"关键在于与他们心灵的沟通，在于与他们生活经验和现实境遇的契合"①。大学生朝气蓬勃、接受新事物迅速、有较强的识别和分辨能力，要搞好专业课的课程思政，必须考虑到大学生的这些特点，树立"以学生为中心"的授课理念。为此，宪法学教师应当：其一，营造并维护教学平等的和谐课程教学氛围，教学活动针对学生的思想实际和他们在学习、生活、社会交往、社会实践中遇到的问题与困惑展开，"既有总体上的'漫灌'又有因人而异的'滴灌'"②；采用学生喜闻乐见的话语方式，让学生置于"家事国事天下事，事事关心"的情境中理解我国宪法中规定的制度。其二，通过课堂讲授、案例讨论、读书会等形式引导学生提高学习宪法专业知识的能力，实现"课堂、书本和教师为主"向"课内外、书内外和学生自主"的转变，让学生明确"宪法学"知识体系的严谨性、规范性。其三，通过视频、图文、案例等富有生动性和感染力的方式，加深学生对"党的领导、人民当家作主、依法治国有机结合"的社会主义民主政治的印象，使学生在不知不觉中深受教育。其四，综合使用教师中心型教学法、师生互动型教学法、问题驱动型教学法和实践型教学法，教育引导学生形成自主学习、深度学习、终身学习和克服困难的健康品格，从而实现宪法法治教育、能力培养和价值塑造协同发展的法学类专业课程教育目标。

最后，依托一个有效的课程教学改革方法，以为宪法学课程思政建设提供技术支撑。如果把课程思政建设视为一个项目工程，要达成改革目标、做实做细改革内容，专业课教师不能忽视技术路径的重要性。为此，宪法学教师应当：①用好文献研究法，深入研读中共中央、国务院、教育部以及省级教育行政主管部门关于课程思政建设的文件，密切关注课程思政的理论界研究动态，并按照"一校一策略""一科一方针"理念设计宪法学课程思政建设的方案与实施计划。②用好 PDCA 循环法，按照"计划（Plan）——实施（Do）——检查（Check）——处理（Action）"程序，结合高等教育评估一般原则、方法和宪法学课程思政目标，对本门课程的育人成效进行定性与定量评估，不断提高宪法学课程思政质量和课程思政效果。③用好总结反馈法，及时总结宪法学课程思政建设的经验，推动课程思政问题在本教研室（系、所）展开研讨，推动本学院教学改革研讨会上对课程思政问题进行充分交流；进而，以学院为单位汇聚共识、总结凝练法学专业课课程思政建设的参考指南，上报学校并由其适时报备省级教育行政主管部门，以便教学推广。

结语

著名课程论专家迈克尔·W·阿普尔指出，"如果有人要指出有关教育知识中最受忽略的领域之一，可能就是这一点，即缺少对意识形态和教育思想与实践之间关系的批判性研

---

① 张立昌. 大学人文教育批判和实践的逻辑与表现样态[J]. 华东师范大学学报（教育科学版），2006（4）.
② 刘承功. 高校深入推进课程思政的若干思考[J]. 思想理论教育，2018（6）.

究,缺少对指导我们过度强调技术性思维领域的常识性假设研究"①。可见,做好专业课课程思政,是"课程本身蕴含思政价值"的课程论之基本预设。与此同时,加强新时代我国高校思想政治教育也内在要求搞好专业课课程思政建设。

专业课课程思政建设既是一项战略工程,又是一项系统工程,需要高校各专业课教师的广泛参与。为此,一方面,专业课教师应当调整教学观念,形成知识传授、能力培养与价值塑造相结合的课程思政"自觉"。具体到宪法学课程思政建设,宪法学教师既要扮演好"授业解惑"角色,把学生领入丰富多彩的宪法学世界,引导他们形成对宪法学学科体系逻辑性、知识性、规范性、应用性的深刻印象;又要扮演好"传道"的角色,在对规范国家权力运行、保障公民权利行使的知识讲授中,让学生深刻理解"中国制度",用心感悟"中国故事",从而形成对宪法的政治性的理性认知。另一方面,专业课教师应当认真学习并领会关于课程思政的法规、文件精神,关注课程思政的研究动态,积极投身于课程思政研究,厚培课程思政学理支撑之基。具体到宪法学课程思政研究,作为一名长期从事宪法学教学与研究的学者,笔者通过文献梳理、调研访谈等手段发现,当前我国高校宪法学课程教学存在课程思政目标不明确、课程内容科学化合理化水平有待提升、实施方法单一、课程评价流于表面的问题,影响了宪法学课程思政的效果。从立德树人的新时代要求出发,加强宪法学课程思政建设应充分重视宪法学教师的主观能动性,并按照"1 + 3 + 1"课程教学改革思路展开,从而教育引导学生形成"四个正确认识"并逐步成长为德法兼修的社会主义事业建设者和接班人。

---

① 迈克尔·W·阿普尔. 意识形态与课程[M]. 黄忠敬,译. 上海:华东师范大学出版社,2001:13 - 14.

分　论

第一章

法理学课程思政教学设计[①]

第一节　教学设计基本思路

一、设计思路阐释

习近平总书记曾多次强调,全面推进依法治国需要培养大批"德法兼修"的高素质法治人才。法理学是法学专业课程体系中的基础专业课,一直是马克思主义教育在法学专业的主阵地之一。在法理学课程教学中体现思政教育不仅责无旁贷,也是教学的应有之义。现行"马工程"法理学教材在多处体现了思政教育的编写目的,课程思政几乎处处可以体现,本节所示只是其中的部分列举。

我们需要对思政教育作广义的理解,不仅包括马克思主义的政治意识形态教育、历史观、人生观、价值观教育,包括信仰、道德、情感和意志教育,还包括科学理性的真理观、求真务实的实践精神等。具体到法学法治领域,还应结合本专业的职业共同体的法治理念、法治信仰、法律职业精神等。

近年来,我们借鉴国内相关高校法理学教学改革的行之有效的做法,把法理学教学一分为二,第一部分进行"法学基础知识"教学(含法的概念、法的体系、法的要素、法的渊源、法的效力、法律关系、法律行为、权利义务、法律责任、立法、执法、司法、法律方法等),第二部分进行"社会主义法哲学初步"教学(中外法学简史、法的产生发展与历史类型、法的价值论、法与政治经济文化社会的关系理论、中国特色社会主义法治原理)。以我个人的教学体验来说,这两部分的思政结合方式略有不同:第一部分的思政结合以散点结合为主,即结合具体的法学基础知识的教学,因地制宜灵活结合思政教育,以渗透方式进行。第二部分则以板块为主,因为教学内容本身即具有思政的性质。

因此,本节所列举的思政结合点,第2—6项是通过列举说明散点式的方式如何结合具体基础知识的教学渗透课程思政。第1、7—9例举板块式教学如何归纳课程思政的主要结合点。

---

① 作者简介:陈晓峰,安徽合肥人,安徽大学法学院讲师,法学博士。主要讲授课程为"法理学""法社会学"等。

思政教育在专业课程中的体现,贵在潜移默化、润物无声,最忌牵强附会、游离主题、生吞活剥。法理学的课程思政设计应紧密围绕法律概念、规则、原则、原理以及蕴含在这些法学知识理论中的意识形态、核心价值观、政治伦理、法治理念以及马克思主义的唯物法学观、法治观,从而领会当代中国特色社会主义法治体系的核心内容和本质要求。使学生在学习基础知识理论的同时,养成法律思维、法治思维的专业能力与习惯,自觉形成正确的法学观和法治观,为成长为"德法兼修"的高素质法治人才打下坚实基础。

二、法理学课程思政教育结合点例举

序号	教材对应知识点	课程思政结合点	说　明
1	法的定义及本质	马克思唯物主义法学观。	对比在二千多年法学史中形成的各种关于"法是什么"的定义,解析为什么马克思主义法学概念最能揭示法的本质。
2	法的渊源及分类	科学与理性的法史观:坚持制度自信、文化自信同时又有广阔的世界视野。	法的不同类型的渊源体现着不同的法文化类型。世界不同法律制度与法律文化既相对独立发展又交互借鉴融合。
3	法的效力 法的效力冲突及其处理	法律主权与国家尊严。 宪政原理与法治精神。	(1) 法的对人效力与空间效力基本原则的历史包含着我国的屈辱历史与自豪的今天; (2) 法的效力冲突解决的一般原则与特殊方法体现着宪政、法治的基本精神。
4	法律关	现代法律中的人文主义思想、与时俱进的时代精神与法治思维要求。	(1) 法律关系主体的历史发展,凝结着法律文明从古代到现代的人权成果; (2) 法律关系客体范围的发展变化,体现着法律的时代需求和价值更新; (3) 法律关系的内容:权利(权力)与义务(职责),作为法学的核心范畴体现着法律思维和法治思维的精髓。
5	法律责任	科学与理性的法律精神。 应珍惜法治文明的得之不易。	(1) 责任的分类及其构成要件,体现着法律的理性与智慧; (2) 法律责任认定与归结的原则,体现着近代以来法治价值的成果。
6	社会主义立法和法律实施	社会主义法治的基本要求。	(1) 立法的民主原则与科学原则; (2) 严格执法的基本要求; (3) 公正司法的核心要义; (4) 全民守法的准确理解; (5) 法律监督的制度设计。
7	法的价值	法价值中凝结的社会主义核心价值观。	社会主义法的价值理论体现社会主义的正义观,平等、自由、人权等既是法的应有价值,也是社会主义核心价值观的要求。

序号	教材对应知识点	课程思政结合点	说　明
8	法与政治、经济、文化与社会	科学与理性的社会主义法律观：法治的工具价值与目的价值。	(1) 互为前提与保障：法治与民主的共生与互促； (2) 反应装置与推进装置的统一：法治与市场经济发展的辩证关系； (3) 适应与进化：法律生命与发展的社会文化土壤与社会文化进步的法治动力。
9	依法治国、法治国家	新时代的中国特色社会主义法治发展：从十五大到十九大中国特色社会主义法治理念、理论、制度的发展成果。	(1) 法治理念、理论在党的文件到宪法修正案中的表述发展； (2) 从"法治国家"到"法治国家、法治政府、法治社会"三位一体共同推进； (3) 从建设中国特色社会主义法律体系到建设中国特色的社会主义法治体系； (4) 依法执政、从严治党、依法防腐反腐党规党法是中国特色社会主义法治体系的重要一环。

第二节　教学设计典型课例

一、通过"法的定义及本质"知识点的教学,树立马克思唯物主义法学观

(一) 知识点概括

1. 知识点

古往今来,众多的思想家从不同立场、观点和方法给法下的定义,可以概括为三大类:

第一类是从本体的角度下定义,说明法是什么。比如以我国古代的管仲、西方中世纪的阿奎那等为代表的规则说;以霍布斯、边沁、奥斯丁为代表的命令说;以格雷等现实主义法学为代表的判决说;以布莱克等行为法学派为代表的行为说等。

第二类是从法的本源角度,说明法自何出。比如以古代君权神授观点为代表的神意说;以朱熹、西塞罗等为代表的理性说;以罗伯斯比尔等为代表的意志说;以霍贝尔等为代表的权力说等。

第三类从法的功能角度,说明法的重要性。比如亚里士多德等为代表的正义工具说;以桓宽、庞德等为代表的社会控制说;以富勒等为代表的事业说等。

以上各种学说或是为了某种统治利益,或是从某个方面说明法的某个方面特征,并不能从本质上说明法和法律现象。

马克思主义经典作家通过对社会历史的分析,深刻揭示了法的社会本质。"法的关系正像国家的形式一样,既不能从它们本身来理解,也不能从所谓人类精神的一般发展来理解,相反,它们根源于物质的生活关系。""只有毫无历史知识的人才不知道:君主们在任何时候都不能向经济条件发号施令。无论是政治的立法或市民的立法,都只是表明和记载经济关

系的要求而已。"因此,在终极的意义上,法是由社会物质生活条件决定的,政治、思想、道德、文化、历史传统等也对法律有所影响,但归根结底也都是由物质生产条件所决定。在阶级社会,法始终体现着统治阶级的意志。

2. 传统讲授方式

受国外实用主义法学和后现代主义法学的影响,关于法的定义和本质这部分内容在法理学教学中一度被虚化。通常教师讲到这个知识点时,多半会简单介绍史学观点的及格概念,而不作深入的解析和评价。马克思主义的法学观难以在生动的对比和思考中得以领悟。

(二)结合思政设计

1. 课程引入

结合具体案例讨论为何我国的"反家庭暴力"立法迟迟于2015年才颁行? 为什么古代没有产生《著作权法》《商标法》等知识产权法律?"性骚扰"立法和"个人信息权"立法为何在现代如此重要? 20世纪美国和苏联的禁酒令都纷纷失败了,原因何在? (具体的案例可以由不同的老师根据情况进行选择)

通过以上具体的法律现象,讨论并启发学生思考:规则赖以确立的基础究竟是什么? 如何理解大量社会规范和法律规范并非君主(领袖)的命令? 如何理解人们的实际行为往往溢出法律的规定? 如何理解不同时代不同文化法律的差异? 法律体现的究竟是谁的意志?

2. 思政结合

围绕"法律是什么"这一法理学史上著名的核心问题展开讨论,并介绍以上各种学说,指出其合理的一面,同时进行诘问,引导学生发现以上各种非马克思主义法的定义的缺陷之处:莫测的神意、抽象的规则和所谓的客观理性等为什么不能很好地解释法的本质。

通过对所讨论问题的思考,初步理解了为什么马克思说"法的关系正像国家的形式一样,既不能从它们本身来理解,也不能从所谓人类精神的一般发展来理解,相反,它们根源于物质的生活关系"。"无论是政治的立法或市民的立法,都只是表明和记载经济关系的要求而已。"破除了对形形色色林林总总各种不同的法的本质学说的迷雾,才能更好地理解法律的社会本质和社会功能,不至于陷入对法律的虚无主义或理想主义的歧途,为法学学习和法治观念的树立奠定坚实的思想基础。

3. 思考讨论

如何理解"法体现统治阶级意志"与"法由社会物质生活条件决定"二者之间的关系?

二、在"法的渊源及分类"知识学习中形成"坚持制度自信、文化自信同时又有广阔世界视野"的法史观

(一)知识点概括

1. 知识点

法的渊源是指法具有效力的表现形式,从总的分类来说,分为成文法和不成文法。这一章节是一个重要的知识点,"法的渊源""成文法"和"不成文法"均是重要的法学概念。学习

这些概念的过程中,又必须学习"规范性法律文件""习惯法""判例法""惯例"等概念。其中关于英美国家普通法(The Common Law)法律传统的"判例法"是学生理解的难点。

2. 传统讲授方式

由于这一部分知识性很强,所以以往的教学中,教师往往专注于知识讲解,注重概念分析,忽略思想品格的启发与塑造。其实,在具体的知识传授的过程中,顺带完成这些知识点蕴含的思想品格的启发,不仅是可能的也是必要的。

(二) 结合思政设计

1. 课程引入

由生动案例帮助学生理解"习惯法""判例法"和"惯例"

案例一:房屋买卖中的"凶宅案"。帮助理解《消费者权益保障法》第14条规定,"消费者在购买、使用商品和接受服务时,享有其人格尊严、民族风俗习惯得到尊重的权利"中风俗习惯如何被法律所认可,从而理解习惯法。

案例二:布朗诉托皮卡教育委员会案。帮助理解这一案件之所以曲折是因为之前的普莱西诉弗格森案判例所确立的美国南方州黑人儿童和白人儿童分校的"隔离但平等原则",从法院在前案所确立的规则如何具有对后案的法律效力,理解普通法国家"法官造法"所形成的"判例法"。

案例三:美国总统宣誓就职手按圣经这一政治性宪法惯例。

案例四:国际货物贸易中贸易术语的采用。帮助理解这些非经由特定机关制定的惯例如何具有法律渊源的特征。

通过以上案例的介绍,启发学生认识到,特定机关行使特定的立法权经由法定程序制定的法律文件(规范性法律文件),作为成文法的最重要部分,对于成文法国家的人来说不仅更容易理解,也往往被认为是当然的法律的表现形式。但法律现象是丰富而复杂的,对于我们成文法国家的法科学生来说,首先要懂得法律根植于社会生活,漫长的人类历史所留下的社会习俗本身就具有社会规范的功能,这些社会习俗与法律的关系是复杂的,有时候我们需要认可这些习俗使之具有法律的效力;其次,我们要理解和接受在法律传统、法律观念和法律表现形式不同于我们的普通法国家法律的不同来源和不同表现。

2. 思政结合

法的不同类型的渊源不仅体现着法的制度来源的复杂性,更体现着不同的法文化类型。

世界不同法律制度与法律文化既曾经相对独立发展又在历史中交互借鉴融合,形成今天的世界五彩斑斓的法律现象。

法律的发展必须尊重人类的历史生活和现实生活,这对于形成正确的法律观和法治观都格外重要。防止那种眼睛里只有概念、定理、逻辑的技术主义倾向,防止立法至上、立法万能的思想倾向。那种以为立法机关的制定法可以统摄一切并解决所有社会问题的看法是形而上学的,是不成熟的。

更为重要的是,我们中国改革开放的40年历程就是我们的国家开放的历程、积极融入世界发展,走向世界舞台的历程。在这一历程的未来时态中,新时代的需要更多的既具有本国文化自信和制度自信,同时又具有兼容并包的世界视野的人才。在中国与世界共处和共同发展的进程中,相互对于彼此法律的理解显得尤为重要。在法学学习的起始阶段,在观念上树立开放的法史观尤为重要。

3. 思考讨论

在我国,习惯法、指导性案例和惯例与制定法之间的关系是什么?

三、在"法的效力""法的效力冲突及其处理"知识学习中培养"法律主权与国家尊严"意识,理解法的效力层级处理中的"宪政原理与法治精神"

(一) 知识点概括

1. 知识点

法的效力指的法对人的拘束力。法的效力范围:对象效力、时间效力、空间效力。即法对哪些"人"有效力? 在何种空间范围内有效力? 在何期间有效力?

其中实践中,法的对人效力往往是和法的空间效力紧密结合在一起的,成为国际间不同国家人们交往中最经常的法律适用问题。关于法的对象效力和空间效力的交织,历史上各国各时期曾经采用过以下不同的处理原则(属人主义原则、属地主义原则、保护主义原则、综合主义原则)。现在世界各国多采取综合主义原则。

关于法的域外适用的问题,法律主权的原则出发,现世界各国一般不承认外国法的本国适用。特殊情况下根据国际法原则和相互间条约,部分法律具有域外效力。

关于法的效力冲突及其处理,一般处理原则是:根本法优于普通法、上位法优于下位法、特别法优于一般法、新法优于旧法。法效力冲突的特殊方式则根据不同层级和性质的法律文件分别交由有权机关裁决。

2. 传统讲授方式

由于这一部分内容的知识性很强,所以以往的教学中,教师往往专注于知识介绍,注重概念分析,容易忽略其中蕴含的思想性因素。如果安排得当是可以在具体的知识传授的过程中,同时完成思想教育的。

(二) 结合思政设计

1. 课程引入

案例:领事裁判权与会审公廨。领事裁判权指的是一国公民在侨居国成为民事、刑事诉讼被告时,该国领事具有的按照本国法律,予以审判、定罪的权力。在中国近代,西方列强根据强迫中国政府签订的不平等条约获得了这项特权。与领事裁判权有关的,是所谓会审公廨制度。由于帝国主义得寸进尺,原来是相互的观审变成了只许外国领事到中国官署观看外国人为原告的案件的审理,而不许中国官员到领事法庭观看中国人为原告的案件的审理;外国领事不但干预中外交涉的诉讼案件,而且还篡夺了纯属中国人之间的诉讼案件的司法管辖权。由于租界的存在,中国政府曾经在上海、汉口、厦门设有"会审公廨"。

尽管近年来学界部分学者关于领事裁判权的研究有不同的观点,但领事裁判权以及会审公廨的存在严重损害中国的司法主权的这一事实是不容忽视的历史事实。

法的对象效力和空间效力交织问题,不仅仅关乎具体当事人的权利义务和利益,而且还紧密关系到国家的法律主权。法的对人效力与空间效力基本原则形成历史,包含着我国的被迫承认外国"治外法权的"屈辱历史与完全独立自主的法律主权的今天。

2. 思政结合

案例结合知识点理解法的效力冲突处理体现着宪政原则和法治精神。

案例:李慧娟法官撤职免职案。

2003年,洛阳市汝阳县种子公司与伊川县种子公司发生合同纠纷,洛阳市中级人民法院对此案进行审理。在审理过程中,伊川公司同意对汝阳公司进行赔偿,但在赔偿损失的计算方法上却与汝阳公司存在差异。汝阳公司认为玉米种子的销售价格应依照国家《种子法》的相关规定,按市场价执行;伊川公司则认为应当依据《河南省农作物种子管理条例》确定的政府指导价进行赔偿。

承办法官李慧娟作出判决:《种子法》实施后,玉米种子的价格已由市场调节,《河南省农作物种子管理条例》作为法律阶位较低的地方性法规,其与《种子法》相冲突的条款自然无效。

当年10月,河南省人大主任会议研究认为,洛阳中院在其民事判决书中宣告地方性法规有关内容无效,实质是对省人大常委会通过的地方性法规的违法审查,违背了我国的人民代表大会制度,侵犯了权力机关的职权,是严重违法行为,要求洛阳市人大常委会"依法行使监督权,纠正洛阳中院的违法行为,对直接负责人员和主管领导依法作出处理。11月7日,根据省、市人大常委提出的处理要求,洛阳中院党组拟出一份书面决定,准备撤销相关庭的副庭长职务和李慧娟的审判长职务,免去李慧娟的助理审判员资格。

法的效力冲突解决的一般原则与特殊方法体现着宪政、法治的基本价值。不论是根本法优于普通法、上位法优于下位法的一般处理原则,包括特殊处理方式中,作为国家最高行政机关的国务院对地方性法规与部门规章的冲突进行裁决时,对人大机关的谦抑也体现着我国人民代表大会制国体的宪政原则和法治精神。

3. 思考讨论

2011年"湄公河惨案"在域外湄公河三角洲发生后,几名缅甸籍、泰国籍嫌疑犯潜逃,经过六个月的抓捕,次年被绳之以法并移送我国。2012年11月,我国昆明市中级人民法院宣判其中六名被告死刑。2013年3月,案件主犯糯康等六人在我国云南昆明被执行死刑。请结合本节知识点谈谈该案中"法的对象效力原则"的适用。

四、在"法律关系"知识学习中理解现代法律中的人文主义思想、与时俱进的时代精神与法治思维要求

(一)知识点概括

1. 知识点

法律关系的三要素:法律关系主体、客体和法律关系的内容。

2. 传统讲授方式

由于这一部分内容的知识性很强,所以以往的教学中,教师往往专注于知识介绍,注重

概念分析,容易忽略其中蕴含的思想性因素。如果安排得当是可以在具体的知识传授的过程中,同时完成思想教育的。

(二) 结合思政设计

1. 课程引入

由法律关系主体、客体的范围的讨论启发理解现代法律中的人文主义思想、与时俱进的时代精神。

(1) 不同历史时期法律关系主体的范围不同

以自然人为例,本国公民与外国公民、无国籍人的主体范围不同;特殊情况下,胎儿、死亡的人可以作为法律关系的主体。以法人为例,《民法典》的颁布就确定了例如农村集体经济组织法人、基层群众自治组织法人等长期悬而未决的法人主体地位。

(2) 不同时代、不同的国家物的范围不同

比如野生动植物、贵金属、土地、枪支弹药、淫秽物品、毒品等。

不同时代不同国家关于人身与人格的法律客体范围也不相同,比如现代社会禁绝人口买卖、器官买卖,而同时随着科技发展,生殖细胞、器官、血液、毛发、遗体等可以作为部分法律关系(如捐赠)的客体。

随着互联网的扩展和数字存储技术的发展,信息在法律关系客体中的地位将愈加重要举例:矿产情报、产业情报、国家机密、商业秘密、个人信息等。

法律关系主体的历史发展,凝结着法律文明从古代到现代的人文主义和人权保护的成果。法律关系客体范围的发展变化,体现着法律的时代需求和价值更新。

2. 思政结合

讨论权利与权力的联系与区别,通过制作表格式领会权利与权力不同的内在原理,理解其中蕴含的法治思维要求。

	权利	权力
行使主体	一般平等主体	代表国家具有公务性质的主体
表现形式	权利与义务相对应	权力与责任相对应
运行方式	一般不得直接使用强制力	以直接的强制力为后盾
法律要求	可以放弃或转让	不得放弃和转让
推定原则	法不禁止即为可为	法无规定即不可为
社会功能	维护权利主体自由和利益	保护社会整体的利益和秩序

权力虽然来源于权利,属于一种特殊的权利,但与权利有诸多不同。权力本身就包含着特殊的义务——职责。公权力不同于私权利,权力不能随意放弃,并且权与责必须对称。

权力与权利的联系在历史上曾经被割断,但现在权力来源于权利已经成为现代政治法

律文明的基础原理和普遍共识,权力与职责的对应逻辑及其与私权利义务的关系和区别,体现着法律思维和法治思维的基本要求。

3. 思考讨论

我国民法典对个人信息的列举中,新增了"生物识别信息",请说一说这一立法变化背后的时代需求。

五、在"法律责任"知识中理解"科学与理性的法律精神"

(一)知识点概括

1. 知识点

法律责任:是由违法或违约所引起的不利后果。即由特定法律实施所引起的对损害予以补偿、强制履行或接受惩罚的特殊义务,亦即由于违反了第一行义务而引起的第二性义务。

法律责任包含民事法律责任、行政法律责任、刑事法律责任和违宪法律责任。

2. 传统讲授方式

由于这一部分内容的知识性很强,且知识点众多。所以以往的教学中,教师往往专注于知识介绍,注重概念分析,容易忽略其中蕴含的思想性因素。

(二)结合思政设计

1. 课程引入

结合案例启发思考设定法律责任应该遵循的基本原理、原则,体会科学合理设置法律责任对法律实施效果的影响。

(1)案例题

据2012年4月26日《南方农村报》,广东连南香坪镇盘石村一共只有20多个条款的《村规民约》里却有几个条款违反法律。比如,该村规民约规定村委会可以"对乱搞不正当的男女两性关系(指通奸),各罚款1500元。"

运用本章所学理论,评价该《村规民约》的上述规定。

(2)讨论题

中国历史上曾有一些严刑峻法,比如规定:盗(贪)一文钱者诛、腹诽之罪、连坐、诛灭九族等。请思考上述严刑峻法所规定的一些过重且残忍的法律责任其实施的效果有可能导致哪些负面后果?

2. 思政结合

在学习法律责任相关知识的过程中领会科学与理性的现代法律精神。

责任法定原则具体要求:①强调"罪刑法定""法无明文规定不为罪""法无明文规定不处罚",否定和摒弃责任擅断、非法责罚;②没有法律授权的任何国家机关和社会组织都不能对他人追究和施加法律责任,不得擅自创设法律责任形式;③国家机关和社会组织不能超越法定权限追究他人的法律责任,无权追究他人法律明文规定以外的责任。

责任与处罚相当原则,则不仅①要求法律责任的性质与行为的性质相适应;②法律责任的种类与轻重与违法、违约行为的具体情节相适应;要求③法律责任的种类与轻重与行为人的主观恶性相适应。

而因果联系原则和责任自负原则避免了滥罚无辜,恣意施刑的司法专横。

法律责任的以上四个原则加以在认定和归结法律责任时,现代社会普遍区分了在侵权领域过错责任原则、过错推定原则、严格责任和合同领域适用无过错责任原则。更加科学合理地将法定责任和约定责任进行合理科学地分配。

以上这些原则的确立,体现着现代法律的科学理性的精神。责任的分类及其构成要件,体现着法律的理性与智慧。法律责任认定与归结的原则,体现着近代以来法治文明的成果。不仅能更好地保护人权,也能在实施机制上触发和激励人们向善、尊重和维护他人权益的动机。不仅能更好地体现法律的文明、人道的价值取向,也能切实降低法律实施的社会成本,促进社会的和谐进步,提高法律实施的效率和全社会的文明进步动力。

3. 思政结合

为何一味地严刑峻法并不能真正实现禁绝和阻遏违法犯罪的法律目的?

第二章

法律职业伦理课程思政教学设计①

第一节 教学设计基本思路

一、设计思路阐释

法律职业伦理是一门独立的学科,有着自身的伦理规范体系,"伦理"与"道德"虽然经常放在一起进行阐述,但是有着不同的内涵的外延,二者有联系也有区别。在一定意义上,法律职业伦理课程的很多内容也是思想政治教育的内容,本章选择了部分可以结合的知识点,涵括法律职业伦理的重要性、法律职业伦理的正义规范、法律职业伦理的独立规范、法律职业伦理的平等规范、法律职业伦理的诚信规范、法律职业伦理的勤勉规范、法律职业伦理的清廉规范、法律职业伦理的礼仪规范、法律职业伦理的培育方式等方面,以支撑"德法兼修"的新时代法治人才培养,服务法治国家建设。

二、思政教育结合点概况

序号	教材对应知识点	课程思政结合点	说　明
1	法律职业伦理的重要性	习近平总书记2017年五四青年节考察中国政法大学发表的关于新时代法治人才培养讲话精神。	通过相关案例讨论,帮助学生学习并理解习近平总书记提出的"德法兼修,培养大批高素质法治人才"的重大理论意义和现实意义。

① 作者简介:王浩,安徽阜阳人,安徽大学法学院讲师,法学博士。主要讲授课程为"法理学""宪法学"。

汪迎兵,安徽望江人,安徽大学法学院讲师,法学博士。主要讲授课程为"知识产权法""商业秘密法"等。

序号	教材对应知识点	课程思政结合点	说　明
2	法律职业伦理的正义规范	十八大以来党中央和习近平总书记关于社会公平正义的重要论述。	通过相关材料分析,帮助学生认识法律职业共同体维护宪法和法律实施以及维护社会公平正义的基本伦理职能,树立追求公平正义的人生理想和坚定信念。
3	法律职业伦理的独立规范	我国司法制度和司法规律要求的独立性与西方"司法独立"的根本差异性。	通过理论讲解,帮助学生正确理解我国"依法独立行使司法权"的具体内涵,坚决抵制西方"司法独立"的错误观点。
4	法律职业伦理的平等规范	坚持法律面前人人平等是党中央确立的全面推进依法治国的基本原则之一。	通过相关案例和材料分析,引导学生学习理解程序平等对于正确实施宪法和法律、保护公民利益的重要性。
5	法律职业伦理的诚信规范	引导学生学习并理解社会主义核心价值观与法律职业伦理的共同性,建立健康的世界观、人生观、价值观。	通过材料分析,结合社会主义核心价值观中对个人层面的要求:"爱国、敬业、诚信、友善",帮助学生深层次理解法律职业伦理中"诚信"的内涵,认识到法律职业者运用法律开展工作时,首先要确立诚信观念。
6	法律职业伦理的勤勉规范	引导学生学习并理解恪尽职守是法律职业共同体的美德,是赢得社会对法律职业共同体信任的重要资本。	通过材料分析,认为勤劳是中华民族传统美德,勤勉作为法律工作者应具备的特质。帮助学生更深层次理解法律职业伦理中"勤勉"规范的含义,帮助学生掌握诚信规范的要求,按照各自职责,高效履行职责,保证法律程序的正常进行,让诚实劳动、勤勉工作蔚然成风。
7	法律职业伦理的清廉规范	引导学生学习并理解我国反腐败制度的长期化、法治化,认识法律职业共同体"一身正气、两袖清风"的职业本色。	通过理论分析清廉的内涵,列举清廉的正面典型,帮助学生理解法律职业伦理中的廉洁规范,掌握法律职业需要有高尚的品格和廉洁的操守。
8	法律职业伦理的礼仪规范	引导学生学习并认识法律职业共同体的良好精神风貌对于法律权威的重要性,树立时刻维护法律权威的职业理念。	通过案例分析,加强中国作为"文明古国、礼仪之邦"和司法文明的教育,帮助学生理解法律职业伦理中的礼仪规范,树立良好的职业修养和职业形象。
9	法律职业伦理的培育方式	引导学生养成主动学习、勇于实践、自省慎独的终身学习习惯。	引导学生认识习近平总书记2017年考察中国政法大学发表的重要讲话精神。

第二节　教学设计典型课例

一、法律职业伦理建设的重要性

(一)知识点概括

1. 知识点

法律职业伦理教育的目的,不仅要培养未来的法律职业者运用职业伦理规则处理执业过程中遇到的各种法律问题的能力,更是为了培育法律职业者对于法律职业所应有的植根于灵魂深处的神圣感、敬畏感和责任感,培育法律职业者共同的法治理念、法治精神和法治信仰。

2. 传统讲授方式

传统上关于法律职业伦理重要性的讲述,主要是通过分解法律职业伦理的词语构造,分别讲述职业、法律职业、伦理、职业伦理等概念的词源意义,结合法律职业的历史发展和职业特点,讲述法律职业伦理的重要性。

(二)结合思政设计

1. 课程引入

案例一:2013 年李某某等人强奸案代理律师泄露案件相关信息、利用网络煽动舆论,违反律师执业规范,受到北京市律协处分。

讨论:律师应该秉持什么样的职业伦理?

案例二:湖南株洲王某某法官枉法裁判案等法官违法犯罪案件。

讨论:法官违法犯罪对于司法公信力的损害。

案例三:最高人民法院原院长肖扬去世后引发社会各阶层对其缅怀和纪念。

讨论:法官职业化改革和三轮司法改革对于司法公信力构建和法治进程的推动意义。

案例四:上海刘某某检察官 7 年追"真凶",勇揭冤案。

讨论:作为公正规则实际践行者的检察官,惩恶扬善、伸张正义,不畏强权、不受诱惑的伟大人格魅力和精神力量。

案例五:西安宝马彩票案和近年来公证单位事业化改革。

讨论:公证服务质量是公证工作的生命线,关系到当事人切身利益,关乎公证机构的公信力和行业形象。

2. 思政结合

首先,引导学生认识到有良好道德修养、高尚道德情操、坚定立场信念的法律职业共同体,是推动依法治国进程、提高治理体系和治理能力现代化、实现中华民族伟大复兴的重要力量。

其次,通过上述案例和材料讨论,引导学生理解《中共中央关于全面推进依法治国若干重大问题的决定》提出大力提高法治工作队伍思想政治素质和职业道德水准以及把思想政治建设摆在首位等论述的重要现实意义。

最后,着重学习习总书记关于新时代法治人才培养要重视"德法兼修"的重要意义。

3. 思考讨论

(1) 学习和研究法律职业伦理的重要现实意义。

(2) 思考为什么党和国家如此重视法治人才队伍的思想道德修养?

二、法律职业伦理的正义规范

(一) 知识点概括

1. 知识点

正义是人类社会所追求的崇高理想。从法律的角度来看,正义是法律的最高形态。法律与正义之间密切的关系,决定了法律职业者崇尚正义、追求法治是法律职业首要的、最基本的伦理规范,其他伦理道德规范均服从于这一核心规范。正义规范要求法律职业者在依法履行职责的过程中,应当崇尚法律,维护人权,在法律实践活动中最大限度地体现正义、公平的精神。

2. 传统讲授方式

一是罗列历史上的思想家和法学家关于法律与正义关系的论述;二是罗列国际上重要的宣言或者协议等文件关于法官、检察官、律师职业的行为规范要求。

(二) 结合思政设计

1. 课程引入

材料一:《中华人民共和国法官宣誓规定(试行)》第四条　法官宣誓誓词为:我是中华人民共和国法官,我宣誓:忠于祖国,忠于人民,忠于宪法和法律,忠实履行法官职责,恪守法官职业道德,遵守法官行为规范,公正司法,廉洁司法,为民司法,为维护社会公平正义而奋斗!

材料二:《中华人民共和国检察官宣誓规定(试行)》第四条　检察官誓词如下:我是中华人民共和国检察官,我宣誓:忠于国家、忠于人民、忠于宪法和法律,忠实履行法律监督职责,恪守检察职业道德,维护公平正义,维护法制统一。

材料三:《律师宣誓规则(试行)》第四条　律师宣誓誓词为:我宣誓:我是中华人民共和国律师,忠于宪法,忠于祖国,忠于人民,维护当事人合法权益,维护法律正确实施,维护社会公平正义,恪尽职责,勤勉敬业,为建设社会主义法治国家努力奋斗!

从三个宣誓词中,可以看出维护社会公平正义是法官、检察官和律师共同的职业功能和职业追求。

2. 思政结合

第一,司法公正是司法工作的良心和底线,也是法官从事司法实践工作努力达到的目的。法官应当以维护公平正义为己任,认真履行法官职责,不仅要坚持实体公正,更要重视程序公正和形象公正,在本职工作和业外活动中严格要求自己,维护人民法院形象和司法公信力。

第二,检察官维护社会公平正义就是要坚持客观公正,忠于事实真相,严格执法,秉公办案,不偏不倚,不枉不纵,促进司法公正,使所办案件经得起法律和历史检验。

第三,律师应当把维护公平正义作为核心价值追求,为当事人提供勤勉尽责、优质高效的法律服务,努力维护当事人的合法权益,引导当事人依法理性维权,维护社会大局稳定。

第四,公正是法治的生命线。司法公正对社会公正具有重要引领作用,必须完善司法管理体制和司法权力运行机制,规范司法行为,加强对司法活动的监督,努力让人民群众在每一个司法案件中感受到公平正义。

第五,习近平总书记指出,"全面深化改革必须着眼创造更加公平正义的社会环境,不断克服各种有违公平正义的现象,使改革发展成果更多更公平惠及全体人民"。

3. 思考讨论

为什么"公正"是司法的最高标准? 这对法律职业者的职业追求有什么样的现实意义?

三、法律职业伦理的独立规范

(一) 知识点概括

1. 知识点

独立性是很多职业的内在特定的要求。法律职业人员在履行职责过程中保持独立性非常重要,不是因为法律职业本身需要独立,而是因为达到公正的目的需要独立。独立规范要求法律职业人员在职业活动中,只能服从法律,遵循法律的程序和职业道德的要求履行职责,免受法律之外的各种干预和压力。

2. 传统讲授方式

一是列举国外学者关于司法独立的相关论述,讲解司法独立的基本原理和具体要求。二是列举联合国相关文件,说明法官、检察官、律师独立的重要性。

(二) 结合思政设计

1. 课程引入

材料:《中共中央关于全面推进依法治国若干重大问题的决定》提出:完善确保依法独立公正行使审判权和检察权的制度。各级党政机关和领导干部要支持法院、检察院依法独立公正行使职权。建立领导干部干预司法活动、插手具体案件处理的记录、通报和责任追究制度。任何党政机关和领导干部都不得让司法机关做违反法定职责、有碍司法公正的事情,任何司法机关都不得执行党政机关和领导干部违法干预司法活动的要求。对干预司法机关办案的,给予党纪政纪处分;造成冤假错案或者其他严重后果的,依法追究刑事责任。

2. 思政结合

第一,正确认识西方"三权分立""司法独立"等政治制度构造原则和观点不适合我国社会主义基本政治制度和司法制度,要坚决抵制西方"宪政民主""三权分立""司法独立"等错误思潮影响,旗帜鲜明,敢于亮剑,坚决同否定中国共产党领导、诋毁中国特色社会主义法治道路和司法制度的错误言行作斗争,决不能落入西方错误思想和司法独立的"陷阱",坚定不移走中国特色社会主义法治道路。

第二,在我国政治体制下,司法权的独立性表现为司法权依法公正独立行使,也就是由法院依法独立行使审判权、由检察院依法独立行使检察权,任何团体、组织、机关或个人都不得干预司法活动。

3. 思考讨论

思考我国"依法独立公正行使司法权"与西方"司法独立"的根本差异。

四、法律职业伦理的平等规范

(一) 知识点概括

1. 知识点

平等是指公平地对待一切当事人的权利与义务。在法律上,平等规范又可以分为形式平等和实质平等。就法律职业伦理而言,平等规范要求法官、检察官和律师的司法行为体现出程序正义,实现对公民利益的平等保障。

2. 传统讲授方式

罗列历史上思想家和法学家关于平等的论述,分析对平等的追求是人类解放和发展的重要动力。

(二) 结合思政设计

1. 课程引入

材料:《刑事诉讼法》第三十五条 犯罪嫌疑人、被告人因经济困难或者其他原因没有委托辩护人的,本人及其近亲属可以向法律援助机构提出申请。对符合法律援助条件的,法律援助机构应当指派律师为其提供辩护。

犯罪嫌疑人、被告人是盲、聋、哑人,或者是尚未完全丧失辨认或者控制自己行为能力的精神病人,没有委托辩护人的,人民法院、人民检察院和公安机关应当通知法律援助机构指派律师为其提供辩护。

犯罪嫌疑人、被告人可能被判处无期徒刑、死刑,没有委托辩护人的,人民法院、人民检察院和公安机关应当通知法律援助机构指派律师为其提供辩护。

2. 思政结合

第一,《中共中央关于全面推进依法治国若干重大问题的决定》明确提出,平等是社会主义法律的基本属性。

第二,十九大报告提出,加大全民普法力度,建设社会主义法治文化,树立宪法法律至上、法律面前人人平等的法治理念。各级党组织和全体党员要带头尊法学法守法用法,任何组织和个人都不得有超越宪法法律的特权,绝不允许以言代法、以权压法、逐利违法、徇私枉法。

3. 思考讨论

平等作为社会主义核心价值观之一,对法律职业伦理有什么特别要求?

五、法律职业伦理的诚信规范

（一）知识点概括

1. 知识点

诚信是秩序之本，在讲授法官的自由裁量权使用、检察官的忠诚义务、律师的真实义务时，会讲授诚信规范这个知识点。该知识点要求学生掌握诚信规范，认识到法律职业者运用法律开展工作时，首先要确立诚信观念。

2. 传统讲授方式

对诚信进行定义，分析诚信的特征，然后结合法律法规，讲解诚信在法官、检察官、律师职业中的体现。

（二）结合思政设计

1. 课程引入

材料一：心证过程不公开。心证过程公开要求法官在民事审判各个阶段的审理工作都应本着公开、透明的原则进行。然而在司法实践中，法官很少将其在审判中关于事实认定和证据审查的过程向当事人公开，导致当事人对法官的心证过程无法掌握，从而提出补充说明意见。在 A 公司与 B 公司买卖合同纠纷案中，一审法官对于某甲不是 C 公司员工的举证责任的分配未向上诉人告知，更未给予其充分的举证期限，当事人无法了解举证责任究竟该如何分配，更无法维护自己的利益。该案中法官存在明显的拒绝公开心证过程的问题，显然是违反诚实信用"公开"这一要求的。

材料二：律师惩戒 2017 年十大典型案例。2017 年，全国律协和各地律师协会为使广大律师能够正确对待执业活动，对职业道德和执业纪律心怀敬畏，自觉依法规范诚信执业，全国律协从 409 件惩戒案例中选出 10 件典型案例，内容涉及律师因违规收案、违规收费、代理不尽责、违规会见被律师协会给予行业处分等。如云南律师王理乾、王龙得故意提供虚假证据，浙江律师邱浩华犯辩护人伪造证据罪，江苏律师管一华伪造委托书，江苏律师付家祥违规收案等。

2. 思政结合

诚信是人类社会交往行动的普遍精神，也是人类共同生活的通则。没有诚信，人无以立身，国无以立本，社会无以存续。社会主义核心价值观倡导"爱国、敬业、诚信、友善"，是从公民层面提出了要求，诚信即诚实守信，是社会千百年传承下来的道德传统，也是社会主义道德建设的重点内容，它强调诚实劳动、信守承诺、诚恳待人。

中华民族的传统文化中，对于诚信的描述随处可见，而且都是出现在重要的地方。五常"仁、义、礼、智、信"中，诚信占据了一个位置；孔子曰"人而无信，不知其可也。大车无輗，小车无軏，其何以行之哉？"直言人没有诚信就如同没有车辕与軏相连的木销子的车，无法行动；孟子曰"是故诚者，天知道也"更是将诚信比作天道。

作为社会主义核心价值观的重要内容，诚信是公民基本道德规范，是社会主义市场经济的重要基础。随着我国经济发展和社会进步，诚信社会建设越来越受到人们的关注。

3. 思考讨论

诚信是中华民族的传统美德,也是社会主义核心价值观的重要内容,诚信对于法治国家建设的重要意义有哪些?

六、法律职业伦理的勤勉规范

(一) 知识点概括

1. 知识点

在讲授法官的司法效率,检察官的爱检敬业、恪尽职守,仲裁员的勤勉高效,律师的忠诚客户、热情服务时,会讲授勤勉规范这个知识点。该知识点要求学生掌握勤勉规范的要求,按照各自职责,高效履行职责,保证法律程序的正常进行。

2. 传统讲授方式

多数教材和课程并未将勤勉规范作为一种重要的内容进行专门讲授,通常在讲授相关知识点时,涉及相关内容时一带而过。

(二) 结合思政设计

1. 课程引入

材料一:2019年度法治人物施净岚。上海市人民检察院第二分院首批入额检察官、主任检察官,成立的"施净岚检察官办公室",是四个上海首批命名检察官办公室之一。"施净岚非常善于学习,重大案件交给她办,很放心,她也确实办得很出色",这是施净岚同志的领导对她的评价。现实中,她把职业当成事业,把事业做成了学问,高质高效办理了上千件案件,是在司法体制改革过程中主动请缨到基层一线工作,具有精益求精、追求极致"工匠精神"的一位新时代检察官。

材料二:司法改革的追梦人方金刚。方金刚,最高人民法院第四巡回法庭原主审法官,2017年10月17日,方金刚在工作中突发疾病,经抢救无效不幸因公殉职。最高人民法院追授方金刚同志"全国优秀法官"荣誉称号,并这样评价:"无论是审判工作、调研指导还是制度创新,他始终坚持从优秀到卓越的理念,充分发挥自身法学理论功底深厚和外语水平高的优势,为推动人民法院司法事业发展和对外交流合作作出积极贡献",还有学者这样评价:"他是一位真正能够感受到什么是伟大法官的真谛的法官。"

2. 思政结合

在2018年"五一"国际劳动节之际,习近平总书记给中国劳动关系学院劳模本科班学员回信,向他们并向全国所有劳动模范、向全国广大劳动者致以节日的问候。在回信中写道:"社会主义是干出来的,新时代也是干出来的。希望你们珍惜荣誉、努力学习,在各自岗位上继续拼搏、再创佳绩,用你们的干劲、闯劲、钻劲鼓舞更多的人,激励广大劳动群众争做新时代的奋斗者。"同时强调:"劳动最光荣、劳动最崇高、劳动最伟大、劳动最美丽。全社会都应该尊敬劳动模范、弘扬劳模精神,让诚实劳动、勤勉工作蔚然成风。"

中华民族是勤于劳动、善于创造的民族,我国法治化国家建设进程中,正是由于勤勉,才有了辉煌的历史;正是由于勤勉,才有了今日的成就。在新时代,对于法律职业工作者的勤勉规范提出了更高的要求,法律职业工作者必须做到勤勉敬业,才能让人民群众切身感受到司法效率和司法公信力的提升。

3. 思考讨论

在法律职业共同体中如何让勤勉敬业蔚然成风?

七、法律职业伦理的清廉规范

(一) 知识点概括

1. 知识点

在法律职业伦理基本规范、法官职业伦理、检察官职业伦理等部分,会讲授清廉规范/司法廉洁这个知识点。该知识点主要是要求学生理解法律职业伦理中的廉洁规范,强调法律职业需要有高尚的品格和廉洁的操守。

2. 传统讲授方式

通常教师讲授到廉洁规范这个知识点时,一是从理论上强调其重要性;二是讲授相关法律法规对有关职业领域关于廉洁的规定;三是通过腐败案例罗列不同职业领域的违反清廉规范的现象。

(二) 结合思政设计

1. 课程引入

案例一:杨克勤案。杨克勤是十八大后首个任上被查的省级检察院检察长,对其定性是:以权谋私,以案谋私;违反中央八项规定精神,违规接受私营企业主宴请,收受礼品礼金;卖官鬻爵,破坏地方检察系统政治生态;知纪违纪,执法犯法,在企业经营、解决诉讼纠纷、职务调整晋升等方面为他人谋利,并非法收受巨额财物,利用职权和职务影响力干预司法。

案例二:孙小果案件。1998 年,因刑事犯罪孙小果一审被判处死刑后,二审维持原判,但死刑没被核准,遂改为死缓。孙小果在服刑期间,此案又启动再审程序,孙小果最终被改判为有期徒刑 20 年。2010 年起,孙小果以"李林宸"之名在狱外活动,2019 年全国扫黑办将孙小果涉黑案列为重点案件,实行挂牌督办,最终孙小果被判处死刑。孙小果案有 19 名涉嫌职务犯罪的公职人员及重要关系人受到起诉,其中法院、司法系统等法律职业者 15 人。

2. 思政结合

古往今来,反腐倡廉是社会治理中的重要内容,在不断反腐进程中,惩治了不少贪官污吏的同时,也涌现了很多清廉的正面典型,讲授腐败案例可以起到警示作用,而讲授清廉典型事迹可以以廉润心,正面培养学生的清廉规范。

包拯,以其清廉公正,铁面无私而留名青史,民间关于包公的故事、戏剧、小说不计其数,包拯之所以被世人称为"包青天",是其始终坚持洁身自好、为官清廉的结果。徐有功,历经蒲州司法参军、司刑(大理)寺丞、秋官(刑部)郎中、侍御史、司刑寺少卿等职务,非常典型的法律职业者,在任期间他既不为己谋利,也不为君主之私欲所动摇,他守的是公天下之法,无私念之法,正因为他是一位守正不阿的清官,才能在种种诬陷冤告中傲然挺立,使频频弹劾、推审他的酷吏,在他身上也找不到他与案犯有什么特殊关系。

新中国成立后涌现出了很多清廉的典范,通过安排学生阅读人物传记、清廉故事,如焦裕禄,艰苦朴素、廉洁奉公,担任兰考县委书记期间,亲自起草《干部十不准》,对清廉自律进行了规定,他清廉为民的形象为人民所不忘;孔繁森,一位一尘不染、两袖清风的好干部,死后的遗产为八元六角钱和关于阿里经济发展的四张稿纸。安排在课堂上演讲的方式宣扬法律职业伦理中的清廉规范。

3. 思考讨论

如何通过法律制度的完善加强司法廉政建设?

八、法律职业伦理的礼仪规范

(一) 知识点概括

1. 知识点

在法官职业伦理司法礼仪、检察官伦理的文明礼仪、公证员伦理的文明举止礼仪等部分,会讲授不同职业的礼仪规范这个知识点。该知识点主要是要求学生理解法律职业伦理中的礼仪规范,强调法律职业的职业修养和良好形象。

2. 传统讲授方式

通常教师讲授到礼仪规范这个知识点时,主要讲授司法礼仪的内容,如自身仪表、法庭礼仪、文明礼仪、文明行为等方面。

(二) 结合思政设计

1. 课程引入

案例一:2014 年 7 月底,某法院 3 名法官前往成都执行一起民事案件时一名法官穿着背心短裤,引起当事人对其身份的质疑。几名法官认为一家与案件无任何关联的物业公司"拒不配合法院调查",冻结了该公司账号,罚款 30 万元,之后就罚款金额讨价还价。警方怀疑这几名法官的身份,将其控制。

案例二:2020 年 6 月,某法院一个涉黑案庭审现场,被告人的辩护人李某指出法院要求的质证方式违反规定,同案犯的多名辩护人也表示不能接受这种质证方式,审判长瞬间呵斥,并且拿掉李某的话筒,宣布不接受法庭质证方式的,"通通都出去"。随后,李某提出审判长回避的申请,审判长令法警强行带其出法庭,强势推进庭审。

案例分析:法官外出办案不按规定着装是司法礼仪的不规范,有损人民法院和人民法官的形象。法官粗暴赶走律师的方式并不妥当,且言语不够文明,不利于体现司法工作人员的职业道德,同时也与社会主义法治国家建设中的文明理念相违背。在其他法律职业领域,还有很多礼仪规范需要进一步强调和完善。

2. 思政结合

在五千年的历史长河中,中华民族形成了高尚的道德准则、完整的礼仪规范和优秀的传统美德,被世人称为"文明古国,礼仪之邦"。荀子曰:"人无礼则不生,事无礼则不成,国家无礼则不宁。"讲究礼仪,对个人而言是修身养性,涵养性情;对于国家而言,讲究礼仪,遵纪守法,方是安国之道。法律职业者应当继承传承美德,按照要求做好礼仪规范。

司法文明是法治文明和政治文明的基本标志,体现了现代法治国家先进的司法理念、司法制度和司法文化,是一个国家法治文明的标志。为践行社会主义法治理念,树立司法人员的职业形象,提高司法公信力,司法活动的主体人员在进行司法活动中应当遵守相应的司法礼仪,司法礼仪不仅能够维护法庭的正常秩序活动和司法人员的形象,更能够为法律的文明和权威提供保障,推进依法治国的进程。

3. 思考讨论

如何理解司法礼仪与司法权威的关系?

九、法律职业伦理的培育方式

(一) 知识点概括

1. 知识点

法律职业伦理的培育,即法律职业伦理的内化问题。法律职业伦理内化就是要求法律职业者的道德约束由他律转向自律,使法律职业伦理成为法律职业者道德意识组成部分的过程。

2. 传统讲授方式

罗列心理学家和教育家关于成人教育的不同观点,介绍不同心理学流派和教育学流派关于内化的不同理论主张,综合分析内化的因素和过程,提出法律职业伦理内化的途径。

(二) 结合思政设计

1. 课程引入

材料一:习近平在 2015 年发表的《加快建设社会主义法治国家》一文中指出,法律是成文的道德,道德是内心的法律。治理国家、治理社会必须一手抓法治,一手抓德治,既重视发挥法律的规范作用,又重视发挥道德的教化作用,实现法律和道德相辅相成、法治和德治相得益彰。

材料二:习近平总书记在 2014 年中央政法工作会议上指出,政法机关要坚守职业良知、执法为民,教育引导广大干警自觉用职业道德约束自己,要信仰法治、坚守法治,做知法、懂法、守法、护法的执法者,站稳脚跟,挺直脊梁,只服从事实,只服从法律,铁面无私,秉公执法。

习近平总书记指出,坚定的理想信念是政法队伍的政治灵魂。必须把理想信念教育摆在政法队伍建设第一位,不断打牢高举旗帜、听党指挥、忠诚使命的思想基础,坚持党的事业至上、人民利益至上、宪法法律至上,永葆忠于党、忠于国家、忠于人民、忠于法律的政治本色。

2. 思政结合

第一,法律职业者应该有意识地将被动学习与主动学习结合起来,通过学校等教育培训机构学习法律职业伦理的基本知识,通过在执业过程中对典范的观察,去学习和感悟法律职业伦理对于法律职业的价值。

第二,对于法律职业者来讲,法律职业伦理的内化就是要做到慎独,坚守自己的道德信念,严格按照法律职业伦理规范办事,自觉抵制各种诱惑,自觉地培养自我管理、自我约束的能力和习惯。

第三,习近平指出,无论在学校还是在社会,都要把学习同思考、观察同思考、实践同思考紧密结合起来,学会用正确的立场观点方法分析问题,善于把握历史和时代的发展方向,善于把握社会生活的主流和支流、现象和本质,养成历史思维、辩证思维、系统思维、创新思维的习惯。

3. 思考讨论

(1) 青年法学学子如何将法律职业论理与法学知识以及个人道德修养相结合,成为习近平总书记说的有高洁操行、淳朴情感的高尚的人?

(2) 如何理解习近平总书记所说的广大青年要常用真善美来雕琢自己?

第三章

法社会学课程思政教学设计①

第一节　教学设计基本思路

一、设计思路阐释

　　法律社会学这门学科视角非常广阔，主要从法律在社会中运行的外部视角入手，可能涉及立法、行政、司法各个过程，囊括法官、检察官、警察等在内的各个主体。该课程通过剖析、理解不同的社会现象，可以将社会主义核心价值观予以渗透，使学生对于法律这门学科的认识从"书本中的法"走向"行动中的法"，更多关注实践中的问题。在实践中发现问题，解决问题，从而最终实现对其职业人格的引领。

二、思政教育结合点概况

序号	教材对应知识点	课程思政结合点	说　明
1	法律职业共同体的伦理价值观	树立正确的职业伦理与价值导向。	通过实践中律师争议言论的案例入手，启发学生思考法律职业共同体的特殊伦理与底线价值，从而完成对学生职业人格的正面引领。
2	风险社会理论	培养个人面临逆境的意志品质。	通过一系列风险事件为例阐释风险社会的复杂性与外部压力，引导学生们在面对外部复杂的风险社会时，坚定信念与个人选择，做出有利于国家与个人发展的具体行为。

---

① 作者简介：肖梦黎，江苏徐州人，华东理工大学法学院讲师，硕士生导师，法学博士。主要讲授课程为"法社会学""法理学"等。

序号	教材对应知识点	课程思政结合点	说　明
3	舆论与司法的关系	正确的"三观"与边界意识。	以"我爸是李刚"，聂树斌、贾敬龙、雷洋之死的网络传播等一系列案件为例，引导学生在网络舆论场上培育正确的价值观与边界意识。
4	法律实证主义与自然法	法律人的底线意识与独立思考的精神。	通过平庸之恶（艾希曼案例）介绍"恶法非法"的概念，引导学生们拥有独立思考与深入思考的能力。
5	实证方法的介绍	实事求是的精神。	通过一系列实证方法的介绍来解释法律人不是闭门造车，而是要实事求是，致力于形成对现实世界的真知灼见。

第二节　教学设计典型课例

一、通过"法律职业共同体的伦理价值观"引导学生树立正确的职业伦理与价值导向

（一）知识点概括

法律职业共同体是法社会学的一个重要领域，传统教授方式多是从实证角度介绍不同国家的法律服务分层以及法律职业的价值观。通常会重点介绍作为律师职业的"客户利益"至上的特殊职业伦理。

（二）结合思政设计

1. 课程引入

首先以不同国家对律师形象的描述入手，比如美国有俚语将律师称作"救护车的追逐者"，引导学生们对不同法系下律师的角色进行讨论，比如"德国的法律职业对职业伦理的背离是否要比美国少得多？"特别是对中国律师形成的历史背景与特色进行思考。

其次，讨论近期的一个热点案例：

在某上市公司董事长涉嫌猥亵儿童一案中，其辩护律师发表公开声明，一方面认为这是涉及未成年人隐私的不公开审理案件，另一方面列举了诸如作案时间不足、从来不碰16周岁以下儿童等的"无罪辩护理由"，引起社会范围内的巨大争论。

最后，在案例讨论过程中，设置对比案例，针对优秀公益律师的事迹加以介绍。或者通过电视剧、电影中的法官形象进行介绍，如《马背上的法庭》《威尼斯商人》等，引导学生们对律师需要遵守维护当事人的职业伦理，同时也要追求匡扶正义，扶助弱小的公共道德伦理进行深入思考。

2. 思政结合

引导学生们认识到"爱国守法、明礼诚信、团结友善、勤俭自强、敬业奉献"的基本道德规范对于法律职业的约束力，从而不会迷失在自己的利益或是客户利益之中。法律职业精神

可以使个体超脱于求胜心之外,成为真理的捍卫者。另一方面,在一个良性社会的市场中,不道德的营利行为会获得负面的声誉评价,从而被市场淘汰。此处可以引入公检法从业人员因为不当的勾兑行为而锒铛入狱的案例作为警戒。讨论法律职业共同体的意义,恰是因为我们需要依靠职业内部的同志式结合和团体自律来维持信念与纲纪。

法律职业共同体在法治进程中有着更为深远的意义:首先在国家试图调整的许多社会情境中,律师是国家机构创制的法律学说的解释者和传递者,可以将法律意识形态带入众多社会生活领域之中;继而通过高度发达的法律论证和法律推理技术,将法律提升为一种理性的完整的知识体系。与此同时,法律人兼听则明的职业习惯和推动政治共同体的理想有利于维护政治稳定。因此,作为一名未来的法律从业者,应该坚定造福全人类的信念,保障好当事人与人民的权利,努力促进社会的进步与发展。

3. 思考讨论

法律职业共同特有的职业伦理是什么?在面临法律实践带来的营利收入与公共性的伦理规范之间,年轻的法科毕业生应该作出怎么样的选择?

二、在风险社会理论中培养个人面临逆境的意志品质

(一)知识点概括

1. 知识点

风险社会在贝克等理论家的阐释下,已经逐渐变成一种与"信息社会""消费社会""知识社会"等类似的诊断社会问题的话语工具。

2. 传统讲授方式

传统的教授方式主要聚焦于对风险社会的不同认知视角进行介绍,如科学视角与社会文化视角等。对于风险社会这一概念的认知是较为抽象的,一般而言,学生们很难对此有理论上特别深刻的把握。

(二)结合思政设计

1. 课程引入

从一系列风险事件的介绍与阐释引入,引发同学们的思考与讨论。

以字节跳动旗下的 TikTok 在美国遭遇一系列危机为例,将字节跳动创始人张一鸣一系列的争议言论作为讨论起始点。对于其发表的诸如《写给中国区员工的信》中所秉持的"火星视角"、"不要在意短期的损誉",以及是否在美国霸权施压下将一个中国创始的企业"去中国化"、迎合美国的审查机制却最终无法避免被收购等问题进行介绍。

针对风险社会中面对复杂的国际局势与舆论环境,讨论如何有效处理爱国责任与企业创新、员工个人发展等一系列价值的平衡问题。可以将字节跳动与华为的一系列应对措施进行比较,引导学生们思考个体面对外部复杂的风险社会时,应如何坚定信念与个人选择,从而做出有利于国家与个人发展的具体行动。

2. 思政结合

在风险社会的复杂境遇中,作为微小个体的同学们更要坚定信念,认真审视自己的个人

选择。必须清楚的是,当今社会已经是一个无可置疑的风险社会,每个人都已经身处风险的漩涡之中,必须要与风险共舞。那么在这种情况下,需要有效分析复杂的外部环境,不要轻易被困境所打败,提升面临逆境的意志品质,将外部压力转化为前进的动力。

3. 思考讨论

风险社会中应如何注意不同主体间的风险沟通,从而将不同的意见纳入到决策过程中?

三、通过舆论与司法的关系培养正确的"三观"与边界意识

(一)知识点概括

1. 知识点

舆论与司法的关系是一个较为复杂的知识点,可能会与同学们的常识相悖。司法机关在判案时要以事实为依据,法律为准绳,不应受到包括舆论在内的外部压力的影响。法官裁决如果是遵循程序正义的,就会得到公众的接受与认可。

2. 传统教授方式

传统教授方式较为关注舆论与司法的互动与界限,以及"后真相时代"强化偏见、迎合情绪的传播方式对公众的认知影响。

(二)思政结合

1. 课程引入

引入"我爸是李刚"案件,启发同学们的思考。2010 年 10 月 16 日晚,李刚其子李启铭酒后在河北大学内飞车接女友,将两名女生撞飞,致一死一重伤(经抢救无效后亡故)。事后李启铭宣称"我爸是李刚",引发了轩然大波。事件发生后,保定市公安局曾先后四次召开新闻发布会介绍案件进展,但他们的声音完全被各种媒体铺天盖地的质疑和责骂所湮没。事发当晚,保定市公安局就立即着手召开新闻发布会,48 小时内新华社发布了河北大学校园车祸案的"消息"。此后,他们组织专门民警针对网上的传言,迅速调查真相。结果表明"李刚有五套房产""李刚岳父是某省副省长"等网上的爆料均是"谣言",但所有的调查结果均未向媒体和社会公布。

同样可以纳入讨论的还有聂树斌、贾敬龙、雷洋之死的网络传播等一系列案件。有学者研究指出,在"后真相时代",网络舆论/舆情传播呈现出这样的顺序:"情感第一,信念第二,理性第三,事实真相第四。"也就是说,受众在接受网络信息时,先有观点后看事实,根据情感自行解读信息,在之后对信息的扩散行为中,更多的不是对于案件真相的关注,而是强调自己赋予这起案件的定义与自我情绪的传播。

2. 思政结合

在司法与舆论的互动讨论中,较少关注作为个体的学生们如何在舆论场上树立正确的价值观。网络传播的背景下更容易形成"群体极化",所以保持独立的思考与树立正确的三观就尤为重要。网上发布言论要有边界意识与责任意识,不能侵犯、侵害别人的利益。面对司法案件传播中一些人员对公众情绪的刻意挑动,学生们需要培育正确的价值观、世界观、

人生观。要学会学习,学会生活,学会处事,学会做人。在法科学生的从业过程中,也要关注舆论与法律的关系。司法裁判不应受到外部舆论的影响,但是法官裁决如果是遵循程序正义的,就会得到公众的接受与认可。

3. 思考讨论

司法与舆论间的关系究竟是怎样的? 两者间遵循何种逻辑? 究竟是应该司法迁就舆论,还是司法完全隔离舆论?

四、通过实证法学与自然法学的讨论来塑造法律人的底线意识与独立思考的精神

(一) 知识点概括

实证法学与自然法学是法学理论中的两个重要流派。在"法社会学"这门课上对这两者进行讨论时,主要是为了有效区分其与法社会学的区别。实证法学关注的是法律本身,诸如法的规范分析、结构分析、法律解释的技术、弥补法律空白的措施、法律渊源的等级结构、法律关系的构成与种类等。一般学生在学习这个部分时,通常会觉得不同理论学派分野的讨论过于抽象,或者作为法律人更容易认同实证主义这样一种专注于法律解释的理论流派。

(二) 思政结合

1. 课程引入

通过汉娜·阿伦特笔下的"平庸之恶"作为开场语,引入耶路撒冷的艾希曼的案例:阿道夫·艾希曼是在犹太人大屠杀中执行"最终方案"的主要负责者。在 1961 年 2 月 11 日于耶路撒冷受审时,艾希曼面对控诉,做出了"一切都是依命令行事"的回答。艾希曼也确实是遵照了当时纳粹的法律做出了屠杀、清洗犹太人的恶劣行径。

而在《平民如何变成屠夫》一书中,德国后备警察"101"营仅 500 个人就在波兰直接开枪屠杀了 38000 余名犹太平民。番号为"101"的警察营则几乎是临时拼凑起来的一帮人,包括了汉堡地区的码头工人、卡车司机、仓库工人、建筑工人、水手、服务员、销售员、药剂师、教师、职员等。

结合以上案例思考:当个体身处一个社会情境中,一旦他的自我定义方式允许更高地位的人对他进行管理,我们就称他进入了代理状态。在这种情况下,个人不再认为应该对自己的行为负责,而是将自己定义为执行他人意愿的工具。这种转变发生在神经系统之中。就像有人形容艾希曼的那样,"他并不愚蠢,而是完全没有思想,这也是他成为那个时代最大的犯罪集团一员的要因"。

2. 思政结合

如果想要发现"恶法非法",杜绝未来可能的"平庸之恶",非常重要的一点是拥有独立思考与深入思考的能力,而不是想当然地认为外部世界全然是正确运转的。在现代社会中,生活的复杂程度和随之而来的官僚化与分工化,弱化了政策实施者的个人责任感。我们应该始终坚持自主状态,即按照自己的意愿进行生活,而不是执行他人意愿的工具。

另一方面,引导学生们思考法律人的底线思维,以及"恶法是不是法"这一问题。法律应该符合最低限度的道德标准,并不能认为法律与道德是彼此分离的。

3. 思考讨论

是什么原因促成了"平庸之恶"? 引入"洞穴奇案"与"电车难题"的案例,讨论法律在面临两难处境中应该如何选择?

五、通过实证研究的方法倡导实事求是的精神

(一) 知识点概括

1. 知识点

实证研究方法的介绍是法社会学这门课程的重要部分。"若要理解真实的法律世界,就要研究'行动中的法律文本'——也就是日常人际互动、组织运作、结构行动中的法律。"

2. 传统教授方式

一般这个部分主要是结合经典案例,介绍定量与定性的研究方法。学生们在学习过程中可能会过于关注方法的细节,而较少区分反思采取这种研究方法的内在原因。

(二) 结合思政

1. 课程引入

介绍波斯纳法官1973年提出的一个著名主张,即法院创设的普通法效率较高,立法机关制定的成本法则常常并无效率。最开始时,波斯纳仅仅是提出了该主张,直到后来,才逐渐有越来越多的学者用量化方式尝试检验该实验宣称的有效性。

再比如考察我国法院的"行政化"与"去行政化"的结论时,需要注重对经验领域的整体关注与对研究对象的整体把握。中国有四级法院,不同层级法院的组织形态有很大程度上的同构性,然而在功能定位、机构设置、具体机制方面存在不少差别。总体而言,最高人民法院院长、高级人民法院院长的主要角色是政治家,政治性置于首位,司法技术为其次,当司法技术和政治性冲突时,政治性优先;中级人民法院院长、基层人民法院院长的司法技术要求相对强一些,司法技术和政治性被等量齐观。在审判执行业务方面,基层法院院长需要将县域治理要求吸纳到重要个案的考量之中;在司法职能延伸方面,基层法院院长推动法院以延伸司法职能的方式参与到地方社会治理中。而这一切,则是通过严密的实证研究发现的。该结论也可能在未来的实证研究中被证伪。

在进行法律实证研究时,我们并不局限或满足于使用理论推演以发现事实,而是要卷起袖子挖掘现实世界的状况。在具体的实证研究中,则需要注意一些定量研究的方法,比如通过加权来假设信息平等等等。以给律师发放问卷为例,必然是只有部分律师会填写问卷。如果对该问题持有的不同意见与其性别、地区、年龄、经验、受教育程度有关,就需要赋予回收问卷中某种特质不成比例地少的律师意见以更多权重。

2. 思政结合

实事求是的求真精神,既是马克思哲学原理中辩证唯物主义与历史唯物主义的必然要

求,也是中国特色社会主义理论体系的重要组成内容。诚如王晓丹教授所言,法律并非是客观存在于书面的固定文本,而是人们不断阅读、审查、挪用、歪曲、改写的"行动中的文本"。因此,"若要理解真实的法律世界,就要研究'行动中的法律文本'——也就是日常人际互动、组织运作、结构行动中的法律"。法治的建构需要对现实世界的真知灼见,因此需要引导学生们在未来的学习,特别是对法律实证研究方法的学习中明确实事求是的求真精神。

3. 思考讨论

讨论实事求是在我们时代中的具体体现,试举出两个实例,并充分讨论。

第四章

中国法律史课程思政教学设计①

第一节 教学设计基本思路

一、设计思路阐释

习近平总书记提出我们要有"文化自信",自信之源来自对传统文化的理性认知。中国传统法律文化是中华民族宝贵的精神财富。本课程应深入挖掘内在蕴含的思想政治教育资源元素,将中国法律史内容与社会主义核心价值观有机结合,引领学生加深对中华传统优秀文化和中国特色社会主义法治体系的认知和理解。本课程将致力于推动"思政育人"与专业教育的有机融合,寓价值观引导于知识传授之中,在教学中有机融入家国情怀、法治意识、社会责任、人文精神、仁爱之心等思政元素,润物无声地教书育人,培养中国特色社会主义法治人才。

二、思政教育结合点概况

序号	教材对应知识点	课程思政结合点	说　明
1	中国法律的起源	法是随着生产力的发展、私有制和阶级产生、国家出现而产生。	古老的华夏文明孕育了中国的国家与法律。华夏部落联盟是国家的雏形,部落联盟规范也逐步演变成了国家法律。

---

① 作者简介:沈岚,浙江义乌人,安徽大学法学院副教授,硕士生导师,法学博士。主要讲授课程为"中国法制史""中国法律思想史""法律逻辑学"等。曾获首届全国高校青年教师教学竞赛(文科组)三等奖。撰写本章第一节及第二节前四个案例。

范辉,安徽太和人,安徽医科大学法学系副教授,法学博士。主要讲授课程为"中国法制史""律师实务"等。撰写本章第一节及第二节后四个案例。

序号	教材对应知识点	课程思政结合点	说　　明
2	西周法律思想	借鉴古代重视教化的德治传统,用社会主义核心价值观引领人们自觉地遵守社会规范,法安天下,德润人心。	西周"明德慎罚"德治思想的产生及德治传统的形成,对中国古代法律制度的完善和社会的发展产生了深远影响,对当今社会"德法合治"的治理模式也有积极借鉴。
3	春秋战国时期的思想争鸣	社会主义先进文化的建设要坚持创造性转化和创新性发展;坚持交流互鉴、开放包容。	从子产不毁乡校的典故,到齐国稷下学宫的盛况,百花齐放、百家争鸣开放包容的文化环境是酝酿社会转型的重要土壤。
4	春秋战国时期的制度变革	改革是实现国家富强、社会进步的重要手段。	子产铸刑书于鼎、李悝制《法经》以及商鞅变法等汇聚成势不可挡的改革洪流,共同推动中国社会的历史变革。
5	秦朝法律制度	社会主义法治的核心内容是依法治国。	法家"法治"主张与我国社会主义"法治"理念有本质差异,前者是"人治"下的治国工具,强调君权至上;后者才是真正意义上的依法治国,强调法律至上。
6	汉朝法律制度	刑罚制度从野蛮走向文明是不可逆转的历史趋势。	由"缇萦救父"引发的文景刑制改革以及揭开法律儒家化历史大幕的春秋决狱,均是中国古代刑律从严苛趋向宽平的重要标志。
7	魏晋南北朝法律制度	平等是社会主义法治基本原则。	"八议""官当""九品中正制""品官占田制"等逐步构建起一套系统维护官僚阶层特权的法律制度,传统伦理法以平等形式包装不平等的实质,与今天追求实质与形式皆平等的社会主义法治相去甚远。
8	唐律	法典是法律发展的最高形态。	封建法典历经雏形、确立、发展,到了唐朝达到了成熟的最高水平。而当代民法典第一次以"法典"的形式出现,表明了我国现代民法进入了最高形态。
9	化外人原则	对外开放的法律内容。	唐朝法律中关于外国人相犯进行了详细的规定,体现了中国古代在法律上的对外开放和先进性,与现代国际私法有着跨越时空的暗合。

序号	教材对应知识点	课程思政结合点	说　明
10	柳宗元法律思想	坚定理想信念。	柳宗元的一生极为坎坷,但其并未消极沉沦,反而一直砥砺前行,无论是在文学还是法律方面都取得了杰出的成就。在法律上坚定的否定神权法观念。
11	唐太宗纳谏	兼听则明的优秀传统文化。	唐太宗时期无论是政治上还是法律上都是唐朝兴盛的代表,其中离不开唐太宗从善如流的选择,尤其是能听取魏征等谏官的建议。
12	宋朝法律制度	法律为经济改革提供制度保障。	历史上著名的王安石变法的主要内容其实质为经济改革。当代中国进行不断的深化经济改革,均通过立法的形式予以法律保障。
13	辽金元法律制度	少数民族法制是中华法系不可或缺的重要部分。	少数民族在进行政权建设的同时也建立了民族特色的法制,与汉民族的法律制度经过融合和吸收,最终形成了独特的中华法系。
14	明朝法律制度	监察制度在国家治理中的重要地位。	明朝在传统封建治理方式的基础上,大力推行了监察制度,为惩治贪腐提供了新的法律方式。当下监察法的确立,也彰显了中国共产党和政府的伟大决心。
15	清末法律制度	当代青年人应当将个人成长与祖国前途命运紧密相连。	结合清末社会背景及代表人物介绍近代中国艰辛曲折的法制转型之路,使学生们更加珍惜当下的幸福生活,并积极参与到中华民族实现伟大复兴的历史新进程。
16	新民主主义革命时期民主政权法制	多种形式相结合的审判方式,让百姓感受到司法的公平正义。	深入田间地头,密切联系群众,实现审判与调解相结合的"马锡五审判方式"为中国共产党早期司法实务中的创新,当前我国提出的司法理念及实务需求都能从其吸取营养。
17	中华人民共和国法制的发展与挫折	探索法制新路途的过程是曲折艰辛的,遭遇挫折也是必然,关键在于如何总结经验、吸取教训,砥砺前行。	近代法制的转型与探索展示出中国法制现代化的曲折与艰辛,证明中国共产党领导中国人民建立新中国是历史的选择,废除旧法统确立新法制是历史的进步和发展。

序号	教材对应知识点	课程思政结合点	说　明
18	中国特色社会主义法律体系的形成	中国特色社会主义发展道路是独一无二的，在自发的探索中构建了独具特色的中国特色社会主义法律体系。	建国后新中国的法制建设在中国共产党领导下，继承优秀传统法律文化的同时进行了大胆创新，为当下中国特色社会主义法治建设奠定了坚实的基础。

第二节　教学设计典型课例

一、西周"明德慎罚"思想是我国"德法共治"理论的滥觞

（一）知识点概括

1. 知识点

姬周取代殷商后，如何向百姓解释武王伐纣以及政权更迭的合法性是统治者的首要政治使命。周公（旦）等人提出"以德配天"说来破除商代王族自设光环的"帝祖合一"论，认为"皇天无亲，惟德是辅"。而德的内容除了敬天外，更要保民。西伯顺民心壮大西岐，武王牧野之战以少胜多，这些都使得统治者愈发重视民心向背，政治重心亦由重"天命"转为勤政、裕民、惠民等世俗政权的实践上。

"明德慎罚"思想是"以德配天"政治理论在法律思想层面的体现。所谓"明德"，即崇尚德治，提倡德教。统治者治理国家优先采用道德教化的模式，将国家政策和道德规则告知于众，争取获得民众支持；同时以身作则，以道德的力量去教育、感化民众，使民众臣服。所谓"慎罚"，即谨慎用刑，在适用法律、实施刑法时审慎、宽缓，不滥用刑罚、滥杀无辜。"明德慎罚"的具体要求可以归纳为"实施德教，用刑宽缓"。在"明德慎罚"思想的指引下，西周历代统治者把道德教化与刑罚制裁并用，形成了一种教化（德）与刑罚（法）相结合的治理模式。

2. 传统讲授方式

通常，西周"明德慎罚"思想是作为"中国法制史"课程中的西周立法指导思想或《中国法律思想史》课程中周公旦的思想予以介绍，多会联系西周初年的社会背景，但较少观照当今的治国理念，即便有也是点到为止，无法深入引导思考。

（二）结合思政设计

1. 课程引入

由曹操的名句"周公吐哺，天下归心"引出周公"一沐三提发""一饭三吐哺"礼贤下士的典故，进而介绍他的"以德配天""明德慎罚"的政治法律思想。

2. 思政结合

西周"明德慎罚"思想叶茂根深，在后世不断发展。汉代董仲舒所倡行的"德主刑辅"即

为西周"明德慎罚"思想的延伸和发展,也成为后世历代统治者治国理政的主流模式。唐代李世民一方面践行"为政以德",以"贞观修礼"倡行德治,另一方面制定《贞观律》推行"法治"。唐律作为中华法系的代表作,其宗旨即为"德礼为本,刑罚为用",二者"犹昏晓阳秋相须而成者也"。正是这种德法共治模式促进了汉唐盛世的出现。明初朱元璋虽制定酷法《明大诰》行"重典治国"之策,却也不忘留下传世法典《大明律》,同时告诫皇孙"明礼导民,定律绳顽"。由此可见,西周"明德慎罚"思想实为我国德法共治理念的滥觞,在历史上为国家的长治久安和社会的和谐稳定起了持久而积极的作用,也为今天我们国家治理模式创新实践提供了重要资源。我们理应在继承古圣先贤优良传统的基础上加以创新,推进国家治理体系和治理能力现代化。

习近平总书记曾指出,法律是成文的道德,道德是内心的法律。二者在国家治理中都有其地位和功能。法律有效实施有赖于道德支持,道德践行也离不开法律约束。法治和德治不可分离、不可偏废,国家治理需要法律和道德协同发力。这段关于"法安天下,德润人心"的重要论述,深刻揭示了法治和德治的辩证关系,丰富和发展了马克思主义关于法律与道德的理论,科学阐明了新形势下坚持德法共治的正确方向和重要途径。

3. 思考讨论

"明德慎罚"思想对后世的治国理念和社会治理模式有何影响?"明德慎罚"思想与当前我国"德法合治"理念在具体内涵上有无差异?为什么?

二、春秋战国时期的思想争鸣与交流互鉴、开放包容的文化进路

(一)知识点概括

1. 知识点

春秋战国是社会重大变革时期,面对"礼崩乐坏"的局面,有识之士思考探索,提出"抗议或补救之方",于是"百家争鸣",思想勃兴。以儒墨道法为首的百家诸子围绕"礼、法、德、刑"各抒己见。儒家继承并发扬西周礼治,提出"为国以礼""为政以德"及"为政在人";为平民阶层代言的墨家学派追求"兼相爱,交相利"的理想社会;避世归隐的道家老庄反对礼治、法治,主张顺应自然的"无为而治";后起之秀法家学派则直面乱世,提出了主张"法治"、重视刑赏的法律思想。虽然诸子在争鸣中"各引一端",激烈争辩,但各自的学说并非完全对立,而是"相灭亦相生""相反而相成",既有彼此诘难也有吸收借鉴,由此成就我国古代思想文化史上的盛宴。齐国的"稷下学宫"便是这一辉煌的最佳见证。

2. 传统讲授方式

"中国法制史"课程教学往往将"百家争鸣"作为制度转型的文化成因简略带过,"中国法律思想史"教学则多各派思想的特点介绍及异同分析,对其中所蕴含的思想文化的交流互鉴较少关注,不利于全面深入剖析中国法律思想史的发展轨迹。

(二)结合思政设计

1. 课程引入

首先向学生介绍子产"不毁乡校"的历史典故,再展示齐宣王时"稷下学宫"的盛况。接

着提问：二者之间有何关联？从而引出春秋战国时期"百家争鸣"进行介绍。

2. 思政结合

从子产"不毁乡校"，广开言路到齐宣王时稷下学宫"百家争鸣"的盛况，春秋战国时代交流互鉴、开放包容的文化环境是酝酿社会转型的重要土壤。当社会处于转型的十字路口时，当政者们多礼贤下士，以求获得护佑国家生存发展的最佳方案。以儒墨道法为首的诸子百家各抒己见，进行了充分的思想交锋和文化碰撞。所谓真理越辩越明，历史的选择在久经探索后终于从迷雾中闪现，后起之秀的法家竟在一干前辈中拔得头筹，成为时代弄潮儿。在随后秦代文化专制下，诸多学派虽偃旗息鼓，但也在暗中学习借鉴，蓄势待发。君看汉初黄老铸就"文景之治"；汉武独宠新儒，实乃外儒内法治国之道；隋唐盛世，儒释道各领风骚；危机下宋明理学融通儒释道，再次成为官学正统。由此可见，历史悠久、璀璨夺目的中华文化正是不断经历类似"百家争鸣"般文化大融合，取其精华去其糟粕，在相互吸收、融汇合流的过程中不断发展。

五千多年的文明史孕育出的中华民族优秀的传统文化，"积淀着中华民族最深沉的精神追求，代表着中华民族独特的精神标识，是中华民族生生不息、发展壮大的丰厚滋养，是中国特色社会主义植根的文化沃土，是当代中国发展的突出优势，对延续和发展中华文明、促进人类文明进步，发挥着重要作用"。"文明因多样而交流，因交流而互鉴，因互鉴而发展。"今天的我们也正是以史为鉴，对中国传统文化以及国外文化秉持开放包容的姿态，在交流互鉴中传承创新，增强文化自觉和自信，打造出更多的具有中国特色、中国风格、中国气派的文化产品，为构建人类命运共同体作出积极贡献。

3. 思考讨论

春秋战国时期"百家争鸣"的盛况是如何形成的？对当时社会的变革起到了什么样的作用？交流互鉴、开放包容的文化进路对当前我国的社会发展具有什么样的意义？

三、春秋战国时期的法制变革与坚持改革开放

（一）知识点概括

1. 知识点

春秋战国时期也是制度大变革的时代，诞生了诸多里程碑性质的法律事件：子产铸刑书于鼎，在中国历史上第一次公布成文法，在一定程度上限制了旧贵族的司法特权。魏文侯重用李悝，出台了我国历史上首部较为系统的封建法典《法经》，盗、贼、囚、捕、杂、具六篇初步确立了封建法制的基本原则和体。商鞅相孝公，传承《法经》而作秦律，两次变法奖励农战以富国强兵，废除分封制和井田制，代之以郡县制和封建土地私有制。其他国家也纷纷采取法律变革措施，如晋国"铸刑鼎"、齐威王"谨修法律而督奸吏"、燕昭王"修法令"等。这些成果汇聚成势不可挡的改革洪流，共同推动了中国法律制度的大变革。

2. 传统讲授方式

通常，老师们在讲授春秋战国的法制变革时多将重点置于每次变革内容的梳理和各自意义的分析，很少关注这些变革对推动社会进步的共性意义，而学生在理解时，往往也只是

对知识点的简单记忆,缺少古今观照的启悟思考。

(二) 结合思政设计

1. 课程引入

介绍郑国公布成文法后,执政子产与晋国贵族叔向之间的争议以及晋国公布成文法后,孔子的反对态度及言论,引导同学们思考:为何成文法此时要公布? 又为何旧贵族们要反对? 从而引出知识点的讲解。

2. 思政结合

春秋战国时期,"礼崩乐坏",社会急剧变革。危机意识促使各国竞相改革,执政者们凭借过人的勇气和智慧,破旧立新,锐意进取,使大国得称霸,小国可安邦。晋国在连续的立法改革中延续了百余年的霸主地位,子产的改革使郑国小邦几十载立于强邻之间而不侮;魏文侯在李悝等人辅佐下成为战国时代的首位霸主;齐威王的改革使其摆脱"诸侯并伐"却"国人不治"的困境,称霸于诸侯;商鞅变法使原本实力平平的秦国跃居七雄之列,为日后的秦国统一大业铺设坚实根基。燕昭王的改革变法也使衰败的燕国逐渐复兴,最终破强齐而雪耻。

成功的改革少不了开放的政策和环境。如前所述,这个时期各国求贤若渴,礼贤下士,因此人才可以自由流动,没有国界之限,"养士"之风、"客卿"之谓盛行。如卫国人商鞅和楚国人李斯均成为了秦国名相,卫国人子贡在鲁国拜相。正是有了这种包容与开放,改革才会成功。改革开放是人类谋求富强与进步,推动社会发展的重要方式。

改革开放是新时代民之所向。当前我国正处在重大历史关口:从国际层面看,世界进入动荡变革期,国际政治、经济、文化、科技、安全等格局都在发生重要改变;就国内层面看,在"两个一百年"的奋斗目标引领下,中国正处于实现民族伟大复兴关键时期。在这个机遇与挑战并存的时代,我们必须要高举新时代改革开放旗帜,继续全面深化改革、全面扩大开放。回望先辈们给我们留下的丰厚的改革文化遗产,充分挖掘利用这份资源,也是我们义不容辞的历史使命。

3. 思考讨论

当代中国的改革开放历程是怎样的? 取得了什么样的成效? 春秋战国时期的法制变革能给我们今天的改革开放留下那些启示?

四、春秋决狱:一次蕴含中国式司法智慧的可贵探索

(一) 知识点概括

1. 知识点

西汉中期,汉武帝采纳董仲舒建议,"罢黜百家,独尊儒术"。作为新贵的儒家思想与汉初承秦的法家制度之间的矛盾便凸显出来。囿于祖宗之法不可变,刚刚上位的儒生们只有在司法实践中大胆尝试,运用《春秋》等儒家经典中的原则和精神来审判案件,由此拉开法律儒家化的历史序幕。春秋公羊派大师董仲舒是春秋决狱最著名的代表人物,他将在职期间运用儒家经义判决的典型案例汇编成册。该书在当时司法界影响很大,起到了典型判例的

示范效果。梳理现存的三十多个春秋决狱案例发现,其审判原则为"本事原志",即裁判既要考察案件客观事实又考虑当事人主观动机。动机良善,符合儒家纲常的从轻判处,反之动机邪恶的则从重判处。春秋决狱直接影响了魏晋以后的法律儒家化进程。

2. 传统讲授方式

因为春秋决狱只是中法史中一个较为具体的知识点,多数老师会将其作为法律儒家化的起点,介绍概念、特点及对后世封建社会法制的影响,但很少会做深度解析或古今观照。

(二) 结合思政设计

1. 课程引入

引入两个春秋决狱的典型案例,提问学生:如果你是法官,会怎么判? 对比他们的判断与秦代法律的规定,再介绍董仲舒的判词,进而引出春秋决狱的概念,由此导入正题。

2. 思政结合

春秋决狱是中国封建法律儒家化的开端,也是中国古代司法发展史上的独特产物。虽然存在弊端:如会导致有法不依,影响法律权威以及由于裁判依据的模糊性,可能导致官员审判的随意性问题等。但它更是一次蕴含了中国式司法智慧的可贵探索。

中国封建法制的文明进程与封建法律的儒家化是同步进行的。众所周知,凡是大规模的法律变革,往往牵涉较广,因而时机不成熟时,任何草率的行动都会影响法律的权威乃至社会的安定。所以总结包括当今各国在内的立法经验,大多采用的都是司法先行的模式,即先在司法领域进行试点,总结经验,吸取教训,待时机成熟了,再将经验教训上升成为正式的立法。毫无疑问,历时 800 年之久的法律儒家化正是一次大规模的法律变革,春秋决狱在其中扮演的正是司法先行的角色。

春秋决狱可贵之处还在于创设了一种平衡情与法的裁判方法。人常说法不容情,然而真正能服众的是既合法理又顺人情的判决。汉初的法律制度过于严苛,有伤人情,于是儒生们就创设了一种在情与法之间寻找平衡的裁判方法——春秋决狱。与近代英美的判例法相比,春秋决狱相当于把《春秋》等儒家经典视为具有最高效力的判例集,而如何找到一条经义中最适于案件事实的故事或微言,这种法律技术也与英美判例法中的"区别技术"有异曲同工之妙。唐以后,人们很少再标榜"春秋决狱",但经义决狱的判例机制一脉相承、余影可鉴。《龙精凤髓判》《名公书判清明集》《折狱龟鉴》《樊山判牍》等历代著名的判词、判例集均为明证,由此可见春秋决狱的强大生命力。

春秋决狱的目的是在法制领域推行儒家思想,融情入法,增加法律的弹性和人情味,推行儒家"仁政"的理想。春秋决狱的实践,实现了中国古代司法由严峻向宽平的转折,推进了司法审判中法律效果与社会效果的相统一。这点对于我们今天构建和谐法治社会也具有一定的借鉴意义。

3. 思考讨论

比较现存的西汉春秋决狱的案例与最高人民法院颁布的"指导性案例",二者有何异同? 结合对春秋决狱的理解,谈谈如何在司法审判中实现法律效果与社会效果有机统一。

五、唐律：中国封建时期最高水平的法典

（一）知识点概括

1. 知识点

唐朝经历 290 年，中华文明发展至鼎盛。其中，唐朝法律不仅在调整社会关系、维系统治秩序方面起到重要作用，也以其先进的立法原则、完备的法律体系、精湛的立法技术，而成为中国传统法律的成熟形态，代表着中国传统法律的最高水平。

唐初，先后颁布实施了《武德律》《贞观律》《永徽律》。由于律文言简意赅，在实施过程中常引起不同理解。再加上某些地方官刻意错误解读律文，导致法律实施过程中存在误解、不统一现象。为帮助各级官吏在司法活动中准确把握立法意图，加强法律实施的统一性，统治者主持编订"疏议"，对《永徽律》律文进行阐释、说明。"疏议"以儒家思想为基本依据，对于《永徽律》进行逐条解读，并将律文与"疏议"合为一体，正式颁布实施，即《唐律疏议》。"律""疏"合体，同等效力，使得律文与解释律文的"疏议"具有同样的效力，开创了中国古代独特的法典编纂形式。

2. 传统讲授方式

《唐律疏议》开创了中国古代独特的法典编纂形式，也是中国封建时期法律编纂的最高水平。因此，这部分内容传统讲授主要集中在对唐律的内容、体例、结构及深远影响等方面。

（二）结合思政设计

1. 课程引入

梳理唐朝之前的各个朝代的立法，进而过渡到唐律，通过纵向对比的方式，让同学们直观的感知唐律为中国封建时期最高水平的法典编纂水平。然后让同学们与当代中国民法典的编纂进行联系或进一步的对比。

2. 思政结合

罗马法编纂时，中国正处于南北朝乱世，直到 6 世纪末，隋朝才再度统一中国。即使在乱世，中国的法律依然在不断发展，例如南北朝时期的《北齐律》、隋朝《开皇律》，等等。随着唐朝贞观之治，封建经济得到了极大的发展，一部传世的法典《唐律疏议》就在这样的背景下诞生了。《唐律疏议》是中国现存第一部内容完整的法典，也是中华法系乃至世界范围内封建社会法律的代表作。自颁布实施到唐朝灭亡后的五代十国，统治者大多沿用《唐律疏议》治理国家，其开创的法律解释模式和方法，作为弥补立法不足的重要手段深刻影响了后世的立法，此后的《宋刑统》《大明律》直至我国最后一部封建法典《大清律例》，其中都能看到《唐律疏议》中体例编纂和法律解释的影子。

中国的法律现代化运动开启于 1900 年的八国联军之役以后。1902 年清政府宣布实行"新政"，开始按照西方的模式系统地制定新式的法典。1992 年邓小平发表南巡讲话后，中国明确了建立社会主义市场经济体制的基本方针，民事立法和民法学研究得以重现生机。1998 年国家立法机关委托九位专家组成民法起草工作小组，拟分三个步骤，先制定合同法，再制定物权法，最终制定出一部完备的民法典。直至 2020 年《中华人民共和国民法典》的颁

布,最终确立了新中国的民法典。

3. 思考讨论

（1）试探讨《唐律疏议》的体例编纂及其影响。

（2）中西方法典的异同有哪些？

（3）总结梳理并思考当代民法典的发展历程及特点。

六、柳宗元的人生经历与其法律思想

(一) 知识点概括

1. 知识点

柳宗元,字子厚,唐代河东(今山西省永济市)人,代宗大历八年(773年)出生于京城长安,宪宗元和十四年(819年)客死于柳州。永贞革新失败后,805年9月,柳宗元被贬为邵州刺史,11月,在赴任途中,柳宗元被加贬为永州司马。到职后的柳宗元暂居在龙兴寺。半年后,柳宗元的母亲因病去世。815年(元和十年)1月,柳宗元接到诏书,要他立即回京。2月,经过一个多月的跋涉,柳宗元回到了长安。但柳宗元并没有受到重用,由于武元衡等人的仇视,不同意重新启用。3月14日,柳宗元被改贬为柳州刺史。3月底,柳宗元从长安出发,赴柳州,6月27日抵达。819年(元和十四年),宪宗实行大赦,在裴度的说服下,敕召柳宗元回京。11月初八,柳宗元在柳州因病去世。

"天人不相预"的唯物论、重"势"的进步历史观、"官为民役,民可黜官"的民本思想、儒家的法治精神等是柳宗元法律思想形成的理论基础,而其法律思想主要体现在"德礼刑政"的统一观、"赏罚必当"的判案观、"赏罚务速"的执法观、"贤者居上"的保障观等方面。

2. 传统讲授方式

中国法律思想史课程中讲到柳宗元时,一般主要讲其法律思想的主要内容,如"德礼刑政""赏罚必当""赏罚务速"等。

(二) 结合思政设计

1. 课程引入

先从柳宗元的诗为引入,讲述其坎坷的一生经历,让同学们树立困境中奋发图强的精神;再具体讲授其法律思想的具体内容,并结合当下我们法律的立法精神和原则,得出传统法律文化的借鉴意义。

2. 思政结合

先介绍柳宗元的一生,重点说明其在困境中如何克服地理、亲情、精神等多种困难,砥砺前行,最终取得了非凡的成就,从而让同学们也能感同身受,牢牢树立高贵的个人品格。

就其法律思想方面,一是释放奴婢,体现了中国古代法律文化中的人权平等思想。柳州原先是一个原始的荒蛮之地,当时沿袭一种残酷的风俗,"以男女质钱,约不时赎,子本相侔,则沦为奴婢"。相当于欠钱不还则沦为奴婢,而一旦为奴则终身为奴。柳宗元发布政令,"革其乡法",使得那些沦为奴婢者,仍可出钱赎回。政令中制定了一套释放奴婢的办法,规定已经沦为奴婢的人,在为债主服役期间,都可以按劳动时间折算工钱。工钱抵完债后立即恢复人生自由,回家与亲人团聚。这一举动受到广大贫困百姓的欢迎,后来推行到柳州以外的州县。

二是十分注重城市美化,与习近平总书记提出的生态文明观存在暗合。柳宗元非常重视植树造林,虽然他身体不好也亲自参加植树活动。当时城里、河边都种了许多柳树。他的文明观念还渗透到城市的建设和规划上,整治了不少街巷,修筑了一些庙宇,并开发了不少自然景观。

3. 思考讨论

柳宗元的一生对你有什么启示?柳宗元法律思想对当代法律有什么借鉴意义?

七、明朝的监察制度

(一) 知识点概括

1. 知识点

我国的监察制度源远流长,最早可追溯到先秦时期。随着封建王权的不断加强,监察制度在明代达到了顶峰,形成了我国古代最完备、最严密的监察体系,清沿明制,基本上照搬和沿用了明朝的监察制度,这套监察体系具有鲜明特点,对当代仍有重要的借鉴意义。

明代设都察院,职责是"纠劾百官,辩明冤枉,提督各道",定位是"天子耳目风纪之司",都御史和以地区划分的十三道御史,负责监察全国官吏和一般机关。另设六科给事中,职责是"常侍从、规谏、补阙、拾遗、稽察六部百司之事",对吏、户、礼、兵、刑、工六部的业务进行对口监察。两个机构不相统属,独立性强,且拥有特权。

明代监察体制中,所监察的范围也较为广泛,有弹劾权,可以公开当面劾举,也可以密封上奏;有考核权,会同吏部对官员是否贤能、有无贪黩渎职违纪等进行考察,提出处理意见;有监督学术思想的职责;有充任言官的职责;有会同刑部、大理寺共同会鞫重囚大案的职责;有刷卷(检查档案)、巡视京营、监考、巡视某些国家部门、仓场、内库、皇城、学校、漕运、屯田等职责。

2. 传统讲授方式

监察制度在明代达到了顶峰,形成了我国古代最完备、最严密的监察体系,一般法制史课上首先会讲授其上述意义,然后具体讲授明代监察机构、监察官员、监察体系、监察程序等。

(二) 结合思政设计

1. 课程引入

先从御史弹劾高官的故事讲起,然后介绍明代的监察制度所包含的丰富的内容,也可以穿插进去特色的锦衣卫、东厂西厂的故事和制度,最终让同学深入思考明代监察制度的利弊及对今天监察制度的启发。

2. 思政结合

明代的监察制度最具特色,既有其特定时代的弊端,也有一定的借鉴意义,具体可以从

三个方面来谈:

一是要确立纪检监察机关的相对独立性和权威性。监察机关职能特殊,因此必须具有相应的特殊地位,来保证其有效行使职权,使其最大限度的摆脱横向干扰,不受牵制地履行职能,保证整个监察系统的健康和高效运转。

二是要突出纪检监察机关职能的专门性,突出监督和惩处的核心作用,充分发挥监督的制衡力和惩处的威慑力,确保纪检监察机关突出重点、有效履职。

三是要不断加强纪检监察干部队伍建设,打造政治可靠、纪律严明、为民务实、清正廉洁的纪检监察干部队伍。

3. 思考讨论

明代监察制度的内容有哪些? 明代监察制度的优劣点有哪些? 明代监察制度对当今《监察法》有何影响?

八、马锡五审判方式: 根据地时期的法制创新

(一)知识点概括

1. 知识点

马锡五在担任陕甘宁边区陇东专区专员兼高等法院陇东分庭庭长时,创立了密切联系群众、深入调查研究,实行审判与调解相结合的巡回审判方式,收到了很好的效果:纠正了一些错案,及时解决了缠讼多年的疑难案件,保护了当事人的合法权益,正确执行了党的方针政策和政府法令,因而人民群众称他为"马青天",边区政府将他这种在审判工作中贯彻群众路线的工作方法,亲切地称作"马锡五审判方式"。在抗日战争时期,马锡五审判方式在各抗日根据地加以推广,为人民司法工作树立了一面旗帜,毛泽东在抗日战争时期,曾将群众路线的观点亲笔写在授予马锡五等人的奖状上,"马锡五同志:一刻也不离开群众"。

2. 传统讲授方式

革命根据地法制是我党的法制试验田,有着特定的历史意义,而在这里面最为耀眼的代表性成果就是马锡五审判方式,然后详细讲授马锡五审判方式的内容、特点及其影响。

(二)结合思政设计

1. 课程引入

先放一段《刘巧儿告状》的剧情片段,让同学们感受下当时司法审判的方式,接着向同学们介绍该剧即是根据马锡五审判的案件改编而来,再接着具体讲授马锡五审判的内容、特点及对当今司法审判的影响。

2. 思政结合

我们今天向马锡五审判方式学习什么呢? 概括起来讲,就是学习他"为民、利民、便民"的基本精神。所谓"为民",就是毛泽东教导的"全心全意为人民服务",这是人民法官区别于旧式法官的根本标志。马锡五来自人民,不忘劳动人民的本色,他怀着深厚的感情,积极投入工作。不论做政府工作或做司法工作,都是甘做"人民的公仆"。用今天的话讲,就是"立

党为公,司法为民"。所谓"利民",就是"以民为本",即在司法岗位上以平等的态度待人,尊重当事人的人格,保护当事人的一切合法权益(包括民事案件的原被告以及刑事案件的被告人),严格依照法律和程序,努力做到分清是非曲直,寻求当事人利益共同点和平衡点,使当事人的损失降到最低点。所谓"便民",就是便利群众诉讼,为当事人尽量提供方便条件,这是人民诉讼的基本要求。绝不能以"法官老爷"的架势自居,高高在上,威吓群众;也不能故意刁难当事人,或者敷衍塞责,拖拖拉拉,更不能草率判决,推出了事;甚至书写判决书也要有群众观点,要考虑当事人的接受能力,力求通俗易懂,不要搞司法八股;还要耐心做好当事人的思想工作,解开他的思想疙瘩,真正做到"案结事了"。我们要继承发扬老一辈司法工作者的优良传统,通过群众路线的教育实践活动,真正做到"走基层、转作风、改文风",将我国的审判工作推向一个新的发展阶段。

3. 思考讨论

马锡五审判方式的特点是什么? 为什么说马锡五审判方式是我党在边区司法战线上的伟大创举? 当今多元审判方式包括哪些?

第五章

外国法律史课程思政教学设计[①]

第一节　教学设计基本思路

一、设计思路阐释

外国法律史中有很多内容可以与课程思政结合在一起。涉及到的制度、历史、文化、典故等都可以在习近平新时代中国特色社会主义思想、马克思主义基本原理以及高校思想政治的框架下进行全新的解读,这种解读本身对于更好地开发和讲好外国法制史课程也是极有裨益的。

二、思政教育结合点概况

序号	教材对应知识点	课程思政结合点	说　明
1	楔形文字法的历史	法律的发展是历史性的,悠久的法律传统是文化自豪感的重要来源。	中国古代的法律也是源远流长,并且从未中断,是世界上最古老的法律文明之一。
2	印度法种姓制度	平等是现代法律的基本价值。	印度的种姓制度体现了法律极端化的不平等,而社会主义法律实现了高水平的平等。
3	古希腊民主 (雅典民主制)	社会主义民主是真正的人民民主。	古希腊民主虽然是民主制度的滥觞,但存在诸多限制,有许多不足。而社会主义民主真正保障了人民当家作主。

---

① 作者简介:王思杰,江苏连云港人,厦门大学嘉庚学院副教授,法学博士。主要讲授课程为"法理学""中国法律史""外国法律史"等。

序号	教材对应知识点	课程思政结合点	说　明
4	罗马法的发展	社会主义法治继承了古代法治的优秀传统，也弥补了其不足。	罗马法具有卓越的历史地位，是古代世界非常完善的法律，但其依然体现了很多不平等和制度瑕疵，相形之下，社会主义法治的优越性显明出来。
5	西塞罗的法律思想	爱国主义是人类的普遍情感，可以激发巨大的能量。	西塞罗不仅是伟大的政治家和思想家，也是一位伟大的爱国者，其爱国事迹激励后人。
6	英国普通法的形成	司法制度有着极为重要的价值，司法改革应该被高度重视。	英国普通法是司法改革的成果，英美法系体现了很深的司法印迹。其历史经验值得后世借鉴。
7	美国 1787 年宪法	美国 1787 年宪法具有一些历史性瑕疵，社会主义宪法会更完善。	美国 1787 年宪法维护资产阶级利益，黑奴和女性的权利并未保障。与之相比，社会主义宪法真正赋予广大人民权利和自由。
8	法国民法典	民法典是大陆法系的典型立法。中国民法典是这一历史运动的最新成果。	法国民法典开创了近代通过民法典构建民族国家的历史进程。中国在 2020 年完成了民法典的编纂，具有里程碑的意义。
9	德国近代的法治发展	国家统一对于一国法律和社会的进步具有基础性意义。	德国的分裂是历史上德国衰弱的重要原因。德国 1871 年统一是德国近代法治发达的前提。维护祖国统一非常重要。
10	日本法的历史发展	对外开放是国家发展的前提，兼容并蓄是制度进步的基础。	日本法的形成与发展就是以不断吸收借鉴外国先进法律为前提，一国走向崛起和复兴，必须坚持对外开放和与时俱进。

第二节　教学设计典型课例

一、从楔形文字法看中华文明的传承与伟大

（一）知识点概括

1. 知识点

楔形文字法（Cuneiform Law）是人类目前已知最古老的法律体系，也是外国法制史课程体系的开篇，地位非常重要。历史上，凡是使用楔形文字书写的法律都可以称为"楔形文字法"，其包括了苏美尔人（Sumerians）、阿卡德人（Akkadian）、亚述人（Assyrians）、埃兰人（Elamites）、赫梯人（Hittites）等诸多两河流域古代民族的法律，多以法典形式呈现。其中比较著名的法典有公元前 21 世纪晚期的《乌尔纳姆法典》（*Code of Ur-Nammu*），公元前 20 世纪中叶的《李必特—伊丝达法典》（*Code of Lipit-Ishtar*），公元前 19 世纪末叶的《埃什嫩那法典》（*Laws of Eshnunna*），等等。这其中最著名也是保存最完整的是著名的《汉穆拉比法

典》(*Code of Hammurabi*)。

《汉穆拉比法典》于 1901 年在伊朗著名的苏萨(Susa)古城出土,是古巴比伦王国(约前 1894 年—前 1595 年)第六代国王汉穆拉比颁布的,被视为世界上保留下来较为完整的最早的一部系统法典,约公元前 1754 年制定颁布。法典刻在一段高 2.25 米的黑色玄武岩石柱上,以阿卡德楔形文字书写,共 3500 行,282 条。《汉穆拉比法典》由序言、正文和结语三部分组成,序言是针对汉穆拉比王承天神受命的赞美诗,宣扬君权和法律神授的思想。《汉穆拉比法典》正文的 282 个条文涉及刑事、民事、贸易、婚姻、继承、审判等诸多方面,体现了上古法律诸法合体、民刑不分、刑罚残酷等特点,也体现了“以眼还眼,以牙还牙”的报应刑观点。《汉穆拉比法典》的结语还宣扬了法律神圣,不可变更的思想。

2. 传统讲授方式

一般情况下,教师讲述楔形文字法时主要介绍楔形文字法的概况,重点介绍《汉穆拉比法典》的内容。强调楔形文字法的古老性和历史地位,但学生往往缺少将楔形文字法与中国古代法律结合起来,横向比较的想法,对楔形文字法的了解也仅限知识灌输,无法深入理解。

(二) 结合思政设计

1. 课程引入

首先,通过《汉穆拉比法典》的两个法条开启讲述:“如果一个人弄瞎了一个人之子的眼睛,那么也应弄瞎他的眼睛”(《汉穆拉比法典》第 196 条);“如果一个人打掉了与他地位相同的人的牙齿,那么也应打掉他的牙齿”(《汉穆拉比法典》第 200 条)。继而让学生体会这两个法条的风格,说说自己的感受。以古老性和同态复仇性为基础视角,进入楔形文字法的讲述。

2. 思政结合

楔形文字法诞生于公元前 3000 年左右的两河流域。虽然距今古远,但其对后世法律具有深远的影响。尤其是古希伯来人对楔形文字法的继受,使包括《汉穆拉比法典》在内的诸多楔形文字法条文保存在了《圣经·旧约》的若干篇章中,从而影响到了后来的基督教律法和西方法律文化(如严惩伪证罪)。

但是另一方面,作为原型的楔形文字法,随着公元前 6 世纪古代美索不达米亚文明的灭亡而最终消失于黄沙之下,楔形文字成为一种死文字,尘封了两千多年,直至 19 世纪才被学者重新破译,楔形文字法在消亡了 25 个世纪以后方才重见天日。

相比之下,中华法律文化虽然在历史上没有楔形文字法古老,但自夏商以来,一直发展,没有中途灭亡,虽然其内容不断改良进步,但以汉字书写的法律始终传承,直至今日。

中华文明是人类四大古文明中唯一没有中断废绝的,以至于身处 21 世纪的我们依然能够读懂数千年前的法律,从而更深体会我们这个东方文明的古老和伟大。因此,我们有理由为中华民族由衷地自豪,诚如我国《宪法》序言开头所说,“中国是世界上历史最悠久的国家之一”,伟大的中华民族永远屹立于世界文明之林。

3. 思考讨论

为什么中国古代文明历经五千年的发展而没有断绝,成为四大文明古国中唯一没有中断的文明,原因有哪些? 这些原因在实现中华民族伟大复兴的新背景下能够给我们以什么样的启示?

二、印度法种姓制度与社会主义平等价值观

（一）知识点概括

1. 知识点

印度法是外国法制史古代部分的重要组成部分,而印度法的核心是种姓制度(Varna)。这种制度将社会中的人分为多个等级,种姓之间等级森严,禁止逆向通婚。在古代印度,最典型的是四大种姓,即婆罗门(Brahmins,祭司、教法学者的种姓),刹帝利(Kshatriyas,统治者、武士的种姓),吠舍(Vaishyas,农民、商人的种姓),首陀罗(Shudras,劳力者的种姓)。《摩奴法论》(Manusmriti)等古代印度法典的规定都以种姓制度为基础,直到今天,其在印度乃至南亚世界都有历史影响。

2. 传统讲授方式

一般情况下,教师讲述种姓制度时只是将其作为一种异域的古代制度加以简单介绍,学生对之往往会产生时空隔膜感,对这种极端不平等的制度缺乏理解和批判,自然也难以深入领会其对于法律价值的重大影响。

（二）结合思政设计

1. 课程引入

首先,讲述一个现代的案例导入。一个高级官员故意伤害了一位普通工人,和一个普通工人故意伤害了一位高级官员,其处罚是否不同。以及,刑罚的轻重是否会受到犯罪者的肤色、出身的影响。其次,将这种情形挪移到古代印度社会,讲述其可能发生的情状,以此引出种姓制度的话题。

2. 思政结合

种姓制度作为一种法律制度,其核心是人为地将社会族群分为若干等级,且等级壁垒极为森严,绝无流动的可能,种姓高者与种姓低者之间权利、义务完全不同,尊卑鲜明。且不同种姓之间,只允许高等种姓男性娶低等种姓的女性(顺婚),绝不可低等种姓男性娶高等种姓女性(逆婚),否则当事人将面临严重刑罚,且所生子女至贱种姓,永为奴仆。这显然是一种极不平等,极不人道的制度。

虽然法律面前人人平等是近代以后才在全世界作为一种公认的法律价值的,但平等这种法律价值,在全球各法律文明中多少都有体现。但在古印度法的种姓制度下,平等被压缩到最极端的境地。法律公然以人与人之间永久性的不平等为天经地义。

相比之下,社会主义法治特别强调平等价值,平等是社会主义的本质要求,也是社会主义制度的基本原则。且不说相比种姓制度,就是与资本主义平等相比,社会主义平等也是更加先进和完全的。资本主义平等只消除阶级特权,但依然维持阶级与阶级剥削,而社会主义平等则要求消灭阶级本身,由此彻底消除由阶级所造成的一切不平等。

经过古今对比,我们可以得出观点,社会主义平等是人类平等观发展的最终成果,是人类法制演进的伟大成就。

3. 思考讨论

为什么说平等的价值对于法律来说特别重要？我国现行法律中,有哪些体现了平等的价值？请分别从宪法、民法、刑法、诉讼法的角度加以举例和分析。

三、古希腊民主的滥觞与中国特色社会主义民主

(一) 知识点概括

1. 知识点

古希腊是民主制度的重要起源地。希腊古代民主,尤其是雅典的民主实践,是现代民主制度的历史摇篮,而希腊民主也是外国法制史古希腊法部分的核心内容之一。古希腊民主制度在雅典城邦得到了最为完善的发展,其也是长期历史演进的产物。从公元前6世纪著名的梭伦(Solon)改革发轫,中经克里斯提尼(Cleisthenes)的发展,至公元前5世纪下半叶,在伯里克利(Pericles)时期,雅典民主制度才臻于完善。

虽然古希腊人,尤其是雅典人为古代民主制的发展作出了杰出的贡献,但是雅典民主制度在本质上属于奴隶制民主,有其必然的历史局限性,也与现代民主制度存在许多不同。

2. 传统讲授方式

一般情况下,教师讲述希腊民主制度时,会从雅典的几次法律改革入手,介绍每次改革的重点,学生在理解时,往往只是记住知识点,没有更加丰富的学习纵深。因此,在启悟思考上显得不足。

(二) 结合思政设计

1. 课程引入

以一个生活在公元前5世纪末叶的雅典人的视角开启讲述。主人公叫索福克勒斯,因为是雅典有产者公民,他20岁以后就拥有了雅典公民权,成为公民大会(Ecclesia)的成员。后来又因为他有比较高的社会影响力,被选入五百人议事会(Boule)。他经常在公民大会进行雄辩演说和投票,也在民众法庭行使审判权利。但他的妻子和28个奴隶虽然也生活在雅典,却没有这种权利。引导学生思考,这种民主与今天的民主有何不同。

2. 思政结合

雅典民主制是奴隶制民主,具有很大的局限性。首先,雅典民主是少数人的民主。在雅典,只有成年男性的雅典公民才有可能具有民主权利,参加公民大会。一般地,真正能够在雅典民主制度中发挥影响力的人基本上都是奴隶主。而雅典的女性、未满20周岁的男性、奴隶以及外邦人都没有民主权利,也没有任何政治权利。据统计,即使在伯里克利的黄金时代,雅典拥有公民权的人不到雅典居民总数的10%。

其次,雅典民主是直接民主,缺乏代议机制,因此比较粗糙,且容易造成决策失误,冤假错案乃至多数人的暴政。如雅典在伯罗奔尼撒战争中的表现,以及对苏格拉底灾难性的审判,都可以视作是雅典直接民主的重大污点。

相比两千年前的制度,当代的社会主义民主是社会绝大多数人的民主,最高类型的民

主。在社会主义国家,权力属于人民,人民当家作主,管理国家,享有政治、经济、文化教育等广泛权利和自由,并且有法律和物质的切实保障。

中国特色的社会主义民主体现人民民主专政,通过人民代表大会制度,共产党领导的多党合作和政治协商制度,民族区域自治制度,基层民主制度等构建起来,是绝大多数人享有民主权利和对极少数敌人实行专政的统一。当代的中国特色社会主义民主具有鲜明的先进性。

3. 思考讨论

为什么说社会主义民主是最高类型的民主,与古希腊民主相比较,有哪些先进性,体现在哪些具体的方面? 你认为该怎样继续巩固和完善中国特色社会主义民主制度?

四、罗马法的完善与中国特色社会主义法治

(一) 知识点概括

1. 知识点

罗马法是古代罗马人的法律,指公元前 7 世纪罗马城市国家出现以后,至罗马帝国时代的全部法律,包括人民大会的决议、元老院的决议、皇帝的命令、裁判官告示以及罗马习惯法,等等。公元前 5 世纪中叶,罗马共和国制定《十二表法》(*Leges Duodecim Tabularum*),是为罗马颁布成文法的开端。公元前 3 世纪下半叶,罗马出现了职业的"法学家"(jurists),罗马法在其努力下逐渐学理化,精致化。至帝国初期,罗马法臻于极盛,出现了市民法(ius civile)与万民法(ius gentium)的分别发展。市民法适用于罗马公民,万民法适用于帝国境内的其他人。此外,罗马法还发展出了自然法(ius naturale),即所有人类和动物所共有的原则。

公元 6 世纪,东罗马帝国皇帝优士丁尼(Justinianus I)下令将流传的罗马法汇编,是为《国法大全》(*Corpus Juris*),对后世法律,尤其是大陆法系民法的发展影响深远。

2. 传统讲授方式

一般情况下,教师讲述罗马法时,会注重讲述罗马私法的诸种制度。因为罗马法体系非常庞大,且理论精神严谨,加之时间久远,可能很多学生学习兴趣不大,或产生畏难情绪。

(二) 结合思政设计

1. 课程引入

以一个生活在公元 1 世纪的罗马公民的视角开启讲述。主人公名叫扫罗,出生在小亚细亚的大数城,父母都是罗马公民,因此其出生即拥有罗马公民权。他与人订立契约,购买奴隶,在契约相对人违约后,他对之发起诉讼。在父亲去世后,他成为一家之长。他受到罗马法的保护,曾因事在雅典被当地人打伤,但当他告知当局自己拥有罗马公民权后,当地官员亲自登门道歉。通过情景再现,引导学生思考罗马法的风格与影响。

2. 思政结合

马克思评价罗马法是"简单商品经济生产即资本主义前的商品生产的完善的法",对罗马法高度发达的立法技术与济物利人的法律精神予以高度评价,同时强调了法律与商品经济之间的重要关系。

然而,以今天的视角看,罗马法也是有其历史局限性的。其中最典型的例子就是在罗马法中,主体的地位不是平等的,而是分设三种人格。最完整的人格,需要主体同时具备自由权、公民权和家父权。如果没有自由权,就是奴隶,不是民法上的主体,而是客体。如果没有公民权,就是外邦人,没有罗马公民的诸多权利(特权)。如果没有家父权,就是家子,受到家父的统治。在罗马法上,只有拥有最完整的人格,才是最充分的主体,有最完备的权利与自由,受到法律最全面的保护。但是,在社会生活中,这种人是非常少的,广大奴隶、妇女等没有民法权利,甚至被视作"物"。因此,罗马法虽然发达,但终究还是建立在奴隶制基础上的。

相比之下,社会主义法治才是真正的"完善的法"。社会主义法治真正代表了社会主义国家全体人民的最大利益和意志,而不再将人分为三六九等。它包括立法、执法、守法三个方面,要求做到"有法可依,有法必依,执法必严,违法必究"。在中国共产党的领导下,从制度上、法律上保证人民当家作主,而国家权力的宗旨是全心全意为人民服务。在这种意义上,中国特色社会主义法治实现了人类千年以来的法治理想。

3. 思考讨论

罗马法作为古代世界"简单商品经济生产完善的法",取得历史性成就的原因有哪些?现代社会,尤其是中国特色社会主义法治,可以从罗马法中汲取怎样的有益经验和教训?

五、西塞罗与爱国主义

(一)知识点概括

1. 知识点

马尔库斯·图利乌斯·西塞罗(Marcus Tullius Cicero),罗马共和国末期著名的政治家、思想家、法学家,也是伟大的演说家和作家,法政方面的重要代表作是《论共和国》(De Re Publica)、《论法律》(De Legibus),阐释了比较经典的宪政理论和自然法理念,在后来的历代学者中备受赞誉。

西塞罗思想遗产非常丰富,作为古希腊斯多葛学派(Stoicism)在罗马的重要代表,西塞罗在拉丁语世界广泛传播了自然法思想,对古典自然法思想的成熟贡献巨大。此外,西塞罗还被认为是混合政体的拥护者,早期权力分立思想的提倡者等,对后世思想家有着极为深远的影响。

2. 传统讲授方式

一般情况下,外国法律思想史的教师讲述西塞罗时,会重点讲述《论共和国》《论法律》这两本书,梳理其体现的主要思想。同时介绍西塞罗的自然法思想。但传统的介绍偏向于罗列知识,因为时空的疏离感,很难引起学生情感上的共鸣。

(二)结合思政设计

1. 课程引入

西塞罗不仅是一位伟大的思想家,一位杰出的历史伟人,他也是一个有血有肉的人。他有自己非常丰富的情感与热烈诚挚的偏爱。西塞罗是一位卓越的演说家,充满雄辩者的魅力。课程以西塞罗著名的《反喀提林》(Cicero Denounces Catiline)演讲为切入点,展现西塞罗的才华、政治偏向和爱国情感。

2. 思政结合

西塞罗坚定地维护罗马共和国的传统宪制,是共和理念的坚定捍卫者,他对自己的祖国——罗马一直怀有深沉的感情,把守护共和国的价值看得比自己的生命还重要。因此,他与同时代的恺撒(Julius Caesar)、庞培(Gnaeus Pompeius)等政治野心家在理念上逐渐分道扬镳。

公元前60年,恺撒、庞培和克拉苏(Marcus Licinius Crassus)组成"前三头同盟"。而在此之前,恺撒特派密使前往游说西塞罗,希望能把西塞罗争取到自己的阵营,并许以高官厚禄。但是西塞罗认识到,恺撒正在迅速崛起,以军事实力为后盾,意欲废黜罗马原有的罗马宪制,如果与其结盟,对于他深爱的罗马共和国将是毁灭性的打击。因此,西塞罗拒绝了恺撒,后来不得不逃离罗马城。

在庞培与恺撒的内战中,西塞罗支持庞培,希望制衡恺撒,但庞培的军队却一败涂地。后来,恺撒取得了决定性的胜利,西塞罗暂时与恺撒妥协,以元老院为阵地,努力支撑着古老的共和国。公元前44年,恺撒遇刺,代表元老院和罗马传统派的西塞罗与恺撒的军事继承人,恺撒路线的执行者马克·安东尼(Mark Antony)的矛盾迅速激化,后来更是与安东尼阵营尖锐对立,势同水火。公元前43年12月,安东尼派人将西塞罗刺杀,此后罗马共和国再无有力的支持者,最终走向终结。

西塞罗对于自己祖国的爱体现了朴素的爱国主义价值观。西塞罗一生都致力于祖国的振兴和历史传统的恢复,但事与愿违,最终甚至为之殉葬。其本有机会与现实妥协,但为了心中崇高的理念和爱国情感,他义无反顾地选择与祖国共命运。这种精神令后世动容,是爱国主义教育的鲜活素材。

3. 思考讨论

爱国主义的价值在古典世界是怎样体现的? 西塞罗的爱国主义给你以怎样的启迪? 作为新时期的中国青年学生,应该怎样发挥好爱国主义情感,为祖国作出应有的贡献?

六、英国普通法的形成与中国司法改革的愿景

(一) 知识点概括

1. 知识点

英国普通法(Common Law)是英美法系的历史基础。而普通法的形成与英国国王亨利二世(Henry II,1133—1189)的司法改革密切相关。作为加强其中央集权计划的一部分,亨利二世即位后,将国王的御前会议(Curia Regis)独立出来,作为中央的法院系统,继而向全国派出巡回法官,这些法官到英格兰各地,在当地士绅组成的陪审团(Jury)的协助下,以国王的名义进行审判。之后,这些法官回到威斯敏斯特,将各判例进行汇总整理,逐渐形成适用于全英格兰的普通法。

普通法诉讼的发起以申请到特定的令状(Writ)为前提,特别重视正当程序原则。普通法是判例法,强调"遵循先例"(Stare Decisis),程序优先,形成了与大陆法系非常不同的法律文化。

2. 传统讲授方式

一般情况下，教师在讲述普通法的形成时，会着重介绍亨利二世的司法改革举措，陪审制度的形成，以及判例法的基本原则。因为英美法系与学生熟悉的大陆法系法文化有着比较大的不同，学生在学习时常会感到一种异域感，如果不是对中世纪文化和英国国情有所了解，很难对之有比较好的掌握。

(二) 结合思政设计

1. 课程引入

亨利二世是英国金雀花王朝的开创者，也是安茹帝国(Anjou Empire)的奠定者。他的父亲若弗鲁瓦·金雀花(Geoffroy Plantagenêt)，母亲玛蒂尔达女王(Empress Matilda)，妻子阿基坦的埃莉诺(Eleanor of Aquitaine)，儿子狮心王理查(Richard the Lionheart)、失地王约翰(John Lackland)都是名载史册的风云人物。以亨利二世的生平作为切入点，介绍其人生波澜与抱负理想，以此为基础，解释其司法改革的初心与诸多举措的目的，让学生了解普通法形成的背景。

2. 思政结合

英国普通法的形成是亨利二世司法改革的直接后果。这说明英国法的历史基础并不是立法机关，而是司法活动。其实，就统治方法和统治风格而言，英国与欧洲大陆的行政国家有着显著的区别。英国特别重视司法治国的技术，强调法院和法官的能动性，创造规则，形成法律，同时形成先例和归纳式的法律思维方式。

英国人的法院有着强大的公信力，其法官也有着崇高的尊荣。在这种背景下，英国的很多政治问题最终可以转化为法律问题，法律成为一种可以与信仰勾连的高级的智慧和权威的背书，而不仅仅是解决纠纷的技巧和工具。这对于英国最早形成所谓法治(Rule of Law)无疑是非常有益的。

我国目前正在大力推行司法改革，推进以审判为中心的诉讼制度改革。维护司法公正，以优化司法职权配置、加强人权保障、提高司法能力、践行司法为民为重点，扩大司法民主和司法公开，为经济和社会的和谐稳定提供有力的司法保障。显然，英国普通法形成时期的司法改革路径值得我们参考。建立一种具有较高公信力的司法体制，尝试法律精英思维与大众朴素正义观相结合的审判方式，可以成为我们未来司法改革的远景目标。

3. 思考讨论

司法治国与传统的行政为本的治国方式相比有什么优势？为什么英国中世纪的司法活动最终形成了普通法这种独特的法律文化，而中国古代的司法没有相关的建树？司法活动的重要价值有哪些？在新时代的背景下，我们需要怎样的司法制度？

七、美国 1787 年宪法与中国宪制之路

(一) 知识点概括

1. 知识点

美国 1787 年宪法是人类近代第一部资产阶级成文宪法，也是美利坚合众国的立国根基，

此后经过 27 个修正案的不断修正，一直适用至今。

1787 年宪法正文一共 7 个条文，体现了英国传统的宪制精神，同时吸收了法国孟德斯鸠等启蒙思想家的学说，规定立法、行政和司法三项国家权力分别归国会（由参议院、众议院组成）、总统和联邦最高法院行使，彼此相互配合，相互监督，相互制约。此外宪法还规定了系统的联邦制度，进一步将国家权力做联邦与州的区分，实现了立体的权力制衡的体系。

宪法正文中没有明确规定公民的自由和权利，包括公民的宗教自由，言论自由，持有武器的权利等，因此在 1789 年，第一届联邦国会又颁布了 10 条修正案，即权利法案（Bill of Rights）。权利法案颁布后，效力等同于宪法正文。

2. 传统讲授方式

一般情况下，在讲授美国宪法时，教师会首先分别介绍国会、总统和法院的权力与职责，继而再介绍它们之间的制衡关系，最后再介绍权利法案等内容。这种讲法可能会导致授课体系庞大而凌乱，影响学生的理解。

(二) 结合思政设计

1. 课程引入

美国宪法是集体智慧的结晶，也是不断争论与妥协的结果。为制定美国宪法，1787 年 9 月在费城召开的制宪会议（Constitutional Convention）可谓紧张激烈。制宪会议的记录被完整保存。可以用制宪会议中，代表们对于总统职权，各州表决权，参议院议席分配等话题的争论为材料开启话题，让学生感性地体会美国宪法规定背后的机理，以及实践权力制衡等理念所要追求的目标。

2. 思政结合

长期以来，很多人对于美国宪法似乎有一种神话般的崇拜。其实，美国宪法在制定之初也有明显的缺陷和不足。最典型的就是 1787 年美国宪法避而不谈奴隶制问题，这种暂时掩盖矛盾的做法，却让奴隶制争端在日后愈演愈烈，并最终以内战形式爆发，让美国人民付出了极为惨痛的代价。这说明，美国宪法虽然有各种创举，但本质上依然是资产阶级的宪法。维护资产阶级甚至奴隶主的利益，是 1787 年制宪活动的主旨。1787 年宪法远远没有实现人人平等，就妇女、黑奴以及广大无产者而言，也没有什么自由可言。

相比之下，新中国的宪法是社会主义类型的宪法，是真正倡导人人平等，赋予广大人民权利和自由的宪法。尤其是 1982 年宪法，即中国现行宪法，规定了人民广泛的权利，保障了人民当家作主。此后，中国宪法又经过 5 次修正，体现了中国特色社会主义道路的发展成果，有力推动了党和国家事业发展，保障了我国社会主义法治建设。因此，作为中国人，我们应当热爱宪法，坚定地在党的领导下，走中国特色社会主义宪制之路。

3. 思考讨论

中国宪法的先进性体现在哪些方面？宪法中，最令你印象深刻的是哪一条文？作为新时期的中国学生，为什么我们要坚定地维护宪法，热爱宪法，学习宪法，弘扬宪法？

八、从法国民法典到中国民法典

（一）知识点概括

1. 知识点

1804 年《法国民法典》(*Code civil des Français*)，又称"拿破仑民法典"，是人类近代第一部资产阶级民法典，对资本主义的发展和人类法律文化的进步都有着极为深远的历史意义。

《法国民法典》是拿破仑立法的核心，也是大陆法系的基础。它贯彻了近代资产阶级法律原则，厉行所有权绝对主义，强调"私有财产神圣不可侵犯""民法主体资格平等"，同时规定了契约自由原则，过错责任原则，为近代民法的发展和欧陆资本主义的兴盛奠定了重要基石。

《法国民法典》于 1804 年 3 月 21 日通过。法典除总则外，分为 3 编，共 2281 条。法典凝结着拿破仑个人的心血，同时也体现了波塔利斯(Jean Portalis)等法国法学家的集体智慧。法典文字优美，典雅流畅，是人类立法史上的杰作。

2. 传统讲授方式

一般情况下，在讲授《法国民法典》时，会介绍法典的基本结构，基本原则，以及法典的重要制度。这些内容对于法学生，尤其是尚未学过民法的新生来说是比较抽象的，如果不结合具体实例，可能很难理解。

（二）结合思政设计

1. 课程引入

《法国民法典》的制定和颁布受到拿破仑个人的极大影响，据说参政院围绕法典草案召开了 102 次讨论会，拿破仑亲自参加了 97 次。拿破仑对于民法典怀有深厚的期许。因此，可以拿破仑的个人成长与他在法国大革命中的作用开启话题，介绍制定法国民法典的背景，以及民法典立法的追求和宗旨。

2. 思政结合

《法国民法典》是人类近代史上第一部系统完整的民法典，以保障公民的自由和私权利为核心，建立起复杂精密的法律体系。《法国民法典》颁布以后，深刻影响了欧洲大陆其他国家，掀起了制定民法典，构建民族国家的热潮。

至 19 世纪末，20 世纪初，欧陆各主要国家基本都颁布了自己的民法典，尤其以 1900 年《德国民法典》最为卓越。随着 19 世纪西方列强的全球扩张以及西学东渐，东方的国家在近代化过程中也开始制定自己的民法典，其中比较成功的是 1898 年《日本民法典》。旧中国在清末也制定有《大清民律草案》，是为中国制定民法典的最早尝试，但随着辛亥革命的爆发无疾而终。此后中国陷入长期内战以及外国入侵，缺乏实行民法典的社会基础。虽然在 20 世纪 30 年代制定了《中华民国民法典》，但终在 1949 年全国解放前夕被废除。

此后，新中国几代法学家希望能够制定一部真正的适应中国国情和中国特色社会主义制度的民法典，这一梦想终于在 2020 年成为现实。是年 5 月 28 日，十三届全国人大三次会议表决通过了《中华人民共和国民法典》，是新中国第一部以法典命名的法律，具有极为重要的法律地位，也是社会主义市场经济的基本法。《中华人民共和国民法典》共 7 编、1260 条，各编依次为总则、物权、合同、人格权、婚姻家庭、继承、侵权责任，以及附则。

这部法律，作为"社会生活的百科全书"，在新时代必然引领全国人民更好地生活生产。它的颁布是中国法律发展进步的重大成果，也是自《法国民法典》以来两百年民法典历史进程的最新篇章，注定将载入史册。

3. 思考讨论

《中国民法典》与《法国民法典》在哪些方面体现了传承？又有哪些方面的不同？作为社会主义法治的重要组成部分，民法典将在中国人民的社会生活中扮演怎样的角色？作为新时期的大学生，该如何更好地学习民法典？

九、近代德国法治的进步与国家统一

（一）知识点概括

1. 知识点

与英国和法国相比，中世纪以来的德国长期处于分裂状态，虽然有一个神圣罗马帝国（Heiliges Römisches Reich）的宪法框架，但 14 世纪以后，尤其是 1356 年《金玺诏书》（Goldene Bulle）颁布之后，德意志的分裂被强化，此后直至 19 世纪，德意志地区在政治上始终不能统一。

从 1864 年开始，普鲁士王国通过三次王朝战争，先后击败了丹麦、奥地利和法国，最终统一了德意志（排除了哈布斯堡王朝统治下的奥地利）。1871 年 1 月 18 日，普鲁士军队首脑与德意志各路诸侯在法国凡尔赛宫的镜厅（Galerie des Glaces）拥立普鲁士国王威廉（Wilhelm）为"德意志皇帝"（Kaiser）。德意志第二帝国宣告成立。

德国统一之后，走上了快速发展之路，并迅速建立起完备严整的现代法律体系，1871 年颁布《德意志帝国宪法》（*Verfassung des Deutschen Reiches*），1900 年实施《德国民法典》（*BGB*，*Bürgerliches Gesetzbuch*），此外还制定、颁布了《刑法典》《商法典》《民事诉讼法》《刑事诉讼法》等重要法律，成为大陆法系国家立法的典范。

2. 传统讲授方式

一般情况下，在讲授德国近代立法时，教师会比较强调和批判德意志帝国立法，尤其是宪法的反动性，但对《德国民法典》一般还是持有肯定和赞扬的态度的。但是，无论民法还是宪法，对于德国和德意志民族来说，在如此短的时间内完成如此高质量的立法，是德国近代国家建设的重要成就，是其民族自豪感的重要来源，这个方面常常被忽视。

（二）结合思政设计

1. 课程引入

《德国民法典》是一部非常卓越的民法典，体现了极高的立法水平，其法律创制，法律体例等对后来世界各国民法，包括日本和中国的民法发展，都有极为深刻的影响。可以从《德国民法典》中的一些重要的创制，如"法律行为"（Rechtsgeschäft）这一概念入手，开启话题，让学生体会德国人法律思维的特点,继而展开德国法治发展的讲述。

2. 思政结合

德国近代立法的发展,法治的进步,乃至整个民族的振兴,都与德国在政治上的统一有莫大的关系。在1871年统一之前,德意志始终处于四分五裂之中。16世纪以后神圣罗马帝国名存实亡,到1806年之前,中欧的德语地区有超过300个政治实体,各个公国、侯国、主教领地等各自为政,相互冲突甚至彼此攻伐。在这种背景下,德国与英、法相比,发展始终缓慢,经济也难以发达,法治更难落实,这极大地影响了德意志民族的整体进步与民族利益。

而1871年之后,统一的德国呈现出蒸蒸日上的繁荣景象,在各个方面都取得了巨大的成就。从立法方面来说,统一后的德国迅速建立起现代的资本主义法律体系,立法精密严整,具有卓越的科学性,不仅极大提升了德意志人的民族自尊心,对其他法治后进国家也产生了深远的积极影响。

这说明,国家统一对于国家事业来说是极为重要的,只有在国家统一的前提下,包括立法在内的诸项事业才能取得相关的进步。如果陷入分裂,国家就必然沦入动荡中,不仅会给人民生产生活带来灾难,对于民族整体的福祉和进步也是极为不利的。因此,对于国家和民族来说,分裂导致衰败,统一促进振兴,这从德国的法制史上看是很清楚的。

3. 思考讨论

相比较德国而言,国家统一作为一种价值,对于中国来说是更加重要和根深蒂固的,中国人对于统一的企盼和追求贯穿中国的历史。为什么中国人热爱统一?作为新时代的大学生,应该怎样做才能更好维护我们国家的统一?

十、日本法的形成与兼容并蓄的发展之路

(一)知识点概括

1. 知识点

日本这个国家的法律发展,具有极为鲜明的开放和并蓄的特点,这也是日本法律形成和发达的基本前提。

日本古代法律大量吸收和借鉴中国古代以《唐律》为代表的立法成果,并加以扬弃,形成了具有日本特色的律令制度,产生了《大宝律令》《养老律令》这样成规模的古代法典,实现了国家法制质的飞跃。

在中世,日本依然大量借鉴中国古代法律,尤其是《明律》等,为武家法典奠定了重要的基础。当然,平安时代后期开始,日本就有意识地发展自己的"国风文化",对"唐风"越来越保持克制,因此逐渐产生了真正的日本文化。但不可否认,对大陆法律在内的各种文化的学习,本身就是日本文化形成的根基。

进入近代,日本将学习和开放的对象由中国转向了西方列强,实现了从"和魂汉才"到"和魂洋才"的转变。虽然效法的目标改变了,但开放和学习的精神没有改变。日本依然全力以赴地学习、吸收、移植和借鉴外国法律,并再次在极短的时间里建立起世界领先,堪称模范的法律体系。

以二战前后为界,战前的日本,自明治维新以后,全力学习法国和德国的大陆法系,虽然经历一些挫折(先师法法国,后改易德国),但还是迅速找到方向,制定出亚洲最早的《宪法》(1889 年《明治宪法》)和《民法典》(1890 年《旧民法》,1898 年《明治民法典》),并健全了日本特色的现代法律体系——六法体系。战后,日本被美国占领并进行系统化的民主化改造。在这种情况下,日本受到美国法律的强烈影响,建立了诸如"公平贸易委员会"、美式司法系统等具有美国色彩的法律制度。当然,由于战后日本的国体与英国相似,在皇室制度方面,日本也与英国趋近,其内阁制度也更加类似英国。所以,战后的日本,在大陆法系的基础上,戏剧性地融合了英美法系的精神和制度。加之其本身具有的昔日中华法系的底蕴,形成了极具特色的日本法律体系。而该体系是目前世界非常先进的法律体系,对周边国家都有很强的借鉴意义。

2. 传统讲授方式

一般情况下,在讲授日本法时,教师会将日本法的发展分为三个阶段,即律令制国家,中世武家社会,明治维新以来,分别讲述这三个时期日本法的主要内容。传统的教学偏重于不同时期的区分,缺乏对日本法在整体上的发展特点的强调,即非常注重吸收外来法律文化,具有兼容并蓄的法律发展风格。

(二) 结合思政设计

1. 课程引入

《大宝律令》是日本历史上具有里程碑意义的一部法典,制定该法典,是日本效法唐朝,建立自己律令制国家的重要步骤。《大宝律令》在体例和内容上都体现了非常鲜明的"唐风",与中国的唐律有着明显的亲缘关系。可以从《大宝律令》中的"八虐"与《唐律》的"十恶"之比较入手,开启话题,让学生体会中日古代法律之间的联系,继而对日本法发展的特点进行梳理和总结。

2. 思政结合

日本法的发展历史告诉我们,一国的法制发展,离不开对外开放,吸收和借鉴。正是因为坚持开放,本来的"法制后进国家"实现了"弯道超车",迅速赶上了世界先进水平。例如,公元 7 世纪晚期的日本才刚刚进入成文法时代(以 681 年《飞鸟净御原令》颁布为标志),在一代人的时间里,日本就制定出具有当时东亚世界先进水平的系统法典,实在是令人瞩目的成就。如果没有对于唐朝的开放国策,对大陆法律文化的大力效法和吸收,这种成就是不可想象的。而在先进法律的规范下,社会经济文化会得到全面提升,步入全新的发展轨道。

而改革开放也是我们党坚持的重要原则,正是坚持改革开放,20 世纪 80 年代以后中国才得以快速崛起,在 40 年的时间里成为世界举足轻重的力量。

勇于改革,坚持开放,体现了我们党的高瞻远瞩,也反映了人类历史发展的一般经验。只有不断地看世界,才能有效地制先机。只有怀着开放的精神,才能不断发现自身的各种谬误,了解自身的差距,继而发现问题,解决问题,唯有如此才能不断壮大自己,取得成就。事实上,反对固步自封,妄自尊大的最好良药也就是改革开放。实现中华民族伟大复兴的基础就是坚持改革开放,我们民族要与世界各国一同前进,唯有如此,我们才能够知己知彼,才能够不断取得新的进步和发展。

3. **思考讨论**

为什么说只有对世界坚持开放,兼容并蓄地学习世界各国的先进制度和文化,一国才能得到真正的发展,其发展潜力才能得到最大的发挥? 日本法律发达史的经验和教训可以给予今天的中国以什么样的启示?

第六章

宪法学课程思政的教学设计[①]

第一节　教学设计基本思路

一、设计思路阐释

宪法学依托新中国宪法的历史发展,把人权保障、国家权力制约和监督、建设法治国家等理论贯穿始终,阐释我国的基本制度、根本制度和重要制度,具有丰富的课程思政资源。传统的宪法学教学,往往侧重从宪法原则和规则的角度阐释宪法内容,而以课程思政引领宪法学教学,注重从宪法规范角度揭示其政治意义,从法律角度理解国家的政治选择,既充分体现法学专业教学特点,尊重宪法学课程的学理和文化框架,又贴切自然地连接课程的思政价值,凸显教学内容的思想政治教育功能。

二、思政教育结合点概况

序号	教材对应知识点	课程思政结合点	说　明
1	宪法的本质	厘清不同类型宪法的本质,培养学生的法治道路自信。	领会宪法是各种政治力量对比关系的集中体现,理解我国宪法相对于资本主义宪法的比较优势。
2	八二宪法的制定和修改	阐释八二宪法的历史传承和实践发展,帮助学生理解改革开放四十余年的制度基础,增强制度自信。	伴随八二宪法的制定、修改以及对社会生活的深刻影响,改革开放四十余年来中国的发展历程波澜壮阔。

---

① 作者简介:余华,四川宜宾人,四川师范大学法学院副院长,教授,硕士生导师。主要讲授课程为"宪法学",系四川省2020年省级"课程思政"示范教学团队负责人,获四川省教学成果奖三等奖两项。
　　肖体贵,四川泸州人,四川师范大学马克思主义学院思想政治教育专业硕士研究生。

序号	教材对应知识点	课程思政结合点	说　明
3	坚持中国共产党的领导原则	分析中国共产党的领导是中国特色社会主义最本质的特征，培养学生拥护党的领导，筑牢理想信念。	解读"东南西北中，党政军民学，党是领导一切的"内涵和由来，深刻理解中国特色社会主义的法治道路，最根本的是坚持党的领导。
4	一切权力属于人民的原则	阐释一切权力属于人民的内涵，引导学生树立法治为民的价值理念。	立足宪法的社会主义属性和人民属性，掌握一切权力属于人民原则与资产阶级主权在民原则的区别。
5	我国的国家性质	阐释人民民主专政，培养学生的政治认同和民主观念。	解读人民民主专政的科学内涵以及人民当家作主的例证，领会社会主义民主的特色和优势。
6	国家标志	解读国旗、国歌、国徽，增强学生民族自豪感与使命担当。	阐释国旗、国歌、国徽反映的历史传统、民族精神以及对国家主权、独立和尊严的彰显。
7	人民代表大会制度	分析人民代表大会制度的发展过程，帮助学生树立中国特色社会主义共同理想。	分析人民代表大会制度鲜明的中国特色，符合人民群众对美好生活的向往和追求，集中体现了社会主义民主的优越性。
8	民族区域自治制度	阐释民族区域自治制度的历史溯源和现实发展，强化学生民族平等、民族团结、共同繁荣发展的理念。	民族区域自治制度是中国共产党继承中华优秀传统文化，运用马列主义解决我国民族问题的基本制度，对世界上的多民族国家具有示范和借鉴意义。
9	公民的基本权利	分析国家尊重和保护人权的思想渊源和现实状况，培养学生认真对待权利，依法行使权利的意识。	国家尊重和保护人权之宪法规定体现了马克思主义权利观，契合中国的具体国情，极大保障公民权利的实现。
10	为人民服务原则	阐释为人民服务是国家机构运行的逻辑起点和基本表征，引导学生树立"我为人人，人人为我"的道德情操和责任担当。	全心全意为人民服务是中国共产党人的根本宗旨，对各级各类国家机关的运行效率和廉洁自律具有重要作用。
11	特别行政区政权机关	科学解读"一国两制"和特别行政区机关的地位和分工，培养学生维护统一、反对分裂的坚定意识。	特别行政区制度是邓小平提出的"一国两制"构想的具体化，特别行政区政权机关遵循《宪法》《基本法》《维护国家安全法》等设置和履责。
12	宪法实施	理解宪法的生命在于实施，宪法的权威也在于实施，引导学生树立宪法权威和法律信仰。	宪法实施是由文本宪法达到现实宪法的基本途径，是宪法发挥确认和规范国家权力、保证公民基本权利等作用的不二选择。

第二节 教学设计典型课例

一、通过"八二宪法的制定和修改"的教学,深刻理解四十年改革开放史

(一)知识点概括

1. 知识点

高等教育出版社 2011 年出版的马工程教材《宪法学》(以下称《宪法学》)第二章第三节"中华人民共和国宪法的产生和发展"中第五、六部分论述了"八二宪法的制定和修改"。本知识点主要讲述八二宪法制定的背景和主要内容以及五次修改的情况,是学生需要掌握的认知性内容。

2. 传统讲授方式

教师往往更多介绍和阐释八二宪法的重点内容和修改的时间节点、修改内容及社会影响,由于八二宪法制定及前四次修改与当代大学生的生活场景具有一定的时间距离,如果缺少主题鲜明、具有感召力的主线一以贯之,学生容易感到枯燥乏味,难以入脑入心。

(二)结合思政设计

1. 课程引入

2014 年 11 月 1 日,十二届全国人大常委会第十一次会议决定将 12 月 4 日设立为"国家宪法日"。教师可请同学们谈谈国家宪法日的由来和意义,然后讲授八二宪法制定的背景:党的十一届三中全会以后,为适应新的政治经济形势,1979 年、1980 年对七八宪法进行部分修改。1981 年 6 月,党的十一届六中全会通过《关于建国以来党的若干历史问题的决议》和1982 年党的十二大召开,为宪法修改提供了良好的历史条件,也为宪法修改奠定了重要的理论基础。1982 年 12 月 4 日,五届人大五次会议通过现行宪法,即八二宪法。

引导学生掌握八二宪法的主要内容和基本特点,以及 1988 年、1993 年、1999 年、2004 年和 2018 年五次修改的背景和内容,包括宪法指导思想的不断完善;政治制度、经济制度、文化制度和社会制度的不断发展;建设法治国家、人权入宪、五位一体的社会发展理念等,尤其是2018 年对宪法的第五次修改对推进新时代中国特色社会主义伟大事业具有重大意义。

2. 思政结合

讲授八二宪法及其发展,师生共同从历史纵深的角度观察我国改革开放四十余年国家制度和社会的发展变迁。第一,改革开放伊始,在总结十年"文革"的惨痛教训基础上,以一部新宪法为改革提供保障成为党和人民的共同意愿,八二宪法应运而生。八二宪法不是与传统彻底割裂的刻意创造,而是直接奠基于共同纲领和五四宪法,可以说是对五四宪法甚至共同纲领的一种结构性回归。同时,八二宪法是马克思主义基本原理和社会主义初级阶段基本国情相结合的智慧结晶,充分体现社会主义民主与法治原则。第二,改革开放不断向纵深发展过程中,宪法也与创造中国奇迹的波澜壮阔历程相适应,分别进行了五次修改。要帮助学生认识改革开放以来中国社会发展的艰难跋涉和历史性突破,理解每一次宪法修改,都

是对党领导亿万人民群众伟大实践的深刻总结和概括,将党和人民创造的伟大成就和宝贵经验及时载入庄严的宪法,契合人们对美好生活的向往和追求。第三,相较于前四次修宪,第五次修宪有特别意义,由于改革开放初期的改革举措常具有先行先试特征,一些改革举措相对来说缺乏宪法文本依据,前四次修宪表现出一种宪法对改革事后追认的特征。而第五次修宪则不同,是全面深化改革要求将"顶层设计"和"摸着石头过河"结合起来,着力发挥立法的引领和推动作用,确保重大改革于法有据(首先是于宪法有据),为实现中华民族伟大复兴的中国梦提供坚实的宪法保障。

3. 思考讨论

组织学生结合八二宪法的制定和修改进行讨论:如何理解中国特色社会主义道路是历史发展的必然选择? 如何理解改革不能违反宪法,宪法则要服务于改革?

二、通过"坚持中国共产党的领导原则"的教学,培养学生拥护党的领导,筑牢理想信念

(一) 知识点概括

1. 知识点

《宪法学》第三章第二节"宪法基本原则"中第二部分论述了"坚持中国共产党的领导原则"。本知识点主要讲述中国共产党的性质、执政地位,以及坚持中国共产党的领导为何作为宪法基本原则等。

2. 传统讲授方式

一些教师并不把此知识点作为法学内容加以讲解,往往把其看作是思想政治和意识形态内容,不予讲析或者讲授时一笔带过,这显然有悖于培养"德法兼修"卓越法治人才的核心要义。

(二) 结合思政设计

1. 课程引入

1949 年 10 月 1 日,开国大典打破了最高庆典只响 21 响礼炮的国际惯例,足足响了 28 响。教师可提问:"开国大典上,为什么礼炮要鸣 28 响? 背后深意是什么?"实际上开国大典上的 28 响礼炮,象征着中国共产党走过的 28 年革命足迹。而 2021 年正是中国共产党建党 100 周年,回顾党的百年历史,党从幼稚走向成熟,引领着积贫积弱的中国走上了独立富强之路。中国共产党的领导地位和全国执政地位不是自封的,而是历史的选择、人民的选择,党在国家生活中的领导地位也明确地写进了宪法序言。坚持中国共产党的领导作为宪法的基本原则,从根本上来说,是由宪法确立的我国国体所决定的。

在知识点的讲授过程中,阐明宪法基本原则既是宪法的重要内容,也是宪法学的基本范畴。根据宪法的相关规定,结合党情民意,重点解析"中国共产党领导是中国特色社会主义最本质的特征",为党的领导提供强有力的宪法保障。可结合宪法序言讲中国共产党的领导为什么是历史的选择、人民的选择;中国共产党为什么"能"等。

2. 思政结合

一是学生在学习过程中避免掉入"党大还是法大"的政治陷阱,实际上"党"与"法"是有机统一的,二者不可分割。党的领导是依法治国和人民当家作主的根本保证,而依法治国是党领导人民治理国家的基本方式,是坚持党的领导和人民当家作主的坚强保障。党既是制定宪法、修改宪法的引领者,也通过领导立法、支持执法、保障司法来推进宪法的实施。同时,作为执政党的中国共产党也模范遵守宪法和法律。二是把党的领导写入宪法正文第一条。1982 年宪法起草时,邓小平坚持在宪法序言中必须明确坚持四项基本原则,其核心就是坚持党的领导。2018 年宪法修改时在宪法第一条增加"中国共产党领导是中国特色社会主义最本质的特征",彰显了党的领导与中国特色社会主义本质的内在统一性,是推进宪法完善发展的重要举措,体现了中国共产党对执政规律和社会主义建设规律认识的深化,以及我们创造中国奇迹基础上的制度自信。

3. 思考讨论

可让学生课下搜集一些正反两方面的案例,以"作为一名党员律师,你应该在哪些方面发挥先锋模范的作用?""如何理解党的领导与人民法院依照法律规定独立行使审判权"等为题开展课堂讨论。

三、通过"一切权力属于人民原则"的教学,引导学生树立法治为民的价值理念

(一)知识点概括

1. 知识点

《宪法学》第三章第二节"宪法基本原则"中第二部分论述了"一切权力属于人民原则"。本知识点帮助学生理解一切权力属于人民原则与西方国家宪法的主权在民原则或人民主权原则的本质区别,以及一切权力属于人民原则如何在社会生活中得以实现等。

2. 传统讲授方式

教师在讲授时往往引导学生区分人民、公民、国民概念,介绍西方人民主权原则的思想溯源和发展脉络,而对我国的一切权力属于人民原则的社会主义属性着力不够,致使部分学生不能准确界分相应的宪法原则。

(二)结合思政设计

1. 课程引入

以十三届全国人大常委会于 2020 年 5 月 18 日下午在北京人民大会堂举行宪法宣誓仪式的视频引入,然后提问:"为什么国家机关工作人员要向宪法宣誓?"同时继续引导学生思考:"为什么我国很多国家机关的名称里有'人民'二字?"教师指出:规范国家权力运行以保障公民权利是我国宪法的核心价值追求,我国是人民民主专政的社会主义国家,国家的一切权力属于人民。

《中华人民共和国宪法》的第二条第 1 款规定:"中华人民共和国的一切权力属于人民。"

这一规定既是我国国家制度的核心内容和根本准则,也是一切权力属于人民原则的根本依据。一切权力属于人民原则作为宪法原则,昭示着人民是国家和社会的主人,国家的一切权力来自人民并且属于人民,主要通过宪法、法律规定和实施得以实现。同时,注意一切权力属于人民原则与西方国家宪法关于主权在民、人民主权原则的本质区别。

2. 思政结合

首先,理解一切权力属于人民原则与"坚持以人民为中心"的内在逻辑和本质的一致性。从理论上看,一切权力属于人民原则,本质上是"人民利益至上""全心全意为人民服务""权为民所用、情为民所系、利为民所谋"等政治理念在法治领域的体现和延伸,因此,宪法坚持一切权力属于人民,既是一个法治命题,也是一个政治命题。实现人民当家作主,确保一切权力属于人民,就是"坚持以人民为中心"的集中体现。其次,我们在宪法中宣称国家的一切权力属于人民,不仅表明了国家权力的归属,同时也意味任何国家机构在行使国家权力时,决不能侵犯和损害人民的权益。要引导学生参与社会主义法治实践,为人民群众行使民主权利、参与国家和社会管理、维护合法权益等提供法律上的支持与帮助。

3. 思考讨论

搜集司法活动的相关案例,具体谈谈如何做到法治为民。可组织学生进行课外实践,深入城乡社区,开展普法、法律援助等活动,通过切实的参与和体会,增强学生为人民服务的意识。

四、通过"我国的国家性质"的教学,培养学生的政治认同和民主观念

(一) 知识点概括

1. 知识点

《宪法学》第四章第一节"国家性质"中第二部分论述了"我国的国家性质"。本知识点主要帮助学生在中小学已掌握的相关知识基础上,进一步深化对我国国家性质的理论认知和理性认同。

2. 传统讲授方式

教师在教学中往往不能有意识做到中小学相关内容与本课程内容的界分和衔接,不能很好地整合教学内容,优化教学方式,进而使教学归于平淡,知识不能得到适当的升华,也难以给学生留下深刻的印象。

(二) 结合思政设计

1. 课程引入

2020 年新冠疫情暴发后,习近平总书记在这场战"疫"中亲自布署、亲自指挥,强调"把人民的生命安全和身体健康摆在最高位置",深刻体现了我国"人民至上"的价值理念。财政部会同相关部门出台政策,对个人医疗费用以及重点防控物资予以保障。国家在战"疫"的关键时刻出台两项"兜底"保障政策,保证了人民群众不会因为费用问题而延误救治,给人民吃了"定心丸",加了"强心剂"。此次战"疫"的中国方案及显著成就,与我国国家性质——人民

民主专政的社会主义国家密切相关。

宪法作为国家根本法,首先要明确本国的国家性质。《中华人民共和国宪法》第一条规定:"中华人民共和国是工人阶级领导的、以工农联盟为基础的人民民主专政的社会主义国家。"我国宪法与资本主义国家宪法掩饰国家性质的做法截然不同,由于社会主义国家代表劳动群众为主体的绝大多数人的意志和利益,因而我国宪法公开表明其国家的本质就是人民当家作主,对最广大的人民群众实行民主,对极少数的敌对分子和敌对势力实行专政。

2. 思政结合

一是帮助学生理解我国的国家性质,厚植爱国情感,培养学生的政治认同,确立为建设中国特色社会主义伟业的政治责任感,自觉维护国家的尊严和利益,今后把爱国情、强国志、报国行自觉融入法律人的本职工作中。二是通过对国家性质的学习,培养学生正确的民主观念,提高对我国坚持人民民主专政的必要性的认识,引导学生理解民主的鲜明阶级性,民主总是统治阶级的民主,在我国就是工人阶级领导的最广大人民群众的民主;民主与专政是辩证统一的,民主是专政的基础,专政是民主的保障。在统治阶级内部实行民主的同时,必须对被统治阶级实行专政,在我国就表现为对极少数敌对分子和敌对势力实行专政。

3. 思考讨论

可以设置一些思考题、判断题、选择题等供学生巩固和复习我国国家性质的知识要点,也可以"如果将来成为一名法律人,你认为应该如何深刻认识民主与专政的辩证关系"等为题,开展课堂讨论。

五、通过"国家标志:国旗和国徽"的教学,增强学生的爱国热情与使命担当

(一)知识点概括

1. 知识点

《宪法学》第四章第三节"国家标志"中第一、三部分论述了"国旗和国徽"。本知识点主要讲授我国旗和国徽的产生、构成和现实生活中的使用规范,作为认知性内容要求学生掌握。

2. 传统讲授方式

教师往往更多讲解国旗、国徽等国家标志产生和使用过程的精彩故事,而忽略国旗、国徽等国家标志对我国政治特色、历史文化传统的彰显,以及对国家主权的象征意义剖析不足。

(二)结合思政设计

1. 课程引入

首先播放国庆节天安门广场升国旗的视频素材,其中必不可少地出现国旗和国徽。在充分调动学生学习积极性的情况下,教师请学生讨论并分享国旗及《国旗法》、国徽及《国徽法》的由来,以及2020年10月十三届全国人大常委会对《国旗法》《国徽法》的修改。然后引出本次课程教学:国旗是国家的一种标志性旗帜,是国家的象征。它通过一定的式样、色彩和图案反映一个国家的政治特色和历史文化传统。国徽是代表国家的徽章、纹章,国徽上的

图案,通常用以表现该国的风土人情、历史文化或意识形态。

根据《宪法》《国旗法》和《国徽法》的相关规定,对国旗和国徽的构成及象征意义、升挂国旗、护卫国徽等进行介绍,在知识点的讲授过程中结合案例,例如 2008 年被地震破坏成废墟的北川中学,只有国旗屹立不倒;基层法官背着国徽深入到村落,组成巡回法庭为民众守护正义等。

2. 思政结合

一是作为新时代的法科学生,理应熟知我国国旗、国徽等法律规定,在法律知识体系建构过程中树立国家意识,在事实性知识、概念性知识的基石上厚植爱国主义的情怀。二是作为中国未来的法律人,维护国家主权是一项长期的任务,国家主权意识的培养也是一个长期的过程。在解读国旗法、国徽法的同时,结合国旗、国徽确立的历史背景,嵌入国家主权意识的培养,在事关国家主权的一些具体问题上培育法科学生能够保持清醒的头脑,明辨是非,在国家需要的时候挺身而出,旗帜鲜明地维护国家主权。

3. 思考讨论

可以设置一些判断题、选择题等供学生巩固和复习国旗法和国徽法的要点,也可以让学生分享"历史上关于国旗、国徽重大事件的见闻",还可以"基层法官背着国徽深入到偏僻村庄,组成巡回法庭为老百姓伸张正义"等为题,开展课堂讨论。

六、通过"民族区域自治制度"的教学,引导学生树立民族平等和互助的意识

(一) 知识点概括

1. 知识点

《宪法学》第五章第二节"宪法基本原则"中第四部分论述了"民族区域自治制度"。本知识点主要讲授民族区域自治制度的历史由来、主要法律规范,阐释其对民族团结、国家统一的重要意义以及对世界法律制度的卓越贡献。

2. 传统讲授方式

教师在讲授时更多阐释民族区域自治的法律规范及产生的社会影响,特别是民族自治地方翻天覆地的变化,而对民族区域自治制度的世界意义挖掘和呈现是不够的。

(二) 结合思政设计

1. 课程引入

教师设问:我国有哪些民族政策? 以此引出民族区域自治制度和本次课程的教学内容:民族区域自治制度是在国家的统一领导下,以少数民族聚居区为基础,建立相应的民族自治地方,设立民族自治机关,行使宪法和法律规定的自治权的制度。同时分析实行民族区域自治的必然性、民族自治地方的类型,阐释我国民族区域自治制度的优越性和世界意义等。

在知识点的讲授过程中,根据《宪法》《中华人民共和国民族区域自治法》的相关规定,重点对民族自治地方的建立原则、民族自治地方的类型等进行介绍,包括以少数民族聚居区为

基础、尊重历史传统、各民族共同协商原则以及民族自治地方三级行政地位的划分。

2. 思政结合

一是民族区域自治制度与"三个离不开"思想相贯通，即"汉族离不开少数民族，少数民族离不开汉族，各少数民族之间也互相离不开"。这高度概括和深刻阐述了中国各民族休戚相关、命运与共的血肉关系，对中国的民族团结进步事业有着重要的指导意义，有助于增强法科学生的中华民族共同体意识。二是培养学生树立民族平等的观念，特别是作为法律人在事实平等和机会平等方面树立正确观念，理解各民族像"石榴籽"一样紧紧抱在一起，但也需依法相处。要求学生关注与民族相关的法治事件，不能把涉及少数民族群众的民事和刑事问题归结为民族问题，不能把发生在民族地区的一般矛盾纠纷简单归结为民族问题，对于涉及民族因素的问题，凡属违法犯罪的，特别是对蓄意挑拨民族关系、煽动民族歧视和仇恨、破坏民族团结、制造恶性事件的犯罪分子，不论涉及哪个民族、哪个地区，都要依法处理。三是帮助学生认识民族区域自治制度对世界法律制度的贡献。当今世界很多国家的民族问题纷繁复杂，积重难返，具有浓厚历史文化底蕴的民族区域自治制度为世界各国提供了中国方案，为世界法律宝库贡献了中国智慧。

3. 思考讨论

可以设置一些思考题、判断题、选择题等供学生巩固和复习民族区域自治制度的要点，并且可以"如果你是一位藏族群众，你认为西藏今后该从哪些方面发展""如果你是一名民族自治地方的律师，如何推进民族地区的法治建设"等为题，开展课堂讨论。

七、通过"我国国家机构的组织和活动原则：为人民服务原则"的教学，引导学生树立为人民服务的价值理念

（一）知识点概括

1. 知识点

《宪法学》第七章第一节第三部分"我国国家机构体系和组织活动原则"论述了"为人民服务原则"。本知识点主要结合前面所学相关内容和宪法相关条文，引导学生领会为人民服务的思想精髓和新时代全面依法治国背景下为人民服务如何在政法系统"落地"。

2. 传统讲授方式

教师在讲授时往往不把为人民服务原则作为法学理论予以讲解，只是蜻蜓点水地提到、说到，学生也较少主动学习为人民服务原则的相关知识原理，更多是在考前记忆、背诵应考而已。

（二）结合思政设计

1. 课程引入

播放 2018 年第五次修宪的相关视频以导入新课，指出此次宪法修改在宪法第三章"国家机构"中增加一节作为国家监察委员会，是人民监督公权力的重大举措。自此，"一府两院"改称"一府一委两院"。然而，回顾改革开放 40 余年来党和国家的若干次机构改革，其中八次

较大改革分别是在 1982 年、1988 年、1993 年、1998 年、2003 年、2008 年、2013 年、2018 年,对我国的民生发展起到了重要作用,其指向愈发鲜明——贯彻以人民为中心的发展思想,改革为了人民也来自人民。一直以来,为人民服务是我们党的根本宗旨,也是各级政府的根本宗旨,无论国家机构职能怎么转变,以人民为中心的执政方略不会变,为人民服务的根本宗旨不会变。

在知识点的讲授过程中,根据宪法的相关规定,阐释我国国家机构的组织和活动的为人民服务原则。从本质上看,人民是国家的主人,而国家机关工作人员是人民的公仆。讲授中可由学生朗读毛泽东在张思德追悼会上做的《为人民服务》的讲话并评析,强调新时代一定要将为人民服务原则贯彻到党治国理政的全部活动中。

2. 思政结合

一是宪法规定的为人民服务原则与党的十九届三中全会明确把"坚持以人民为中心"作为深化党和国家机构改革四项原则之一相贯通。国家的一切权力属于人民,即各级国家机关的权力源自于人民并归属于人民,各级国家机关工作人员没有任何超越人民利益之外的特殊利益,他们作为人民的公仆,合法和正当地行使权力,为人民谋利益,为人民办实事。二是引导法科学生始终坚持人民至上的价值理念,树立为人民服务的价值观,让从现在开始的法律人生在"为人民服务"中焕发出无尽光华。

3. 思考讨论

可以设置一些判断题、选择题等供学生巩固和复习为人民服务原则的要点,并且可以"谈谈你生活中为人民服务的典型事例""如何在法律职业岗位上做到严格依法办事和全心全意为人民服务紧密结合"等为题,开展课堂讨论。

八、通过"特别行政区政权机关"的教学,培养学生维护统一、反对分裂的坚定意识

(一)知识点概括

1. 知识点

《宪法学》第七章第九节论述了"特别行政区政权机关",主要引导学生理解"一国两制"的开创性贡献和当前面临的挑战及原因,掌握特别行政区政权机关的一般知识。

2. 传统讲授方式

教师在讲授时或更多着力介绍特别行政区的行政机关、立法机关和司法机关,但缺乏与特别行政区现实的必要关联,或者是向学生介绍港澳治理的逸闻趣事,而缺乏对特别行政区治理的深层解读。

(二)结合思政设计

1. 课程引入

播放视频:习近平出席 2019 年 12 月 20 日举行的庆祝澳门回归祖国 20 周年大会暨澳门特别行政区第五届政府就职典礼,并视察澳门特别行政区。教师就视频中澳门特别

行政区第五届政府就职提问:特别行政区主要官员的任职资格有哪些条件? 然后,引用习近平在澳门特别行政区政府欢迎晚宴上的致辞中提到"澳门经济社会发展取得历史性成就、发生历史性变化,得益于'一国两制'方针的全面贯彻,得益于中央政府和祖国内地的大力支持,得益于特别行政区政府的积极作为和澳门社会各界的团结奋斗"。教师可提问:澳门特别行政区政府在澳门取得历史性成就过程中发挥了哪些职能,从而引出特别行政区政府的职权。

在知识点的讲授过程中,根据宪法的相关规定,重点对特别行政区主要官员的任职资格、特别行政区政府的职权进行介绍,同时嵌入"一国两制"的提出及相关立法内容。1982年,邓小平创造性地将解决台湾、香港问题的构想概括为"一个国家,两种制度"。《中华人民共和国宪法》第三十一条规定:国家在必要时得设立特别行政区,这为实行"一国两制"提供了宪法依据。全国人大于 1990 年和 1993 年分别通过《中华人民共和国香港特别行政区基本法》和《中华人民共和国澳门特别行政区基本法》,"一国两制"方针具体化、法律化、制度化。2020 年十三届全国人大常委会第二十次会议通过了《中华人民共和国香港特别行政区维护国家安全法》,是"一国两制"在香港实践的重要里程碑。

2. 思政结合

首先,香港、澳门回归以来,与祖国内地优势互补、共同发展,当前我们要针对外部势力干预港澳事务和进行分裂、颠覆、渗透和破坏活动,树立总体国家安全观,不断完善特别行政区同宪法和基本法相关的制度和机制,健全中央依照宪法和基本法对特别行政区行使全面管治权的制度,坚定维护国家主权、安全、发展和利益。其次,"一国"是"两制"的前提和基础,这是特别行政区行政机关发挥职能、保持港澳地区长期繁荣稳定的定海神针,要树立维护统一、反对分裂的坚定意识,推动一国两制行稳致远。

3. 思考讨论

可以设置一些判断题、选择题等供学生巩固和复习特别行政区行政机关的要点,并且可以"《中华人民共和国香港特别行政区维护国家安全法》对贯彻一国两制,确保香港特别行政区长期繁荣稳定的意义"为题引导学生探究。

九、通过"宪法的实施"的教学,引导学生树立宪法权威和法律信仰

(一) 知识点概括

1. 知识点

宪法的实施属于《宪法学》第八章"宪法实施的监督",主要向学生介绍宪法实施的概念、实施的主体和功能等知识点,作为认知性内容要求学生掌握。

2. 传统讲授方式

传统的讲授方式囿于课程形式和教学内容安排,教师往往根据教材简单介绍宪法实施的一般理论后,更多着力于"宪法的监督",且在实际教学中更多地强调美国、德国等国家的违宪审查制度。

（二）结合思政设计

1. 课程引入

五四宪法颁布实施后，新中国政治生活得以规范运行，塑造了建国初期的清廉风气。然而随着 1956 年政治形势的变化，特别是从 1957 年下半年"反右"斗争扩大化起，五四宪法逐渐被虚置、漠视而逐步淡出国家政治生活。"文革"期间，五四宪法遭到肆意践踏，国家权力失去了必要的规范和制约。五四宪法的遭遇和命运给我们留下了深刻教训，说明了宪法实施的重要性。2012 年 12 月，习近平总书记提出"宪法的生命在于实施，宪法的权威也在于实施"重要论断，指出"保证宪法实施的监督机制和具体制度还不健全"。可请学生结合本学期的学习情况和宪法实施现状谈谈对习近平总书记这一讲话精神的理解和认识。

根据宪法的相关条款，对宪法实施的定义、主体和功能进行介绍，在知识点的讲授过程中，重点讲授宪法实施的功能，并结合案例分析以加深学生的理解。应帮助学生深刻理解习近平总书记关于宪法的重要论述对新时代捍卫宪法权威和尊严、促进宪法实施和监督的引领作用。

2. 思政结合

一是要跟学生讲清楚中国宪法实施的特点和优势。主要是在科学立法、严格执法、公正司法、全民守法等环节把宪法精神贯穿其中，特别是事前、事中把宪法的精神导入立法过程中，降低出台的法律法规违宪的可能性。二是引导学生深刻理解习近平总书记关于宪法的一系列重要论述和讲话，帮助学生理解全面实施宪法的正确方向和基本要求。三是以"全国人大常委会解释香港基本法第 104 条"事件为例，分析 2017 年 7 月香港高等法院依据解释裁定宣告四名香港立法会议员因宣誓无效丧失议员资格的宪法理由，强化学生宪法权威意识，认清我国依宪治国、依宪执政与西方宪政本质区别。

3. 思考讨论

可要求学生根据社会生活中典型的宪法事件，思考宪法实施的功能和途径，以及我国的合宪性审查与西方国家违宪审查的区别，并开展课堂讨论。

第七章

民法学课程思政教学设计[①]

第一节　教学设计基本思路

一、设计思路阐释

结合民法的具体制度，帮助学生在了解和掌握我国民法学知识的同时，理解制度背后的道德意义、中国精神和社会主义法治理念等，从而实现立德树人，教育培养出有理想、有担当、有精神、有道德、有专业水平，也有职业伦理的优秀法律人的目标。

二、思政教育结合点概况

序号	教材对应知识点	课程思政结合点	说　明
1	诚信原则	引导学生诚信为人，善意从事，为构建诚信社会贡献力量。	结合案例阐释诚信价值的重要意义，引导学生作为未来法律人，不仅应在生活和工作中诚信为人，善意从事，也要将构建诚信社会作为自己的重要追求。
2	善意救助人责任豁免规定	引导学生弘扬社会正气。	从"英雄流血又流泪"事件中反思善意救助人责任豁免规定的重要意义，并引导学生以身作则，坦荡助人，结合自己的专业所学，宣传、引导、影响全社会形成敢于助人、乐于助人、善于助人的风尚。
3	侵害英雄烈士人格利益的民事责任	引导学生崇尚、学习、捍卫英雄烈士。	结合案例阐释英雄烈士的人格利益不仅属于英雄烈士本人及其近亲属，更具有社会公益性质，并引导学生自觉崇尚、学习和捍卫英雄烈士。

[①] 作者简介：姜宇，山东海阳人，厦门大学嘉庚学院法学院副教授，法学专业主任，律师，法学博士。主要讲授课程为"民法总论""商法学""金融法"等。

序号	教材对应知识点	课程思政结合点	说　明
4	土地经营权	引导学生理解改革创新是中国时代精神的核心。	结合材料所示的农村土地改革及意义阐释中国人民的改革创新在中国发展历程中的重要意义，其是中国时代精神的核心。同时，引导学生树立改革创新的意识，培养改革创新的能力，自觉投身改革创新实践，做改革创新的生力军。
5	违约责任	引导学生秉持契约精神，推动全社会形成守约践诺的法治风尚。	结合案例阐释全面而诚信地履约是公民基本的法治素养，而法律人于此更应严于律己，秉持契约精神，并努力推动全社会形成守约践诺的法治风尚。
6	人格权独立成编的意义	引导学生理解我国以人民为中心的发展思想。	结合材料中所示的人格权益受到侵害的社会苛疾，阐释人格权作为独立编回应时代之间的重要意义，帮助学生理解我国始终坚持以人民为中心的发展思想。
7	姓名权	引导学生理解无边界的自由不是自由。	结合案例阐释无边界的自由不是自由，民事主体基于自由意志从事民事活动不能突破法律与公序良俗的边界，引导学生在生活，尤其是在法律工作当中，要以身作则，恪守职业伦理，行使权利无悖法律与公序良俗，并积极引导全社会形成遵法守德，无害他人的自由观。
8	继承权的丧失与宽宥规定	引导学生践行弘扬家庭美德、重视家庭文明建设。	结合案例阐释家庭美德与文明具有重要意义，将之贯彻于法律之中十分必要，同时，家庭美德与文明还应存于人的内心深处。因此，需要引导学生以更高的道德要求要求自己，以身作则，重视家庭文明建设，自觉践行弘扬家庭美德。
9	网络侵权责任	引导学生遵守与维护网络空间的法律秩序。	结合材料阐释网络不是法外之地，网络空间法律秩序需要从法律与道德两方面进行维护。引导学生培养明辨是非、理性思考的能力，保持对法律的敬畏之心，自觉遵守并维护网络空间的法律秩序。

第二节　教学设计典型课例

一、通过讲授诚信原则引导学生诚信为人，善意从事，为构建诚信社会贡献力量

（一）知识点概括

1. 知识点

诚信原则是民法的基本原则，其要求民事主体从事民事活动，应当秉持诚实，恪守承

诺,依照善意的方式行使权利、履行义务。其所涉知识点包括诚实信用原则的含义、功能和应用。

2. 传统讲授方式

通常教师讲授此知识点时,会解释诚信原则的含义,并就其在民法中的功能与应用进行阐释,在此,对于初涉民法的本科生而言,案例教学法是一个值得推崇的方式。这种教学方式就法学专业教育本身而言基本可以实现教学目标,但是,若能在此基础上进一步进行思政教育,将有助于立德树人,强化未来法律人职业伦理目标的实现。

(二) 结合思政设计

1. 课程引入

案例:某市居民刘某于本市某宾馆登记入住,宾馆客房内设置有可拨打市内的免费电话。刘某在该宾馆先后共住 15 天,支付房费 4500 元。后宾馆在结算话费时,发现刘某在住宿期间,通过房内电话频繁地拨打 98000 信息咨询声讯台共计 6300 分钟,为此,宾馆额外支付了 12600 元的信息咨询服务费。宾馆遂提起诉讼,要求刘某偿还其所支出的该笔费用。对此,刘某辩称:"入住宾馆时,宾馆未告知我不得拨打信息台。我入住宾馆就有权使用客房电话,宾馆要我承担该笔费用没有道理。"此案当如何处理?

在本案中,刘某与宾馆缔结的乃是住宿服务合同,双方应在该合同关系范围内以善良的方式行使权利、履行义务。宾馆在客房设置免费电话,其目的在于为顾客提供与外界通讯联络的便利,但 98000 台是信息咨询声讯台,刘某使用宾馆提供的免费电话长时间地拨打该台,获取信息咨询服务已超出住宿合同关系权利义务范围,违反了诚信原则,因此,刘某应偿还宾馆额外支出的信息咨询服务费。

2. 思政结合

人无信,则不立。"诚信是人类社会普遍的价值要求,是个人立身处世的基本规范,是社会存续发展的重要基石。"[①]民法之所以将诚信原则作为基本原则,乃是因为再细致的法律规则、再完善的合同条款都无法填补所有的法律漏洞和合同漏洞,若不将"诚信"这一重要价值观贯彻于民法,人与人之间的交往将失去诚信的价值标尺,正义的天平也将无所适从,在经济社会日益发达、社会关系日益复杂的今天,这将是灾难性的。从课程案例中即可看出,当人内心缺乏诚信与善意时,看似合法合约的行为也会导致良好安排的失败,从而使得整体社会福祉遭至克减。因此,作为有理想有担当的未来法律人,我们不仅应要求自己在生活和工作中诚信为人,善意从事,也要将构建诚信社会作为自己的重要追求。

3. 思考讨论

请同学们思考,如何构建诚信社会?作为未来法律人,我们可以做哪些努力?

---

① 《〈思想道德修养与法律基础〉辅导用书》编写组.《思想道德修养与法律基础》(辅导用书)[M].北京:高等教育出版社,2020:157。

二、通过讲授善意救助人责任豁免规定引导学生弘扬社会正气

(一)知识点概括

1. 知识点

《民法典》第一百八十四条是善意救助人责任豁免规定。其所涉及知识点包括该规定的具体适用与立法意旨。

2. 传统讲授方式

通常教师讲授此知识点时,会结合具体案例讲解善意救助人享有豁免权的条件。于此,该规定背后的立法意旨虽亦可加以阐释,但从思政教育的角度还应进一步引导学生弘扬社会正气。

(二)结合思政设计

1. 课程引入

材料:2017年9月7日,辽宁沈阳一位老人在药店买药时突然昏厥,店主对其实施心肺复苏,导致老人12根肋骨被压断、右肺挫伤。此后,老人反将店主告上法院。近日,辽宁省康平县人民法院作出判决,决定驳回原告(即被救老人)的诉讼请求。

多位医学专家表示,在进行心肺复苏时,胸外按压造成肋骨骨折的情况并不罕见。有急救培训教员在接受采访时说,"相比肋骨骨折,抢救生命肯定要放在第一位"。

医疗行为本身就存在各种变量与风险,在抢救患者的生命时,各种附加的伤害有时会难以避免。但是,只要救助行为的目的是善意的,方法总体正确得当,施救者的行为就应当得到肯定与支持,而不应为不可知的风险承担责任。

对此,法律要旗帜鲜明地替好人"撑腰",为匡正社会风气注入"强心剂"。2017年10月起施行的民法总则已经明确规定,"因自愿实施紧急救助行为造成受助人损害的,救助人不承担民事责任"。这条被称为"好人法"的法律,为判定类似事件的是非提供了关键性的支撑。①

2. 思政结合

国无德不兴,人无德不立。一次次"英雄流血又流泪"事件的发生不断摧摇着社会的道德根基。诚如材料所示,若善意救助人动辄得咎,良好的社会风气必将消弭,因此,好人如何能够理直气壮的助人即成为了现代风险社会中不能忽视的问题。在此,《民法典》中的善意救助人责任豁免规定为好人"撑腰"值得称赞,但是,弘扬社会正气,培塑向上向善的社会风气还需激发广大人民群众内心的道德自觉。作为未来法律人,我们不仅应以身作则,坦荡助人,还应结合自己的专业所学,宣传、引导、影响全社会形成敢于助人、乐于助人、善于助人的风尚。

3. 思考讨论

请同学们思考,路遇老人摔倒,请问你扶不扶? 如何扶?

---

① 王钟的. 正义就是要让好人理直气壮[N],中国青年报,2020 - 01 - 06 日(01).

三、通过讲授侵害英雄烈士人格利益的民事责任引导学生崇尚、学习、捍卫英雄烈士

（一）知识点概括

1. 知识点

《民法典》第一百八十五条对侵害英雄烈士人格利益的民事责任进行了规定。其所涉及知识点包括该规定的具体适用与立法意旨。

2. 传统讲授方式

通常教师讲授此知识点时，会将侵害英雄烈士人格利益的民事责任规定置于具体案例之中，通过对比侵害自然人人格权的民事责任及救济、侵害一般死者人格利益的民事责任及救济，讲解侵害英雄烈士人格利益的民事责任的具体适用。于此，立法意旨虽有提及，但无法引起学生崇尚、学习、捍卫英雄烈士的自觉意识。

（二）结合思政设计

1. 课程引入

案例：2018年5月12日下午，江苏省淮安市消防支队水上大队城南中队副班长谢勇在实施灭火救援行动中不幸牺牲。5月13日，公安部批准谢勇同志为烈士并颁发献身国防金质纪念章；5月14日，中共江苏省公安厅委员会追认谢勇同志为中国共产党党员，追记一等功；淮安市人民政府追授谢勇同志"灭火救援勇士"荣誉称号。

2018年5月14日，曾云因就职受挫、生活不顺等原因，饮酒后看到其他网友发表悼念谢勇烈士的消息，为发泄自己的不满，在微信群公开发表一系列侮辱性言论，歪曲谢勇烈士英勇牺牲的事实。该微信群共有成员131人，多人阅看了曾云的言论，有多人转发。曾云歪曲事实、侮辱英烈的行为，侵害了烈士的名誉，造成了较为恶劣的社会影响。

2018年5月21日，淮安市人民检察院就曾云侵害谢勇烈士名誉案向淮安市中级人民法院提起民事公益诉讼。

2018年6月12日，淮安市中级人民法院经审理，认定曾云的行为侵害了谢勇烈士名誉并损害了社会公共利益，当庭作出判决，判令曾云在判决生效之日起七日内在本地市级报纸上公开赔礼道歉。[①]

2. 思政结合

"英雄烈士的形象是民族精神的体现，是引领社会风尚的标杆。英雄烈士的姓名、肖像、名誉和荣誉等不仅属于英雄烈士本人及其近亲属，更是社会正义的重要组成内容，承载着社会主义核心价值观，具有社会公益性质。侵害英雄烈士名誉就是对公共利益的损害。对于侵害英雄烈士名誉的行为，英雄烈士没有近亲属或者近亲属不提起诉讼时，检察机关应依法

---

① 检例第 51 号. 曾云侵害英烈名誉案［EB/OL］.［2020 - 09 - 03］. https：//www. pkulaw. com/gac/f4b18d978bc0d1c7ead55f6f06001cd5a16f43a0eff3ac09bdfb. html.

提起公益诉讼,捍卫社会公共利益。"①在课程案例中,淮安市人民检察院依法提起维护英烈名誉的公益诉讼的行为即为法律人做出了表率,崇尚、学习和捍卫英雄烈士应是每一名有理想有担当的法律人的道德自觉。

3. 思考讨论

请同学们思考,没有英雄的世界是怎样的? 法律人可以做哪些努力让全社会形成崇尚英雄烈士,向英雄烈士学习的风尚?

四、通过讲授土地经营权引导学生理解改革创新是中国时代精神的核心

(一) 知识点概括

1. 知识点

土地经营权是在农村土地承包经营的三权分置制度下,在土地承包经营权之上又设立的用益物权。其所涉及的知识点包括土地经营权的内容、功能、设立与流转,以及土地经营权与土地承包经营权、土地所有权的关系。

2. 传统讲授方式

通常教师讲授此知识点时,会围绕土地经营权的"物权化"介绍土地经营权的内容、功能、设立与流转,并阐释其与土地承包经营权、土地所有权的关系。这种教学方式可以让学生理解《民法典》与《农村土地承包法》新设此用益物权的法律意义,乃至经济意义,但是在思政教育层面上,还应再进一步,让学生充分理解改革创新是中国时代精神的核心。

(二) 结合思政设计

1. 课程引入

材料:改革开放之初,在农村实行家庭联产承包责任制,将土地所有权和承包经营权分设,所有权归集体,承包经营权归农户,极大地调动了亿万农民积极性,有效解决了温饱问题,农村改革取得重大成果。现阶段深化农村土地制度改革,顺应农民保留土地承包权、流转土地经营权的意愿,将土地承包经营权分为承包权和经营权,实行所有权、承包权、经营权(以下简称"三权")分置并行,着力推进农业现代化,是继家庭联产承包责任制后农村改革又一重大制度创新。"三权分置"是农村基本经营制度的自我完善,符合生产关系适应生产力发展的客观规律,展现了农村基本经营制度的持久活力,有利于明晰土地产权关系,更好地维护农民集体、承包农户、经营主体的权益;有利于促进土地资源合理利用,构建新型农业经营体系,发展多种形式适度规模经营,提高土地产出率、劳动生产率和资源利用率,推动现代农业发展。各地区各有关部门要充分认识"三权分置"的重要意义,妥善处理"三权"的相互关系,正确运用"三权分置"理论指导改革实践,不断探索和丰富"三权分置"的具体实现形式。②

---

① 检例第 51 号. 曾云侵害英烈名誉案〔EB/OL〕.〔2020 - 09 - 03〕. https://www. pkulaw. com/gac/f4b18d978bc0d1c7ead55f6f06001cd5a16f43a0ef3ac09bdfb. html.

② 中华人民共和国中央人民政府. 中共中央办公厅国务院办公厅印发《关于完善农村土地所有权承包权经营权分置办法的意见》.(2016 - 10 - 30)〔2021 - 3 - 7〕. http://www. gov. cn/xinwen/2016-10/30/content_5126200. htm.

2. 思政结合

中国精神是民族精神与时代精神的统一，其中，时代精神的核心即是改革创新。从改革开放之初的家庭联产承包责任制到今时的三权分置改革，在中国共产党的领导下中国人民不断通过改革创新，破除发展障碍、激发发展活力。诚如材料所示，家庭联产承包责任制极大调动了亿万农民积极性，有效地解决了温饱问题；而三权分置改革则有利于产权关系明晰化、资源配置合理化，是推进农业现代化的重要举措，是农村改革又一重大制度创新。放眼改革开放四十多年来所取得的举世瞩目的巨大成就，中国人民的改革创新精神起到了至关重要的作用。人无精神则不立，国无精神则不强，作为未来法律人，我们应树立改革创新的意识，培养改革创新的能力，自觉投身改革创新实践，做改革创新的生力军。

3. 思考讨论

请同学们思考，作为未来法律人应如何在实际的学习、生活，以及未来的工作中践行改革创新精神？

五、通过讲授违约责任引导学生秉持契约精神、推动全社会形成守约践诺的法治风尚

（一）知识点概括

1. 知识点

违约责任是指当事人一方不履行合同义务或者履行合同义务不符合约定时，向对方承担的继续履行、采取补救措施或者赔偿损失等民事责任。其所涉及的知识点包括违约责任的归责原则、违约行为、承担违约责任的方式、免责事由、违约责任与侵权责任的竞合。

2. 传统讲授方式

通常教师讲授此知识点时，会围绕救济合同的履行利益与维持利益，通过理论与案例相结合的教学方式依序讲解违约责任的归责原则、违约行为、承担违约责任的方式、免责事由、违约责任与侵权责任的竞合。这种教学方式基本可以实现法学专业教学的目标，但是在思政教育层面上，还应再进一步，引导学生秉持契约精神，推动全社会形成守约践诺的法治风尚。

（二）结合思政设计

1. 课程引入

案例：周某委托甲律师事务所代理其进行借款合同纠纷的诉讼与执行工作，甲律师事务所指派王某作为周某的诉讼代理人。期间，王某代理周某向法院申请了诉讼保全，但随后王某在接到法院发出的诉讼保全到期及相应后果的明确通知后，却未及时提交续期申请，此导致先期被冻结的七百余万元被转走，周某虽胜诉但被告无财产可供执行。于是，周某将甲律师事务所告上法庭，要求甲律师事务所承担违约赔偿责任七百余万元。

在本案中，周某与甲律师事务所缔结的乃是委托代理合同，甲律师事务所的律师王某应全面而诚信地履行合同义务。然而王某作为专业律师未能在诉讼保全到期前及时提交续期申请，存在重大过失，构成违约行为，故甲律师事务所应当承担违约赔偿责任。

2. 思政结合

合同是当事人为自己制定的"法律",因此,依据合同全面而诚信地履约是公民基本的法治素养。作为法律人更应严于律己,秉持契约精神,忠实勤勉地履行合同义务。课程案例是近些年频发的律师赔偿案中的一起典型案例,高额的违约赔偿金额给了法律人以深刻警示。法律人的契约精神不仅仅是外在违约责任的约束,更是内心受人之托、忠人之事、勤勉尽职的职业伦理。现代化是从身份到契约的过程,契约精神是现代社会不可或缺的灵魂,我们作为未来法律人应在秉持契约精神的同时,努力推动全社会形成守约践诺的法治风尚。

3. 思考讨论

请同学们思考,如何推动全社会形成守约践诺的法治风尚?

六、通过讲授人格权独立成编的意义引导学生理解我国以人民为中心的发展思想

(一) 知识点概括

1. 知识点

我国《民法典》创造性地设置了调整人格权法律关系的独立编。人格权独立成编的意义包括有效应对科技进步和社会发展、维护人格尊严、全面保护人格权、完善民法典体系的需要、完善民法典中人格权规范,以及直接回应审判实践。[①]

2. 传统讲授方式

通常教师讲授此知识点时,会通过比较域外立法体例,结合实际案例,回应反对人格权独立成编观点来讲解人格权独立成编的意义。此有助于学生从专业视角审视人格权独立成编的意义,但是在思政教育层面上,还应再进一步,引导学生理解我国以人民为中心的发展思想。

(二) 结合思政设计

1. 课程引入

材料:现代商业营销具有精准投放的特征,其以收集和利用个人信息为基础,凸显了对个人信息、个人隐私保护的现实问题。一些商家违规收集个人信息,或者违反约定利用个人信息,这实际上都构成对个人信息权利的侵害。例如,一些网络小贷公司向借款人放款时,会要求借款人提供其日常生活常用的一些 App 应用的账号和密码,允许小贷公司登录,获悉借款人的日常消费痕迹,来判断借款人是否具有偿还能力。借款人为了获得借款,不得不同意这些强加的条件。但一旦允许小贷公司登录其日常的应用,则个人隐私完全暴露在小贷公司面前。如果小贷公司不注重保护借款人的这些隐私,甚至恶意利用、转售他人,则借款人的隐私将彻底泄露出去,个人生活将完全暴露在外界面前,毫无隐私可言。还有一些从事违法放贷的网络公司,专门针对在校大学生发放小额贷款,在放款时要求借款人尤其是女大学生向小贷公司提供自己裸体并持身份证的照片作为担保,一旦借款人不能按时偿还借款,

---

① 王利明. 论人格权独立成编的理由[J]. 法学评论,2017(6).

则小贷公司立即将裸照在网络上公布。一些网贷公司甚至恶意对外出售转让借款人的裸照,形成极为恶劣的社会影响。征信制度、黑名单制度的建立也都给个人信息的保护带来了挑战。各种名目繁多的评级、企业自己建立的黑名单制度,因信息失真导致评价不准确,不仅会导致对他人名誉、信用等的损害,也会影响他人正常的经营活动。①

2. 思政结合

进入 21 世纪,科技快速进步,社会迅猛发展,随之而来的人格权问题也不断增多,日趋复杂。对此,传统的民法典"重财产轻人身"的缺陷无法回应时代发展所致的新命题。正如材料所示,人格权保护在私法层面上存在不足,类似的种种侵害人格权益的行为已经成为困扰广大人民群众的苛疾。因此,随着中国特色社会主义进入新时代,我国社会主要矛盾发生变化,维护人身自由、人格尊严,回应人民群众日益增长的对美好生活的诉求是我们的义不容辞的责任。《民法典》设置人格权编推动了我国人权事业发展,彰显了我国以人民为中心的发展思想。

3. 思考讨论

请同学们思考,法律人在工作中应当如何贯彻落实以人民为中心的思想?

七、通过讲授姓名权引导学生理解无边界的自由不是自由

(一) 知识点概括

1. 知识点

姓名权是自然人依法决定、使用、变更或者许可他人使用自己的姓名,并排除他人干涉、非法使用的权利。其所涉及的知识点包括姓名权的主体、客体、内容,以及侵害姓名权行为的类型。

2. 传统讲授方式

通常教师讲授此知识点时,会依序讲解姓名权的主体与客体、姓名决定权、姓名使用权、姓名变更权、姓名许可权,以及干涉、盗用、假冒等侵权行为的类型。这种教学方式基本可以实现法学专业教学的目标,但是在思政教育层面上,还应再进一步,引导学生理解无边界的自由不是自由。

(二) 结合思政设计

1. 课程引入

案例:吕某、张某夫妻俩酷爱诗词歌赋,故决定为女儿取名为"北雁云依"。但在吕某前往济南市公安局历下区分局燕山派出所为女儿申请办理户口登记时,燕山派出所却拒绝为其办理户口登记。吕某认为此行政行为侵犯其女儿的姓名权,遂以其女儿"北雁云依"的名义提起了行政诉讼,请求法院确认被告拒绝以"北雁云依"为姓名办理户口登记的行政行为违法。

主审法院在审理此案过程中谨慎考量,就其中的法律适用难题层报最高院与全国人大

---

① 王利明. 论人格权独立成编的理由[J]. 法学评论,2017(6).

常委会,并根据相关法律与全国人大常委会作出的立法解释,决定判决驳回原告之诉讼请求。法院认为民事主体行使民事权利除了应遵守法律规定外,还应遵守公序良俗。在中华传统文化中,姓氏体现着血缘传承、伦理秩序和文化传统,同时,承袭姓氏关乎社会管理和发展,故民事主体选取姓氏涉及公序良俗,仅凭个人喜好愿望创设姓氏的行为不符合公序良俗。

2. 思政结合

法以确认和保障人的自由为目的,但此并不意味自由是没有边界的。脱离了边界的自由,其本身也就失去了意义。在民法层面上,自由的边界即是法律和公序良俗。在课程案例中,民事主体可以基于自己的自由意志行使姓名决定权,但是并不意味着其可以突破公序良俗所划定的边界,因为,公共秩序和善良风俗关涉公共利益与社会全体成员普遍认许、遵循的道德准则。① 正如罗马法谚有曰:"无害他人、各得其所。"随着公民权利意识的提高,强化自由的边界意识乃是法治建设的应有之义。作为法律人,我们在生活,尤其是在法律工作当中,更应以身作则,恪守职业伦理,行使权利无悖法律与公序良俗,并积极引导全社会形成遵法守德,无害他人的自由观。

3 思考讨论

请同学们思考,法律与道德是怎样的关系?

八、通过讲授继承权的丧失与宽宥规定引导学生践行弘扬家庭美德、重视家庭文明建设

(一)知识点概括

1. 知识点

《民法典》第一千一百二十五条对继承权的丧失与宽宥进行了规定。其所涉及的知识点包括继承权丧失的五种事由、宽宥的条件和法律后果,以及受遗赠权的准用规定。

2. 传统讲授方式

通常教师讲授此知识点时,会对承权丧失的五种事由分别阐释,并对宽宥的条件和法律后果进行讲解。这种教学方式基本可以实现法学专业教学的目标,但是在思政教育层面上,还应再进一步,引导学生践行弘扬家庭美德、建设家庭文明。

(二)结合思政设计

1. 课程引入

案例:王老汉夫妇育有四个子女王甲、王乙、王丙、王丁。在王老汉夫妇因年老而缺乏劳动能力后,四位子女共同商议,决定轮流照顾老人。但当轮到王丁照顾老人时,王丁却经常虐待王老汉夫妇,致使王老汉夫妇长期饱受身体折磨和心理摧残。不久,王老汉夫妇相继去世。在法定继承析产诉讼中,法院认为王丁行为属虐待被继承人情节严重,根据《民法典》剥夺其继承权。

---

① 杨立新.中华人民共和国民法典条文要义[M].北京:中国法制出版社,2020:7.

2. 思政结合

"中华民族历来重视家庭。正所谓'天下之本在家'。尊老爱幼、妻贤夫安,母慈子孝、兄友弟恭,耕读传家、勤俭持家,知书达礼、遵纪守法,家和万事兴等中华民族传统家庭美德,铭记在中国人的心灵中,融入中国人的血脉中,是支撑中华民族生生不息、薪火相传的重要精神力量,是家庭文明建设的宝贵精神财富。

随着我国改革开放不断深入,随着我国经济社会发展不断推进,随着我国人民生活水平不断提高,城乡家庭的结构和生活方式发生了新变化。但是,无论时代如何变化,无论经济社会如何发展,对一个社会来说,家庭的生活依托都不可替代,家庭的社会功能都不可替代,家庭的文明作用都不可替代。无论过去、现在还是将来,绝大多数人都生活在家庭之中。我们要重视家庭文明建设,努力使千千万万个家庭成为国家发展、民族进步、社会和谐的重要基点,成为人们梦想启航的地方。"①

"家庭是人生的第一个课堂"②,《民法典》在编纂的过程中也极重视家庭美德的弘扬与家庭文明的建设,婚姻家庭编与继承编中有极多规定都将这一精神贯彻其中,本处所言继承权的丧失与宽宥规定以及课程案例即可见一斑。但是,家庭美德与文明不仅应体现在法律中,更应孕生于人的内心深处,因此,作为未来法律人,我们应以更高的道德要求要求自己,以身作则,重视家庭文明建设,自觉践行弘扬家庭美德。

3. 思考讨论

请同学们在一分钟内回答以下问题

（1）父母的生日是哪一天?

（2）父亲穿多大码的皮鞋?

（3）母亲最喜欢吃的菜是什么?

（4）父母的身体状况如何? 你关注过他们的年度体检单吗?

（5）父母日常服用哪些药物或进行哪些保健活动?（若有）

（6）多长时间和父母通一次电话?

（7）父母有自己的爱好吗? 是什么? 你了解过吗?

以上问题有多少可快速应答? 请谈谈你的感受。

九、通过讲授网络侵权责任引导学生遵守与维护网络空间的法律秩序

（一）知识点概括

1. 知识点

网络侵权责任是指网络用户、网络服务提供者利用网络侵害他人民事权益所产生的侵权责任。其所涉及的知识点包括网络侵权责任的一般规则、避风港规则、红旗规则。

2. 传统讲授方式

通常教师讲授此知识点时,会通过理论与案例相结合的教学方式,依序讲解网络侵权责

---

① 习近平. 在会见第一届全国文明家庭代表时的讲话[J]. 中国妇运,2017(1).

② 同上。

任的一般规则、避风港规则、红旗规则。这种教学方式基本可以实现法学专业教学的目标，但是在思政教育层面上，还应再进一步，引导学生遵守与维护网络空间的法律秩序。

（二）结合思政设计

1. 课程引入

材料：据《半月谈》调查报道，如今，新型网络暴力花样翻新，已经发展为文、图、视频等全方位攻击：弹幕刷屏（辱骂字眼填满弹幕）、制作照片进行侮辱（制作给当事人抬棺为主题的图片）、恶意剪辑（故意丑化，传谣抹黑）、恶意"锤人"（煽动性指控）、词条侮辱（在热门话题下带"被黑者"出场）、私信轰炸等。

非但如此，新型网络暴力正被越来越多地应用于商业竞争领域，呈现出了有组织、有策划、有产业链的倾向：小到饭圈内斗、网红互殴，大到网站之间互黑下架，都可能借此制造假舆情、绑架真民意，有企业在特殊节点给竞争对手恶性灌入大量违规信息；有"职黑团队"利用小众文化圈的"心病"做引子，提前数月"测敏"埋线、左右"下套"、布局"挖坑"，舆情多重走向全在其预案掌控中；过去的网暴往往针对个体，但新型网暴动辄"扒坟""披皮"和刻意上纲上线，有扫射泛化制造群体对立的趋势，个体的言行会被无限度连坐上升，教师、记者、医护、警察等群体纷纷成为受害者。[①]

2. 思政结合

随着时代的发展，在互联网上进行交互活动已经成为人们生活不可或缺的组成部分。但与此同时所催生出的网络之"恶"也成为了社会苛疾，如材料中所示，网络暴力已经演化成有组织、产业化的恶性侵权行为，甚至是犯罪行为。网络不是法外之地，网络空间法律秩序的维护不仅需要公法层面上的"罚"，也需要私法层面上的"责"，不仅需要法律层面上的规制，也需要道德层面上的自律。我们是未来法律人，更需注重培养自己明辨是非、理性思考的能力，同时，在互联网上，我们仍应保持对法律的敬畏之心，自觉遵守并维护网络空间的法律秩序。

3. 思考讨论

请同学们思考，在网络空间中，言论自由的边界是什么？

---

① 新京报. 网暴黑产化：对这类"生意"必须零容忍［EB/OL］. ［2020‑9‑3］. http：//www. bjnews. com. cn/opinion/2020/07/21/751052. html.

第八章

刑法学课程思政教学设计[①]

第一节 教学设计基本思路

一、设计思路阐释

学生在理解刑法的基本原则、犯罪构成理论等刑法总论的基础之上,通过学习刑法分论中的主要罪名,形成现代法治思维,并最终从案例中受到警示与启发。引导学生在不逾刑法之底线的前提下,自觉培养正确的世界观、人生观与价值观,不断提升个人的道德修养、品格意志与素质能力,进而培养对社会的责任感、对国家和民族的使命感,乃至胸怀全世界、造福全人类的情怀,为现代法治社会建设贡献自己的力量。

二、思政教育结合点概况

序号	教材对应知识点	课程思政结合点	说　明
1	罪刑法定原则	现代法治思维。	以"深圳邓宝驹案"为例,解读现代刑法的基本原则,引导学生树立"法无明文规定不为罪、法无明文规定不处罚"的法治观念。
2	信用卡诈骗罪	理性消费、勤俭节约、拒绝奢侈享乐之风。	以"赵增斌信用卡诈骗案"为例,引导学生树立理性消费和金融安全观念,纠正学生过度消费、超前消费等错误观念,引导学生培养勤俭节约意识,警惕奢侈享乐之风。

① 作者简介:郑旭江,浙江台州人,浙江理工大学法政学院讲师,法学博士,博士后。主要讲授课程为"刑法学""刑法与刑事诉讼原理与实务""法律检索"等。

吴嘉潇,湖北老河口人,浙江理工大学法政学院讲师,法学博士。主要讲授课程为"刑法学""刑法学专题"等。

序号	教材对应知识点	课程思政结合点	说　明
3	帮助信息网络犯罪活动罪	正确的金钱观、遵纪守法、正道致富。	以"全国首例微信解封入罪案"为例,旨在警示大学生们网络空间也非法外之地,引导广大学生在网络时代树立正确的金钱观和职业观,牢记"致富走正道,切勿贪捷径"。
4	妨害传染病防治罪	公共卫生安全意识、公民意识、社会责任感、大局观念。	以"田某某妨害传染病防治案"举例,培养学生的公共卫生安全意识、社会责任感与大局观念,引导学生自觉提升公民意识与道德素质。
5	贪污受贿罪	廉洁自律、不忘初心、坚持原则。	以"白恩培受贿、巨额财产来源不明案"体现的终身监禁制度为例,说明腐败犯罪的惩治力度,加强学生对职务廉洁性的认识,引导学生培养自我约束力,在各种诱惑面前坚持法律底线和道德原则。
6	玩忽职守罪	职业责任感、敬业、友善。	以"成都李思怡案"举例,指出玩忽职守与冷漠引发的悲剧性后果,引导学生培养职业责任感与敬业精神,自觉践行社会主义核心价值观。

第二节　教学设计典型课例

一、通过"罪刑法定原则"的知识点培养学生的现代法治思维

(一)知识点概括

1. 知识点

"罪刑法定原则"是刑法三大基本原则之一,也是刑法最重要的核心原则,贯穿于刑法的各个部分。"法无明文规定不为罪、法无明文规定不处罚"是现代法治国家最重要的原则。

2. 传统讲授方式

通过概念、含义、历史来讲解罪刑法定原则,并着重列明罪刑法定原则的衍生原则,突出其在立法、司法乃至学术研究上的重要性。但是,由于学生们往往只在课堂上接触刑法,没有经历过司法实践的疑难和争议,因此对于罪刑法定原则的真正地位缺乏足够的体会。

(二)结合思政设计

1. 课程引入

深圳市宝安区沙井农村信用合作社主任邓宝驹,伙同沙井农村信用合作社黄布分社主任麦伟平、沙井农村信用合作社财务部主任陈锡球,自 1997 年 1 月 2 日至 1998 年 7 月 23 日,利用职务之便,采取利用未注销公司骗取假贷款手段,侵占资金 2.312 亿元,用于挥霍享受。三人于 1998 年 11 月 21 日携款逃往境外。2000 年 1 月 12 日,邓宝驹等三人被蒙古国警方抓获并引渡回国。2000 年 3 月 9 日,深圳市宝安区人民法院开庭审理了邓宝驹等人的职

务侵占案,并以职务侵占罪判处邓宝驹有期徒刑 15 年。

2. 思政结合

邓宝驹在 20 世纪 90 年代侵占单位资金 2.3 亿元,即便在现在也属于巨额,却为何仅获刑 15 年呢? 邓宝驹是农村信用合作社主任,农村信用合作社属于集体经济组织,邓宝驹是集体经济组织工作人员,不属于国家工作人员,因此不构成贪污罪,而只能构成职务侵占罪。根据刑法第二百七十一条第一款(职务侵占罪)的规定,"公司、企业或者其他单位的人员,利用职务上的便利,将本单位财物非法占为己有,数额较大的,处五年以下有期徒刑或者拘役;数额巨大的,处五年以上有期徒刑,可以并处没收财产。"即职务侵占罪的最高刑是五年以上有期徒刑,因此,对邓宝驹最高只能判处十五年有期徒刑。

邓宝驹案在当年也引起了很大争议。有论者认为,职务侵占罪的最高刑为 15 年有期徒刑,贪污罪的最高刑为死刑,对于非国家工作人员的金融机构人员利用职务便利侵吞本单位财物数额特别巨大的,无法做到与贪污罪之间的罪刑均衡;职务侵占罪是从贪污罪中分离出来的,它在定罪量刑上的规定并不十分具体完善;对于职务侵占罪,不能抛开具体案件的巨大数额和严重后果来定罪量刑,否则有轻纵此类职务侵占者之嫌,由此认为对邓宝驹等三人职务侵占罪一案应参照贪污罪的量刑予以严惩,以体现法律制度的公正合理性。①

但是,"罪刑法定原则"是刑法的基本原则,"法无明文规定不为罪、法无明文规定不处罚"是现代法治社会最重要的原则。在现代法治社会,刑法既要惩罚犯罪,也要保障人权。哪怕是一次违背"罪刑法定原则"的例外判决,也会毁掉司法的公信力。正如培根所说,"一次不公正的审判,其恶果甚至超过十次犯罪。因为犯罪虽是无视法律——好比污染了水流,而不公正的审判则毁坏法律——好比污染了水源"。因此,广大学生应自觉培养现代法治思维,提高法律职业素养,为现代法治国家建设贡献力量。

3. 思考讨论

倘若允许"罪刑法定原则"存在例外,那么司法将会是什么样的?

二、通过"信用卡诈骗罪"的知识点,引导学生培养理性消费观念和勤俭节约意识

(一) 知识点概括

1. 知识点

"信用卡诈骗罪"(刑法第 196 条)是"金融诈骗罪"中的一项重要罪名,归属破坏社会主义市场经济秩序类犯罪。信用卡诈骗在实践中很常见,因此也是法考要考的知识点。关于信用卡诈骗罪,要求学生掌握信用卡诈骗的行为方式、信用卡诈骗的认定等内容。

2. 传统讲授方式

通过法条来学习信用卡诈骗罪的概念特点和四类情形,并学会不同类型信用卡诈骗罪的区分。但是,广大学生对于信用卡及其业务并不熟悉,难以理解为何要制定丰富的条文来

---

① 赵海鸥. 由"深圳邓宝驹一案"浅析职务侵占罪的定罪量刑[J]. 中国刑事法杂志,2001(1):117-119.

规制信用卡诈骗罪。

(二) 结合思政设计

1. 课程引入

被告人赵增斌于 2012 年 11 月至 2013 年 9 月期间在浦东发展银行、中国工商银行等银行办理了四张信用卡,后用于套现、透支消费,合计透支信用卡本金人民币 470120 元,经银行多次催收,拒不返还,并改变联系方式。二审判决认为,被告人赵增斌以非法占有为目的,超过规定期限透支信用卡,且经发卡银行多次催收后超过三个月仍不归还透支款项,数额较大,其行为构成信用卡诈骗罪,判处赵增斌有期徒刑四年六个月,并处罚金人民币十五万元 。[①]

2. 思政结合

上述案例中的被告人属于恶意透支型的信用卡诈骗。根据司法解释,持卡人以非法占有为目的,超过规定限额或者规定期限透支,并且经发卡银行两次催收后超过 3 个月仍不归还的,应当认定为"恶意透支"。但是,正如本案被告人所辩称的那样,实务中几乎所有的被告人都会辩称自己主观上是想偿还的,并没有非法占有的目的。那么,应当如何判断是否"以非法占有为目的"呢?

根据司法解释,有六种情形之一的,应当认定为"以非法占有为目的",其中包括"明知没有还款能力而大量透支,无法归还的""透支后逃匿、改变联系方式,逃避银行催收的"等情形。因此,在本案中,虽然被告人辩称其主观上根本没有不打算偿还,只是由于资金链断裂,暂时出现了资金归还不上的状况,但是,经查,被告人在明知已没有能力偿还信用卡,透支信用卡行为会造成银行欠款无法偿还的情况下,仍然大量透支,造成透支额至今无法归还,且在银行向其催收后拒不返还、改变联系方式,因此,判决认定被告人非法占有的主观目的明显,故对其辩护意见不予采纳。

如今,信用卡是中国社会的主流消费方式之一,人们在享受线下或线上刷卡带来的消费快感的同时,容易忽视用卡规范,导致恶意透支信用卡等行为的发生。而恶意透支行为,轻则导致失信,重则构成犯罪。即使行为人辩称自己在主观上没有非法占有的目的,但只要其行为符合特定情形,比如明知自己没有还款能力,仍然大量透支,导致无法归还的,也是会被推定为具有非法占有的目的而被定罪量刑。因此,作为尚处在学习阶段、没有独立经济能力的大学生,尤其要理性消费,合理使用信用卡透支功能,按时还款、避免逾期,不要以卡养卡、以贷还贷,以避免发生恶意透支行为,乃至构成犯罪。

因此,广大学生更应当树立理性消费观念,摒弃过度消费、超前消费等错误思想,不盲目攀比,不贪图享乐,不追求奢侈消费,量入为出地安排好自己的生活,自觉培养勤俭节约意识,做到理性消费、科学消费和适度消费。

3. 思考讨论

在当今的消费主义时代,作为学生,应当树立怎样的消费观?

[①] 辽宁省葫芦岛市中级人民法院(2019)辽 14 刑终 71 号刑事判决书。

三、通过"帮助信息网络犯罪活动罪"的知识点引导学生树立正确的金钱观

(一) 知识点概括

1. 知识点

"帮助信息网络犯罪活动罪"（刑法第 287 条之二）是刑法分则第六章"妨害社会管理秩序罪"第一节"扰乱公共秩序罪"中的一项重要罪名。在当今的网络时代下，"帮助信息网络犯罪活动罪"作为网络犯罪的一种，无疑是需要重点掌握的知识点。此外，需要注意的是，本罪是否属于帮助犯的正犯化，在理论上是存在争议的问题。

2. 传统讲授方式

通过对"帮助信息网络犯罪活动罪"的立法历史的梳理，反映该罪在理论和实践中的争议。但是，该罪不但客观行为方式多样，而且涉及技术中立理论的探讨，广大学生难以把握该罪的适用边界，需要在具体案例中体现何种行为可以认定为"帮助"行为。

(二) 结合思政设计

1. 课程引入

2020 年 8 月 27 日，浙江省杭州市江干区人民检察院依法提起公诉的全国首例"微信解封入罪案"开庭审理，江干区人民法院以帮助信息网络犯罪活动罪判处本案被告人高某有期徒刑一年六个月并处罚金一万元，被告人张某有期徒刑一年二个月并处罚金一万元。

被告人高某在校期间通过微信自助解封功能帮助他人解封微信账号兼职赚钱，并于 2019 年 11 月成立"super 工作室"专门帮助他人解封微信账号，其伙同女友张某在明知他人利用微信进行诈骗等犯罪活动的情况下，仍指使工作室成员以"预加好友"和"人脸解封"的方式先后多次为微信诈骗犯罪嫌疑人提供微信账户解封帮助。截至 2020 年 4 月 8 日，工作室相继解封了 3315 个诈骗微信账号，这些微信号涉及诈骗案件 300 多个，其中有立案的 12 起诈骗案件被害人被骗总金额高达 96 万余元。[①]

2. 思政结合

本案被告人高某、张某均系在校大学生，本应拥有美好未来的他们，是如何一步步走上犯罪道路的呢？

根据被告人高某的自述，他最初按照客户要求解封微信账号时，操作系统提示该微信号涉嫌诈骗，虽有顾虑，但他还是进行了解封操作，这种方便快捷的赚钱方式让他觉得找到了一个生财的便捷渠道。即便后来他用于解封微信账号收款的银行卡由于涉嫌诈骗而被查封，他已经意识到自己解封微信号的行为可能涉嫌违法，但由于利益驱使，他还是抱着侥幸心理继续做了下去，并逐渐成为一名专业解手，甚至与女友张某建立了专门解封微信账号的工作室，并在员工提出解封的微信账号涉嫌诈骗的情况下，仍然执迷不悟，继续

---

① 全国首例微信解封入罪案宣判，两名在校大学生获刑[EB/OL]. [2020 - 9 - 28]. https：//baijiahao. baidu. com/s？id = 1676268711690749271&wfr = spider&for = pc.

从事解封。短短几个月，工作室解封了上千个涉嫌网络诈骗的微信账号，彻底走上了犯罪道路。

而根据被告人张某自述，她是因为"爱情"与利益驱动走了上犯罪道路。当男友高某提出一起参与微信解封时，她虽然担心违法而有所顾虑并想阻止，但在男友的"创业"热情和轻松赚钱的诱惑面前，未能把持住自己，最终与高某一起走上了犯罪道路。

这起"全国首例微信解封入罪案"警示大学生，网络空间也非法外之地。明知他人利用信息网络实施犯罪，仍为其犯罪提供技术支持等帮助，情节严重的，成立帮助信息网络犯罪活动罪。在校大学生从事兼职赚钱本没有错，但一定要对兼职和赚钱方式的合法性进行判断，遵纪守法、正道取财，坚决不做违法犯罪的兼职，切勿被金钱蒙蔽了双眼、心怀侥幸，一旦误入歧途，必将为此付出沉重的代价。

正如本案中的被告人高某、张某，他们本来即将大学毕业，迎接光明的未来，然而却因为一步走错，人生道路彻底发生了变化。特别是被告人张某，原本毕业后便能实现自己盼望已久的梦想，成为一名教师，而现在这个光荣的职业将与她无缘，实在令人惋惜。因此，广大学生在网络时代更要树立正确的金钱观，关心兼职的法律风险，牢记"致富走正道，切勿贪捷径"，以免贻误终身。

3. 思考讨论

网络应当在我们的生活中起到什么样的作用？利用网络来营利的边界线应当在哪里？

四、通过"妨害传染病防治罪"的知识点培养学生的公共卫生安全意识、公民意识与社会责任感

（一）知识点概括

1. 知识点

"妨害传染病防治罪"（刑法第330条）是"危害公共卫生罪"中的罪名，归属刑法分则第六章妨害社会管理秩序类犯罪。在疫情期间，刑法分则第六章的罪名较平日多发。2020年3月10日，最高人民法院发布第一批10个依法惩处妨害疫情防控犯罪典型案例，其中有6个案例的罪名来自本章。需要注意的一点是，国家卫生健康委员会宣布对新型冠状病毒肺炎（下简称"新冠肺炎"）采取甲类传染病预防、控制措施，因此，拒绝配合医护人员采取防治措施，造成"新冠肺炎"传播或有传播严重危险的，构成妨害传染病防治罪。

2. 传统讲授方式

"妨害传染病防治罪"是一个公共卫生领域的罪名，具有较强的医学专业属性，以往只通过犯罪构成进行简单地讲述。而新冠病毒导致的疫情使得理论和实务领域的专业人士开始重视该罪的刑法解释和司法运用，亟待我们在教学过程中体现最新的研究成果。

（二）结合思政设计

1. 课程引入

2019年12月22日，被告人田某某乘坐火车从山东济宁前往湖北武昌打工。2020年

1月9日,田某某乘坐火车辗转湖北荆州、汉口等地后,返回山东成武县大田集镇家中。1月20日,田某某出现发热、干咳等症状,即到本村卫生室就诊。1月22日,田某某到镇医院就诊,被诊断为肺炎。医护人员询问其是否有武汉旅居史,田某某隐瞒到过武昌、汉口的事实,谎称从石家庄返回家中。1月23日,田某某到县人民医院就诊,医护人员询问其近期是否到过武汉,其仍故意隐瞒事实,被收治于该院呼吸内科普通病房。1月25日,田某某在医护人员得知其有汉口旅居史再次询问时,仍予以否认,在被诊断疑似患有"新冠肺炎"而转入感染科隔离治疗过程中,不予配合并要求出院。1月26日,田某某被确诊患有"新冠肺炎"。因田某某故意隐瞒从武汉返乡的事实,造成医护人员及同病房病人共37人被隔离观察。2020年3月1日,山东省成武县人民法院以妨害传染病防治罪判处被告人田某某有期徒刑十个月。①

2. 思政结合

为什么公民隐瞒个人行程的行为会触犯刑法呢? 依照刑法第330条的规定,违反传染病防治法的规定,有四种情形之一,引起甲类传染病传播或者有传播严重危险的行为,构成妨害传染病防治罪。其中,"拒绝执行卫生防疫机构依照传染病防治法提出的预防、控制措施的",便属于四种情形之一。依照《中华人民共和国传染病防治法》的规定,甲类传染病是指鼠疫、霍乱,而根据国家卫生健康委员会一号公告,将新型冠状病毒感染的肺炎确认为乙类传染病,但采取甲类传染病的预防、控制措施。

被告人田某某违反传染病防治法规定,在国家卫生健康委员会宣布对"新冠肺炎"采取甲类传染病预防、控制措施后,明知应当报告武汉旅居史,却故意隐瞒,拒绝配合医护人员采取防治措施,造成新型冠状病毒传播的严重危险,致37人被隔离观察,因此,其行为构成妨害传染病防治罪。

"田某某妨害传染病防治案"作为最高院发布的第一批依法惩处妨害疫情防控犯罪十大典型案例之首,具有重要的警示作用。

"新冠肺炎"疫情发生以来,每个公民都不应也无法置身事外。抗疫防疫,必须落实到每一个公民身上。自觉遵守传染病防治法的规定,如实申报个人健康状况,不隐瞒、不谣传,积极配合防治措施,加强公共卫生安全意识和社会大局意识,是我们每一个公民应尽的义务。疫情之下,广大学生应自觉培养社会责任感,提升公民意识与道德素质,为坚决打赢疫情防控阻击战贡献自己的一份力量。

3. 思考讨论

在法律领域,"新冠肺炎"疫情带给我们哪些启示? 作为公民、法律,我们能为疫情防控作哪些努力?

---

① 最高人民法院发布第一批 10 个依法惩处妨害疫情防控犯罪典型案例[EB/OL]. [2020 - 9 - 29]. https://www.chinacourt.org/article/detail/2020/03/id/4839586. shtml.

五、通过"贪污受贿罪"设置终身监禁制度的知识点加强学生对职务廉洁性的认识,引导学生培养自我约束力

(一)知识点概括

1. 知识点

终身监禁,是指因贪污、受贿数额特别巨大或者有其他特别严重情节而被判处死刑缓期执行的,人民法院根据犯罪情节等情况可以同时决定在其死刑缓期执行二年期满依法减为无期徒刑后,终身监禁,不得减刑、假释的刑罚执行措施。2015 年 8 月 29 日,第十二届全国人民代表大会常务委员会第十六次会议通过刑法修正案(九),新设了终身监禁制度。

2. 传统讲授方式

贪污受贿罪是一个重点罪名,以往的讲解主要集中于贪污受贿罪的犯罪构成,尤其是各类贪污受贿罪的表现形式,因此需要我们加强对终身监禁制度的探讨和研究。

(二)结合思政设计

1. 课程引入

2016 年 10 月 9 日,河南省安阳市中级人民法院公开宣判全国人大环境与资源保护委员会原副主任委员白恩培受贿、巨额财产来源不明案,对被告人白恩培以受贿罪判处死刑,缓期二年执行,剥夺政治权利终身,并处没收个人全部财产,在其死刑缓期执行二年期满依法减为无期徒刑后,终身监禁,不得减刑、假释;以巨额财产来源不明罪判处有期徒刑十年。决定执行死刑,缓期二年执行,剥夺政治权利终身,并处没收个人全部财产,在其死刑缓期执行二年期满依法减为无期徒刑后,终身监禁,不得减刑、假释。[①]

2. 思政结合

白恩培案的典型意义和终身监禁制度的设置值得我们深度思考。

第一,白恩培案是刑法修正案(九)施行以后适用终身监禁的首案,白恩培为中国终身监禁第一人。2000 年至 2013 年,被告人白恩培先后非法收受财物,共计折合人民币 2.46764511 亿元,其行为构成受贿罪;白恩培还有巨额财产明显超过合法收入,不能说明来源,构成巨额财产来源不明罪,应数罪并罚。其中,白恩培受贿数额特别巨大,犯罪情节特别严重,社会影响特别恶劣,使国家和人民利益遭受特别重大损失,论罪应当判处死刑。考虑其能够如实供述自己的罪行,主动交代办案机关尚未掌握的大部分受贿犯罪事实,认罪悔罪,积极退赃,具有法定、酌定从轻处罚情节,对其判处死刑,可不立即执行,同时决定在其死刑缓期执行二年期满依法减为无期徒刑后,终身监禁,不得减刑、假释。

第二,刑法修正案(九)增设终身监禁制度,体现了我国宽严相济的刑事政策。在慎用死刑立即执行的同时,对于犯罪数额特别巨大,情节特别严重,给国家和人民利益造成特别重大损失的,判处死缓、适用终身监禁,不得减刑、假释,能够有效防止司法实践中腐败犯罪罪

---

① 白恩培受贿、巨额财产来源不明案一审宣判[EB/OL].[2020-9-30]. http://www.banyuetan.org/chcontent/zx/yw/20161010/210504.shtml.

犯实际服刑期过短情况的发生,杜绝暗箱操作,在慎用死刑立即执行的基础上加强对腐败犯罪的惩治力度,是贯彻宽严相济刑事政策的典范。

2016年,白恩培受贿、巨额财产来源不明案首次适用终身监禁,表明了国家对腐败犯罪的惩治力度,彰显了党和国家有腐必惩、有贪必肃的坚强决心。

白恩培出身于一个贫苦农民家庭,通过组织的培养、出色的工作,39岁就成为延安地委书记,之后又历任多个重要领导岗位,曾先后在青海和云南担任省委书记。然而临近退休,他却因为腐败问题落马。根据白恩培自述,"慢慢随着职务的提升,再加上环境的影响,考虑自己的就越来越多了"。在和商人打交道的过程中,白恩培产生了心理不平衡。"他们都住豪华的房子,坐豪华的车,个人还买的私人飞机。(我)也追求像他们一样的生活,这思想就变了。"当私欲代替了理想信念,这样的结局并不让人意外。①

白恩培被终身监禁的严厉后果,能够使学生加强对职务廉洁性的认识,引导学生培养自我约束力,提高自律能力,在诱惑面前保持清醒的头脑,不忘初心,坚持原则、坚守底线,一步一步、踏踏实实地走好漫漫人生路。

3. 思考讨论

自律与他律是怎样的关系? 如何使两者相互促进、相互影响?

六、通过"玩忽职守罪"的知识点引导学生培养职业责任感与敬业精神

(一) 知识点概括

1. 知识点

"玩忽职守罪"(刑法第397条)是刑法分则第九章"渎职罪"中的一项重要罪名。第397条规定的滥用职权罪和玩忽职守罪是本章的基本罪,其他罪名都是这两种罪的派生。需注意玩忽职守罪的主体是特殊主体,即国家机关工作人员,主观方面是过失。

2. 传统讲授方式

"玩忽职守罪"是传统的重点罪名,通过刑法条文和司法解释的解析进行授课,但是该罪的涉及面广泛,具体案件中对"玩忽职守"的认定存在争议,需要通过经典案例来理解和领悟该罪涉及的各个犯罪构成要件。

(二) 结合思政设计

1. 课程引入

2003年6月4日下午,成都市金堂县城郊派出所的民警黄小兵将在超市偷窃的妇女李桂芳带回派出所调查。调查过程中,黄小兵发现李桂芳为吸毒人员,当晚,派出所副所长王新与民警卢晓辉等送李桂芳前往成都市戒毒所强制戒毒。在此期间,李桂芳多次告诉警察自己家中有一个无人照顾的小孩李思怡,并告知了自己姐姐家的地址和电话。王新等人电话通知了李桂芳家所在的青白江区团结村派出所。6月5日,王新要求黄小兵再次与团结村

---

① 中央纪委宣传部、中央电视台联合制作的大型电视专题片《永远在路上》(第一集 人心向背)[EB/OL].[2021-03-07]. http://v.ccdi.gov.cn/2016/10/19/VIDEus5CTzMhfEKDbli5H9l1161019.shtml.

派出所联系此事,黄小兵自称已联系。之后,再无人过问此事。6 月 21 日,警方接到举报打开李桂芳家反锁的房门时,发现李思怡已在家中死亡多日。经法医鉴定,李思怡的死因系饥渴所致。2004 年 8 月 20 日,成都市新都区法院对原金堂县公安局城郊派出所副所长王新和民警黄小兵公开宣判,以玩忽职守罪分别判处王新和黄小兵有期徒刑三年和二年。①

2. 思政结合

一时的疏忽与玩忽职守可以引发多么严重的后果?著名的"李思怡案"便是由玩忽职守导致的悲剧,也是玩忽职守罪的典型案例。在这起案件中,每一个人的玩忽职守层层叠加,最终共同酿成一起 3 岁女童被活活饿死的人间惨剧。

2003 年 6 月 4 日,在李桂芳被黄小兵带回派出所调查的第一份笔录中,记录着李桂芳家里只有一个小女孩,无人照看。黄小兵向副所长王新汇报了这一情况,并请示是否对其实行强制戒毒,得到了王新批准。同时,黄小兵向李桂芳家所在的青白江区团结村派出所核实了李桂芳的情况。当晚,王新与民警卢晓辉等送李桂芳前往成都市戒毒所,李桂芳请求路过青白江时让她回家把孩子安顿好了再走,或者给她二姐打个电话,请她帮助照顾孩子。尽管李桂芳不断重复她的请求,但无人理睬。当李桂芳发现车已经过了青白江时,开始用头猛撞车门,在这种情况下,王新终于同意给李桂芳姐姐打电话,但是无人接听,接着王新等人电话通知了团结村派出所。之后王新等人从戒毒所返回金堂县,再次路过青白江时,同样没有停车。6 月 5 日,王新让黄小兵再次与团结村派出所联系,黄小兵自称已联系。此后,无论是城郊派出所,还是团结村派出所,都无人再过问此事。

在这起事件中,副所长王新在知道李桂芳家里有无人照看的孩子的情况下,仍然批准了对其强制戒毒;对李桂芳先回家安顿孩子的请求置之不理;在李桂芳姐姐的电话无人接听的情况下未再联系;两次经过李桂芳家却没有停车;对孩子的事情是否落实未予以确认跟进。

接下来是民警黄小兵,当王新让黄小兵再次与团结村派出所联系时,黄小兵回答说打电话了,但是团结村派出所不承认,电信局也查不到这个电话的记录;同时,按照法律规定,黄小兵应在三日之内将《强制戒毒通知书》送达李桂芳的家属、所在单位和居住地派出所,但黄小兵没有送达。

而团结村派出所两次接到城郊派出所的电话,知道李桂芳被强制戒毒,也知道她的孩子被锁在家里,并且派出所距离李桂芳二姐家不足 200 米,距离李桂芳家也仅仅一个街区,却没有采取任何行动。

就这样,从 2003 年 6 月 4 日到 6 月 21 日,3 岁的李思怡一个人被锁在家里,直至警方发现她的尸体。

在"李思怡案"中,玩忽职守、缺乏责任感与冷漠造成的悲剧让人震撼、引人深思。相反,具有职业责任感与敬业精神则完全是另一种结果。

在法庭上,公诉方就列举了李桂芳的另一次经历。2003 年 4 月 2 日,李桂芳在成都市新都区一家超市偷窃一件衣服时被送警。警方同样发现并确认李桂芳吸毒。但是,当警方了解到李桂芳有一名 3 岁孩子在家时,立即派人去其家中核实,确认之后,认为李桂芳并不适合强制戒毒,于是向李桂芳下发了限期戒毒通知书,还给了她 20 元回家路费。在这两起事件

---

① 成都 3 岁幼女饿死案审结 两警察玩忽职守被判刑[EB/OL].[2020 - 10 - 01]. http://news. cri. cn/gb/3821/2004/08/22/145@275266. htm.

中,李桂芳的行为如出一辙,但执法人员的做法却截然不同,当然结果也是天差地别。①

　　社会主义核心价值观不是仅停留在纸面上的文字,它更需要我们每一个人去践行。做事情有责任感,工作中有敬业精神,便是普通人践行社会主义核心价值观的日常方式。当我们把社会主义核心价值观转化为我们的情感认同和行为习惯,它便会融入社会发展的各个方面,从而集合众人之力共同缔造一个法治、文明和温暖的社会。

　　3. 思考讨论

　　作为法科学生,在未来的工作中应如何践行敬业精神?

---

① 康晓光. 走近冷漠——"李思怡事件"一周年的思考[J]. 中国社会导刊,2004(05):17.

第九章

行政法与行政诉讼法学课程思政教学设计[①]

第一节　教学设计基本思路

一、设计思路阐释

习近平总书记曾多次强调,全面推进依法治国需要培养大批"德法兼修"的高素质法治人才,思政教育的重要性已毋需多言。法学专业人才培养具有高度的"专业性",关于行政法与行政诉讼法课程思政教学设计绝不能牵强附会、生搬硬套,要通过在学科知识体系中寻找与德育知识体系的"触点",通过"无声润物"来潜移默化地引导学生树立正确的人生观、价值观,使法律知识技能的获得与思想品德的形成相辅相成、相互促进。

本课程在进行思政教学设计时从新时代中国特色社会主义发展的全局出发,将知识传授放到全面实现依法治国整体战略中来思考,旨在充分发掘法学知识背后的人性考量、价值关怀与制度定位。

二、思政教育结合点概况

序号	教材对应知识点	课程思政结合点	说　明
1	行政协议	契约精神。	以"亚鹏房地产公司诉萍乡市国土局案"举例,引出契约精神知识点,由此培养学生对于契约精神的理解。
2	信赖利益保护原则	维护政府公信力。	以"焦志刚诉和平公安分局案"举例,引出信赖利益保护原则知识点,由此让学生深入了解维护政府公信力的意义。

---

① 作者简介:胡晓,四川成都人,四川师范大学法学院讲师。主要讲授课程为"宪法学""行政法与行政诉讼法学"等。

序号	教材对应知识点	课程思政结合点	说　明
3	公务员录用机制	卓越的个人品行和能力。	以"大学生村官"举例，引出公务员录用机制知识点。学生在报考公务员时，除了应该注重专业知识以外，还应注重培养自身卓越的个人品行和能力。
4	法律保留原则	规则意识。	以"田永诉北科大案"举例，引出行政行为的合法要件知识点。学生不仅要学会相关法律知识，更应该学会理解并时刻遵守规则。
5	行政应急	社会责任意识。	以"新冠疫情"举例，引出行政应急知识点。学生应重视责任意识的培养，坚持"以人为本"理念，去建立正确的、科学的责任观念。
6	行政立法	爱国情怀。	以"香港修例风波"举例，引出行政立法知识点。爱国是公民必须拥有的道德情操，是中华民族最重要的传统。学生应履行爱国的责任和义务。
7	行政行为的效力	执政为民意识。	以"益民公司诉周口市建设局案"举例，引出行政行为知识点。执政为民宗旨精神，在民主法治道路上具有重要价值。
8	正当程序原则	程序意识。	以"张成银诉徐州市人民政府案"举例，引出正当程序原则知识点。程序意识是一个国家、一个民族、一个政党对自身法治发展的充分肯定，保障大学生树立正确的荣辱观、得失观，培养大学生的程序意识。
9	行政法的历史发展	正确的人生观、价值观、世界观。	以"行政法的制定历程"举例，引出行政诉讼的历史发展。引导学生树立正确的人生观、价值观、世界观，是我们贯彻德、智、体、美、劳全面发展的教育方针，培养经济社会创新型合格人才的基本要求。

第二节　教学设计典型课例

一、行政协议——亚鹏房地产公司诉萍乡市国土局案①——培养契约精神

（一）知识点概括

1. 知识点

在行政协议的知识点部分，教材会要求学生了解行政协议的概念及其约束力，契约精神是其核心，行政协议强调诚实信用、平等自愿，一经签订，各方当事人必须严格遵守，行政机关无正当理由不得在约定之外附加另一方当事人义务或单方变更解除。

---

① 最高人民法院指导案例 76 号："萍乡市亚鹏房地产开发有限公司诉萍乡市国土资源局不履行行政协议案"。

2. 传统讲授方式

通常教师讲授到行政协议这个知识点时,会通读概念但缺少讲解,学生听起来会很枯燥,对知识点的学习只能死记硬背。

(二)结合思政设计

1. 课程引入

2004 年,江西省萍乡市土地收购储备中心受萍乡市肉类联合加工厂委托,经被告萍乡市国土资源局(以下简称市国土局)批准,在萍乡日报上刊登了国有土地使用权公开挂牌出让公告。萍乡市亚鹏房地产开发有限公司(以下简称亚鹏公司)于 2006 年以投标竞拍方式并以人民币 768 万元取得了该国有土地使用权,次日与被告国土局签订相关合同。但被告同原告在颁发土地使用证的问题上产生了冲突,不愿将颁发给原告的工业用地变更为商住综合用地。亚鹏公司提起诉讼要求:①让被告更改土地使用证;②撤回有关补交土地出让金的要求,裁判结果为原告亚鹏公司胜诉。

为什么法院会支持亚鹏公司呢? 因为这涉及到了行政协议的契约精神问题。

本案中市国土局代表国家与亚鹏公司签订的国有土地使用权出让合同是行政协议。行政协议强调诚实信用、平等自愿,一经签订,各方当事人必须严格遵守,行政机关无正当理由不得在约定之外附加另一方当事人义务或单方变更解除。地块出让时对外公布的土地用途是"开发用地为商住综合用地,冷藏车间维持现状",出让合同中约定为"出让宗地的用途为商住综合用地,冷藏车间维持现状"。但市国土局与亚鹏公司就该约定的理解产生分歧,而萍乡市规划局对原萍乡市肉类联合加工厂复函确认该国有土地的用地性质是商住综合用地。萍乡市规划局的解释与挂牌出让公告明确的用地性质一致,且该解释是萍乡市规划局在职权范围内作出的,符合法律规定和实际情况,有助于树立诚信政府形象,并无重大明显的违法情形,具有法律效力,并对市国土局关于土地使用性质的判断产生约束力。

公权力是"国家之权乃是'神器',是个神圣的东西。公权力姓公,也必须为公"。一切权力属于人民,一切权力是公器公权,皆来自于人民的赋予,不属于任何个人,而国家机构和国家工作人员从根本上说都是受人民委托行使权力,都是为人民服务的。行政协议中的一方作为行政机关,正是享有公权力的一方,其更应该遵守契约精神。

2. 思政结合

契约精神是西方法治文明或法治社会的主流精神,在民主法治的形成过程中有着极为重要的作用,一方面在市民社会私主体的契约精神促进了商品交易的发展,为法治创造了经济基础,同时也为市民社会提供了良好的秩序;另一方面根据私人契约精神,上升至公法领域在控制公权力、实现人权方面具有重要意义。契约信守精神是契约精神的核心精神,也是契约从习惯上升为精神的伦理基础,公民和政府间共同遵守的法律法规一定程度上可以看作契约,在行政法规已经对证据标准作出严格规定的情况下,政府、公民应当遵守法规,遵守契约。

3. 思考讨论

在学习和理解了案情之后,进行分组或自由讨论。以下两个问题:

(1)如何区分民事法律关系和行政法律关系?

（2）民事法律关系与行政法律关系有哪些相同点？

二、信赖利益保护原则——焦志刚诉和平公安分局案①——维护政府公信力

（一）知识点概括

1. 知识点

在行政法基本原则部分，会讲到信赖利益保护原则这个知识点。该知识点主要要求学生了解信赖保护原则，它是传统法理中的诚实信用原则、法律安定性原则以及人民基本权利保障原则等综合演化而成，主要是指人民基于对国家公权力行使结果的合理信赖而有所规划或举措，由此而产生的信赖利益应受保护。

2. 传统讲授方式

通常教师提到信赖利益保护原则这个知识点时，会以概念或者把相关法条规定读一遍。学生对知识点的学习只能死记硬背，相对枯燥。

（二）结合思政设计

1. 课程引入

2004 年 3 月 30 日 23 时许，原告焦志刚驾驶一辆报废的夏利牌汽车途经天津市某路口时，被正在这里执行查车任务的交通民警王心魁、方成瑞、王学静等人查获。交通民警决定暂扣焦志刚驾驶的汽车，但焦志刚拒绝交出汽车钥匙，交通民警遂调来拖车将暂扣汽车拖走。汽车被拖走后，焦志刚向交通民警索要被滞留的驾驶证，未果，便拨打 110 报警，称交通民警王心魁酒后执法。后经鉴定，在王心魁的尿液中不存在酒精成分。和平公安分局认为焦志刚的不实举报阻碍了国家工作人员依法执行职务，依据相关规定作出 056 号处罚决定书。同年 7 月 4 日，和平公安分局告知焦志刚，由于天津市公安局公安交通管理局反映处罚过轻，所以要撤销原 056 号处罚决定书，重新查处、重新裁决。同年 7 月 13 日，作出 047 号行政处罚决定书。

信赖利益保护原则的概念是当公民信赖行政行为，并且这种信赖值得保护时，为保护行政相对人的信赖利益，该行政行为受到存续保护而不得任意撤废，应当基于契约精神而继续履行。已经生效的行政处罚决定如果随意被撤销，不利于社会秩序的恢复和稳定。

2. 思政结合

党的十八大报告明确提出："创新行政管理方式，提高政府公信力和执行力，推进政府绩效管理。"政府公信力不仅关系政府工作的权威性和有效性，而且关系人民群众对政府的满意度和信任度。当前，充分发挥人大的作用，推进依法行政，切实提高政府公信力，具有特别重要的意义。

提高政府公信力的重要性。政府公信力直接影响政府的权威和形象。政府公信力高，就会在人民群众中树立起良好形象，赢得人民群众的信任和支持，各项政策措施就能落到实

---

① （2003）豫法行初字第 1 号，"周口市益民燃气有限责任公司诉周口市人民政府等侵犯专营权纠纷案"。

处;反之,就会削弱人民群众对政府的信任和支持,相关政策措施就难以贯彻实施。不仅如此,政府公信力在整个社会诚信体系建设中具有重要作用,是社会各领域诚信建设的最终保障,直接关系社会诚信体系的建立和完善。政府既是诚信建设的执行者,又是诚信建设的裁判员,具有示范和导向作用。近年来,各级政府大力提高公信力,取得了一定成效,但在有的地区、有的领域还存在损害政府公信力的现象。比如:有的部门一套班子一个思路,朝令夕改,政策缺乏连续性、稳定性;有的地方搞"上有政策、下有对策",阳奉阴违;有的政府工作人员有法不依、执法不严,不关心群众安危冷暖等等,这些都对政府公信力造成了损害。因此,提高政府公信力具有很强的现实意义。

3. 思考讨论

在学习和理解了案情之后,进行分组或自由讨论以下两个问题:

(1) 如何理解行政信赖保护原则?

(2) 信赖保护原则是否与依法行政原则相冲突?

三、公务员录用机制——大学生村官——培养卓越的个人品行和能力

(一)知识点概括

1. 知识点

无论是地方还是国家公务员招考,报考者都需要参与笔试和面试两轮过程,分数相加后择优录取,在公务员录用过程中行政机关须牢牢把握以下五个原则来录取最优秀的人才:①公开原则;②平等原则;③竞争原则;④择优原则;⑤德才兼备原则。

2. 传统讲授方式

通常教师讲授到公务员录用机制这个知识点时,会简单描述现有的公务员体系,缺少实际案例来补充空白知识,学生实际并未实际了解公务员的录用机制和要求。

(二)结合思政设计

1. 课程引入

小明今年作为大学新生入学,他毕业后的目标是参加乡里的考试,做大学生村官锻炼自己。他在大学期间如何充实自己的生活,为此应做出怎样的准备呢?

小明应当在大学期间努力学习,掌握扎实的专业知识,同时应当锻炼自己的写作能力,学会带着批判性思维的思考方式去辩证地看待和分析问题,同时他还要丰富自己的业余生活,例如运动健身或是学点乐器,积极承办班级和学院的各类活动,友爱同学,善良待人,总而言之,小明需要全方面发展自己,而不仅仅只关注成绩。

学生村官工作是国家开展的选派项目。大学生村官岗位性质为"村级组织特设岗位",系非公务员身份,其工作、生活补助和享受保障待遇应缴纳的相关费用由中央和地方财政共同承担。大学生村官的工作管理及考核比照公务员有关规定进行,由县(市、区)党委组织部牵头负责、乡镇党委直接管理、村党组织协助实施;人事档案由县(市、区)党委组织部管理或县(市、区)人力资源和社会保障部门所属人才服务机构免费代理,党团关系转至所在村。

2. 思政结合

不可否认大部分学生在读大学之前已经形成了自己的学习习惯和生活习惯,但这并不是不可改变的,教师在教授上述知识点时可以不仅局限于书本,而是更多着重于对学生自身品行和能力的正面引导,以及如何对学习保持热情和兴趣。热情和兴趣能够使学生始终对学习有着浓厚的趣味,有一种好奇心,这种兴趣可以活跃学生的大脑和思维。同时教师还要培养学生对身边时事政治的关注,让学生养成每天阅读报纸、杂志和书籍的习惯,不仅心中关注自己的小生活,还要知晓国家大事和政策导向,学会站在宏观层面上去思考和理解问题。此外,教师还要培养学生与他人交流沟通的能力,例如学会倾听其他人好的想法和意见或是用适当的方式表达自己的意见。

只有学生拥有卓越的个人能力和品行,才能在所有的考试中无所畏惧,而不是寄希望于偶然的运气因素等,能力才是傍身之物。

3. 思考讨论

在学习和理解了案情之后,进行分组或自由讨论以下两个问题:

(1) 如何把关公务员考录环节?

(2) 实行公务员考试录用机制的重要的意义?

四、法律保留原则——田永诉北科大案[①]——培养规则意识

(一)知识点概括

1. 知识点

法律保留原则是指宪法关于人民基本权利限制等专属立法事项,必须由立法机关通过法律规定,行政机关不得代为规定,行政机关实施任何行政行为皆必须有法律授权,否则,其合法性将受到质疑。

2. 传统讲授方式

通常教师讲授到法律保留原则这个知识点时,会简单列举哪些属于专属事项,但是缺少对相关不合法行为的深入解释。

(二)结合思政设计

1. 课程引入

田永 1994 年 9 月考取北京科技大学,取得了本科生学籍,1996 年 2 月底,在电磁学课程补考的过程中,随身携带写有电磁学公式的纸条,上厕所时纸条掉出被监考老师发现,田永被停止了考试。3 月 5 日田永被认定属于夹带作弊行为,学校对他作出按退学处理决定,同年 4 月 10 日填发了学籍变动通知,但是均未直接向田永本人宣布、送达,也未实际办理手续。

2. 思政结合

尽管上述案例中田永被认定为作弊者,学校依据本校的相关章程可以对其作出开除学

---

① 最高人民法院指导案例 38 号,"田永诉北京科技大学拒绝颁发毕业证、学位证案".

籍的处罚,但这并不代表学校可以不遵守行政规章中的相关规则。高等学校依法具有相应的教育自主权,有权制定校纪、校规,并有权对在校学生进行教学管理和违纪处分,但是其制定的校纪、校规和据此进行的教学管理和违纪处分,必须符合法律、法规和规章的规定,必须尊重和保护当事人的合法权益。本案原告在补考中随身携带纸条的行为属于违反考场纪律的行为,被告可以按照有关法律、法规、规章及学校的有关规定处理,但其对原告作出退学处理决定所依据的该校制定的第068号通知,与《普通高等学校学生管理规定》第二十九条规定的法定退学条件相抵触,故被告所作退学处理决定违法。

对主体和权限等的规范让执法者更能依法执政,而被处罚者也心服口服。无论处在社会的哪个位置,我们都应当有规则意识。规则意识是指发自内心的、以规则为自己行动准绳的意识,比如说遵守校规、遵守法律、遵守社会公德、遵守游戏规则的意识。没有这个规则意识,民主和法治都是"空中楼阁"。

在教学过程中,学生不仅要学会相关法律知识,更应该学会理解并时刻遵守规则。规则意识是现代社会每个公民应当养成的一种意识,其有三个层次,首先是明白了解若干规则例如不偷不盗、爱国守法、明礼诚信等,但仅明白规则是不够的,更重要的是要有遵守规则的愿望和习惯,这是规则意识的第二个层次。最后一个层次是遵守规则成为人的内在需要。在这种境界中,遵循规则已成为人的第二天性,外在规则成为人的内在素质。

3. 思考讨论

在学习和理解了案情之后,进行分组或自由讨论以下两个问题:
(1) 为什么法律保留是积极的依法行政?
(2) 在行政法中法律保留原则与职权法定原则的区别?

五、行政应急原则——新冠疫情——培养社会责任意识

(一) 知识点概括

1. 知识点

行政应急是指行政机关组织相关力量对可能发生或已经发生的公共危机事件进行预测、监督、控制和协调处理,以期有效地预防、处理和消除危机,减少损失的有关举措。虽然实施行政应急行为往往会对常态下的法律规定有所突破,但其有利于保障公民的基本权利与合法利益;有利于预防、减少和化解社会安全风险;有利于提高行政应急行为的效率和效果。

2. 传统讲授方式

通常教师讲授到行政应急这个知识点时,会简述概念让学生自行理解,缺少案例讲解。学生对知识点的学习只能死记硬背。

(二) 结合思政设计

1. 课程引入

某省突发新型冠状病毒的聚集性感染,当地政府紧急组织医疗行动,因情况紧急对疫区

的医护调动未对上级机关作出请示汇报,成功应对疫情后,是否需要追究该地政府的责任?

答案是不需要,当地政府的行为可以看做行政应急行为,是因为要面对突发的疫情而作出的,并未违反相关法规。

2. 思政结合

在此次疫情的行政应急行为中,当地政府尽到了该有的责任行为,他们及时作出规划对各方资源作出安排,正是因为各职级的工作人员都尽心尽力完成自己的任务,才能有无人受伤的美好结果。

责任无处不在,存在于每一个社会角色之中。父母养儿育女,老师教书育人,医生救死扶伤。人在社会中生存,就必然要对自己、对家庭、对集体甚至对祖国承担并履行一定的责任。责任有不同的范畴,如家庭责任、社会责任、领导责任等等,其只有轻重之分,而无有无之别。责任意识是一种自觉意识,表现得平常而又朴素,我国自古以来就重视责任意识的培养。"天下兴亡,匹夫有责",强调的是热爱祖国的责任,只有每个人都认真地承担起自己应该承担的责任,社会才能和谐运转、持续发展。

3. 思考讨论

在学习和理解了案情之后,进行分组或自由讨论以下两个问题:

（1）行政应急原则在应对重大公共卫生事件中的地位与作用?

（2）疫情防控期间,如何认定行政应急措施的合法性?

六、行政立法——香港修例风波——培养爱国情怀

（一）知识点概括

1. 知识点

行政法和行政诉讼法的基础建立在完善的行政立法上。行政立法是指国家行政机关依法定权限和法定程序制定行政法规和规章的活动。依据立法权的来源不同分为职权立法和授权立法,依据行使立法权主体的不同分为中央行政立法和地方行政立法,依据立法权内容的不同分为执行性立法和创制性立法。

2. 传统讲授方式

通常教师讲授到行政立法这个知识点时,会简述概念让学生自行理解,缺少案例讲解。

（二）结合思政设计

1. 课程引入

当香港政府作出决定修改逃犯条例的公告后,香港反对派和一些激进势力借和平游行集会之名,进行各种激进抗争活动。虽然特区政府已多次表示修订《逃犯条例》工作已彻底停止,但他们继续以"反修例"为幌子,变本加厉,暴力行为不断升级,社会波及面越来越广。

条例修改工作应当由谁来主持? 谁来参与呢? 普通人也能发表意见吗?

会议应当由全国人大主办,各省的人大代表来参与讨论,普通百姓的我们也能发表意见,通过和当地的人大代表和政协代表沟通表达我们的意见。

2. 思政结合

上述案例说明了人人都有机会参与到国家大事的讨论中，不仅是人大代表和政府官员有机会，普通老百姓也有机会，学生应当多多参与国家大事的讨论，参政议政，而不只是醉心于个人生活和学习，爱国情怀很难用具体的语言描述，却能从个人的行为中以小窥大，例如积极参与政事讨论也是爱国的一种表现形式。

在教授课程时要引导学生积极思考爱国的意义和价值。爱国体现了人们对自己祖国的深厚感情，反映了个人对祖国的依存关系，是人们对自己故土家园、民族和文化的归属感、认同感、尊严感与荣誉感的统一。它是调节个人与祖国之间关系的道德要求、政治原则和法律规范，也是民族精神的核心。"没有国哪有家，没有家哪有我。"国家是物质利益的寄托，更是精神家园的寄托。失去祖国母亲的保护，个人就是无家可归的流浪儿。爱国是每个人都应当自觉履行的责任或义务。履行爱国的责任或义务，是对祖国母亲的报答。爱国是公民必须拥有的道德情操，是中华民族最重要的传统，是各族人民重要的精神支柱。也是社会主义核心价值观最主要的部分。

3. 思考讨论

在学习和理解了案情之后，进行分组或自由讨论以下两个问题：

（1）如何看待香港修例风波？

（2）爱国情怀如何在行政立法中体现？

七、行政行为的效力——益民公司诉周口市建设局案①——执政为民意识

（一）知识点概括

1. 知识点

行政行为的效力是指行政行为具备合法要件后，对行政法律关系的当时权利义务所发生的影响，主要包括公定力、确定力、拘束力和执行力四个方面。行政行为的合法要件是行政行为主体合法、行政行为权限合法、行政行为内容合法、行政行为程序合法。行政行为的效力包括行政行为的生效和行政行为的失效。

2. 传统讲授方式

通常教师讲授到行政行为的效力这个知识点时，会简述判决行政行为的合法要件，虽然有加入案例讲解但并不对其内在价值进行深化。

（二）结合思政设计

1. 课程引入

2003年，市计委向亿星公司、益民公司等13家企业发出邀标函，着手组织周口市天然气城市管网项目法人招标，通知每位投标者需缴纳5000万保证金到指定账户，益民公司在报名后因未能按时交纳5000万元保证金而没有参加最后的竞标活动，最终河南亿星实业集团公

---

① （2003）豫法行初字第1号."周口市益民燃气有限责任公司诉周口市人民政府等侵犯专营权纠纷案".

司中标并享有天然气管网工程的独家经营权,同年 6 月 20 日,市政府作出 54 号文,其中称:由河南亿星实业集团公司独家经营周口市规划区域内城市天然气管网工程。另查明,2000年 7 月 7 日,原周口地区建设局以周地建城(2000)10 号文对益民公司作出《关于对周口市益民燃气有限责任公司为"周口市管道燃气专营单位"的批复》,该批复主要内容为:"按照建设部第 62 号令、河南省人民政府第 47 号令、河南省建设厅豫建城(1996)69 号文之规定和'一个城市只允许批准一家管道燃气经营单位'的原则,根据设计方案及专家论证,该项目既能近期满足工业与民用对燃气的需要,又能与天然气西气东输工程接轨。经审查,批准你公司为周口城市管道燃气专营单位。"2003 年 11 月 9 日,周口市建设委员会作出周建城(2003)39号文,以原周口地区建设局周地建城(2000)10 号文授予益民公司管道燃气专营单位资格缺少法律依据,不符合有关规章和规范性文件,属越权审批为由废止了该文。

2. 思政结合

法院认为,结合案件整体情况,对被诉行政行为的合法性进行审查,可以认定被诉的招标方案、招标通知和 54 号文违法,但根据相关规定对被诉的三个行政行为不予撤销,主要理由是:被诉的行政行为虽然存在违法之处,但尚不属于《招标投标法》规定的中标结果当然无效的情形。只有无效的行政行为才有撤销的必要,而违法的行政行为并不当然无效。本案中,被诉讼行政行为虽然存在一些违法的情况,但是否导致行政行为无效或撤销,应结合案件其他情况认定。结合本案情况,对益民公司施工的天然气工程应由市政府采取补救措施予以解决。在益民公司的燃气经营权被终止,其资金投入成为损失的情况下,市政府应根据政府诚信原则对其进行相应补救措施。

诚信在我们的生活中无处不在,因为诚信的原则尚存,人与人彼此信任对方,相互协作,一起构筑大同社会,尤其在商事往来过程中诚信占据极为重要的作用,包括:①指导当事人行使权利履行义务的功能,即指导当事人正确进行民事活动;②降低交易成本,提高交易效率的功能,有助于保障交易安全。诚实信用原则由于将道德规范与法律规范合为一体,兼具有法律调节和道德调节的双重功能,倘若人人都诚实待人,秉持信用之心做事,那么更美好的诚信社会也不远了。

3. 思考讨论

在学习和理解了案情之后,进行分组或自由讨论以下两个问题:

(1)行政行为违法是否必然导致撤销?

(2)在什么情况下行政行为可以不撤销?

八、正当程序原则——张成银诉徐州市人民政府案①——培养程序意识

(一)知识点概括

1. 知识点

法律的正当程序作为一条重要的法治观念与宪法原则起源于英国的自然正义,程序的正当性包含的价值是程序的中立、理性、排他、可操作、平等参与、自治、及时终结和公开;通

---

① 张成银诉徐州市人民政府房屋登记行政复议决定案[N].最高人民法院公报,2005(3).

过正当程序达到宪法的至信、至尊、至上从而实现宪法权威。

2. 传统讲授方式

行政诉讼法中涉及程序正当的部分有很多，但当前教学内容仅单纯局限于书本中的抽象理论，缺乏现实生活内容，因此与大学生的思实际结合不紧，缺乏吸引力和说服力。并且，个别负面现实社会新闻与书本知识相差甚远，不能用理论解释现实问题，极易让学生产生困惑、矛盾的心理。

（二）结合思政设计

1. 课程引入

2003 年曹春芳向徐州市人民政府申请行政复议，请求撤销 1988 年将民安巷 31 号房屋产权和土地使用权确权登记给张成银的具体行政行为。徐州市人民政府于 2004 年作出了行政复议决定：确认徐州市房地产管理局（被申请人徐州市房产管理局前身）将民安巷 31 号房屋产权及国有土地使用权确权给张成银的具体行政行为违法。

本案中，曹春芳之母曹陈氏于 1986 年 1 月 30 日去世后，徐州市民安巷 31 号的房产一直由张成银及家人居住使用；张成银及家人于 90 年代在此处又新建了房屋，并对原有房屋进行扩建，原徐州市房地产管理局于 1994 年为张成银颁发该处房屋所有权证前也进行了公告，征询有关当事人有无产权异议，曹春芳应当知道徐州市房地产管理机关已将民安巷 31 号的房地产确权登记给张成银。故徐州市人民政府受理曹春芳 2003 年 10 月 28 日提出的复议申请并作出复议决定超过了法定期限；曹春芳述称其于 2003 年 10 月才得知原徐州市房地产管理机关将民安巷 31 号房地产登记确权归张成银的主张，依法不予以支持。行政机关在进行行政复议时虽然可以采取书面审查的办法，但张成银作为原徐州市房地产管理机关 1988 年颁发的鼓房字第 1741 号房屋所有权证的持证人，与徐州市人民政府对该证的复议审查结果有着直接的利害关系，徐州市人民政府应当通知张成银参加行政复议，由于徐州市人民政府无法证明已采取适当的方式通知张成银参加行政复议，应属严重违反行政程序，且作出的徐政行决〔2004〕24 号行政复议决定的结论中也有复议审查对象不具体的瑕疵。

2. 思政结合

上述案例中提到的程序意识的培育一直是高校思政课教育教学工作的重点。进入新时代，社会环境与教育主体、客体和教学过程都发生了巨大变化，这给高校课程教学的开展带来了巨大挑战。如何应对挑战，发挥思政课主阵地、主渠道功能，是当今思政工作者职责所在。"程序意识是一个国家、一个民族、一个政党对自身法治价值的充分肯定，对自身法治发展进程及生命力的坚定信念。"大学生是关系社会主义建设事业成败的关键，对大学生程序意识的培育关乎中华民族伟大复兴实现，也是高校思政课的应有之义。大学生在大学时期的理论和实践储备将关乎未来的人生选择、人生道路和人生意义。大学生了解程序意识并主动遵守，是个人提升内涵、成长成才的必然需要。程序意识会为大学生的学习和社会实践提供源源不断的精神力量，保障大学生树立正确的荣辱观、得失观，以昂扬乐观的心态投身到中华民族伟大复兴事业实践中。

3. 思考讨论

在学习和理解了案情之后，进行分组或自由讨论以下两个问题：

（1）如何看待程序正当原则？

（2）"只要结果正确，不论程序是否违法"的观点是否正确？为什么？

九、行政法的历史发展——行政诉讼法的制定历程——塑造正确行政法治"三观"

（一）知识点概括

1. 知识点

新中国成立以来，行政法学的基本理论经历了从管理论到控权论、平衡论再到规制理论、新行政法的发展轨迹。以上理论的产生和发展一定程度上促进了行政法学科的发展，但对行政法治建设的影响不一。围绕行政诉讼法、国务院《政府信息公开条例》和行政问责制度等里程碑事件展开的行政法治建设，促进了行政法学的纵深化发展。

2. 传统讲授方式

通常教师讲授到行政诉讼历史这个知识点时，会简述历史进程，但缺乏案例讲解和对内在价值的深化。

（二）结合思政设计

1. 课程引入

行政诉讼的发展历程历史悠久，《中华人民共和国行政诉讼法》，1989年4月4日第七届全国人民代表大会第二次会议通过；根据2014年11月1日第十二届全国人在常委会第11次会议《全国人民代表大会常务委员会关于修改〈中华人民共和国行政诉讼法〉的决定》修正，自2015年5月1日起施行。行政诉讼法是资产阶级革命取得胜利并建立资产阶级国家以后的产物。现代国家的行政法，同刑法、民法不同，大多数国家的许多行政法律文件中，都既规定了实体法规范，又同时规定了相应的程序法规范。中国封建时代，皇帝代表统治阶级依靠封建法律统治和压迫老百姓。当时的法律，是民、刑、行政不分；实体、程序不分的。由于长期以来官贵民贱、官尊民卑的意识形态，人们心目中没有民可以告官的观念。中华人民共和国建立后，实行社会主义法制，但由于没有建立起行政诉讼制度，老百姓要告政府及其工作人员，也缺乏法制的保障。《中华人民共和国行政诉讼法》的制定与实施，打破了几千年传下来的传统观念，建立起了民可以告官的行政诉讼制度。因此，人们普遍地把这部法律叫做"民可以告官"的法律。它是社会主义民主政治建设和社会主义法制建设的一个重要里程碑。

2. 思政结合

行政诉讼的历史发展是帮助学生更好地塑造正确的人生观、价值观、世界观。学习历史是贯彻德、智、体、美、劳全面发展的教育方针，培养经济社会创新型合格人才的重要手段。了解历史可以培养学生的如爱国主义、历史责任感的教育，但最终应转化、落实到学生的行为规范中去，使学生学会学习、学会生活、学会做人。面对个别腐败、个人收入悬殊、投机取巧、官僚主义等部分社会问题，大学生难免受到影响与冲击。社会腐败问题对高校大学生的影响,会导致大学生的人生观、价值观部分缺失,使部分大学生出现放弃信仰、漠视正义、缺乏人文关怀、鄙视知识等深层次的危机。

3. 思考讨论

在学习和理解了案情之后,进行分组或自由讨论以下两个问题:

(1)行政法在中国法律中的地位?

(2)行政法中的哪些原则可以有效地引导学生树立正确的三观?

第十章

民事诉讼法学课程思政教学设计[①]

第一节　教学设计基本思路

一、设计思路阐释

结合民事诉讼法的历史发展与具体制度变迁,帮助学生了解和掌握我国的民事诉讼程序与民事诉讼基本制度,同时理解习近平新时代中国特色社会主义思想、马克思主义基本原理以及高校思想政治对民事诉讼制度程序的引领作用,解释中国特色社会主义法治不断完善的过程。

二、思政教育结合点概况

序号	教材对应知识点	课程思政结合点	说　明
1	立案登记制	该制度体现了党的司法为民政策。	和立案审查制相比较,该制度降低了起诉门槛,引导当事人向法院起诉,当事人可以更方便的通过法院维护自己合法权益。 该制度体现了党的司法为民政策,有利于建设公正、高效、权威的社会主义司法制度。
2	管辖权异议制度	对个人而言,要友善地处理纠纷,不能恶意拖延诉讼。	恶意地提起管辖权异议,目的是让纠纷久拖不决,属于表面上合法,本质上不合法。因此,不要钻法律的漏洞,保护自己权利的方式要合法,维权不能剑走偏锋。

[①] 李志栋,陕西宝鸡人,四川师范大学法学院讲师,法学硕士。主要讲授课程为"民事诉讼法学""行政诉讼法""法律文书写作"等。

序号	教材对应知识点	课程思政结合点	说　明
3	先予执行制度	该制度是我国社会主义核心价值观中的和谐价值的体现。	先予执行制度的特殊之处在于,申请人能够在法院的裁判未生效之前申请强制执行。这个制度在维护和谐的家庭关系、社会关系等方面发挥着重要作用。
4	当事人保证书制度	该制度是我国社会主义核心价值观中的诚信价值体现。	通过民间借贷领域的虚假诉讼现象,向学生解释相关立法变化、实践探索等内容。该制度促使当事人在民事诉讼过程中要遵循诚信,要恪守承诺,要陈述客观事实,不能随意做虚假陈述。该制度是我国社会主义核心价值观中的诚信价值在民事诉讼中的具体体现。
5	证明责任制度	个人的责任与担当。	在诉讼过程中,当事人要对自己的主张提供证据予以证明,并达到优势的证明程度。如果败诉了,要有担当,不要无理取闹,不要纠缠,可以通过上诉等合法方式维护自己的权益。
6	民事公益诉讼制度	崇尚、铭记、学习、捍卫英雄烈士,不得侮辱、诽谤英雄烈士的名誉。	通过董存瑞、黄继光英雄烈士名誉权纠纷公益诉讼案,向学生介绍英雄烈士是国家的精神坐标,是民族的不朽脊梁。英雄烈士董存瑞在"解放战争"中舍身炸碉堡,英雄烈士黄继光在"抗美援朝"战争中舍身堵枪眼,体现了崇高的革命气节和伟大的爱国精神。
7	法院调解制度	体现当代中国司法的制度自信和司法历史传统的文化自信。	通过介绍央视和爱奇艺推出的《中国司法》第二季电视剧,向学生介绍我国司法机关的改革过程以及取得的辉煌业绩,解释被称为"东方经验"的我国司法调解制度是如何发挥作用,如何被西方国家学习借鉴的。
8	民事检察监督原则	该制度体现了中国特色社会主义检察监督制度的优势,不能机械照搬西方相关规定。	我国的民事检察监督制度是立足于中国的国情,从实际出发,走中国特色、理性的发展道路。检察机关在环境保护、弱势群体权益保护,支持农民工、残疾人等提起民事诉讼方面发挥着巨大作用。同时,检察机关对确有错误的民事判决、裁定、调解书能够提出抗诉,把矛盾纠纷及时化解在基层、节约司法资源、提高司法效率。

第二节　教学设计典型课例

一、通过"立案登记制"体现党的司法为民政策

（一）知识点概括

1. 知识点

立案登记制是指对人民法院依法应该受理的案件,做到有案必立、有诉必理,保障当事

人诉权。涉及的知识点包括立案登记制的概念、程序。

2. 传统讲授方式

通常教师讲授到知识点的时候，会解释该制度的立法变化和具体的程序规定。这种上课方式带来的问题是学生对该部分内容的理解过于简单，听完后并未真正理解该制度的基本内涵和价值。

(二) 结合思政设计

1. 课程引入

"法院对诉讼要件可以进行实质审查?""法院可以不收材料、不予答复、不出具法律文书?""只要起诉到法院的所有案件都能登记立案?""法院有案不立没关系?""违法滥诉没关系?"

法院不再对起诉进行实质审查，只是对起诉的形式要件进行审查，对符合法律规定的起诉，一律接收诉状，当场登记立案，所以，法院对诉讼要件不再进行实质审查。对当事人的起诉，法院如果当场不能判定是否符合法律规定，应当在法律规定的期限内决定是否立案;对于不符合法律规定的起诉，法院应当作出不予受理的裁定，并载明理由，因此，禁止法院不收材料、不予答复、不出具法律文书。有些案件不属于法院的管辖范围，而是属于仲裁的范围，所以，不是所有案件都能登记立案。在立案登记制的大背景下，法院有案要立，如果不立要说明理由，否则，有关责任人要被追责。对那些试图通过提起虚假诉讼，以法院裁判的方式侵害他人合法权益的人，要追究其违法滥诉的法律责任，所以，违法滥诉将会被罚款、拘留，构成犯罪的，要追究刑事责任。

立案登记制的程序具体表现为，法院接到当事人提交的民事起诉状时，对符合法定条件的起诉，应当登记立案;对当场不能判定是否符合起诉条件的，应当接收起诉材料，出具注明收到日期的书面凭证，并在法定期限内答复当事人。需要补充必要相关材料的，人民法院应当及时告知当事人。在补齐相关材料后，应当在七日内做出决定是否立案登记。

2. 思政结合

党的十八届四中全会作出的一个重要决定是改革法院的案件受理制度，变立案审查制为立案登记制。该制度体现了党的司法为民政策，有利于建设公正、高效、权威的社会主义司法制度。

党的司法为民政策要求，司法机关在办案的过程中要实现效果的最大化，要符合党中央的要求、人民的期盼，让人民群众在每一个司法案件中感受到公平正义。和立案审查制相比较，立案审查制契合了这一要求，该制度要求法院对当事人的起诉不进行实质性审查，也即，当事人只要提供符合形式要件的诉状，法院应当一律接收，并在规定的期限内依法处理。所以，实行立案登记制后，法院能够做到有案必立、有诉必理，切实保障人民群众的诉权，从根本上解决了千百年来民众告状难的状况。可以说，立案登记制是践行司法为民的重要举措，该制度拓宽了纠纷的诉讼解决渠道，使民众更方便地通过法院解决纠纷，保障了当事人诉权的行使，提升了司法公信力，对建设法治中国具有深远的意义。在当前社会转型期，信访案件居高不下，严重影响了社会的和谐稳定，实行立案登记制，减少了信访上访的数量，有利于将社会矛盾纠纷纳入法治化渠道进行解决。

3. 思考讨论

设置思考题帮助学生巩固和复习立案登记制的要点。以"党的司法为民政策对法院的影响""党的十八届四中全会提出的推行立案登记制改革对老百姓的影响""实行立案登记制后,现在立案难吗?""根据《最高人民法院关于人民法院登记立案若干问题的规定》,分析法院如何落实立案登记制,如何切实保障当事人诉权的情况"等为题开展课堂讨论。

二、通过"管辖权异议制度"倡议当事人要友善地解决纠纷

(一) 知识点概括

1. 知识点

管辖权异议是指法院受理案件后,本诉被告在法定期限内向受诉法院提出该院对案件无管辖权的意见和主张。涉及的知识点包括管辖权异议的概念,提起条件,处理程序等内容。

2. 传统讲授方式

一般情况下,教师讲授到该知识点的时候,主要是讲述该制度的好处或者价值,简而言之,管辖权异议能够纠正管辖错误,通过具体的案例来做进一步解释。这种讲授方式带来的问题是缺少对该制度弊端的解读,学生听完后并未真正了解当下该制度面临的问题和实务中的处理方式。

(二) 结合思政设计

1. 课程引入

一起买卖合同纠纷案件,原告向甲地法院起诉被告,被告提出管辖权异议,理由是自己的住所地在乙地,乙地不属于受诉法院的管辖范围。法院提醒被告,乙地系案外人的住所地,被告的营业执照显示其住所地位于甲地,但被告坚持以此为由提起管辖权异议。本案被告在明知本院具有管辖权的情况下,虚构其住所地和管辖理由,恶意提起管辖权异议,滥用诉权,浪费了宝贵的司法资源,妨害了民事诉讼的正常进行,损害了司法权威。法院对被告罚款 20000 元。

提起管辖权异议是当事人的诉讼权利,一般情况下,依照法律规定处理即可。但是,诉讼权利不能作为恶意拖延诉讼的工具或手段,本案被告在明知甲地法院有管辖权的情况下,故意提出管辖权异议,目的是拖延诉讼,让原告饱受诉讼拖累,同时给法官增加了工作量,给法院顺利推进诉讼程序带来障碍。另外,当下法院面临案多人少的困境,加之在结案率、审限等刚性要求下,法官身心俱疲,压力很大。在这种情况下,提起管辖权异议是对司法资源的极大浪费。

这个制度设立之初的目的是纠正管辖错误,那时法官的整体素质和专业程度普遍较低。但现在,法官已经非常专业化和精英化了,管辖错误的情况很少出现,相反,被告把该制度作为打压原告的一种诉讼策略,以此换取大量的应诉时间,拖垮原告的信心和耐心。显然,该制度的被过度利用、恶意利用了。现在,法院要对提出管辖权异议的申请进行严格审查,对恶意的人要进行制裁。

2. 思政结合

友善是指公民之间互相尊重、互相理解、互相宽容、互相关心、互相帮助,形成全体公民平等友爱、融洽相处的和谐社会局面。友善是中华民族的传统美德,更是社会主义核心价值观的重要内容,是我们做人、做事、成家立业的重要法宝。在生活中友善的人总是给人留下良好的印象,一个友善的举动也会让人感到温暖和感动。

对公民个人而言,与他人发生纠纷后,即使怨恨很深,也要学会友善待人,与他人和谐相处。尤其在是解决纠纷的过程中,双方争执激烈,矛盾尖锐,一方心怀不满,为了发泄不满,准备教训对方,于是用提出管辖权异议的方式恶意地拖延诉讼,结果受到法律的严厉制裁。所以,在人与人相处的过程中,要与人为善,即使在民事诉讼程序中,也要心怀善意的解决纠纷。不要想着利用法律规定,钻法律的漏洞,恶意地提起管辖权异议,该行为表面上合法,本质上不合法,我国法院不会支持这样的行为泛滥。

3. 思考讨论

设置一些思考题帮助学生巩固和温习管辖权异议制度的要点。以"如何友善地处理纠纷""管辖异议制度的价值功能""管辖权异议制度的滥用""滥用管辖权异议的制裁"等为题开展课堂讨论,分析如何在合法、合理的情形下主张权利。

三、通过"先予执行制度"发扬我国社会主义核心价值观中的和谐价值

(一) 知识点概括

1. 知识点

先予执行是指法院在受理案件后、终审判决作出之前,根据一方当事人的申请,裁定对方当事人向申请一方当事人给付一定数额的金钱或其他财物,或者实施或停止某种行为,并立即付诸执行的一种程序。涉及的知识点包括先予执行的概念、条件、适用范围和程序等。

2. 传统讲授方式

通常教师讲授到先予执行的时候,会解释基本概念和程序规定,缺少真实案例来补充空白知识,学生听完后并未真正掌握先予执行制度的基本内容。

(二) 结合思政设计

1. 课程引入

甲驾驶摩托车搭载乙在路上行驶,在路口和丙驾驶的汽车相撞,造成甲受轻微伤,乙受重伤,重度颅脑损伤,全身多处骨折,摩托车和汽车受损。经交警部门认定,此次事故丙承担事故主要责任,甲承担事故次要责任,乙不承担事故责任。乙医院住院治疗,已花费医疗费用 20 万余元,丙的保险公司为乙垫付 1 万元医疗费,丙、甲分别在赔偿了 2 万元、2000 元后均表示无力承担医疗费用,但乙还需继续住院治疗。面对巨额的医疗费,乙的父亲代乙向法院申请先予执行。主办法官审查后认为,受害人急需高昂的医疗费,该事极为迫切,立即出具裁定书,并送达给保险公司。保险公司在收到该裁定书后三个工作日便将先予执行款项11 万元汇入该院账户,在确认款项确已收到的第一时间主办法官通知乙的父亲办理领款手

续。案件未审结就提前领到了赔偿款,解决了乙就医的燃眉之急。

在一些侵权纠纷中,受害者家庭十分困难,侵权者又不及时承担侵权责任,导致受害者缺医少药,不能及时保护自己的生命健康等合法权益,这时受害者要考虑启动先予执行程序。相关主体可以尝试向法院申请先予执行,由法院通过强制执行的方式,先行拿回部分款项以解决燃眉之急,助力受害者的生活、生产经营等尽快恢复正常。

2. 思政结合

和谐是中国传统文化的核心理念,它贯穿于个人修为、国家治理等各个层面。在国家治理层面,2004 年党的十六届四中全会首次明确提出"和谐社会"的概念。2006 年党的十六届六中全会通过了《中共中央关于构建社会主义和谐社会若干重大问题的决定》,指出要切实把构建社会主义和谐社会作为贯穿中国特色社会主义建设全过程的长期历史任务和全面建设小康社会的重大现实课题抓紧抓好。建设具有中国特色社会主义和谐社会,在司法制度层面的一个重要体现是充分发挥先予执行的作用,针对特定类型的案件,在生活困难或生产经营困难的情况下,相关主体向法院申请先予执行,由法院强制执行,从而让个体的生活不再困难,让企业能够生产经营下去,从而更好地维护和谐的社会关系。

3. 思考讨论

设置思考题帮助学生巩固和温习先予执行制度的要点。以"我国社会主义核心价值观包括的内容""先予执行制度的立法目的""先予执行制度的适用""申请先予执行要考虑法律的哪些规定""被错误申请先予执行如何依法抗辩""在建设工程施工合同纠纷中,建设单位首先考虑施工单位的及时撤场,以免影响后期的建设进程,如何在诉讼过程中向法院或仲裁机构提出要求施工单位撤场的先予执行申请"等为题开展课堂讨论。

四、通过"当事人保证书制度"体现我国社会主义核心价值观中的诚信价值

(一) 知识点概括

1. 知识点

当事人保证书制度是指在审理民事案件时,法院为促使当事人诚信诉讼、如实陈述,就案件有关事实向当事人询问前,要求当事人当场签署《保证书》并宣读保证书内容的制度。该制度是民事诉讼领域的新制度,该制度涉及的知识点包括当事人保证书制度的概念,具体程序等。

2. 传统讲授方式

通常老师讲授当事人保证书制度这个知识点时,会解释该制度的产生背景、概念、内容,知识点比较单调。学生听起来比较枯燥,不能对该制度在司法实践中的价值有全面的理解。

(二) 结合思政设计

1. 课程引入

黄某向法院提起诉讼,请求何某归还其借款并支付利息。被告抗辩,称自己是原告雇佣

的员工,这些转款是原告打给自己的工资、伙食费等,双方从未有借贷。开庭前,法院要求当事人朗读并签署如实陈述《保证书》。庭审中,黄某承认其向何某转账的款项并非借款,双方不存在借贷关系。只是因为何某在自己承包的工程中谎称有职业资质但工作能力不足,领取高额工资,被要求离职后还起诉要求支付双倍工资,自己败诉后非常窝火,想通过民间借贷让何某受到惩罚。法官向黄某释明,不能混淆法律关系,要实事求是,并对他捏造事实、虚假诉讼的行为予以训诫。

在我国现阶段,虚假诉讼愈演愈烈,一度被称为一种特殊的"社会病象",而民间借贷领域更是其中的"重症灾区"。它不仅会损害诉讼相对人的合法权益,还会扰乱司法秩序,浪费有限的司法资源。在这样的背景下,当事人保证书制度被制定出来了。

当事人保证书制度主要是为了防范当事人在诉讼中虚假陈述、伪造证据等。该制度主要以《保证书》的形式体现出来。《保证书》的内容有:案号,诉讼地位,均已经明确知悉诉讼活动中作虚假陈述将受到法律严厉制裁的后果,如有虚假陈述,愿接受法院处罚并承担由此造成的一切法律后果等内容;背面附有相应法律及司法解释条文。从法院提示当事人如实陈述,转变为要求当事人在诉讼中自己宣读并签署如实陈述《保证书》,看似微小的转变,却能使那些信口开河、铤而走险、好钻漏洞的当事人、代理人,在接受询问时,变得更加谨慎。当事人保证书制度能够有效打击虚假陈述、伪造证据等诉讼中出现的不诚信行为,维护正常司法秩序。

2. 思政结合

我国社会主义核心价值观中的诚信价值与当事人保证书制度在终极目的上是一致的,当事人保证书制度是诚信价值的具体体现。我国社会主义核心价值观中的诚信价值意味着人们不仅应当在民事交往过程中要遵循诚信原则,更应当在民事诉讼过程中要坚持该价值,应该秉持诚实,恪守承诺,不能随意做虚假陈述随意。法院在整个诉讼过程中引导当事人及时纠正错误陈述,树立诚信诉讼的规则意识,维护司法公平公正,推进社会信用体系建设。

诚实信用是民法的基本原则,也是民事诉讼法的基本原则,更是我国社会主义核心价值观的重要内涵。在以往我们对社会主义核心价值观中的诚信价值进行理解的时候,感觉很空洞,很遥远,针对他人的不诚信行为,没有有力的制裁手段。在这种情况下,当事人保证书制度解决了这个问题,该制度有助于推动诚实信用原则的落地,当事人郑重地当庭宣读保证书,能增强法律在他们内心的威慑力,可以在一定程度上唤起当事人内心的正义感,也可以更加清晰地了解签署保证书后虚假陈述的后果,使他们内心不愿意也不敢作虚假陈述,以确保当庭能够做出如实陈述。

3. 思考讨论

设置思考题帮助学生巩固和温习当事人保证书制度的要点。以"在纠纷解决过程中如何实现诚信价值""如何促使当事人从虚假陈述转为如实陈述""当事人保证书制度和宣誓制度的比较""当事人保证书制度在实践中的效果""当事人保证书的法律属性"等为题开展课堂讨论。

五、通过"证明责任制度"解释个人的责任与担当

(一)知识点概括

1. 知识点

证明责任是指案件审理终结时若事实仍处于真伪不明状态,由提出事实主张的当事人承担不利后果的责任。涉及的知识点包括证明责任的概念,证明责任的分配。其中,证明责任的分配是重点,包括证明责任分配的一般规则和特殊规则。

2. 传统讲授方式

通常教师在讲授到证明责任制度的时候,会结合司法解释的规定进行详细的解释,但是缺少真实案例分析,学生听完后并未真正掌握证明责任制度的基本内容。

(二)结合思政设计

1. 课程引入

原告在庭审中承认已经收到被告归还的本金和利息,但认为该本金和利息系用于归还另一笔借款,并非用于归还本案诉争的借款。被告否认存在另一笔借款。此时,根据谁主张谁举证的证明责任分配原则,由原告对其主张存在两笔借款的事实承担举证责任。但是,本案原告不能举证证明自己的主张,承担举证不能的法律后果,法院不支持原告的主张,判决驳回原告的诉讼请求。

在民事诉讼中,证明责任并非简单地仅由特定一方当事人承担,而是根据案件的不同和当事人主张的不同,证明责任在原告和被告之间进行分配。换言之,在事实真伪不明时才启动证明责任。对双方当事人而言,他们的责任是提供证据证明各自的主张,推进事实真相的查明,从而促进案件的公正处理。相反,如果当事人都推卸自己的责任,指责对方,且不提供证据证明,那对事实的查明是非常不利的,事实处于真伪不明状态,负有举证证明责任的当事人未能提供证据或证据不足以证明其事实主张的,则要承担严重的后果,包括可能被罚款、拘留,甚至追究刑事责任。

2. 思政结合

对个人而言,要在做人做事方面有责任与担当,尤其是与他人发生纠纷后,在法院处理的过程中要有责任,要及时提供相关的证据,不要隐藏证据,不要伪造证据;负责提供证据的一方如果不能提供证据,败诉了,就要有担当,不要无理取闹。另一方面,在个人不承担责任或担当的情况下,单靠法院是不能准确查明事实真相,难以彻底地解决纠纷,不能有效地维护社会的公平正义。

3. 思考讨论

设置思考题帮助学生巩固和温习证明责任制度的要点。以"当事人如何承担证明责任""如何理解谁主张谁举证的内涵""行为人不能证明无过错是否承担侵权责任""提起确认之诉,原告需要承担的证明责任有哪些""证明责任和举证责任的差异"等为题开展课堂讨论。

六、通过"民事公益诉讼制度"树立崇尚、铭记、学习、捍卫英雄烈士的意识

（一）知识点概括

1. 知识点

民事公益诉讼是指对损害国家和社会公共利益的行为,由法律规定的国家机关或者组织向法院提起诉讼的制度。涉及的知识点包括民事公益诉讼的概念、特征等。

2. 传统讲授方式

通常教师讲授到民事公益诉讼制度知识点的时候,会解释立法变化和程序规定,缺少真实案例来补充空白知识,学生听完后并未实际了解民事公益诉讼制度的基本内容和价值。

（二）结合思政设计

1. 课程引入

甲在其经营的网络店铺中出售贴画,印有"董存瑞舍身炸碉堡"形象及显著文字"连长,你骗我！两面都有胶！！"乙在该店购买了上述贴画后,认为该网店经营者侵害了董存瑞、黄继光的名誉并伤害其爱国情感,遂向检察院举报。检察院发布公告通知董存瑞、黄继光近亲属提起民事诉讼。公告期满后,无符合条件的原告起诉,检察院向法院提起民事公益诉讼。

根据我国民事诉讼法的规定,对污染环境、侵害众多消费者合法权益等损害社会公共利益的行为,法律规定的机关和有关组织可以向人民法院提起诉讼。民事公益诉讼的被告是自然人、法人或者其他组织,原告起诉的目的是纠正自然人、法人和其他组织损害社会公共利益的行为。人民检察院是法律规定的可以提起民事公益诉讼的主体。人民检察院在履行职责中发现破坏生态环境和资源保护、食品药品安全领域侵害众多消费者合法权益等损害社会公共利益的行为,可以向人民法院提起诉讼。可以看出,检察机关作为公共利益的维护者,能够以提起公益诉讼的方式保护国家和社会公共利益。检察机关在提起民事公益诉讼的时候,要把握两个特征：原告与案件无直接利害关系；原告起诉的目的是维护社会公共利益。

2. 思政结合

英雄烈士是国家的精神坐标,是民族的不朽脊梁。英雄烈士董存瑞在"解放战争"中舍身炸碉堡,英雄烈士黄继光在"抗美援朝"战争中舍身堵枪眼,用鲜血和生命谱写了惊天动地的壮歌,体现了崇高的革命气节和伟大的爱国精神,是社会主义核心价值观的重要体现。任何人都不得歪曲、丑化、亵渎、否定英雄烈士的事迹和精神。被告甲作为我国公民,应当崇尚、铭记、学习、捍卫英雄烈士,不得侮辱、诽谤英雄烈士的名誉。其通过网络平台发布、销售贴画的行为,造成了恶劣的社会影响,损害了社会公共利益,要承担民事法律责任。所以法院判决甲停止侵害英雄烈士董存瑞、黄继光名誉权的行为,并在国家级媒体公开赔礼道歉、消除影响。

通过教学,引导学生崇尚、铭记英雄烈士,学习英雄烈士的奉献精神,更要捍卫英雄烈士的名誉权,这是法治社会每个公民应尽的责任。无论是通过淘宝等销售平台,还是通过微博、微信群等社交软件,对英雄烈士发布毁谤言论,都触碰了法律底线,应当承担法律责任。

同时,我们也要时刻感恩、感谢那些为我们国家、社会作出贡献的人。

3. 思考讨论

设置思考题帮助学生巩固和温习民事公益诉讼制度的要点。以"对涉及英雄烈士名誉权纠纷公益诉讼案中,如何铭记、学习、捍卫英雄烈士的名誉""环境民事公益诉讼原告资格""人民检察院如何提起民事公益诉讼"等为题开展课堂讨论。

七、通过"法院调解制度"理解"制度自信"和"文化自信"

(一) 知识点概括

1. 知识点

法院调解是指在审判人员的主持下,双方当事人就他们之间发生的民事权益争议,通过自愿、平等协商,互谅互让,达成协议,解决纠纷的诉讼活动和结案方式。该知识点包括法院调解的特征、原则、程序、与判决的关系、调解书的效力等。

2. 传统讲授方式

教师在讲授法院调解制度知识点的时候,会解释法院调解制度的价值,通过真实案例分析调解的具体方法。但是这种讲授很难让学生感受到我国司法制度的制度优势。

(二) 结合思政设计

1. 课程引入

介绍央视和爱奇艺同步播出的纪录片《中国司法》第二季,向学生介绍我国司法机关的改革过程以及取得的辉煌业绩,解释被称为"东方经验"的我国司法调解制度是如何发挥作用,如何被西方国家学习借鉴。

纪录片《中国司法》第二季通过一些典型的法律事例,挖掘中国司法制度的本土资源和民族性,比如调解制度的久远传承与现代发展。解释法院调解是人民法院行使审判权的一种方式,是民事案件结案的一种方式,该制度是我国多年司法实践成功经验的总结。

2. 思政结合

该纪录片深入贯彻习近平新时代中国特色社会主义思想,落实推进国家治理体系和治理能力现代化的总体要求、总体目标和重点任务。主要从纵向描绘我国司法制度,展现我国传统司法的优势和现代司法和发展,展现当代中国司法的制度自信和文化自信。

没有最好的司法制度,只有最适合本国国情的司法制度。要挖掘本土优秀的制度,让其发挥作用。调解制度就是最适合中国国情的民事诉讼制度。自古至今,和为贵的中国文化血液深深渗透在中国司法之中,各个时期都重视。中国司法制度在维护公平正义方面的根本变化发生是在新中国成立之后所建立的人民司法制度,其根本宗旨是司法为民。我国的调解制度被誉为"东方经验",英国曾经派出司法改革小组来我国学习我国的调解制度。我们要有制度自信和文化自信。在我国的制度建设、完善过程中,必须要结合我国的基本国情、时代特征、教育环境、相关政策等情况,让法院调解制度在中国特色社会主义新时代更加充分地发挥作用。

3. 思考讨论

设置思考题帮助学生巩固和温习法院调解制度的要点。以"马锡五审判方式""法院调解的优势""法院调解的方法""法院调解的效果""法院调解和法院判决的差异"等为题开展课堂讨论。

八、通过"民事检察监督原则"引导学生理解中国特色社会主义制度的优势

(一) 知识点概括

1. 知识点

民事检察监督原则是指检察院对法院行使民事审判权和执行权行为的合法性进行监督。该知识点主要包括民事检察监督的目的、范围、方式、程序等内容,体现在《民事诉讼法》第 14 条、第 235 条的规定。

2. 传统讲授方式

通常老师讲授民事检察监督原则这个知识点时,会解释概念、内容和程序,包括监督范围的立法变化,内容很单调。学生听起来印象不深刻,对知识点只机械理解。

(二) 结合思政设计

1. 课程引入

"在民事案件中,检察官能够行使什么职能?""检察官能帮打民事官司吗?""检察官能帮你解决民事纠纷吗?""检察官和警察有区别吗?""对法院作出的判决不满怎么办?"

检察院是监督法律实施的机构,或者是护法机构,要破解公众一想到检察官就想到刑事案件,想到提起公诉等固化理解。检察官不仅要介入刑事案件的处理,也要对民事案件进行法律监督,更能够帮助打官司。检察官和警察有本质区别,对法院作出的判决不满可以向检察院提出民事检察监督,进行抗诉。另一方面,对律师、法官、检察官、警察这些不同职业在纠纷解决过程中的作用进行分析,重点分析律师和检察官在民事案件处理过程的不同作用,解释角度不同、成本不同。检察官在民事检察监督过程中是为了维护社会的公平正义。在讲课的过程中,可适当介绍电视剧《人民检察官》中检察官职能,以增加授课的生动性。

作为我国的法律监督机关,检察机关除了对确有错误的民事判决、裁定、调解书提出抗诉外,还在环境保护、支持农民工、残疾人等弱势群体提起民事诉讼方面发挥着巨大的作用。检察机关介入民事案件,能够把矛盾纠纷及时化解在基层,能够节约司法资源和提高司法效率,能够更有效地防止司法腐败。可以看出,这是从国家司法机关的层面来保护个体的民事权利,当然,这样的内容在我国民事诉讼法中明确规定了,这就是民事检察监督原则,该原则是民事诉讼法的基本原则之一。

2. 思政结合

我国的民事检察监督原则是中国特色制度、中国制度优势的体现。我国检察机关的性质和宪法定位,具有鲜明的中国特色。我国检察机关的性质和定位始终是国家法律监督机关,这也是我国检察制度与西方国家的检察制度有本质区别的地方。我国的民事检察监督

制度是立足于中国的国情,从实际出发,走中国特色、理性的发展道路,这是中国制度的优势体现,发挥其他国家检察机关不能发挥的作用。因此,要树立正确的制度自信,在制度建设的过程中不能死搬硬套西方国家的相关制度。具体而言,在解决民事纠纷的过程中,要根据纠纷的特点,在多种不同的救济路径中进行择优选择,要好好利用民事检察监督制度,降低成本,选择一种对当事人、社会和国家最好的路径,达到纠纷解决的政治效果、社会效果和法律效果相统一。

3. 思考讨论

设置思考题帮助学生巩固和温习民事检察监督原则的要点。以"中国特色社会主义检察监督的性质""民事检察监督的受理程序""如何申请民事检察监督""申请民事检察监督和申请法院抗诉的差异""2018 年春节前,最高检下发《关于充分发挥民事行政检察监督职能协助解决农民工讨薪问题的通知》的意义"等为题开展课堂讨论。

第十一章

刑事诉讼法学课程思政教学设计①

第一节 教学设计基本思路

一、设计思路阐释

结合刑事诉讼法的历史发展与具体制度,帮助学生了解我国的刑事诉讼程序与刑事诉讼国家机关的具体职能,同时理解习近平新时代中国特色社会主义思想、马克思主义基本原理以及高校思想政治对刑事诉讼制度程序的引领作用。

二、思政教育结合点概况

序号	教材对应知识点	课程思政结合点	说　明
1	以事实为根据以法律为准绳	非法证据排除规则与马克思主义基本原理"实事求是"的要求。	通过佘祥林案、呼格案等冤假错案的平反与纠错,向学生介绍刑事诉讼法以"事实为依据、法律为准绳"的基本原则,而这一原则与马克思主义"实事求是"的精神是内在契合的。
2	人民陪审员制度	司法为民、人民当家作主的社会主义本质。	通过对比我国的人民陪审员制度与西方陪审制的区别与联系,突出我国社会主义民主制度的优越性,体现司法为民的制度本质。

---

① 作者简介:张弛,山东滕州人,杭州师范大学沈钧儒法学院讲师,法学博士。主要讲授课程为"刑法学""刑法与青少年犯罪"等。

序号	教材对应知识点	课程思政结合点	说　明
3	刑事诉讼法律援助制度	爱国守法、明礼诚信、团结友善、勤俭自强、敬业奉献的公民基本道德规范。	通过律师法律援助制度，改变社会上对律师群体"唯利是图"的刻板印象，引导学生树立爱岗敬业、奉献社会的基本价值取向。
4	刑事诉讼强制措施	文明执法与人民检察院的法律监督。	通过介绍美国明尼苏达州暴力执法事件"弗洛伊德"案的事件梗概，向学生介绍警察在行使侦查权时要严格依法、文明执法，为今后从事相关职业的学生树立正确的价值引导。
5	未成年人刑事司法	教育、挽救、感化方针。	通过"少年犯考大学"等社会热点案例，向学生系统的介绍我国刑事司法对未成年人"教育、挽救、感化"的基本方针，引导社会和学生做好青少年法治教育与犯罪预防工作。

第二节　教学设计典型课例

一、通过"以事实为依据、以法律为准绳"倡导实事求是的求真精神

（一）知识点概括

1. 知识点

"以事实为依据、以法律为准绳"是《刑事诉讼法》第 6 条规定的刑事诉讼基本原则之一，该原则在整部刑事诉讼法中居于统摄地位，非法证据排除规则、重调查研究不轻信口供原则、二审终审、再审制度等均是"以事实为依据、以法律为准绳"基本原则之体现。

2. 传统讲授方式

"以事实为依据、以法律为准绳"作为刑事诉讼基本原则之一会在刑事诉讼法概论部分简要提及，非法证据排除规则与证据制度系刑事诉讼法的重要知识点，往往会占据 1—2 个完整课时，但讲授的内容往往以技术性知识和记忆性知识为主，较少涉及哲学原理与思政属性。

（二）结合思政设计

1. 课程引入

首先由中共中央党校"实事求是"石碑①的来历引入本届课堂的内容，并辅之以幻灯片、

---

① "实事求是"是毛泽东为中央党校制定的校训，是党校办校的灵魂。据考证，这四块石碑当年就镶嵌在延安中央党校大礼堂门楣上方。1947 年，国民党胡宗南部队用飞机轰炸延安时，大礼堂被炸毁，仅存留下"实事求是"这四块石碑。当地群众认出这是毛主席的字，就埋在了大礼堂附近，才得以保存下来。50 年代，当地农民耕地时才被发现。这四块石碑原件被列为革命一级文物，存放在延安革命纪念馆。

图片展示等形式增加教学的生动性。之后引入本节课的课程思政主题——"实事求是""求真务实"的价值观。习近平总书记指出："实事求是,是马克思主义的根本观点,是中国共产党人认识世界、改造世界的根本要求,是我们党的基本思想方法、工作方法、领导方法。"实事求是的基本观点贯穿于社会主义法治体系的始终,刑事诉讼法的诸多制度原则亦是围绕这一基本原理展开,由此引出本节课的知识内容。

2. 思政结合

实事求是的求真精神,既是马克思哲学原理中辩证唯物主义与历史唯物主义的必然要求,同时也是中国特色社会主义理论体系的重要组成内容。我国刑事诉讼法与刑事诉讼制度的本质,也体现出一种探寻真理、求真务实的精神,具体说来,实事求是的基本原理在刑事诉讼法中主要体现为三个方面:一是刑事诉讼法第 6 条规定的"以事实为依据、以法律为准绳"的原则;二是刑事诉讼法第 55 条规定的重证据、重调查研究、不轻信口供原则与第 56 条规定的非法证据排除规则;三是刑事诉讼法规定的二审程序与审判监督程序;这一切制度原则的设立初衷就是为了最大限度地还原事实真相、追求客观真实,这一法治目的既是实事求是精神的内在要求,同时也是刑事诉讼程序法治公正的灵魂之所在。

3. 思考讨论

带领学生进行案例讨论:①"佘祥林案";②"呼格案"。介绍案件的基本案情与社会影响,指出此类冤假错案形成的根本原因在于办案人员过于强调口供,忽略了对客观真实的追求,背离了"以事实为依据"的刑事诉讼原则与求真务实的工作方法;通过对案件平反过程的讲解,让学生在耳濡目染中深入领会"实事求是"精神在刑事诉讼案件的中的重要作用,促使其树立不惧艰难、追求真理、维护社会公平正义的使命感和责任感。

以"实事求是"的基本精神与客观生动的教学案例为切入点,系统地向学生传授非法证据排除规则、重调查研究不轻信口供原则以及证据的真实性合法性等相关知识点,能够让学生深入了解刑事诉讼证据制度背后的马克思主义精神内核,从而加深学习印象,取得更好的课堂教学与思政育人效果。

二、通过"人民陪审员制度"促进学生理解人民当家作主的社会主义本质特征

(一) 知识点概括

1. 知识点

人民陪审员制度是我国审判制度中的一项重要内容,该制度不仅适用于民事诉讼和行政诉讼案件中,在刑事诉讼中亦有体现。《刑事诉讼法》第 13 条规定:"人民法院审判案件,依照本法实行人民陪审员陪审的制度。"人民陪审员是人民群众直接参与刑事司法的重要形式,是司法为民与人民当家作主的社会主义民主政治的本质之体现,具有强烈的课程思政色彩。

2. 传统讲授方式

人民陪审员制度在刑事诉讼法课程教学中并非知识重点,教师在讲授审判组织与合议庭组成等内容时偶有涉及,作为介绍性知识一笔带过,学生印象不深;在比较刑法、英美刑法

等课程的讲授中,会系统地对比英美法系的陪审制、大陆法系的参审制以及我国人民陪审员制度的共同点与区别,但是并不强调本制度的思政教学的意义。

(二) 结合思政设计

1. 课程引入

引导学生课前提前观看《十二怒汉》《十二公民》《陪审团》等电影,或者介绍相关电影的梗概与英美的法庭场景,让学生对"陪审团"和"陪审员"产生初步的认识,之后引入本堂课程的内容人民陪审员制度。

系统地向学生介绍我国的人民陪审员制度,介绍人民陪审员的地位、职权、来源以及在庭审中的作用,作为制度对比介绍英美法系的陪审制、大陆法系的参审制等相关制度,比较域外制度与我国陪审制度的异同。

2. 思政结合

西方的陪审制度特别是英美法系的陪审团制度,陪审团负责案件事实认定而无权适用法律,法官决定法律适用而无权推翻陪审团已认定的事实,以追求程序正义为名,将事实认定与法律裁判人为割裂开来,给律师利用辩护技巧歪曲事实真相,替犯罪分子开脱罪责创造了条件;而我国的陪审制度是一种参审制,人民陪审员享有与审判员相同的权利,法官和陪审员既可以就案件事实进行认定,亦可以对法律适用问题发表看法,最终在民主合议的基础上作出判决,最大限度地确保案件真实与司法公正。此外,我国的人民陪审员主要由共产党员、农村乡贤、专家学者以及富有矛盾调处经验的社区工作人员等构成,陪审员来自社会大众,能够代表人民群众的利益与看法,反映普通百姓的诉求与呼声,从而使刑事诉讼的处断结果更能符合人民的一般看法,与社会主义核心价值观更加契合。我国刑事司法制度对人民陪审员的尊重与认可,既彰显了司法为民的基本理念,同时也是人民当家作主的社会主义民主政治的制度化体现。

3. 思考讨论

由人民陪审员制度与司法为民理念进一步引申出社会治理能力现代化等宏大命题,向学生简要介绍人民调解制度、马锡五审判方式、枫桥经验等相关制度经验,使学生能够在学习的过程中切实感悟社会主义民主政治的制度优越性,进一步巩固其道路自信与制度自信之观念,深化思政教学效果。

三、通过"刑事诉讼法律援助制度"引导学生树立奉献社会的价值导向

(一) 知识点概括

1. 知识点

在刑事诉讼法中,法律援助制度往往作为一个次要知识点一笔带过。该知识点主要根据《刑事诉讼法》第35条的规定向学生介绍法律援助制度的适用条件、适用对象、适用情形等知识点,作为了解性内容掌握。

2. 传统讲授方式

传统的讲授方式囿于课程形式和教学内容安排,对于法律援助仅作蜻蜓点水式的简单

介绍,往往根据通行教材介绍法律援助制度的定义与适用条件,很难深入。学生听起来很枯燥,由于并非主要考点,学生对此制度的印象也并不深刻。

(二) 结合思政设计

1. 课程引入

首先以生动灵活的开头点出社会大众对"律师"这一群体的刻板印象,可以先请学生进行讨论,如"律师一定是见钱眼开、唯利是图的人吗?""律师为什么要帮'坏人'辩护?""帮黑老大、杀人犯、强奸犯辩护的律师也是坏人吗?"引起学生的思考。之后,开门见山地提出观点:律师并不是"给钱就办事儿",更不是"没钱莫进门"。在历史上,很多律师(讼师)往往是基于维护社会公平正义的公心,主动、无偿介入刑事诉讼,为受害人伸冤的。这里可以介绍莎士比亚作品《威尼斯商人》的鲍西亚、传统戏剧《四进士》中的讼师宋世杰(或者周星驰改编的电影《审死官》中的宋世杰)等形象,以增加授课的生动性。然后引出本次课程的主要内容:实际上在今天,基于社会公平正义的公心,不拿钱、甚至倒贴钱,以专业知识奉献社会的优秀律师大有人在。不仅如此,我国的《刑事诉讼法》与相关行政法规也将这些"免费、正义"的律师作为一项制度确定下来,这就是刑事诉讼法律援助制度。

点题之后,根据《刑事诉讼法》与《法律援助条例》的相关规定,对刑事诉讼法律援助制度的定义、适用范围、法律援助的机构进行介绍,在知识点的讲授过程中,重点讲授刑事诉讼法律援助制度的适用范围,同时对于法律诊所、司法救助、民政救济等相关制度进行简要介绍。

2. 思政结合

法律援助制度本身并不是刑事诉讼法的授课要点,但是在课程思政和法律专业学生的生涯规划中却是很好的抓手与重点。主要有三个结合点:一是法律援助制度与公民基本道德规范的融合共通,"爱国守法、明礼诚信、团结友善、勤俭自强、敬业奉献"是我国公民的基本道德规范,其中"敬业奉献"的道德要求是与法律援助制度及法律援助工作在内在精神上是一脉相承、高度契合,同时法律援助制度所包含的"奉献自我、服务社会"思想内核对于大学生树立正确的价值观与人生导向具有重要意义。二是对法学院学生生涯的现实性作用,可以结合自身经历向有意从事律师职业的学生讲授法律援助制度对个人生涯发展的诸多益处,法律援助工作不仅可以积累经验、开拓案源、锤炼业务素质,而且更能体现法律人捍卫公正、践行法治的职业形象,实现个人成长与社会价值的统一。三是实践中法律援助制度的强化与完善,当下各地均在开展律师党建工作,积极发挥律所党委的作用,而法律援助工作正是党员律师服务社会大众、履行党员誓言的极佳途径形式,希望同学们未来积极投身法律援助工作,为弱者的权利撑起公平正义的铁盾。

3. 思考讨论

最后,可以设置一些简单的思考题、判断题、选择题等供学生巩固和温习刑事诉讼法律援助制度的要点,并且可以以"谈谈我对刑事诉讼法律援助的看法""作为一名新人律师,如何对待法律援助案件""党员律师的价值取向与职业奉献"等为题开展课堂讨论。

四、通过"刑事诉讼强制措施"增进学生对文明执法与社会主义法治的理解

(一) 知识点概括

1. 知识点

"刑事诉讼强制措施"是《刑事诉讼法》课程学习的一大重点,在通常的刑事诉讼课程教学中往往占据较大篇幅比例,人民检察院对侦查行为的法律监督,也是相对重要的一般知识点。由刑事诉讼强制措施以及人民检察院法律监督引出的警察文明执法问题是刑事诉讼法课程思政建设的重要切入点。

2. 传统讲授方式

作为比较重要的知识点,"刑事诉讼强制措施"是刑事诉讼程序中"侦查"章节的主干内容,授课者往往会安排 1—3 个课时的时间依次介绍拘传、取保候审、监视居住、拘留、逮捕等刑事强制措施的适用条件、内容、期限等主要知识;人民检察院对侦查活动的法律监督往往在侦查监督、审查批捕等知识点的传授中有所体现。由于是刑事诉讼法课程的重要知识点,学生往往对这些知识点的掌握情况较好,但是多以知识性记忆与技术性应用为主,缺乏课程思政的指引,很难领悟此类制度背后的思想政治因素。

(二) 结合思政设计

1. 课程引入

以美国明尼苏达州的弗洛伊德事件为引入[①],结合新闻时事,引导学生思考美国警察暴力执法事件层出不穷的内在原因,由此引入本节课程的主题"刑事强制措施与人民检察院的侦查监督"。

2. 思政结合

根据唯物史观与马克思主义政治学的观点,经济基础决定上层建筑,作为上层建筑的最主要组成部分之一,警察属于典型的国家暴力机器。一方面,警察在维持社会秩序、确保社会安全方面发挥积极作用,另一方面,一旦警察组织失去有效监管,脱离了广大人民群众,就会蜕变为统治阶级的反动打手与统治工具,引发严重的社会问题。为避免出现美国等资本主义国家中普遍存在的恶性暴力执法现象,通过刑事强制措施、人民检察院的法律监督等措施,确保刑事诉讼活动的法治化,密切人民警察与人民群众的血肉联系,是实现"文明和谐""公正法治"的社会主义法治的必由之路,同时也成为刑事诉讼法课程思政融合的又一重要切入点。

我国对刑事诉讼过程中侦查行为和强制措施的法律监督与法治保障体现在三个方面:一是《刑事诉讼法》第六章就拘留、逮捕等刑事强制措施规定了法定的种类、期限与严格的适

[①] 2020 年 5 月 25 日,美国明尼苏达州明尼阿波利斯市的非裔男子乔治·弗洛伊德因被怀疑使用假钞遭受四名当地警察的暴力执法,其中一名白人警察德里克·沙文以膝盖顶住弗洛伊德后颈,对其持续压制 5 分钟致使弗洛伊德被活活窒息而死,期间,受害人数度呼喊"我不能呼吸",涉事警察非但没有松开压制,反而拔枪威胁周围劝导的群众。弗洛伊德死后,由明尼阿波利斯市开始,引发了席卷全美的抗议与大骚乱,社会秩序遭到严重破坏,大量商铺被砸被抢,亦在温哥华、伦敦、柏林等地引发了持续数月的抗议与游行。

用条件,警察在采取刑事强制措施时,必须严格遵照法定的条件和程序,从而在立法上抑制了暴力执法、任意执法等行为;二是人民检察院以退回补充侦查、违法行为监督等方式时刻监督侦查活动中的违法行为,促使警察行使侦查权时的行为合乎法律的规定;三是在逮捕这一最为严厉的刑事强制措施上规定了审查批准逮捕这一有效的制约手段,从而最大限度的遏制警察暴力执法发生的可能性。教师在进行制度介绍时,应当将刑事强制措施与人民检察院的法律监督功能与遏制暴力执法、维护人民合法权益等思政内容结合起来,体现社会主义法治建设的要求。

3. 思考讨论

在介绍刑事诉讼强制措施、人民检察院的法律监督之后,引导学生进一步深入思考造成中美两国警察在警民关系、执法方式、社会评价等方面存在巨大差异的内在根源。之所以除了制度性因素以外,更重要的是二者在阶级本质与制度目的方面的区别:美国等资本主义国家的警察机关本质上仍然是维护大资产阶级利益的暴力机器,代表着金融资本家、垄断资本家与军火利益集团等统治阶级利益,甚至警察组织本身就是独立的利益集团,秉承个人利益优先的原则;而我们国家的人民警察是党领导下的忠诚卫士,秉承着集体主义的价值观,来自于群众、服务于群众、归属于群众,除了肩负打击犯罪、维护社会秩序、侦查刑事案件等国家机器方面的功能之外,还是群众困难的帮助者和人民利益的捍卫者,"有困难找警察"在社会主义中国已经成为一种约定俗成的习惯与共识,而在其他国家特别是资本主义国家则并非如此。由此循循善诱,引导学生从日常生活的细微之处思考背后的政治社会问题,在潜移默化中提升其思想政治素养,达到"随风而化、润物无声"的思政育人效果。

五、通过"未成年人刑事司法制度"强调青少年法治教育的重要性

(一)知识点概括

1. 知识点

《刑事诉讼法》第五编第一章设置专章规定了未成年人刑事诉讼程序,该程序从属于未成年人刑事司法制度的一部分。未成年人刑事司法制度是一项重要的刑事司法制度,在研究生阶段深化学习中往往成为一个单独的教学单元,也是硕士、博士学位论文的常见选题方向。

2. 传统讲授方式

在本科学习与通识课教学课程中,囿于授课时间与学生认知能力的限制,对未成年人刑事司法程序往往只作概括性的宏观介绍,学生难以深入了解具体制度规定;在研究生专业课程与专题讲座中,往往会对青少年犯罪问题与未成年人刑事司法制度作全景式解读,但是更多地从犯罪学或刑事司法等角度探讨该议题,较少关注制度背后的价值导向、社会主义儿童观以及"教育与改造相结合"原则等思想政治内容。

(二)结合思政设计

1. 课程引入

引导学生聊一聊自己小时候做过的一件错事,或者后悔的事,介绍"周处除三害"的典

故、"性本善"与"性本恶"争论以及近年来出现的多例"少年犯考大学"等新闻,引出课堂主题"青少年犯罪问题与未成年人刑事司法制度"。

2. 思政结合

共产主义与社会主义思想尊重人的主体地位,人的自由而全面的发展是共产主义社会的根本特征;相比之下,在资本主义社会与封建、奴隶社会,普通的劳动者和个人仅仅是榨取剩余价值的工具,甚至是被当成财产、物品的存在。两种不同的价值导向催生了不同的儿童观:在资本主义国家,儿童与成年人一样是剩余价值的榨取对象,在近代资本主义国家,童工是被广泛使用的社会生产"工具";而在社会主义国家,人民大众是国家的主人,儿童是保护和教育的对象,是社会事业的建设者和接班人,对于儿童和未成年人的违法犯罪活动,社会主义国家的本质使得其采取一种更为人性、文明的处置态度,体现在刑事诉讼和刑事司法中,就是"教育、挽救、感化"的基本方针与未成年人刑事司法制度。

引题之后,系统地向学生介绍"教育、挽救、感化"方针的内涵与要求,并进一步向学生讲解该方针在刑事司法中的具体体现,包括:(1)《刑事诉讼法》第五编第一章规定的未成年人刑事诉讼程序(第277条－第287条);(2)其他散见于《刑事诉讼法》的特殊规定;(3)《刑法》关于未成年人犯罪特殊刑事处遇与司法保护的相关规定;(4)未成年犯管教所相关知识。

3. 思考讨论

为了使学生进一步了解国家对未成年犯"教育、挽救、感化"的基本方针,还可以向学生介绍近年来未成年犯罪问题的典型事件、社会影响与成因分析,并简要介绍工读学校、收容教育等相关制度,呼吁学生重视青少年犯罪问题,鼓励其身体力行地为青少年法治宣传与犯罪预防工作贡献力量。

第十二章

商法学课程思政教学设计①

第一节　教学设计基本思路

一、设计思路阐释

结合商法规范不断完善的历史背景,来介绍中国改革开放的艰难历程,帮助学生了解改革开放艰难历程和伟大成就,同时帮助学生理解中国法治日益进步的现实和历史。

二、思政教育结合点概况

序号	教材对应知识点	课程思政结合点	说　明
1	个体工商户与个人独资企业的比较	学习我国改革开放之初民营企业的探索过程,了解我国法治建设在起步阶段的艰难历程和领导者的高瞻远瞩。	通过"年广九"(傻子瓜子)雇佣 12 人的故事,来阐述我国"个人独资企业"的来龙去脉,并加深学生对于我国法治发展的理解。
2	股份制改革	学习公司经营权与所有权分离的意义,了解我国股份制改革的背景和里程,以及改革之后对经济发展的重大作用。	我国在 20 世纪 90 年代进行了股份制改革,促进公司所有权与经营权相分离,提高公司经营的效率。对我国国有企业和民营企业的发展具有重要意义。

---

① 作者简介:段磊,湖北恩施人,华东师范大学法学院副教授,硕士生导师,法学博士。主要讲授课程为"商法""信托法""法律经济学"等。

序号	教材对应知识点	课程思政结合点	说　明
3	证券交易所的开办与我国资本市场的发展	学习我国开设证券交易所的探索过程，了解资本市场建设的艰难历程和取得巨大成就。	1990年上海证券交易所和深圳证券交易所的开所；1992年邓小平南巡讲话鼓励"坚决地试"；我国证券交易市场高速发展，至2020年全球上市公司市值排行榜中，众多中国公司上榜并排名前列。
4	科创板与证券发行的注册制改革	学习证券上市发行的核准制与注册制的区别，了解我国开设科创板并进行注册制改革的背景和初衷。	习主席在2018年首届进博会上提出在上海证券交易所设立科创板并试点注册制；2019年6月13日科创板开板；2020年3月1日修改后的《证券法》全面实施注册制。
5	企业社会责任	学习我国企业社会责任的内涵和发展历程，了解我们中国企业的奋斗历史，增强法治和历史素养，为我国的进步和发展而感到自豪。	2005年《公司法》修改，在第5条中确立了企业社会责任，为我国公司实现社会责任确立了依据。作为企业，追求利润是其首要目标，但是不能以利润最大化为唯一目标，企业的社会责任本质是要求企业在追求自身利润最大化的同时，应当维护和增进其他社会利益。
6	改善营商环境，降低开办企业的难度	学习营商环境的概念、特征和改善营商环境的重要性，了解我国通过法治建设改善营商环境的努力以及取得的成就。	2014年国务院公布《注册资本登记制度改革方案》，取消公司最低注册资本的限制，并改实缴制为认缴制；深化"放管服"改革，进一步解决营商环境中存在的企业开办审批效率低、环节多、时间长等问题，有利于降低制度性交易成本，激发大众创业万众创新活力；世界银行发布的《2020年营商环境报告》中我国的排名大幅上升。
7	公司并购的意义与京东方的成长	学习公司并购的概念与意义，了解我国企业通过公司并购这一手段在关键行业进行攻坚，不断发展壮大的过程。	公司并购是企业外部成长的重要方式，有助于破除行业壁垒，或者实现多元化的战略经营。2003年1月，京东方成功以3.5亿美元收购韩国现代集团旗下的海力士半导体公司，进军液晶显示器产业。此后，迅速追赶中国台湾、日本、韩国的企业，成长为液晶显示器的领军企业。
8	VIE架构的创造与律师的思维方式	学习VIE架构的内容、意义和产生背景，了解VIE架构的产生对我国互联网企业等在海外融资和吸引外资过程中的巨大作用。	2000年，新浪赴美国上市时，通商律师事务所的创始合伙人刘钢律师，为新浪设计出VIE结构，让新浪成为第一家在纳斯达克上市的中国互联网公司。通过此案例，学习树立律师的正确思维方式，即不应是警察思维，而是向导思维。为学生毕业后的职业选择提供方向性的指导建议。

第二节 教学设计典型课例

一、通过"个人独资企业"的产生历程体现改革开放的探索历程

(一) 知识点概括

1. 知识点

在商事主体部分,会讲到"个体工商户与独资企业"这个知识点。该知识点主要要求学生了解这两种主体的概念、特征、产生历程等。

2. 传统讲授方式

在开展课程思政教学之前,讲到该知识点就时,基本教学步骤是把法条规定读一遍,讲一下。学生听起来很枯燥,也只能死记硬背。

(二) 结合思政设计

1. 课程引入

先介绍马克思有关资产阶级剥削工人的论述。马克思在《资本论》中曾经明确地划分了"小业主"与"资本家"的界线,按照该理论,雇工 8 人以下,自己也和工人一样直接参加生产过程的,是"介于资本家和工人之间的中间人物,成了小业主"。而超过 8 人,则开始"占有工人的剩余价值",是为资本家。资本家是我们阶级的敌人,是被打倒的对象,因此那时候能不能超过 8 人的界线就是区分敌我矛盾的一个很重要的标准,这是当时计划经济时代的产物,"雇工即是剥削"的概念在当时已经成为整个社会的共识,但是同时我们也知道在高度集中的计划经济运行了 20 多年后,在 20 世纪 70 年代末陷入了空前的困境,因此我们不得不进行改革开放。

2. 思政结合

1979 年改革开放初期,全国开业了十万个个体工商户,一开始都是个体经营或者家庭经营,都没有超过 8 个人,之后随着业务的扩张,很多工商户自然就超过了 8 个人,如此一个很大的难题便摆在了我们的决策者面前,比如当时出现了年广九"傻子瓜子"事件,年广九炒瓜子雇佣了 12 名工人,那么按照当时的标准就是"剥削"了,雇佣 12 个人到底算不算剥削呢?关于"个体户到底雇几个人算是剥削"的争论一直持续到 1982 年,这件事情引起中央注意,最后由邓小平同志亲自指示,建议对个体工商户以及私营企业采取"看一看"的方针,对这种新事物不要刻板地去否定,而要让新事物发展一下,再看看。因此,这是我们中国的领导层自改革开放以来采用的实用主义精神,即在事情还没有决定以前,先等一等,看一看,让民间力量自由生长,等其发展壮大,带动了经济发展之后,如果出现问题再去进行修正。如果总体来看,其发展对经济发展和提高人民生活水平具有积极的作用,再对其进行正面的肯定。比如,后来到 1987 年,在政策上真正去掉了对个体工商户和私营企业雇工数量的限制,我们就在立法中出现了"个人独资企业"这样一种新的企业形式。

3. 思考讨论

组织讨论在这个事件中我们得到的启示是什么？

第一，我们改革开放的历程是在曲折中前进，在探索中创新，先实践，后解释，先把事情在原则上定下来，后面让事实来说话和解释，这种思路此后也一直影响着中国经济发展的几乎每一次变革，比如：公司制改革、证券交易所股票制改革、商品房改革、入世、互联网浪潮兴起等等，每次在变革的关键时点，总会出现不同的声音，面对不同的争论。但在改革开放以后，我们始终坚持着邓小平同志的实用主义精神，实践为先，解释为后，让事实说话。今后，我们国家的改革和经济发展，应当继续坚持这种务实的态度。第二，我国改革开放以后，各方面法律日益健全，法治建设随着经济改革开放而不断健全，比如商法中有关"个人独资企业"的规定就是这样。正如《民法典》的编修和颁行是我国法治进程中重要的里程碑之一，是我们的社会发展到一定阶段的结果，意味着我们的社会更加开放、自由、保护公民的权利，将其与实现国家、民族、经济命运的相连，我们要为我们的法治进步与法制完善而感到自豪。

此外，该知识点也与"四史"中的"改革开放史"切合。"四史"从根本上来说是一个历史，即中国共产党领导人民，为实现民族伟大复兴，以社会主义为理想目标和根本内容，取得历史性成就接力奋斗的历史。我们中国的经济发展、法治的发展与改革开放的历史息息相关，我们中国企业的发展、坚持契约自由和营业自由的历史体现着我们改革开放 40 多年的奋斗史，把课程的学习纳入到"大历史观"中去把握和理解，也有助于增强历史感，更好的理解法治与历史的相辅相成。

二、通过"股份制改革"的进展历程体现建立市场经济的探索历程

（一）知识点概括

1. 知识点

在讲述我国现代公司制度时，会讲到"股份制改革"这个知识点。该知识点主要要求学生了解股份制改革后公司经营权与所有权分离的利弊等。

2. 传统讲授方式

在开展课程思政教学之前，讲到该知识点就时，我基本上是引导学生自我思考分离前后两种状态下公司的不同，并讲授《公司法》在完善公司所有权与经营权分离后弊端的措施。

（二）结合思政设计

1. 课程引入

为了便于更多的企业（包括国有企业、混合所有制企业和纯粹的民营企业）上市，时任全国人大常委会委员长的万里同志认为有必要趁早制订一部《证券法》。万里同志还指出：证券法的起草不能采取部门立法的做法，因为不同的部门有不同的部门利益，还有部门立法的片面性。他建议由全国人大常委会的常委中的专家起草、立法。于是万里同志（时任全国人大常委会委员长）就被任命为《证券法》起草小组组长。接着，吸收北京大学经济学院和法学院，中国政法大学以及证券界的专家参与起草。从 1992 年算起，大约用了六年半的时间，才提出送审稿，供全国人大常委会讨论（这六年半时间，先后经历了第七

届全国人大常委会,委员长是万里同志;第八届全国人大常委会,委员长是乔石同志;第九届全国人大常委会,委员长是李鹏同志)。终于在第九届全国人大常委会上以高票通过了《证券法》,中国的股份制改革和企业上市,从此有法律可依了。上市的国有大企业只是拓展了融资的渠道,而国有企业控制了非流通股,如何利用《证券法》调试企业的运行机制成为"股份制改革"的重点。

2. 思政结合

拓展介绍"股份制改革"下的政治经济背景。十一届三中全会指明了中国经济前进的方向,但其改革的重点还是放在农村经济上。到了 1984 年 10 月,十二届三中全会召开,宣告改革的重心向城市转移。第一,城市是中国经济的重点。因为国有大型企业都设在城市中或城市的郊区,如果不从体制方面着手改革,中国很难从计划经济体制过渡到市场经济体制。第二,中国不仅应当从计划经济体制转变为市场体制,而且应当扩大经济的开放度;而经济开放度的扩大,应当从一些条件较好的沿海城市或内地交通要道边上的大中型城市的改革着手。这在很大程度上是由历史文化因素造成的,所以经济的扩大开放措施应把历史文化因素考虑在内。第三,从中国的国情出发,就业问题在长时间内将一直是中国最大的民生问题。不深化改革,不仅城市发展不起来,甚至农村的多余劳动力也找不到出路。因此,十二届三中全会把改革的重心由农村转入城市,是符合实际的。

股份制改革过程中不乏反对的声音,经济学界有一些同志认为股份制改革的要害就是私有化,就是把中华人民共和国成立三十多年来所建立和发展起来的国有企业变为私有企业。这种情况直到 1992 年春季邓小平同志"南方讲话"在报刊上公开发表以后才发生变化。1992 年下半年,中共十四大明确了改革的市场导向,市场竞争试行了,股份制也试行了。1997 年,中共十五大正式提出,在社会主义的条件下,股份制可以是社会主义公有制的一种实现形式。这是理论上的重大突破:通过国有企业的股份制改革,通过现代企业制度的建设和企业中法人治理结构的完善,股份制企业作为一种企业形式就同社会主义基本制度统一了。于是理论界一部分人对股份制企业性质的质疑也就逐渐消失。从上述的历程中我们不难发现,新事物的出现后被人们接受是需要一个过程的。实践是检验真理的唯一标准,国企股份制改革后对于其自身企业发展的益处不断显现,一定程度上打消了人们对于公有制下,国有企业所有权与经营权分离的顾虑,使得我国经济能够转型升级。

3. 思考讨论

证券界和经济学界在《证券法》通过以后,把股份制改革的深化作为新的研究课题,目标是如何把数额巨大的非流通股转为流通股,这被证券界和经济学界称为"中国股份制第二次改革"。在 1998 年全国人大常委会高票通过《证券法》后,中国股份制的第二次改革就接着展开了。中国股份制的第二次改革是如何把国有大企业的非流通股变为流通股。中国股份制的第二次改革在 21 世纪前期着手推出。现今,在股份制改革方面还有许多工作要做。我们一定要登高望远、居安思危、勇于创新、永不僵化、永不停滞,跨入新时代。在吸取前人多次实践的经验的基础上,推进产权制度的完善及相配套法规的出台,为我国中国特色社会主义市场经济注入新动力。

三、通过证券交易所的开办体现我国资本市场发展的时代精神与特色

（一）知识点概括

1. 知识点

证券交易所的开办是我国资本市场发展的标志性事件，也是商法领域涉及公司融资不可或缺的知识点。在这个知识点里主要涉及我国证券交易所的开办时间、开办背景、发展历程等。

2. 传统讲授方式

着重于讲述证券交易所的现代意义，而忽略其开办历史。对于我国证券交易所的开办多一带而过，只介绍开办时间即可，而较少谈论其时代背景与发展中的挫折与反复。我国资本市场的发展不是一蹴而就的，更不是一帆风顺的，对这段历史的浅尝辄止不利于学生深入了解中国商法的变革历程，更不利于学生了解当时转型中国的时代精神与特色。而不顾改革开放的发展历史，只要求学生死记硬背知识点更是舍本逐末。

（二）结合思政设计

1. 课程引入

首先对我国证券交易所开办的时代背景进行介绍。伴随着 20 世纪 80 年代股份制改革的深入发展，"放权让利"的思路降低了国家对国有企业的干预，为企业带来了更大的自主决策权。但同时国有企业的资金来源也由国家财政划拨逐步转为银行有偿借贷，这使得企业无法在无流动资金的前提下扩大生产。一方面，企业拥有了决策权之后对扩大生产的需求与难以获得资金支持进行发展之间的矛盾倒逼着我国资本市场急需采取新的措施来支持改革开放。另一方面，改革开放使得全国人民的收入水平大幅度提高，这使得人民对银行储蓄之外的投资理财途径也有了极大的需求。在这样的背景下，中国证券市场的孕育已经基本成形，距离其诞生只差一个合适的契机与中央政府的介入。

其次，对我国证券交易所成立的知识点进行介绍。1989 年 12 月 2 日，已兼任上海市委书记的上海市长朱镕基在市委小礼堂就如何"深化上海金融体制改革"的问题举行了市委常委扩大会议。这次会议做出了建立证券交易所的决定，成立了筹建上海证券交易所三人领导小组，并基本确立了上海证券交易所开业的日期。最终在 1990 年 12 月 19 日，上海证券交易所正式成立，朱镕基在证券所开业仪式上说："它标志着我国将坚定不移地继续奉行改革开放的政策"。而几乎同时，深圳证券交易所也在 1990 年 12 月 1 日正式成立，沪深证券交易所的建立也正式标志着中国股票集中交易市场的正式形成。不过有趣的是，在上海证券交易所的筹建过程中，朱镕基曾反复关照筹建小组，要求证券交易所的建立对外可以宣传，但对内不作或少作宣传。也正因为如此，在上交所成立的那天，新华社也仅仅只发了一则寥寥200 字、措辞极其谨慎的消息，这背后的阻力之大可见一斑。

2. 思政结合

虽然上海与深圳证券交易所正式成立了，但当时人们对是否应当设立交易所的疑虑依然存在。在当时的意识形态看来，股票作为资本主义的"舶来品"是否适用社会主义经济的

发展,依然是一个大大的问号。也正因为如此,沪交所与深交所虽然成立了,却迟迟得不到发展的空间,而契机出现在 1992 年。邓小平同志 1992 年在南方考察谈到股市时进一步指出:"也有不少人担心股票市场是资本主义,所以让深圳和上海先搞试验。看来,深圳的试验说明社会主义是可以搞股票市场的,证明资本主义能用的东西也可以为社会主义所用。证券、股市,这些东西究竟好不好,有没有危险,是不是资本主义独有的东西,社会主义能不能用?允许看,但要坚决地试。看对了,搞一两年对了,放开;错了,纠正,关了就是了。关,也可以快关,也可以慢关,也可以留点尾巴。怕什么,坚持这种态度就不要紧,就不会犯大错误。"邓小平的南方谈话,一语破除了当时社会上在思想和理论方面的禁忌与障碍,给股票市场吃下了一颗"定心丸",直接推动中国资本市场发展迈出关键性的步伐。这一谈话摆脱了股份制姓"资"还是姓"社"的困扰,肯定了股份制是市场经济和社会化大生产条件下一种有效的企业形式,也使我国证券市场的发展走上了快车道。1992 年 8 月 12—13 日,国务院在北京召开部分省市股票市场试点工作座谈会。朱镕基在会上说:"我们要全面理解邓小平同志的重要指示。只要我们实事求是,坚决按邓小平同志的指示办,积极地创造条件,配套地进行改革,就可以使股份制和股票市场试点健康、稳步地发展。"

3. 思考讨论

我国证券交易所开办的意义是什么?

我国证券交易所的开办与历程体现了我国资本市场在曲折中前进,在挫折中发展的时代特色。同时,通过这段历史不仅能够帮助我们更好地记忆与理解这个知识点,更能见微知著地窥得改革开放所历经的反复与磨难。证券交易所的开办是我国资本市场发展史上的一颗明珠,而了解资本市场发展史才能真正懂得改革开放史,也才能真正懂得中国现代史。

四、科创板与证券发行的注册制改革

(一) 知识点概括

1. 知识点

在科创板与证券发行的注册制改革部分,会讲到"核准制与注册制、科创板与注册制"这个知识点。该知识点主要要求学生了解这两种制度的区别、特征、发展与展望等。

2. 传统讲授方式

在开展课程思政教学之前,讲到该知识点就时,基本的教学步骤是把法条规定通读一遍,解析一下。学生听起来很枯燥,也只能死记硬背。

(二) 结合思政设计

1. 课程导入

先介绍我国资本市场的发展历程。20 世纪 90 年代上交所和深交所成立之时,我国正处于改革开放的初期,对于资本市场也是也摸着石头过河,起步的时候,企业上市是有指标的,像计划经济时代的粮票一样,哪个省份有几个指标,哪些公司可以上市都要按照指标来,上市标准也不是像今天一样符合条件提交材料证监会批准就可以上市,而是由政府在其主管范围内决定上市的企业,行政主导制,最后上市的企业大多是国有企业。因此早期的资本市场脱胎于计划经济,主要服务于国有企业的融资。

2. 思政结合

经过 20 来年的发展,资本市场总体上遵循"摸着石头"过河的方式,先实践,再探索,在探索中不断成熟壮大;先重点突破,再整体推进;IPO 上市先实行核准制,等条件成熟后再实施注册制。2018 年习近平总书记在首届进博会上提出在上海证券交易所设立科创板并试点注册制;2019 年 6 月 13 日科创板开板;2020 年 3 月 1 日修改后的《证券法》全面实施注册制。

放眼望去,中国的资本市场其实不过经历了 20 余年,虽然历经坎坷但也成效卓著,到今天已经成为世界上第二大规模的资本市场,极大地推动了国民经济的发展,2017 年末中国资本市场总市值超过 50 亿元,占据了中国经济总量的半壁江山。虽然 20 多年来的资本市场发展迅猛成效卓著,但是遗憾的是一些科技独角兽企业的成长(例如 BAT 三大巨头)却并没有中国资本市场的助力,独角兽企业所产生的红利并没有涌入中国的资本市场。因为在中国上市需要满足中国上市的条件,其中原证券法中最重要的条件是刚性的"盈利能力"指标,对发行企业的经营利润作出了量化规定。而对于需要多轮融资、成长过程需要不断吃钱、阅历不够、效益没有的科创企业来说"盈利能力"指标无疑是其在国内上市的最大障碍。为此,为了促进科创企业的发展,科创板应运而生,在科创板的发行条件中,与注册制相对应,取消了关于盈利业绩、不存在未弥补亏损、无形资产占比等方面的要求,使上市条件更加有利于创新型企业的创业融资。

3. 思考讨论

结合我国资本市场开放,谈谈科创板与证券发行的注册制改革的意义是什么?

从我国科创板的成立以及注册制的改革中,可以看到资本市场逐渐开放逐步完善的历史。科创板与证券发行的注册制改革,是贯彻落实党中央、国务院关于推进注册制改革决策部署的重要措施,对于服务成长型创新创业企业,支持传统产业与新技术、新产业、新业态、新模式深度融合,提高资本市场服务实体经济能力等具有重要的意义;是深入贯彻落实习近平总书记关于资本市场的一系列重要指示批示精神的重要举措,着眼于打造一个规范、透明、开放、有活力、有韧性的资本市场,坚持稳中求进、市场化、法治化方向。该知识点也体现了中国共产党为人民谋幸福、为民族谋复兴、为世界谋大同的实践史,科创板与注册制的改革是改革开放史的继续与发展,在新的时代背景下,改革开放的探索实践精神一直指导者我们的每一次重大变革,在学习中融入大历史观,能更好地理解每一次变革的发展历程、深入了解改革开放、加深课程的学习。

五、通过介绍"企业社会责任"在中国的发展历程体现改革开放以来企业发展理念的转变

(一)知识点概括

1. 知识点

在商事主体部分,会讲到"企业社会责任"这个知识点。该知识点主要要求学生了解改革开放以来我国企业社会责任的发展、作用和贡献等。

2. 传统讲授方式

传统讲授方式局限于对企业社会责任的发展进行介绍,没能很好地带入中国的改革开放这个历史大背景,学生的理解可能不够深入。

(二) 结合思政设计

1. 课程引入

先介绍企业社会责任产生的背景。1923年,英国学者欧利文·谢尔顿在考察美国的情况后提出了"企业社会责任"的概念。20世纪20到80年代,企业社会责任伴随着社会问题的不断产生、解决、变化而形成、发展和完善。80年代以来,许多跨国公司纷纷制定了自己的社会责任守则,许多国际组织也制定了各方面的守则和标准。

2. 思政结合

伴随着改革开放的进行,我国由计划经济转入市场经济,一大批民营企业涌现,90年代中期到21世纪初,在国际售商、品牌商推动下,逐步重视起社会责任问题,建立了在国际采购中实施社会责任方面的准则、标准或体系。中国企业开始接受跨国公司实施的社会责任方面的工厂审核。到21世纪初,中国加入世贸组织,进一步与世界经济融为一体,市场化改革不断深化,此时,国际及国内社会对环境的保护日益重视,对人权问题日益关注,我国部分企业污染环境,侵害农民工权益的情况也受到民众的指责,社会上要求企业承担社会责任的呼声日益高涨。另一方面,经济全球化趋势日渐明朗,跨国企业大量涌入中国,给我国带来了先进的管理理念和经验,它们良好的社会责任管理体系对中国企业提出了严峻的挑战,与国际的接轨使我国企业感到了差距,并在寻找差距的过程中逐渐认识了到企业社会责任的重要性。2005年《公司法》修改,在第5条中确立了企业社会责任,为我国公司实现社会责任确立了依据。但是第5条并没有对企业的社会责任到底包括哪些责任进行明确的规定,我们只能通过法律解释的方法,透过"社会责任"本身内涵和公司法的立法目的加以解读。

3. 思考讨论

如何正确理解企业社会责任? 企业社会责任包括哪些方面?

随着中国法治日益进步,在环境、人权、慈善等方面,企业都拥有着社会责任。如在人权方面,企业应有效保证组建工会的自由、消除任何形式的强制劳动、杜绝在用工与职业方面的差别歧视、积极保障员工的健康和安全。在环保方面,企业应主动承担环境保护责任、推进环保技术的开发与普及、严格按照环境标准排污、减少有害物质的排放、自觉主动维护环境安全。在慈善方面,尤其是处于我国脱贫攻坚的关键时期,企业可以发挥其资本优势,支援教育、支持健康、人文关怀、文化与艺术、城市建设等项目的发展,也可以通过慈善营造良好的口碑,实现企业与社会的共赢。

六、改善营商环境,降低企业开办难度

(一) 知识点概括

1. 知识点

在学习《优化营商环境条例》时,会讲到"营商环境"这个知识点,该知识点要求学生了解

营商环境的概念、特征和改善营商环境的重要性等。

2. 传统讲授方式

在开展课程思政教学之前，讲到该知识点就时，我基本上是把营商环境排名提升的历史沿革总结一遍，讲解改善营商环境的主要指标和指标涵盖内容，学生听起来很枯燥空洞，比较片面，没有深刻印象。

（二）结合思政设计

1. 课程导入

如何简政放权，释放市场活力是关键。通过对"注册资本登记制度改革""多证合一登记制度改革"的学习，了解开办企业所需手续、时间和成本的简化历程，可以分组讨论，"角色扮演"总结是如何一步一步地降低企业开办难度。根据世界银行公布的《2019 营商环境报告》，中国总体排名比去年上升 32 位，位列全球第 46 名，在开办企业这一指标上得分 93.52，排名第 28，上升了 65 位。在《2020 营商环境报告中》，中国营商环境再次跃升至第 31 名，连续两年入列全球优化营商环境改善幅度最大的十大经济体。

进一步引申出如何通过评估企业开办难度、获取信贷可能性、如何保护少数投资者等方面来改善营商环境，涉及知识点"营商环境评估指标"，营商环境评估曾有多个版本，是指硬性商业活动（从企业开办、运营、扩建到关闭）的环境和条件的总和，在世界银行的报告中目前主要有 10 个一级测度领域，包括：开办企业、办理施工许可、电力获取、财产登记、信贷获取、少数投资者的保护、纳税、跨境贸易、合同执行、破产办理等。

2. 思政结合

优化营商环境是坚持和完善中国特色社会主义制度，建立更加完善的市场经济体制，完善治理体系和提高治理效能的需要。面对当前全球疫情和世界经济形势仍然严峻复杂额形势下，中国始终坚持扩大开放，秉持合作共赢理念，完善公平竞争环境，深化"放管服"改革，精简优化营商手续，重视市场主体和市场专业服务人员的获得感，激发市场活力，让市场主体和市场专业服务人员有用武之地。着力打造市场化、法治化、国际化营商环境，致力于为中外企业发展营造更加完善、公平的营商环境，为全球商界创造更多的机遇。

3. 思考讨论

以讲解的"降低开办企业难度"为例，组织学生结合"改革开放四十周年"和"第一个一百年"来思考讨论在全面建成小康社会的决胜阶段如何从各个测度领域提高中国营商环境的排名。

七、通过公司并购实现资源的有效配置，不断解放与发展生产力

（一）知识点概括

1. 知识点

在商事活动中，会讲到"公司并购"这个知识点，并购包括兼并（Merger）和收购（Acquisition）两层含义。该知识点要求学生了解公司并购的概念与意义等。

2. 传统讲授方式

在开展课程思政教学时，基本上是把公司并购的概念讲读一遍，不能结合实例分析，学

生听起来很枯燥，只能对概念知识死记硬背。

（二）结合思政设计

1. 课程导入

以"京东方收购韩国现代电子 TFT－LCD 案"引入对企业并购的学习。京东方的前身是北京电子管厂，1993 年改制为北京东方电子集团股份有限公司。在当年液晶显示器产业的局面是日韩两家争霸，中国台湾紧随其后，而大陆才刚刚起步。行业壁垒和技术门槛很高，起步晚，大陆企业只能做代工，而无法得到核心技术，研发更无优势，在液晶行业处于很不利的局面。而在 2001 年，液晶行业处于低谷期，韩国现代为缓解现金流问题，出售整条生产线。京东方抓住时机，在 2003 年 1 月，成功以 3.5 亿美元收购韩国现代电子 TFT－LCD 业务、相关专利及团队，进军液晶显示器产业。交易完成之后，京东方一方面继续提高被收购的韩国子公司生产力，一方面又通过收购获得的技术市场和人才等，在国内设置新的生产线，发展 TFT－LCD 业务。京东方通过并购打破了行业壁垒，直接获得了 TFT－LCD 领域的入场券，摆脱了无技术的劣势地位，此后，迅速追赶中国台湾地区、日本、韩国的企业，并迅速成长为液晶显示器的领军企业。

2. 思政结合

党的十九届四中全会总结实践经验，指出我国国家制度和国家治理体系有"坚持公有制为主体、多种所有制经济共同发展和按劳分配为主体、多种分配方式并存，把社会主义制度和市场经济有机结合起来，不断解放和发展社会生产力的显著优势"。企业，作为市场活动的主要参与者，是市场经济中最重要的市场主体。企业的成长与发展对于社会主义市场经济的存在和发展具有重要意义。公司并购作为企业外部成长的重要方式，不仅对企业的发展起到至关重要的作用，也有利于更优效的市场资源配置。

3. 思考讨论

思考并购对企业的内外部成长有什么意义？

并购对企业的发展和资源的更优配置都有着重要意义。首先，在企业并购后，公司直接获得了外部成长，有助于破除行业壁垒，或者实现多元化战略经营。其次，企业并购带来协同效应和规模效应，"1＋1＞2"，并购后公司的总体效益要大于并购前两个公司效益之和。经济效益得到显著提高。再次，企业并购有利于优良资产的再配置，比如人才、有价值的财产、知识产权、专有技术、信息、上市资格（买壳上市），等等。最后，企业并购后，收购方通过更换目标公司经营管理人员等方式提升公司管理水平和经营效率，也使得被收购公司得到存续与发展。

八、结合改革开放介绍"VIE 架构"产生的博弈，揭示政府政策对经济发展的探索

（一）知识点概括

1. 知识点

首先在 VIE 架构部分，会讲到 VIE 架构的具体搭建方式。该知识点主要要求学生了解

这 VIE 架构的概念、特征等。

2. 传统讲授方式

在开展课程思政教学之前，讲到该知识点时，我基本上是把架构用图示列出，然后结合法律法规进行法律关系的分析。学生听起来很枯燥，也只能死记硬背。

（二）结合思政设计

1. 课程导入

VIE 架构是商法实务较前沿的产物，先介绍规则意识，以及程序上对规则的正确理解和规则创造，更有助于学生理解学习。在这样的观念引导下，企业还是律师都必须按照现有的规则和程序办事，在有限的可动范围里，VIE 架构的产生就是在规则意识下的一个合理创造。顶尖律师是向导而不是当警察的思维方式，将向导思维视为最大优势。

2. 思政结合

该知识点可与"改革开放史"结合。自改革开放以来，内地经济的发展和市场的活跃，催生了大批成功的民营企业，而民营企业想要发展壮大就需要有融资渠道，但是境内 A 股上市条件严苛，存在盈利硬指标，与新产业发展初期盈利不足的规律不相匹配，而境外直接投资受到国家政策的限制；在政府层面，出于保护国有资产、让国民享受本国企业红利的心愿，限制或者禁止外商投资，同时设置 A 股上市、银行贷款等方式帮助国内企业融资；在外资层面，外资希望从中国这一大市场中获取利益，因而与企业和政府达成合作，采取规避禁止性规定，以协议控制方式（VIE 架构）来间接上市。对于政府而言，他们调查政策出台后的市场反馈，从而改进市场政策，发生疏漏时及时查漏补缺。所以 VIE 架构是三方博弈的结果，也是政府有意逐步让市场和实践引导市场开放的设计。

3. 思考讨论

结合最新政策法规，谈政府在投资领域探索式的发展？

2019 年 3 月 15 日，全国人大通过的《中华人民共和国外商投资法》中，将"协议控制"或者"实际控制人"这类反映 VIE 架构的词语删除，代之以更为抽象的表达方式，使得 VIE 架构合法性留白，这也体现出政府有意让实践积累经验，从而使得我们能够在改革开放的道理上有更为坚实的经验和实践基础。

第十三章

经济法学课程思政教学设计[①]

第一节 教学设计基本思路

一、设计思路阐释

《经济法学》课程具有学理性、经济性、规制性、政策性和应用性较强的特点,与党和国家有关经济社会的发展方略一脉相承。在《经济法学》课程思政教学设计上,以党的十八大以来的系列会议精神为指导,在经济法总论、市场规制法、宏观调控法中都有具体体现,要求学生掌握党的十八大以来有关经济体制改革和全面推进依法治国、依法治理经济的精髓;在课堂教学中,让学生明晰经济法在当下中国的作用,更加认清国家发展的大势,理解全面深化改革的要求,从而进一步增强对党的大政方针的理解,真正做到习近平总书记在2016年全国高校思想政治工作会议上提出的让"各类课程与思政课同向同行、形成协同效应"的应然成为明天的实然,培育新时代中国特色社会主义法治人才。

二、思政教育结合点概况

序号	教材对应知识点	课程思政结合点	说　明
1	经济法的政策性	引导学生充分认识我国社会主义市场经济体制的优越性,增强制度自信、道路自信。	结合我国成功应对多次全球性经济危机的事例,展示我国经济法的政策性,引导学生深入思考政府与市场之间关系,认识我国改革开放的伟大成就,增强走社会主义道路的信心。

[①] 作者简介:丁国峰,湖北黄冈市英山县人,安徽大学法学院暨经济法制研究中心教授,博士生导师,法学博士,民商法与经济法学系副主任(主持工作)。主要讲授课程为"经济法学""竞争法""企业与公司法"等。
张丽丽,河南鄢陵人,巢湖学院经法学院副教授,法学硕士,法学教研室主任。主要讲授课程为"经济法""国际经济法"等。

序号	教材对应知识点	课程思政结合点	说　明
2	经济法的实施	引导学生在今后的工作中，应当综合衡量具体案情的多重因素，不偏不倚、公平公正从事执法和司法活动。	结合加多宝与王老吉"红罐包装"不正当竞争纠纷一案，引导学生在从事经济执法和经济司法活动时，应当综合考虑消费者的认知、公平原则、诚实信用、社会公众利益以及社会效果等因素，从而增强执法行为及司法裁判的公信力和权威性。
3	滥用市场支配地位行为的法律规制	我国对滥用市场支配地位行为的法律规制，体现了我国对运用法律手段治理市场经济违法现象的基本规律，凸显了全面依法治国的重要性。	以"高通案"为例，引出滥用市场支配地位垄断高价，搭售及附加不合理条件的知识点，同时通过对高通案的学习，明确依法治国的重要性和我国重视运用法律手段治理市场经济领域违法现象的一贯作法。
4	商业贿赂行为的法律规制	商业贿赂行为是不正当竞争行为的重要体现，会损害市场公平竞争，在讲授的过程中，引导学生诚信做人。	通过具体案件加深对商业贿赂行为表现形式的理解，引出商业贿赂行为是对诚实信用原则的违反，是对商业道德的严重破坏，引导学生任何时候均应脚踏实地，诚实守信。
5	消费者权利	通过讲解消费者权利引导学生了解人与人之间是平等的市场主体，在自己的利益受到损害时，应当具备维权意识。	通过具体案例，使学生对消费者权利进行深刻了解的同时，注重树立维权意识，弘扬社会正气。
6	食品安全领域十倍赔偿责任	我国对食品安全问题向来十分重视，十倍赔偿责任的确立也体现了党和政府对人民群众生命和健康的重视。	通过具体案例展现超范围使用食品添加剂适用十倍赔偿的案例，体现我国司法机关对食品安全零容忍的态度，体现了党和政府对人民群众生命和健康的重视。
7	价格干预措施	引导学生树立大局意识，增强社会责任感，战时状态，绝对服从国家调控措施。	结合疫情防控期间国家对口罩、体温计采取价格干预措施的案例，引导学生树立大局为重的意识，严格遵守、认真执行国家宏观调控和市场规制的相关措施，履行社会责任。
8	公开招标、评标制度	引导学生养成爱岗敬业的高尚情怀，达到崇高的人生境界。	结合材料阐述作为国家司法、执法机关工作人员及相关领域的专家，应该秉承敬业思想，以审慎的态度对待每一项工作，才能践行公平公正的法治理念，实现法治国家的宏伟目标。
9	地方政府债券	引导学生理解"政府信用"原则，增强对政府的信任与支持。	结合2020年度地方政府债券发行的材料，阐释地方政府发行债券以政府信用为原则，以推进地方经济和社会发展、地方基础设施建设为目标。作为发行主体，既要保障地方经济发展目标的实现，也应当彰显和强化政府信用。

第二节　教学设计典型课例

一、从我国应对世界性经济危机和疫情的措施看经济法的政策性及我国社会主义条件下政府调节/干预经济的有效性

(一) 知识点概括

1. 知识点

现代国家/政府管理经济除了依据法律之外,还依靠数量繁多的政策措施,尤其是其中的经济政策。经济法与经济政策在制定主体、实施主体、主要目标及基本手段等方面,都存在诸多的同一性、共通性。很多时候,经济法与经济政策之间的界限十分模糊,二者发挥作用也可能是互为前提、互相照应,这使得很多经济政策不断法律化,经济法的政策性也由此变得非常明显。

2. 传统讲授方式

由于经济法是为了解决现代社会复杂的经济关系而产生发展起来的,不像民法、刑法等部门法那样与人们日常生活具有非常显著的关联性,导致其理解、掌握较为困难。

(二) 结合思政设计

1. 课程引入

2007 年底,中央经济工作会议定调是"稳健的财政政策,适度从紧的货币政策",旨在防止经济过热。但随着金融监管制度的缺失造成美国次贷危机爆发,带来了全球性经济危机,也严重地影响到作为出口大国的中国。到 2008 年 7 月,我国经济政策就改变为"积极的财政政策,适度宽松的货币政策"。在当年 11 月份国务院常务会议中确定了当前进一步扩大内需、促进经济增长的十项措施,包括加快建设保障性安居工程、加快农村基础设施建设、加快铁路、公路和机场等重大基础设施建设、加快医疗卫生、文化教育事业发展、加强生态环境建设、加快自主创新和结构调整、加快地震灾区灾后重建的各项工作、提高城乡居民收入等。初步匡算,实施上述工程建设,到 2010 年底约需投资 4 万亿元。这一经济刺激措施的顺利实施推进取得了巨大成效:对刺激投资、稳定经济发挥了重要作用;为进一步加强"三农"建设和改善民生奠定了坚实基础;积极推进经济结构战略性调整和经济发展方式转变;重大基础设施建设稳步推进;汶川地震灾后恢复重建有序展开等。

2. 思政结合

在发生经济波动的时候是否需要国家干预/调节,或者如何进行国家干预/调节,一直存在巨大争议。经济形势的迅速变化往往要求国家/政府及时采取应对措施,而立法总是具有滞后性。因此作为保障国家/政府调节经济的手段,经济政策而非传统的立法在现代市场经济条件下才大行其道。

对于 2008 年的世界性经济危机,我国迅速采取有力措施进行应对,不仅稳定了中国经

济,也对世界经济复苏作出了巨大贡献。国务院于 2009 年年初颁布钢铁、汽车、船舶、石化、纺织、轻工、有色金属、装备制造、电子信息、物流业十大产业调整振兴规划,出台"4 万亿元"纳入相应的年度预算,使得一度停摆各产业链迅速恢复,拉动内需并促进了基础设施建设。对此史际春教授指出,相对于其他部门法而言,经济法在回应经济社会的实践需要上更为敏锐,这是经济法调整直接受复杂多变的经济政治形势影响所决定的。[①] 包括 1997 年亚洲金融危机和 2020 年全球性新冠疫情引发的严峻经济形势,我国均及时采取各种措施予以应对,并取得了举世瞩目的成绩,在经济法实践方面获得了丰富的经验,显示出社会主义市场经济体制的优越性。

3. 思考讨论

我国经济法的政策性以及竞争政策与产业政策之间的关系。

二、通过最高人民法院对加多宝和王老吉"红罐"包装之争的裁判,阐述司法者发挥主观能动性对经济法实施的重要作用

(一) 知识点概括

1. 知识点

在经济法实施过程中,必须强调行政执法者和司法机关的执行义务,同时提高其执法水平。在任何国家,立法的完备都是相对的,因此,除了严格公正执法的一般要求之外,还必须要求经济执法者和司法者发挥积极的主观能动性,在法的规定不详、没有规定、规定的有矛盾或者甚为不当的情况下,综合考虑多种因素,根据法的一般原则、体现在法律制度中的精神、国民经济及民族的利益来处理有关权益纷争,这也正是法治的要求和发达国家的通例。[②]

2. 传统讲授方式

通常而言,教师讲授此知识点时,会结合具体案例阐述经济法实施的要求。从思政教育的角度,引导学生综合衡量具体案情的多重因素,不偏不倚、公平公正从事执法和司法活动,保障经济法的实施效果。

(二) 结合思政设计

1. 课程引入

加多宝与王老吉"红罐"包装之争,最高人民法院综合考虑 "王老吉"品牌在涉案包装装潢权益形成过程中发挥的作用、加多宝公司对红罐王老吉凉茶的经营行为在涉案包装装潢权益形成过程中发挥的作用等因素,结合红罐王老吉凉茶的历史发展进程、双方的合作背景、消费者的认知及公平原则的考量,鉴于广药集团及其前身、加多宝公司及其关联企业,均对涉案包装装潢权益的形成、发展和商誉建树,各自发挥了积极的作用,将涉案包装装潢权

---

① 史际春. 改革开放 40 年:从懵懂到自觉的中国经济法[J]. 东方法学,2018(6):70 - 82.
② 刘文华. 经济法(第六版)[M]. 北京:中国人民大学出版社,2019:71.

益完全判归一方所有,均会导致显失公平的结果,并可能损及社会公众利益。① 因此,二审法院纠正了一审法院的判决,认定涉案的知名商品特有包装装潢权益,在遵循诚实信用原则和尊重消费者认知并不损害他人合法权益的前提下,可由广药集团与加多宝公司共同享有。

2. 思政结合

结合加多宝与王老吉"红罐包装"不正当竞争纠纷一案,引导学生在从事经济执法和经济司法活动时,应当综合考虑消费者的认知能力、公平原则、诚实信用、社会公众利益以及社会经济效果等因素,从而增强执法行为及司法裁判的公信力和权威性。

3. 思考讨论

经济法具有政策性、灵活性等特征,对经济执法和经济司法的要求,远胜于立法本身,作为新时代的法治人才,如何科学地执法、司法,才能保证社会主义市场经济的要求及其法治的基本宗旨得以有效、平稳地实现?

三、通过讲授高通公司滥用市场支配地位行为案,使学生认识到全面依法治国的重要性

(一) 知识点概括

1. 知识点

滥用市场支配地位是指具有市场支配地位的经营者,没有正当理由,利用其市场支配地位所实施的排除限制竞争、牟取超额利益的违法行为。

2. 传统讲授方式

通常而言,教师讲授该知识点时,会讲授相关市场及其界定,市场支配地位的概念及其认定,以及几种滥用市场支配地位的典型行为。由于法律条款较为简洁、抽象,其理解、适用存在较大的困难。

(二) 结合思政设计

1. 课程引入

国家发改委从 2013 年 11 月发起了对美国高通公司的反垄断调查,发改委曾突击搜查高通北京和上海公司,调查手机制造商、芯片制造商和其他相关企业。经调查发现,高通存在许可费率过高问题,高通在 WCDMA、LTE 等标准中的专利份额已下降,却依然延续 CDMA 的标准进行收费。中国 IT 企业在 4G 标准制定中积极参与,并取得很多核心专利技术,但是在高通构造的体系中,这种价值得不到体现。高通还搭建了一个交叉许可的专利平台却不向交叉许可的专利持有者缴纳费用。

国家发改委认为,高通因其收取不公平的高价专利许可费、没有正当理由搭售非无线通信标准必要专利许可、在基带芯片销售中附加不合理条件等行为,而构成滥用市场支配地位

---

① 广州医药集团有限公司、浙江加多宝饮料有限公司擅自使用知名商品特有名称、包装、装潢纠纷二审民事判决书(2018)最 高 法 民 终 590 号 [EB/OL]. [2020 - 12 - 23]. https: //wenshu. court. gov. cn/website/wenshu/181107ANFZ0BXSK4/index. html? docId = 4419c656d8b34da2be25abdb00c421de.

的违法行为,并决定:由于高通公司实施垄断行为的性质严重、程度深、持续时间长,国家发改委在责令其停止违法行为的同时,依法对其处以 2013 年度在中国市场销售额 8% 的罚款,计 60.88 亿元。

2. 思政结合

国家发改委对高通案的制裁,意味着中国在规范市场经济秩序方面已迈出了重要的关键一步,是运用反垄断法保护本国经济利益的成功案例。本案也体现出我国将更加重视运用法律手段治理市场经济领域违法现象的基本做法,同时该案也体现了依法治国在市场经济领域的具体运用。

3. 思考讨论

什么是市场支配地位? 如何判定滥用市场支配地位?

四、通过讲授商业贿赂不正当竞争案件的查处,引导学生追求、维护良好的社会风尚和商业道德

(一) 知识点概括

1. 知识点

商业贿赂行为是不正当竞争行为中的一种重要表现方式,是指经营者为了谋取交易机会或者竞争优势而采用财物或者其他手段贿赂可能影响交易的单位或者个人的行为。

2. 传统讲授方式

通常而言,教师讲授该知识点时,会讲解商业贿赂行为的定义与特征,回扣、折扣、佣金等概念的区分和商业贿赂行为的法律责任。在讲课过程中,还可以引导学生思考商业贿赂行为对公平竞争机制以及社会风气的不利影响,引导学生关注诚信经营、正派做事的重要性。

(二) 结合思政设计

1. 课程引入

2017 年 12 月,上海市工商局检查总队向泰凌医药信息咨询(上海)有限公司(以下称"泰凌上海")开出了《行政处罚决定书》,原因是在药品推广销售过程中,泰凌上海通过医药代表向多家医院的相关人员行贿,从而使药品销售数量迅速上升。在费用以"会务费""推广费"等名义出账后,由医药代表以会议赞助、科室聚餐、赠送礼品等形式兑付。从 2014 年至案发,总计兑付 5895 万余元,带来 3.1 亿元的销售收入,实际违法所得 1142 万余元。

检查总队收集了很多证据,包括医院相关人员的笔录、转账记录、药代的推广数据统计、配送公司的流向、旅游公司的材料、涉案产品利润表,等等。检查总队判定,泰凌上海违反了 1993 年《反不正当竞争法》第八条的规定,构成商业贿赂行为,依法决定没收违法所得 1142 万元,并处罚款 18 万元。

2. 思政结合

在市场经济中,优胜劣汰是基本的竞争法则,经营者应当通过提高自身能力以优取胜,商业贿赂行为是违背商业伦理、违反公平和诚实信用原则的行为,这种投机取巧的不正当竞

争行为,势必破坏公平竞争机制,进而扰乱社会经济秩序,损害其他经营者和消费者的合法权益。通过该案例的展示使学生认识到,人立于世,应当守诚信,不能为了自己私自利益去做违背道德的事情,否则必将遭受法律的严惩。

3. 思考讨论

商业贿赂行为有哪些特征? 在今后的工作过程中,有人向你行贿,应对这种违法行为如何抉择?

五、通过讲解消费者权利引导学生学习掌握有关消费者保护方面的法律知识,在自己和他人的利益受到损害时,积极运用法律武器维护消费者合法权益

(一) 知识点概括

1. 知识点

消费者权利是消费者保护法的核心内容,因为消费者保护法是基于消费者弱势地位而予以特别保护的法律规范,消费者权利包括安全保障权、知悉真情权、自主选择权、公平交易权等多项内容。

2. 传统讲授方式

通常而言,教师讲授该知识点时,会介绍消费者权利的由来,消费者权利的各项权利的含义与区分。可以通过案例引导学生树立消费者维权意识,弘扬社会正气。

(二) 结合思政设计

1. 课程引入

原告严某携妻子杨某并约朋友数人到被告经营的某火锅餐厅就餐,消费了一瓶自带的五粮液酒。被告餐厅的服务员在原告就餐前及消费自带的五粮液酒水时均未对原告进行提示的情况下,结账时单方面按照五粮液在被告店内售价 500 元的 20%,收取了酒水服务费 100 元。原告认为,被告对消费自带酒水要收取酒水服务费的情况,未在显著位置张贴告示,事前也没有口头告知,未保障原告的知情权。在酒水服务费上,原、被告始终未成立有效的合同关系。被告事后强行收取的行为侵犯了原告的自主选择权,是强迫交易行为。被告收取酒水服务费的收费金额和项目均不合理、不合法,其张贴在收银台上“谢绝自带酒水”的告示,系以格式合同作出的对消费者不公平、不合理的规定,违反了《消费者权益保护法》的规定,是无效的民事行为。因此请求法院判决被告返还违法强行收取的 100 元“酒水服务费”,并公开赔礼道歉。

在本案中,被告在履行其对消费者的告知义务时,没有达到确保消费者知悉的法定标准,强行收取 100 元服务费,侵犯了原告的知情权、自主选择权与公平交易权,构成违法行为,应当予以返还原告。

2. 思政结合

市场经济最大限度地体现了经营者的自主权,有关法律规范成为市场经济价值规律的反映和保障。企业在市场竞争中自主经营、自我约束、自我管理、自负盈亏,司法的介入是有

限的。因此,餐饮企业在经营自主权范围内收取服务费的行为本身具有合法性。但是,企业经营自主权应当受到尊重和保护的前提是,交易必须是在消费者充分了解交易条件的基础上自愿作出的,经营者不能强迫交易。在日常生活中,自身权利受到损害时,应当树立维权意识,不能抱着息事宁人的心态,放纵违法行为,而应该勇敢同违法行为作斗争。只有这样,才能减少违法行为的发生,促进社会良好风气的形成。

3. 思考讨论

消费者权利具体包括哪些内容? 为什么我们要在日常生活中树立维权意识?

六、通过讲授食品安全十倍赔偿责任制度,体现党和政府对人民群众生命安全和身体健康的重视

(一) 知识点概括

1. 知识点

食品安全十倍赔偿责任制度规定在我国《食品安全法》第148条第二款,生产不符合食品安全标准的食品或者经营明知是不符合食品安全标准的食品,消费者除要求赔偿损失外,还可以向生产者或者经营者要求支付价款十倍或者损失三倍的赔偿金;增加赔偿的金额不足一千元的,为一千元。

2. 传统讲授方式

通常而言,教师讲授该知识点时,会讲授食品安全的重要性,食品安全十倍赔偿责任的立法动因、食品安全十倍赔偿责任的构成要件等。食品安全立法也充分地体现出党和政府对人民群众生命安全和身体健康的重视。

(二) 结合思政设计

1. 课程引入

晏勇在重庆商社新世纪百货连锁经营有限公司杨家坪店(以下简称"杨家坪店")购买了由杭州养生堂保健品有限公司(以下简称"养生堂")生产的胶原蛋白粉,产品外包装配料栏中标明含有D-甘露糖醇。晏勇认为D-甘露糖醇作为食品添加剂只能在糖果加工中添加,涉案食品为粉状固体饮料,养生堂公司在胶原蛋白粉中添加的行为违反了食品安全国家标准。杨家坪店未履行审查职责,销售了不安全食品。故请求法院判令杨家坪店退还货款、养生堂公司十倍赔偿货款。重庆市九龙坡区人民法院经审理支持了原告的诉讼请求。宣判后,被告上诉。重庆市第五中级人民法院驳回上诉,维持原判。

2. 思政结合

本案争议焦点在于实际损害应否作为食品安全十倍赔偿之要件。食品安全法的立法宗旨是保障公众身体健康和生命安全。所以应当把力求防患于未然的安全保障作为食品安全法的核心原则。在食品安全领域,不应以实际损害作为食品安全责任的归责基础,只要存在损害之虞,即应承担相应赔偿责任。食品安全法属于社会法,有别于传统民法,不适用"法无明文禁止即可为"的私法原则,而应贯彻"法无明文规定不可为"的原则,以保障食品安全。

人民法院对于食品安全问题应当秉承零容忍态度,并以保障消费者身体健康和生命安全为基本立场来解释和运用法律,使司法成为保障食品安全的建设性力量。凸显了我国对食品安全问题的重罚意识,也表现出党和政府对人民群众生命安全和身体健康的一贯重视。

3. 思考讨论

食品安全十倍赔偿责任制度有何意义? 当前我国食品安全监管领域还存在哪些不足?

七、通过疫情期间有关的价格干预措施和司法解释,培养学生树立社会责任感

(一) 知识点概括

1. 知识点

《价格法》规定,当重要商品和服务价格显著上涨或者有可能显著上涨,国务院和省、自治区、直辖市人民政府可以对部分价格采取限定差价率或者利润率、规定限价、实行提价申报制度和调价备案制度等干预措施。

2. 传统讲授方式

通常而言,教师讲授此知识点时,会结合具体案例阐述何谓价格干预措施。从思政教育的角度,引导学生树立大局意识,增强社会责任感,危急时刻,应当积极响应政府号召,服从国家调控措施。

(二) 结合思政设计

1. 课程引入

2020 年 1 月,湖北省市场监管局发布《新型冠状病毒感染的肺炎防控公共卫生 I 级、II 级应急响应期间有关价格违法行为的认定与处理意见》,湖北省各级市场监管部门将持续加大执法力度,及时处理消费者投诉举报问题,从严从快查处了一批制售假冒伪劣口罩等防疫用品、哄抬物价、违法经营野生动物及制品等案件。其中,1 月 26 日,荆门市市场监督管理局根据消费者投诉举报,对荆门市老百姓大药堂连锁有限公司进行检查。查明当事人于 1 月 21 日以进价 9 元—9.9 元购进一次性口罩 8000 袋,分别以 28 元、29 元、49 元售出。依据《价格法》《价格违法行为行政处罚规定》,执法机关责令当事人立即改正违法行为,没收违法所得 15.58 万元,处罚款 46.73 万元,罚没款合计 62.31 万元。有力维护了疫情防控期间防疫用品和生活必需品市场秩序,坚决打赢疫情防控阻击战。

2020 年 2 月 1 日,国家市场监督管理总局发布《关于新型冠状病毒感染肺炎疫情防控期间查处哄抬价格违法行为的指导》(国市监竞争〔2020〕21 号),其第八条规定,"经营者违反省级人民政府依法实施的价格干预措施关于限定差价率、利润率或者限价相关规定的,构成不执行价格干预措施的违法行为,不按哄抬价格违法行为进行查处"。最高人民法院、最高人民检察院《关于办理预防、控制突发传染病疫情等灾害的刑事案件具体应用法律若干问题的解释》(法释〔2003〕8 号)第六条、公安部《依法严厉打击严重妨害新型冠状病毒感染肺炎疫情防控违法犯罪行为的指导意见》(公传发〔2020〕37 号)第一条第三项,分别对违反国家在疫情防控期间有关市场经营、价格管理等规定,哄抬物价、牟取暴利,严重扰乱市场秩序的行为,适用刑法第二百二十五条第四项的规定,以非法经营罪定罪处罚作出了规定。2020 年 2 月

24 日,荆门市东宝区人民法院依法判决被告荆门市老百姓大药堂连锁有限公司犯非法经营罪,判处罚金人民币 50 万元;被告人杜某犯非法经营罪,判处有期徒刑 10 个月;对被告单位违法所得 77917 元予以追缴。①

2. 思政结合

结合疫情防控期间国家对口罩、体温计采取价格干预措施的案例,阐释广大经营者在重大疫情面前,要恪守社会公德、守法诚信经营,做到依法自律。广大消费者如发现生产经营者制售假冒伪劣防疫用品、哄抬物价、违法经营野生动物及制品等违法违规行为,及时举报投诉。引导学生树立大局为重的意识,严格遵守、认真执行国家宏观调控和市场规制的相关措施,履行社会责任。

3. 思考讨论

疫情期间,如何正确响应国家的战时状态? 价格干预措施和紧急措施对国家在特殊时期的管理有哪些重要作用?

八、通过公开招标评标案例,引导学生养成爱岗敬业的高尚情怀

(一) 知识点概括

1. 知识点

根据我国《政府采购法》规定,政府采购方式主要有公开招标、邀请招标、竞争性谈判、单一来源采购、询价和国务院政府采购监督管理部门认定的其他采购方式。公开招标是政府采购的主要采购方式,虽然该方式采购时间长、手续复杂,但是它具有竞争性强、透明度高、程序规范、采购规模大等其他采购方式不可比拟的优点。在采用公开招标方式进行政府采购时,务必遵守其严格的程序规范,否则将损害公开招标的权威性。

2. 传统讲授方式

通常而言,教师讲授到公开招标这个知识点时,会把概念和相关法条规定简单介绍一下,学生难以真正了解公开招标实践中的种种违法行为。

(二) 结合思政设计

1. 课程引入

2019 年 8 月,Z 招标公司接受 G 采购人委托,就该单位某项目组织公开招标工作。共有 4 家供应商购买并按时递交了本项目的投标文件。经评审,评标委员会推荐 C 公司为项目第一中标候选人。随后,G 采购人确认评标结果,Z 招标公司发布中标公告。中标公告发布后,投标人 S 公司于 11 月 15 日向 Z 招标公司提出质疑,称:中标产品没有实质性响应招标文件关于"实配网口"的要求,该条目为"关键指标项",不满足则废标,中标应无效。Z 招标公司答复称:评标委员会依据招标文件和评标文件进行评审,各投标人对其所提供招标文件的真实

---

① 严打违法涨价! 湖北荆门市老百姓大药堂连锁有限公司相关负责人被判刑[EB/OL].[2020 - 11 - 16]. http://hb. people. com. cn/BIG5/n2/2020/0229/c194063-33839512. html.

性承担法律责任。S公司对质疑答复不满，向财政部门提出投诉。

本案中，项目招标文件规定"实配网口"为"关键指标项"。C公司在投标文件中的应答为以"USB口＋USB网卡集成器"的方式提供网口。评标报告显示，评标委员会没有认真阅读并准确理解招标文件对于实质性条款的要求，7位评审专家均未发现C公司投标文件未实质性响应招标文件的实质性条款，并且在评分标准中给了C公司40分满分，做出了错误判断。财政部门根据《政府采购供应商投诉处理办法》（财政部令第20号令）第十七条第一款第三项的规定，认定本项目中标结果无效，确定下一候选人为中标供应商。

2. 思政结合

习近平总书记在2018年博鳌亚洲论坛上宣布，"中国将加快加入世界贸易组织《政府采购协定》进程"，继续致力于营造国际一流的政府采购营商环境，建立公平竞争、公开透明的政府采购体系，保障在中国境内注册的企业都能公平参与政府采购，彰显中国进一步扩大开放的决心。应时代要求，评标专家必须具备全面优良的素质，并且根据改革进程中发现的新情况、新变化、新要求，爱岗敬业，以审慎的态度对待每一项工作，践行公平公正的法治理念，才能使评标工作具有深厚、扎实的根基，实现《政府采购法》的立法目的。

3. 思考讨论

新时代背景下，我国应当如何主动对标GPA等国际高标准经贸规则，推动政府采购制度改革，全力构建统一开放、竞争有序的政府采购市场体系？

九、结合2020年度地方债发行材料，介绍地方政府债券的作用及风险隐患，呼吁地方政府规范管理，增强政府公信力

（一）知识点概括

1. 知识点

地方政府债券，指某一国家中有财政收入的地方政府、地方公共机构发行的债券。地方政府债券一般用于交通、通讯、住宅、教育、医院和污水处理系统等地方性公共设施的建设。地方政府债券一般也是以当地政府的税收能力作为还本付息的担保。地方债的作用及风险隐患同时并存，需要审慎对待。

2. 传统讲授方式

传统方式讲授地方债，仅简单分析其概念、作用等，应当结合典型案例，从思政教育角度阐述地方债的风险隐患，增强政府公信力。

（二）结合思政设计

1. 课程引入

截至2020年10月底，我国累计发行地方债61218亿元，呈现以下特点：一是发行利率整体平稳。二是发行方式更加丰富。三是资金投向聚焦重点领域。按照"资金跟着项目走"的原则，10月专项债券资金主要用于城镇老旧小区改造、医疗卫生等重点民生领域，以及交通基础设施、市政和产业园区基础设施等重大项目建设，为做好"六稳"工作、落实"六保"任

务发挥了积极作用。四是二级市场流动性持续改善。财政部坚决贯彻落实党中央、国务院决策部署,努力推动完成全年经济社会发展目标任务。[①]

2. 思政结合

结合课堂引入材料,阐述地方债作为市场经济和现代财政分权制度的重要组成部分,对地方经济的发展起着弥补地方财政赤字、筹集建设资金、促进投资增长、优化地方资源配置,调控地方经济发展等重要作用。同时介绍地方债急剧膨胀带来的期限错配、举债规模过大、风险传染效应明显等隐患,地方债风险集聚、积累到一定程度,地区性风险就有可能演变为区域性、全局性、系统性风险,就有可能损害政府公信力,恶化社会信用环境,诱发经济危机和社会信任危机,最终拖累经济可持续发展、影响社会稳定、威胁政治安全。[②] 政府应当出台相应管控措施,有效管控可能引发的系统性财政风险、系统性金融风险及政治稳定风险,彰显政府公信力。

3. 思考讨论

如何引导地方债走上制度化、法治化轨道,保障和促进地方政府依法举债、依法管债、依法用债、依法还债?

---

① 财政部. 截至 10 月底地方政府债券发行超 6 万亿元[EB/OL]. [2020 - 11 - 16]. http: //www. chinanews. com/gn/2020/11-04/9330065. shtml.

② 尹中卿. 地方债问题有多大风险:一些地方政府实际已破产[EB/OL]. [2020 - 11 - 16]. https: //news. youth. cn/gn/201411/t20141113_6036482. htm.

第十四章

环境资源法学课程思政教学设计[①]

第一节　教学设计基本思路

一、设计思路阐释

结合环境资源相关法律法规的历史发展以及司法案例等,介绍中国改革开放以来生态环境法治建设的艰难历程和创新成果,帮助学生了解改革开放与生态文明建设之间的关系。同时理解,中国生态环境法治的选择与成效。

二、思政教育结合点概况

序号	教材对应知识点	课程思政结合点	说　明
1	联合国气候变化框架公约	应对气候变化的中国行动,体现中国构建人类命运共同体的伟大担当。	中国积极履行国际气候公约,为全球治理提供中国智慧和中国方案。
2	生态文明入宪	生态文明入宪体现中国特色社会主义的"四个自信"。	通过介绍西方发达国家"先污染后治理"的历史教训,引出中国选择绿色发展道路的知识点,体现党和国家转变经济发展模式的决心和魄力。
3	环境行政公益诉讼	检察机关发挥公益诉讼职能,督促环保部门尽职履责,彰显中国特色社会主义司法制度的优越性。	以"全国首例环境行政公益诉讼案"为例,引出检察机关提起环境行政公益诉讼的知识点,清晰展示我国全面深化司法改革的典型样本。

① 作者简介：杨宇静,福建漳州人,厦门大学嘉庚学院法学院副教授,法学博士。主要讲授课程为"环境资源法""国际商法""世界贸易组织法"等。

序号	教材对应知识点	课程思政结合点	说　明
4	环境影响评价制度	环评文件的转变是落实深化"放管服"改革的法治体现，符合推进国家治理体系和治理能力现代化的要求。	通过环境影响评价制度的变迁，理解国家治理体系和治理能力现代化的深刻内涵。
5	环境保护目标责任制	河长制是落实地方政府环境保护目标责任的制度创新，是强化领导干部政治担当、责任担当、使命担当。	通过"河长制"引出环境保护目标责任制是约束各级领导干部的行为规范。
6	自然资源保护法	保护长江母亲河，坚持生态优先、绿色发展，共抓大保护、不搞大开发，既是重大政治任务，更是时代使命、历史责任。	以"我国出台长江保护法"为例，引出自然资源保护这一知识点。将保护长江母亲河纳入法治轨道体现了国家通过法治保障民生福祉。
7	环保义务	家庭是垃圾减量和分类的义务主体，是推动国家绿色发展、建设美丽中国的重要力量。	以"垃圾分类引领低碳生活新时尚"为例，引出家庭是生活垃圾减量和分类的重要义务主体和责任主体。
8	野生动物保护	革除滥食野生动物的陋习是将生态文明思想融入日常生活的具体体现。	以"新冠疫情引发滥食野生动物的反思"为例，引出我国野生动物保护法的相关公民义务。

第二节　教学设计典型课例

一、通过《联合国气候变化框架公约》的发展历程，体现中国构建人类命运共同体的伟大理念和实践探索

（一）知识点概括

1. 知识点

《联合国气候变化框架公约》是为全面控制温室气体排放、应对气候变化的具有法律约束力的国际公约。该知识点要求学生了解气候治理中"共同但有区别的责任"原则以及公约的主要内容、产生历程等。

2. 传统讲授方式

传统授课中基本上是把公约的重点内容概括讲授。学生无法与自己的国家使命结合到一起进行理解。

(二) 结合思政设计

1. 课程引入

气候变化是全球面临的共同挑战,合力应对气候变化关系到人类未来的共同命运。1992年联合国大会通过的《气候变化框架公约》,其终极目标是将温室气体浓度维持在一个稳定的水平。2015年《联合国气候变化框架公约》近200个缔约方在巴黎气候变化大会上达成《巴黎协定》,其长期目标是将全球平均气温较前工业化时期上升幅度控制在2摄氏度以内。

2. 思政结合

中国积极履行国际减排义务,体现构建人类命运共同体的大国担当。

自签署《联合国气候变化框架公约》以来,中国采取了一系列积极有效的措施来减缓温室气体排放。2009年中国政府提出明确的减排目标,即到2020年完成单位国内生产总值二氧化碳排放量比2005年下降40%到45%的目标。2017年,中国提前三年完成了这一目标,兑现了对国际社会的承诺。自2009年至今,中国引领全球的清洁能源投资,稳居清洁能源投资第一大国的地位,在清洁能源的生产、消费、技术等领域所做的努力,得到国际社会的充分肯定,中国成为世界范围内的能源革命典范。2017年美国以"《巴黎协定》让美国处于不利位置,而让其他国家受益"为由,正式宣布退出《巴黎协定》。与之形成鲜明对比的是,中国在2018年将建设"生态文明"历史性地写入宪法,充分体现了中国建设全球生态文明的决心和行动。

推动构建人类命运共同体,源自中华文明历经沧桑始终不变的"天下"情怀。气候变化是全人类共同面临的挑战,中国在这一世界性问题面前,勇于担当,采取一系列有效措施来积极履行应对气候变化的国际义务。习近平总书记指出,"大道至简,实干为要。构建人类命运共同体,关键在行动"中国作为有着14亿人口的发展中国家,不仅坚持脱贫攻坚,而且坚持走一条协调经济、社会和环境保护的可持续发展之路,为全球绿色发展提供了中国榜样,为反对霸权主义、强权政治,促进世界和平与发展,实现全球共同发展繁荣贡献了中国智慧、中国方案、中国力量。

3. 思考讨论

美国退出"巴黎协定"给全球气候治理提出严峻的挑战。作为发展中的大国,中国在应对气候变化方面,作出了哪些贡献? 如何看待两个大国的气候治理之道?

二、"生态文明入宪"体现中国特色社会主义的"四个自信"

(一) 知识点概括

1. 知识点

环境法的正式渊源主要为制定法,宪法是我国环境法最重要的法律渊源,具有最高的法律效力。

2. 传统讲授方式

传统讲授环境法的宪法渊源时,主要集中在讲解第9条(自然资源权属)和第26条(国家保护和改善环境),体系不够完整,学生未能深刻理解宪法的环境观及其规范表达。

（二）结合思政设计

1. 课程引入

改革开放以来，中国在经历经济发展的同时生态环境问题也日益凸显。但是离开发展谈环境保护是"缘木求鱼"，离开环境保护谈经济发展是"竭泽而渔"，必须选择一条科学的发展之路。2018 年"生态文明建设"在《宪法》中获得确认，不仅从整体结构到发展理念再到具体规则都获得了系统化、规范化的宪法表达。

2. 思政结合

（1）党和国家转变"先污染后治理"经济发展模式的决心和魄力

20 世纪是西方工业化进程的上升期，环境污染和生态破坏的事件频发，震惊世界的"八大公害事件"①在这一阶段集中爆发，造成了大量人群发病甚至死亡的惨痛悲剧，生态环境也付出了高昂的代价。西方发达国家经历了"先污染后治理"的历史教训。

中国改革开放以来，经济快速增长的同时，也面临着经济发展与环境资源之间的矛盾关系。中国是否要重走西方发达国家"先污染后治理"的道路？早在 2005 年，时任浙江省委书记的习近平同志首次提出"绿水青山就是金山银山"的发展理念，这一科学论断超越工业文明，是迈向生态文明的重要理论创新。2012 年中国共产党第十八次全国代表大会审议并一致通过《中国共产党章程（修正案）》，将生态文明建设写入党章并作出阐述，使生态文明建设的战略地位更加明确。2017 年党的十九大报告指出：中国特色社会主义进入了新时代，我国社会主要矛盾已经转化为人民日益增长的美好生活需要和不平衡不充分的发展之间的矛盾。良好的生态环境是最普惠的民生福祉。党和国家正视社会主要矛盾，将生态文明建设鲜明地写入宪法，以国家最高法律的形式保障生态文明建设，践行绿色发展。

（2）"生态文明入宪"体现中国特色社会主义的"四个自信"

中国不走西方"先污染后治理"的老路，强调"绿水青山就是金山银山"的创新发展之路。在宪法文本中形成生态环境保护的体系化、规范化表达为生态环境法治实践提供了根本的国家行为准则。我国现行有三十多部与生态环境保护相关的法律，存在着体系碎片化、内容重复甚至冲突，部分领域立法空白等问题。立法供给不足给实现生态环境法治带来诸多困难，例如环境执法部门缺乏明确的管理职责，造成相互推诿或多头管理的乱象；又比如环境司法实践中，法官因法律指示不明或缺失而难以准确适用法律，或难以形成具有说服力的判决文书等问题。"生态文明入宪"将为生态环境法治提供纲领性、原则性的指引，为完善相关生态环境法律法规、规范环境管理行为和环境利用行为、指引公正司法等提供根本性的法律保障。将生态文明建设上升为国家意志载入宪法，充分体现了中国特色社会主义的道路自信、理论自信、制度自信和文化自信。

3. 思考讨论

查阅宪法文本中环境条款的变化，讨论"生态文明入宪"的法治含义。

---

① 世界八大公害事件，包括比利时马斯河谷烟雾事件（1930 年）、英国伦敦烟雾事件（1952 年）、日本四日市哮喘事件（1961 年）、日本米糠油事件（1968 年）、日本水俣病事件（1953—1956 年）、美国洛杉矶光化学烟雾事件（1943 年）、美国多诺拉事件（1948 年）、日本骨痛病事件（1955—1972 年）。

三、通过"全国首例环境行政公益诉讼案"说明检察机关督促环保部门履责,彰显中国特色社会主义司法制度的优越性

(一)知识点概括

1. 知识点

检察机关代表国家行使法律监督职能,通过诉前检察建议以及公益诉讼等督促环保执法部门尽职履责。检察机关提起环境行政公益诉讼是我国深化司法改革的典型样本。

2. 传统讲授方式

传统授课会解释基本概念、主要规则和程序规定,缺少典型案例来做引导,学生听完后并未真正掌握环境公益诉讼制度的国家含义。

(二)结合思政设计

1. 课程引入

庆顺公司自建成以来一直在未通过环保"三同时"验收的情况下进行纸用染料项目的生产,违法排放大量污水造成环境污染。经群众多次举报,县政府责成环保部门履行监管职责。县环保局虽对庆顺公司多次作出行政处罚,但却先后两次批准其试生产延期。针对上述情况,县人民检察院向县环保局发出两次检察建议,督促其依法履行监管职责,督促庆顺公司整改并履行行政处罚决定书的内容。县环保局虽予以回复,但仍未依法正确履行监管职责,致使环境污染问题一直未得到有效解决,国家和社会公共利益持续处于受侵害的状态。

为督促环保部门依法行政,纠正其违法行为,维护国家和社会公共利益,2015 年 12 月 16 日,县人民检察院就县环保局不依法履职向县人民法院提起诉讼,请求确认县环保局批准庆顺公司进行试生产、试生产延期的行政行为违法,撤销其违法行政处罚决定,并责令其依法履职。2016 年 6 月 20 日,庆云县人民法院判决支持检察机关的诉讼请求,确认庆云县环保局批准庆顺公司进行试生产、试生产延期的行政行为违法。该案是我国首例环境行政公益诉讼案。

2. 思政结合

检察机关发挥公益诉讼职能,彰显了中国特色社会主义司法制度的优越性。

生态环境具有公共利益的属性,环境污染和生态破坏的行为在很大程度上对公共利益造成损害。检察机关提起环境行政公益诉讼,充分发挥了检察机关的公益诉讼职能,监督环保主管部门依法履职,通过诉前检察意见、提起公益诉讼等纠正环保主管部门"不作为""乱作为"等违法行为,从而形成有力的倒逼机制,促使环保主管部门积极依法履职,提升环保执法工作的质量和效能。环境行政公益诉讼制度的设立以最小的司法投入获得了最佳的社会效果,彰显了中国特色社会主义司法制度的优越性。

2014 年 10 月,党的十八届四中全会通过的《全面推进依法治国若干重大问题的决定》,探索建立检察机关提起公益诉讼制度。2015 年 7 月 1 日,全国人大常委会作出《关于授权最高人民检察院在部分地区开展公益诉讼试点工作的决定》,授权最高人民检察院在生态环境和资源保护等领域,在全国部分地区开展为期两年的提起公益诉讼试点。经过实践,2017 年

6月修订后的《行政诉讼法》正式确立了检察机关提起行政公益诉讼的制度。该制度的确立是我国全面深化司法改革的一个典型样本，完整经历了顶层设计、法律授权、试点先行、立法保障、全面推进五个阶段，走出了一条具有中国特色的公益司法保护道路。①

3. 思考讨论

检察机关提起行政公益诉讼体现了其哪种重要职能？在新时代背景下，我国司法诉讼制度需要怎样的制度创新？

四、通过"环境影响评价制度"，落实"放管服"②改革，助推国家治理体系和治理能力现代化

（一）知识点概括

1. 知识点

环境影响评价制度是指对规划和建设项目实施后可能造成的环境影响进行分析、预测和评估，提出预防或者减轻不良环境影响的对策和措施，进行跟踪监测的制度。

2. 传统讲授方式

传统授课会重点强调环境影响评价文件的审批程序和相关分类管理规定，带来的问题是学生对该部分内容的理解过于机械和生硬，未能真正理解制度的动态变化。

（二）结合思政设计

1. 课程引入

校园内计划修建一个室内游泳馆，让学生就修建该游泳馆进行环境影响评价文件的准备。依照修订前后的《环境影响评价法》以及《建设项目分类管理名录》，对比需要提交的环评文件的差别，并思考差异性的原因。

2. 思政结合

（1）环境影响评价制度的变迁与环境管理理念的嬗变

环境影响评价是环境治理"预防为主"原则的重要体现。1979年的《环境保护法（试行）》和1989年的《环境保护法》均规定了环评制度。2002年，《环境影响评价法》单行法出台，成为环境法体系中的核心制度之一。2014年新修订的《环境保护法》除了重申"未经环评不得开工建设"，还以"责令恢复原状""环评机构承担连带责任"等规定明确了违反环评的责任制度。可见，2015年以前，我国环评制度在法律层面呈持续强化的趋势。

2015年5月12日，国务院首次提出"放管服"改革的概念。环评制度的变迁是生态环境领域深化"放管服"改革的具体体现。在简政放权方面，2016年和2018年两次修改《环境影响评价法》，取消了环评制度中行业主管部门预审、试生产审批、竣工环保验收许可等多项行

---

① 王治国，史兆琨.检察机关提起公益诉讼成为全面深化改革的一个典型样本［EB/OL］.［2020 - 11 - 23］. https：//www. spp. gov. cn/spp/zdgz/201711/t20171101_203940. shtml.

② 放管服，是简政放权、放管结合、优化服务的简称。"放"即简政放权，降低准入门槛。"管"即创新监管，促进公平竞争。"服"即高效服务，营造便利环境。

政审批。在放管结合方面调整了审批制与备案制的比例,取消了环境影响登记表的行政审批要求。在优化服务方面,先后三次对《建设项目环境影响评价分类管理名录》进行动态修订,优化了环评分类,完善了环评技术导则体系,优化了公众参与程序和形式等。

（2）环评审批"瘦身"符合党中央、国务院深化"放管服"改革部署要求,助力实现国家治理体系和治理能力现代化

环境影响评价从强化审批为主开始转向创新监管和服务为主的新模式,是深入贯彻习近平生态文明思想,认真落实党中央、国务院深化"放管服"改革部署要求的制度体现。环评审批精简"瘦身"、监管提高效率是实现环境效益、经济效益、社会效益相统一,进一步满足人民日益增长的美好生活需要和优美生态环境需要的制度创新。国家治理体系是一整套紧密相连、相互协调的国家制度,国家治理能力则是运用国家制度管理社会各方面事务的能力。环评审批的持续精简、效率提高实际上是推进国家治理体系和治理能力现代化的体现,由强化审批为主向监管和服务为主转化治理模式,在降低准入门槛的同时,创新清晰、高效的监管和服务,在协同推动经济高质量发展的同时提高生态环境的高水平保护。

3. 思考讨论

除了环评制度外,还有哪些环境法律制度在助力实现国家治理体系和治理能力现代化方面有所创新?

五、通过"河长制",说明地方政府环境保护目标责任制是各级领导干部的行为规范

（一）知识点概括

1. 知识点

《环境保护法》第26条规定,国家实行环境保护目标责任制和考核评价制度。环境保护目标责任制和考核评价制度是由地方各级人民政府分级制定环境保护目标,通过签订环境目标责任书的形式,将环境保护职责落实到具体部门及其主要负责人。该制度明确了环保不仅是民生工程,也是约束各级领导干部的行为规范。

2. 传统讲授方式

通常老师讲授环境保护目标责任制这个知识点时,会解释该制度的产生背景、概念、内容,知识点比较抽象。学生听起来比较枯燥,不能对该制度的法治含义有全面的理解。

（二）结合思政设计

1. 课程引入

2007年夏天,太湖水质恶化,在恶劣气象条件下爆发大面积蓝藻,导致无锡市出现了公共饮用水危机事件。突如其来的危机是日积月累的环境破坏的集中爆发。无锡市政府痛定思痛,率先在中国探索和实践"河长制",由各级党政主要负责人担任64条河道的"河长",加强河流污染物的源头治理,负责督办河道水质改善工作。2017年6月,全国人大常委会通过修改《水污染防治法》的决定,新增加了"河长制"的规定,建立了四级河长体系,各级河

长由党政一把手担任,分级分段组织领导本行政区域内的水资源保护、水域岸线管理、水污染防治、水环境治理等工作。通过建立河湖管理保护监督考核和责任追究制度,强化考核问责,实行生态环境损害责任终身追究制,对造成生态环境损害的,严格追责。河长制是强化政治担当、责任担当、使命担当,着力解决河湖管理保护中存在的突出问题的重要抓手,扭转了"多龙治水、相互推诿"的河湖管理局面,逐步走向"首长负责、部门共治"的良性发展轨道。

2. 思政结合

"河长制"体现了环境保护目标责任制是对各级领导干部行为的法治约束。

《环境保护法》第 6 条第 2 款规定,地方各级人民政府应当对本行政区域的环境质量负责。《水污染防治法》第 6 条也强调了国家实行水环境保护目标责任制和考核评价制度,将水环境保护目标完成情况作为对地方人民政府及其负责人考核评价的内容。河长制是地方政府环境保护目标责任制和考核评价制度在水资源保护、水污染防治方面的制度延伸和制度创新。地方各级人民政府及其领导干部要打破"政绩考核"只追求经济指标的老旧观念,随着环境保护目标责任制在《环境保护法》中的明确,环境指标已然成为考核领导干部行为规范的"硬指标",这一指标不是虚无缥缈,而是通过层层分解,精准落实的方式,将领导干部的职责、权力与义务进行有机结合,将环保作为领导干部的行为规范,进而切实达成既定的环境治理目标。这充分体现了中国特色社会主义现代化进程从先进理论到制度优势、从科学政策到执行有力,最终实现治理有效的过程。[①]

3. 思考讨论

学习和讨论《环境保护法》第二章关于环境监督管理内容,理解中国特色社会主义法治中依法执政如何践行。

六、把长江保护纳入法治轨道符合建设美丽中国的要求,既是重大政治任务,更是时代使命、历史责任

(一) 知识点概括

1. 知识点

在讲述《水污染防治法》《水法》时,会涉及到水污染防治和水资源保护两个知识点。该知识点主要要求学生了解环境利用行为的概念和特征。

2. 传统讲授方式

传统讲授《水污染防治法》《水法》时,会做"条块分割"式的讲解,学生的理解也仅限于条文的字面含义,缺少把水放在流域的空间范围内进行法律分析,学生对知识点只机械理解。

(二) 结合思政设计

1. 课程引入

长江作为母亲河,既是哺育中华文明的生命之源,也是休养生息的生态宝库,更是经济

[①] 王立剑. 实现从先进理论到治理效能的"四个转化"[J]. 国家治理,2019(Z4):36-38.

社会发展的黄金水道。但是,严重的污染和过度的开发导致母亲河"病了"。长江部分水系严重断流、河湖生态功能退化、生物完整性指数到了最差的"无鱼"等级;水污染形势严峻,30%的环境风险企业位于饮用水水源地周边5公里范围内,跨区域违法倾倒危险废物呈多发态势。① 从法律的名义保护母亲河已经迫在眉睫。

2. 思政结合

将长江保护纳入法治轨道,既是重大政治任务,更是时代使命、历史责任。

虽然我国已建立起以《环境保护法》为基础,《水污染防治法》《水法》等防治水污染和保护水资源的法律体系,但仍缺乏从流域保护的视角对长江这一关系国计民生、关系重要生态安全的水域进行单独立法,这在法律体系的完整性和科学性上都存在缺陷,不符合"生态优先、绿色发展"的时代要求。历经三次审议,《长江保护法》于2020年12月26日通过。作为我国第一部流域法律,《长江保护法》贯彻落实生态文明思想,把生态修复摆在压倒性位置,对保护长江流域生态环境迈出了历史性的重要一步。

制订《长江保护法(草案)》的过程本质上是一次重大的理论与实践创新。② 习近平总书记对长江经济带生态环境保护工作的重要指示,确立了长江经济带生态环境保护的总基调,统一了思想认识。《长江保护法(草案)》提请全国人大常委会会议审议,迈出了立法进程的第一步。鉴于时代要求的紧迫性和科学立法的严谨性,为了落实"生态优先、绿色发展,共抓大保护、不搞大开发"的长江经济带发展理念,农业农村部发布了长江十年禁渔计划。长江流域是一个山水林田湖草生命共同体,对水生渔业资源的保护也是从长江生态系统综合考虑出发。虽然"长江十年禁渔计划"仅是农业农村部做出的部门规范性文件,但却是长江保护纳入法治轨道的重要突破性举措,这既符合建设美丽中国的要求,符合民生福祉的需要,也是重大的政治任务,更是时代使命、历史责任。

3. 思考讨论

长江流域保护、黄河流域保护、国家公园保护已经陆续进入法治轨道,如何看待国家对自然资源的保护和管理?

七、以"生活垃圾分类"为例,解释家庭环保义务和责任

(一)知识点概括

1. 知识点

新修订的《固体废物污染环境防治法》(以下简称《固废法》)自2020年9月1日起施行。"生活垃圾"从原来旧法的一节升格为专门一章,国家明确提出生活垃圾分类制度,强调产生生活垃圾的单位、家庭和个人应当依法履行生活垃圾源头减量和分类投放义务,承担生活垃圾产生者责任。

---

① 立法保护长江"母亲河"最高立法机关首次审议长江保护法草案[EB/OL]. [2020 - 11 - 23]. http://www.xinhuanet. com/2019-12/24/c_1125383736. htm.
② 吕忠梅. 关于制定《长江保护法(草案)》的法理思考[J]. 东方法学,2020(4):79 - 90.

2. 传统讲授方式

通常讲授《固体废物污染环境防治法》时，会以企业作为固体废物污染防治的主要对象进行减排义务的分析，学生的理解也仅限于条文的文本，缺少把家庭作为法律关系的主体进行分析，印象不深刻，对知识点停留在机械理解层面。

(二) 结合思政设计

1. 课程引入

"今天你家垃圾分类了吗?"成了今日许多人见面时的口头禅。习近平总书记在 2020 年的新年贺词中提出"垃圾分类引领低碳生活新时尚"。作为"社会细胞"的每个小家庭是生活垃圾减量和分类的"主力军"，培养家庭成员垃圾减量和分类的意识，提高家庭垃圾分类的参与率和准确投放率是带动千家万户形成低碳生活新时尚的重要环节。

2. 思政结合

生活垃圾减量分类制度，为家庭处理生活垃圾提供行为规范，引导家庭成员形成正确的消费观。

近年来，越来越多的大中城市面临"垃圾围城"的压力。2019 年，全国 200 个大、中城市生活垃圾产生量高达 21147.3 万吨。① 大量生活垃圾的产生不仅影响环境卫生，传播疾病，而且对生态系统和人民的身体健康也造成一定的威胁。2020 年新修订的《固废法》健全了生活垃圾污染环境防治制度，将家庭作为重要的生活垃圾源头减量和分类的义务主体和责任主体，家庭承担着生活垃圾减量、分类的义务，同时按照"损害担责"原则，作为生活垃圾产生者，家庭也承担着按要求缴纳生活垃圾处理费的责任。

2020 年 8 月，习总书记作出重要指示强调，坚决制止餐饮浪费，切实培养节约习惯，在全社会营造浪费可耻节约为荣的氛围。而家庭"舌尖上的浪费"是餐饮浪费的主要来源之一。《固废法》提出生活垃圾减量化以及承担生活垃圾产生者责任的规定从一定意义上对制止家庭餐饮浪费起到一定的行为约束作用。在有行为规范和法律责任并举的情况下，生活垃圾减量和分类制度将有助于引导家庭成员养成拒绝餐饮浪费，崇尚勤俭节约的健康消费观。

3. 思考讨论

除了生活垃圾减量和分类外，家庭作为重要的社会活动主体，在环保上还能有哪些更大的贡献? 法律上如何体现其环保义务?

八、革除滥食野生动物陋习，履行保护野生动物的义务

(一) 知识点概括

1. 知识点

《野生动物保护法》规定，个人有保护野生动物的义务，禁止为食用非法购买国家重点保

---

① 2019 年全国大中城市固体废物污染环境防治年报[R/OL]. (2019 - 12 - 31)[2021 - 03 - 07]. http://www.mee. gov.cn/hjzl/sthjzk/gifwwrfz/.

护的野生动物及其制品。

2. 传统讲授方式

传统授课会解释该制度的立法变迁和具体规定,缺少对时势的分析,学生未能真正理解该制度对个人行为的约束。

(二) 结合思政设计

1. 课程引入

2020 年初春,新冠肺炎疫情肆虐中华大地,不禁引发人们对滥食野生动物突出问题的反思。随着生产力水平的不断发展,科学技术的不断进步,人类步入现代文明,野生动物不再是人类餐桌上的"主食",甚至成为最珍惜的自然资源和环境要素,成为地球生物多样性的重要载体。但是,一部分人仍为了满足口腹之欲而"追逐野味"。

2. 思政结合

"革除滥食野生动物陋习"是个人保护野生动物的义务。

我国是全球野生动物资源最丰富的国家之一,加强野生动物保护是生态文明建设的必然要求和重要内容。虽然《野生动物保护法》历经三次修改,规定个人有保护野生动物的义务,但野生动物的范围限定为"重点保护动物"和"有重要生态、科学、社会价值的"动物。2020 年 2 月 24 日,第十三届全国人民代表大会常务委员会第十六次会议通过《关于全面禁止非法野生动物交易、革除滥食野生动物陋习、切实保障人民群众生命健康安全的决定》。人大常委会的决定具有补充法律和解释法律的作用。该决定对全面禁食野生动物做出了更明确的规定,包括①全面禁止食用国家保护的"有重要生态、科学、社会价值的陆生野生动物"以及其他陆生野生动物,包括人工繁育、人工饲养的陆生野生动物;②全面禁止以食用为目的猎捕、交易、运输在野外环境自然生长繁殖的陆生野生动物。

用法治的形式革除滥食野生动物陋习,体现了落实党中央重大决策部署,顺应民心民意的责任担当。与此同时,建设生态文明要求个人摒弃食用野生动物陋习,养成科学健康文明的生活方式。全面禁食野生动物是个人保护野生动物义务更具体、更明确的要求和内容。

3. 思考讨论

近期,媒体又再次披露大学生"虐猫"事件,如何从动物保护法的角度规范人与动物的关系?

第十五章

劳动与社会保障法学课程思政教学设计①

第一节　教学设计基本思路

一、设计思路阐释

结合我国劳动与社会保障法的历史发展演变与具体制度，使学生对我国劳动法和社会保障法律制度有更清晰的认识，引导学生从爱国主义、公民基本道德规范、公平正义、人权思想等角度进行思考，从而树立起正确的世界观、人生观和价值观。

二、思政教育结合点概况

序号	教材对应知识点	课程思政结合点	说　明
1	劳动法是公法与私法兼容的法律	劳动法的特征既体现了我国社会政治制度的优越性，又体现了我国经济制度的不断发展。	通过对中国劳动法"公法私法化"的发展脉络梳理，引导学生对我国的政治社会发展和经济制度变迁的深刻认识，增强其主人翁的社会责任感，从而更加热爱社会主义制度。
2	劳动合同订立条款	恪守爱国守法，明礼诚信，团结友善，勤俭自强，敬业奉献的公民基本道德规范。	通过劳动合同订立的必备条款和约定条款以及不得约定条款，培养学生成为有理想、有道德、有文化、有纪律的社会主义公民。

---

① 作者简介：侯莎，河南南阳人，厦门大学嘉庚学院副教授，在读法学博士。主要讲授课程为"经济法""劳动与社会保障法""竞争法"。

序号	教材对应知识点	课程思政结合点	说　明
3	劳动合同的解除制度	公平有序的市场竞争秩序、对特殊群体的职业保护以及企业社会责任。	通过介绍"飞行员巨额违约金系列案件"，引导学生掌握劳动合同解除的内容，树立其社会责任感。
4	非全日制用工法律制度	非全日制用工的灵活就业形式以及天然的不足，需要用辩证唯物主义和历史唯物主义的观点看待，同时，需要引导学生树立正确的择业观。	2020 年新冠肺炎疫情影响下的社会大背景下，越来越多的人主动或被动选择了非全日制用工，引导学生用发展的眼光看待这种用工形式，同时鼓励学生立足现实、踏实勤勉，尊重并重视每一个平凡的岗位，为国家和社会贡献自己的心力。
5	劳动者的工作时间和休息休假	人权思想、重视中国传统节日、尊重中国传统文化。	通过对法定工作时间和法定节假日的讲解，引导学生对劳动权和休息权有更深入的理解，同时树立对中国传统文化的尊重。
6	社会保障法律制度	爱国主义、公平正义、改革创新的时代精神。	通过"华为员工过劳死"的案例，引导学生客观看待我国以社会保险为核心的社会保障制度。

第二节　教学设计典型课例

一、通过"劳动法是公法与私法兼容的法律"引导学生树立社会主义政治体制和经济制度优越性的价值导向

（一）知识点概括

1. 知识点

在劳动与社会保障法中，劳动法的基本特征往往作为基础理论之一，包括公法与私法的兼容、劳动保护法与劳动管理法的统一、劳动关系协调法与劳动标准法的结合、实体法与程序法的配套等知识点，这些知识点作为一般了解性内容，较为抽象和概括。

2. 传统讲授方式

传统的讲授方式囿于课程形式和教学内容安排，对于劳动法的基本特征仅作概括性的介绍，根据通编教材对上述几个特征进行理论讲解，学生听起来比较枯燥，印象也较为模糊。特别是对公私法兼容这一特征只是一笔带过，学生难以深刻理解这一特征所体现出的我国的政治和经济制度的优越性。

（二）结合思政设计

课程思政结合思路如下：

1. **课程引入**

首先从学生感兴趣的公法与私法区分入手提问："你觉得中国的劳动法属于公法还是私法?""劳动法在生活中有什么用处呢?""中国的劳动法与国外的劳动法一样吗?"引导学生对劳动法的历史发展以及特征进行思考。

在中国整个法律体系下,劳动法是一个独立的法律部门,它调整的是劳动力所有者(劳动者)与劳动力使用者(用人单位)之间,为了实现劳动过程而发生的一方有偿提供劳动力,由另一方用于同其生产资料相结合的社会关系。

劳动法的显著基本特征之一是:公法与私法兼容。公法涉及到社会宏观利益(国家利益和社会公共利益),私法涉及私人的微观利益(公民个人和法人)。公法典型的就是行政法,私法典型的是民法,而像经济法、劳动法则是兼有公法私法性质的法。从历史发展来看,西方劳动法是私法公法化的发展脉络,中国的劳动法则是公法私法化的发展变迁。西方大多数国家的劳动法都经历了从民法中逐步分离出来的过程,即使到现在,部分国家的劳动法仍然属于民法的范畴。我国在计划经济体制时期,实行的是统分统配的就业制度,劳动关系其实就是劳动行政关系的延伸,是纯粹的公法关系,在这样的环境下,劳动法属于完全意义上的公法。实行市场经济体制之后,用人单位被赋了了更多的自主权,劳动者被赋予了择业自主权;双方可以通过平等、资源、协商的形式来确立劳动关系;劳动行政职能转变成指导、监督和保障。所以,这样一来,劳动关系不再是纯粹的公法关系,而是兼有私法的属性。这就是我国劳动法公法私法化的属性。

2. **思政结合**

通过对中国劳动法"公法私法化"的历史发展脉络分析,让学生对我国的劳动法发展演变路径有了清晰的认识,同时,也能让学生有以下深刻认识:一是,我国的政治制度优势为劳动与社会保障法律制度的特色提供了土壤基础。中国是工人阶级领导的、以工农联盟为基础的人民民主专政的社会主义国家。从劳动行政政策体系中分离出来的劳动法,能够既保护用人单位的自主权,又能够通过行政强制干预的手段,对劳动者进行保护,充分体现了社会主义制度的优越性和先进性。二是,我国的经济制度发展为劳动与社会保障法的发展提供了物质保障。经济基础决定上层建筑,劳动法的立法需要适应社会经济形势的不断变化。现阶段,我们强调对"四史",即党史、新中国史、改革开放史、社会主义发展史的学习。这些历史无一不在告诉我们,中国的劳动法的发展与中国社会经济、政治体制改革的历史息息相关。无论是计划经济时期公法属性的劳动法,还是市场经济时期保护劳动者和用人单位权利义务关系的公私兼容属性,都体现了社会主义制度下对劳动者权益的保护,同时,也兼顾到用人单位的利益。这也与社会主义核心价值观所倡导的公平、正义相契合,既确定了劳动者与用人单位之间在平等、自愿、协商的基础上通过合同的形式确立劳动关系,为劳动力资源的配置提供法律保障,又侧重强调对劳动者权益保护。

3. **思考讨论**

课后,可以设置思考题:"计划经济时期的劳动法与市场经济时期的劳动法有什么区别?""在现行的经济体制下,劳动法如何发挥其应有的作用?"

二、通过"劳动合同订立条款"引导学生树立遵纪守法、诚实守信、遵守契约的价值导向

(一) 知识点概括

1. 知识点

劳动合同的订立条款是指,用人单位和劳动者之间约定双方权利义务的内容。具体来说分为必备条款和约定条款,还有不得约定的条款。根据《劳动合同法》第3条规定:"订立劳动合同,应当遵循合法、公平、平等自愿、协商一致、诚实信用的原则。"这就明确了劳动合同订立的基本原则。

2. 传统讲授方式

传统的讲授方式对劳动合同订立条款主要从法定条款、约定条款和不得约定条款进行讲解,内容繁杂且比较枯燥,学生只能通过僵化记忆的方式将主要知识点掌握清楚。

(二) 结合思政设计

课程思政结合思路如下:

1. 课程引入

首先提问学生:"你希望未来从事什么样的职业?""你觉得一份完整的劳动合同应该是什么样的",让学生发散性思维对劳动合同订立的条款进行描述和理解。

根据我国法律规定,必备条款主要有:(1)劳动合同双方当事人的基本情况和信息:包括用人单位的名称、住所和法定代表人或者主要负责人的姓名;劳动者的姓名、地址和居民身份证或者其他有效身份证件号码。(2)劳动合同期限:主要包括无固定期限劳动合同、固定期限劳动合同和以完成一定工作任务为期限的劳动合同。以完成一定工作任务为期限的劳动合同,实际上就是固定期限劳动合同。(3)工作内容和工作地点。(4)工作时间和休息休假。(5)劳动报酬。(6)社会保险。(7)劳动保护、劳动条件和职业危害保护。

劳动合同的约定条款主要包括:试用期、保守商业秘密、竞业限制等。此外,不得约定的条款主要有:生死条款与免责条款、违约金条款、末位淘汰制条款等。

2. 思政结合

通过对劳动合同订立条款的全面梳理,让学生对现实生活中用人单位与劳动者订立劳动合同的主要内容有了较为清晰的理解,同时也能够从以下几个方面加强认识:一是,要理论联系实践。劳动与社会保障法学是实践性非常强的法学课程,是坚持马克思主义实践观,学会运用劳动与社会保障法的基本知识和原理,解决现实社会劳动与社会保障法领域的相关法律问题。二是,在依法治国的社会背景下,劳动者和用人单位都需要知法、守法、用法。不管是劳动者还是用人单位都需要对劳动法领域的相关法律法规有清晰认识,对于法律明确规定可以做的以及禁止性规定都要掌握,从而保障劳动合同签订当事人的合法权益。三是,在签订具体劳动合同时,用人单位也要如实告知劳动者的各项权利义务,同时,劳动者要基于明礼诚信、团结友善、勤俭自强、敬业奉献的公民基本道德规范,如实、合理地展示自身

实际情况。现实生活中曾经出现过,劳动者伪造自己的学历和工作经历,骗取与自身能力不相适应的工作机会,这样的行为,不仅涉嫌违法,也违背了社会主义公民基本道德规范。青年学生在校期间,要牢固树立正确的择业观和就业观,积极进取,遵纪守法,为未来的职业生活做准备。

3. 思考讨论

课后,设置思考题:"劳动合同订立过程中还有哪些需要注意的事项?""如果你现在要求职,怎么制作一份完整的个人简历?"让学生延伸对劳动合同的订立内容和程序等进行思考。

三、通过"劳动合同的解除制度"引导学生树立良好的社会责任、公平的竞争秩序等价值导向

(一)知识点概括

1. 知识点

在劳动与社会保障法中,劳动合同的解除既是重要知识点之一,也是难点之一,按照解除形式的不同,包括协商解除和单方解除两种情形,其中,单方解除又分为劳动者的单方解除和用人单位的单方解除。按照解除时当事人的主观状态,又分为过错解除和非过错解除两种方式。

2. 传统讲授方式

传统的讲授方式因课时有限,只能将劳动合同解除制度的内容通过满堂灌的方式全部告诉学生,很难涉及除了理论知识以外的其他知识点,很难让学生对学科知识以外的社会责任、权利义务、竞争秩序等内容有更深入的思考。

(二)结合思政设计

课程思政结合思路如下:

1. 课程引入

首先从"飞行员巨额违约金系列案件"入手,向学生介绍我国出现飞行员辞职后,航空公司索要巨额违约金,双方对簿公堂系列案件入手,让学生对劳动合同的解除有较为粗浅的认识。

飞行员巨额违约金系列案件,包括几个典型系列案件:如 2004 年 6 月,海航集团控股的中国新华航空公司 14 名飞行员集体向公司提交辞职书,投奔奥凯航空公司。2004 年 7 月,东航江苏有限公司两名飞行员提交了辞呈,两人各支付赔偿款 100 万元后,解除劳动合同。2004 年 10 月,国航西南分公司的机长李某提出辞职,国航西南分公司要求李某赔偿公司共计 800 余万元。后国航西南分公司与飞行员李某达成和解协议,由后者加盟的民营航空公司承担 300 万元"转会费"。2005 年 3 月,厦航飞行员罗某因辞职将厦航告上法庭,要求厦航赔偿各种费用 207 万余元。厦航提出反诉,要他赔偿 323 万元。罗某向厦航支付赔偿费合计 120 万余元,最终双方达成和解。2006 年 6 月,东航青岛分公司 7 名飞行员辞职,东航索要巨额赔偿。这 7 人在东航上海总部绝食抗议,引起舆论大哗。2007 年 5 月,东航云南分公司飞

行员郑某因辞职遭单位索赔 1275 万元。经劳动仲裁,判赔 70 万元。之后,双方均不服并诉讼,最终东航获赔 130 万元。

以上案件,一方当事人是航空公司,另一方主体是飞行员。按照我国现行法律规定,航空公司是用人单位,飞行员属于劳动法上所界定的劳动者身份。而飞行员与航空公司提出辞职,也就是劳动法上所述的劳动合同的解除。具体来说:一是,协商解除。劳动者和用人单位都有权提出解除的请求。但是,此处要特别注意的是:虽然是双方都可以提出解除,但是,由于用人单位一般处于强势的地位,为了稳定劳动关系,《劳动合同法》规定,如果用人单位提出协议解除劳动合同的,必须支付经济补偿金;如果劳动者首先提出协议解除劳动合同,用人单位不必支付经济补偿金。解除劳动合同可以是书面形式的,也可以是口头形式的(实践中)。但是,一般认为书面较好。

二是,单方解除。分为劳动者一方解除(俗称"辞职")和用人单位解除(俗称"辞退")。劳动者一方解除又包括:预告辞职和即时辞职,前者属于劳动者自愿辞职,后者属于劳动者被迫辞职。用人单位一方解除又包括:即时辞退和预告辞退。前者属于过错性解除,后者属于非过错性解除。对于非过错性解除,我国劳动法规定分为预告辞退的许可性条件、禁止性条件和经济性裁员三种。其中,禁止性条件中明确了用人单位对患病职工在医疗期内、女职工在孕期、产期、哺乳期内不得解除劳动合同。经济性裁员中规定应优先留用在本单位服务期较长的员工、无固定期限劳动合同的员工以及家庭困难有需要抚养的老年人和未成年人的员工。

2. 思政结合

对于劳动合同的解除制度,除了大量的法条知识点学习之外,还应当引导学生从以下几个方面进行深入学习和思考:一是,随着现代社会分工的发展和专业化程度的提高,良性的劳动力市场竞争秩序至关重要。学生需要通过"飞行员巨额违约金系列案例"中正确认识当前我国劳动力市场公平、合理的竞争秩序存在的必要性。二是,学生需要正确认识劳动者不分职业、不分贵贱高低,尊重每一个劳动者的合法权益。三是,法律保护特殊群体的合法权益。特别是对未成年工和女职工,需要考虑其特殊情况,保障这些群体的生命安全和身体健康权利。四是,作为用人单位,需要有社会责任。学生未来有可能作为用人单位一方,需要引导其树立企业社会责任的理念,在企业需要经济性裁员时,采用"优先留用制度",对于特殊的职工给与安抚与照顾,提升道德修养,服务社会,为中国特色社会主义的发展发挥其应有的使命和责任。

3. 思考讨论

课后,可以设置思考题:"劳动合同解除后劳动者和用人单位还有什么后合同义务?""企业的社会责任包括哪些方面?"

四、通过"非全日用工法律制度"引导学生树立正确的择业观

(一) 知识点概括

1. 知识点

在劳动与社会保障法中,非全日制用工是与全日制用工相对而言,它突破了传统的单一全日制用工模式,是灵活就业的一种重要形式。对非全日制用工的认识主要从特征、适用范

围、优势与不足、劳动者合法权益以及劳动争议处理等方面展开。

2. 传统讲授方式

传统的讲授方式主要结合法条,对非全日制用工概况进行了解,很少会引导学生对这一用工方式背后的深层次原因以及结合现实生活对这种用工形式的前景进行深入的思考和探析。

(二) 结合思政设计

课程思政结合思路如下:

1. 课程引入

首先从大学生都感兴趣的"兼职"这一概念入手,引导学生对"兼职"的分类和法律属性进行讨论。从而引出劳动法上的"非全日制用工"这一基本概念。

非全日制用工(part-time work)是与全日制用工(full-time work)相对而言,弥补全日制用工不足的一种非主流用工形式。它是指以小时计酬为主,劳动者在同一用人单位一般平均每日工作时间不超过 4 小时,每周工作时间不超过 24 小时的用工形式。对非全日用工的主要特征可以从小时计酬、允许兼职、可订立口头协议、不得约定试用期、社会保险的缴纳等方面把握。非全日制用工在实践中主要存在于餐饮业、建筑业、娱乐业以及家政行业。正是由于其相对灵活的用工形式,因此对劳动者而言,非全日制用工可以提供机会来协调工作、家庭、休闲之间的平衡关系,对于用人单位而言,可以有更多的弹性来招募员工,适应市场的需求变化。但是,这种用工也存在一些不足。劳动者通常处于不利地位,在工作薪金、职业升迁、福利待遇等方面缺乏保障。相应地,劳动者的平等待遇权利、团结权、工资支付、争议处理以及全日制与非全日制之间转换等问题还有待进一步完善。

2. 讨论结合

我国的非全日制用工是从 20 世纪 90 年代以来快速发展的。非全日制用工是弥补全日制用工不足的一种非主流用工形式。近年来,随着社会经济形势的不断发展,特别是 2020 年新冠肺炎疫情的冲击,很多劳动者主动或被动地选择了非全日制用工。因此,在讲授本部分内容时,要引导学生从以下方面思考:一是,要用发展的眼光看待问题。非全日用工虽然是一种灵活的补充用工形式,但是,近年来已经被越来越多人接受和适用。所以,必须科学地运用辩证唯物主义和历史唯物主义思想,与时俱进、开拓创新,结合国情的现实需要,客观看待非全日工。二是,要引导青年学生踏实劳动、勤勉劳动,在平凡岗位上做出不平凡的业绩。事实上,只要有志气肯努力,任何用工形式的岗位都可以实现自己的人生价值。如"蓝领专家"孔祥瑞、"金牌工人"窦铁成、"新时代铁人"王启明、"新时代雷锋"徐虎等一大批劳动模范和先进工作者刻苦钻研、默默奉献,为国家和人民贡献力量。

3. 思考讨论

课后,可以设置思考题:"你未来愿意从事非全日用工的工作吗?""你觉得我国非全日用工在哪些方面还需要进一步完善和发展?"

五、通过"工作时间和休息休假"引导学生尊重传统文化、价值导向

(一) 知识点概括

1. 知识点

在劳动与社会保障法中,工作时间和休息休假作为一个章节综合讲授,主要包括工作时间、休息休假两个主要部分内容。

2. 传统讲授方式

传统的讲授方式囿于教学时间安排,往往将工作时间、休息休假的内容按照法条规定一一罗列,让学生机械记忆具体规定,很难让学生思考这些规定背后的立法意图和时代背景发展,因此,尚未成为劳动者的学生群体很难对这些规定产生共鸣。

(二) 结合思政设计

课程思政结合思路如下:

1. 课程引入

首先让学生从熟悉的"朝九晚五"、劳动节假期、国庆节假期、春节假期入手,列举归纳生活中哪些属于法定工作时间,哪些属于法定休息休假时间。从而引出我国劳动法所规定的工作时间和休息休假制度。

工作时间,又称为法定工作时间,是指劳动者为履行劳动义务,在法定限度内应当从事劳动或者工作的时间。工作时间的长度由法律规定或者由合同约定,劳动合同中约定的工作时间不得超过法律规定的时间长度,否则约定是无效的。工作时间是用人单位计发给劳动者报酬的依据之一,劳动者在工作时间提供了劳动,就应该获得相应的劳动报酬。工作时间的法律范围,不仅包括劳动者实际从事的工作的时间,还包括部分没有进行工作的时间,如劳动者从事生产或者工作所需要进行准备和结束工作的时间、工艺中断的时间、连续从事有害健康工作需要的间歇时间等。

此外,根据法律规定,目前我国的工作时间种类主要有:标准工作时间和特殊工作时间。标准工作时间,是指在正常情况下,由法律规定的普遍适用的工作时间制度。根据我国劳动法的规定,职工每日工作 8 小时,每周工作 40 小时。非标准工作时间,是指法定适用于特殊情形,并且工时长度和作息办法都不同于标准工作时间的工时形式。一般包括:①缩短工作时间,如从事矿山、井下、高山、高温、低温、有毒有害,特别繁重或过度紧张的特定岗位劳动的职工;从事夜班工作的职工;哺乳期的女职工和怀孕的女职工等,每日工作均可少于 8 小时。②不定时工作时间,主要包括:企业中的高级管理人员、外勤人员、推销人员、部分值班人员和其他因工作无法按标准工作时间衡量的职工;企业中的长途运输人员、出租汽车司机和铁路、港口、仓库的部分装卸人员以及因工作性质特殊,需机动作业的职工;其他因生产特点、工作特殊需要或职责范围的关系,适合实行不定时工作制的职工。③连续工作时间,主要适用于交通、铁路、邮电、地质、水运、航空、渔业等行业中因工作性质特殊,需要连续作业的职工,以及地质及资源勘探、建筑、制盐、制糖、旅游等受季节和自然条件限制的行业的部分职工。④计件工作时间,指以劳动者完成一定劳动定额为标准的工作时间。计件工作的

用人单位必须以劳动者在一个标准工作日和一个标准工作周的工作时间内能够完成的计件数量为标准,确定劳动者日或者周的劳动定额。

休息休假,是指按照法律的规定,劳动者在劳动关系存续期间不必从事工作或者生产,可以自行安排和支配时间。根据我国劳动法律、法规的有关规定,目前我国的休息时间种类主要有:法定休息时间和法定休假时间。法定休息时间包括工作日内的间歇时间、工作日之间的休息时间、工作周之内的休息时间。法定的休假时间包含法定节假日、法定年休假、法定探亲假、以及婚假、丧假等其他法定节假日。

2. 思政结合

工作时间和休息休假分别对应劳动者的工作权和休息权,这两项权利是劳动者的两项重要权利。我国法律对两项基本权利的规定,不仅体现在立法方面的不断完善,而且在思政方面也有所体现:一是,人权思想。通过立法规定工作时间和休息休假,既能通过积极的就业政策促进就业,对公民的劳动权这一具有生存权性质的基本人权给与特殊法律保护;又能通过立法明确劳动者的休息权,从而保障每一个社会成员有尊严地劳动和生活,从而体现了新时代社会主义国家人权精神的时代性和社会性。二是,在课程中要引导学生重视中国传统节日,尊重传统文化。国务院几次修订《全国年节及纪念日放假办法》,将中秋节、清明节、端午节等假期纳入法定节假日,就是对中国传统节日的重视。要引导青年学生有清醒的头脑和正确的认识,少过一些洋节,多关注一些中国传统节日,学习中国传统文化精髓,推动我国优良历史文化传统的传承和发展。

3. 思考讨论

课后,可以设置思考题:"我国对工作时间进行立法的意义是什么?"

六、通过"社会保障法律制度"引导学生树立爱国主义、公平正义、改革创新的价值导向

(一)知识点概括

1. 知识点

在劳动与社会保障法中,社会保障法律制度作为一个整体,涵盖社会保险、社会救助、社会福利和社会优抚等法律制度。其中,社会保险法律制度是重点和难点。

2. 传统讲授方式

传统的讲授方式限于课时安排,往往压缩这部分内容的课时。仅仅让学生从宏观上对我国社会保障制度大概了解,学生很难通过制度本身透视这些保障体制形成的社会原因以及制度背后所体现的家、国思想。

(二)结合思政设计

课程思政结合思路如下:

1. 课程引入

通过轰动一时的"华为员工过劳死①"案件入手,让学生讨论以工伤保险为中心的社会保险制度。再引导学生思考,一般公民除享受基本社会保险之外,还有一些特殊群体应通过社会优抚、社会救济制度来保障其权益。

社会保障是指由国家通过立法强制规定,并以国家作为给付义务主体,对公民在年老、疾病、伤残、失业、生育、遭遇灾害、面临生活困难时给与物质或服务帮助。我国的社会保障制度包括社会保险、社会救助、社会福利和社会优抚制度。

社会保险包括养老保险、医疗保险、工伤保险、失业保险和生育保险等,在整个社会保障体系中处于核心的地位。社会保险与社会福利和社会救助、社会优抚的区别:(1)社会保险的实际保障面更宽。凡是参与劳动关系的劳动者都是社会保险的受益人,而社会福利的受益者仅限于没有办法维持最低生活的人,因此针对的是特定的主体。(2)社会保险的保险标的更加重要。劳动风险是各个劳动者都可能遇到和经常可能遇到的风险。(3)社会保险的保障水平更高。社会福利的标准是维持或者高于一般生活水平,比如住房公积金;社会优抚主要针对社会贡献特别多,牺牲特别大的群体,比如烈属、专家等;社会救助主要是维持最低生活需要,属于临时性的短期的救助,比如对灾民、对低保、对无家可归者的救助。而社会保险是在保障劳动者基本生活需要的前提下,略低于或者不低于劳动者原有生活水平的待遇,这种属于经常性的、长期性的物质帮助。

2. 思政结合

一是,要引导学生爱护祖国、拥护国家基本制度、捍卫国家利益。要让学生意识到,国家在社会保障体系中发挥了巨大的作用,社会保障制度的顺利运行,需要国家承担财政支持和补充责任。实践证明,在国内外复杂形势下,我们的党和国家屡次经历了严峻考验,2020 年新冠肺炎疫情发生,普通中国公民均可以通过较为完善的医疗保险体系得到救治,我国疫情也得到了有效控制,这些无一不彰显了我国社会保障法律体系的先进性和中国特色社会主义的强大生命力。作为未来社会的中坚力量,青年学生要有强烈的爱国意识和与人民群众牢牢站在一起的情怀,要认识到个人的发展与国家的发展进步紧密相关,失去国家的庇佑和保护,人们将失去成长和发展的最坚实后盾。二是,要引导学生树立社会保障制度是实现正义的有力体现的理念。法律的目的之一是实现正义。而正义分为形式正义与实质正义。形式正义强调市场主体自由、契约自由等,劳动法的初级目标就是保障每一个劳动者有平等的生存权;实质正义则强调差别待遇、对契约自由进行限制,社会保障法则通过国家强制力,建立起涵盖各个群体的相对完整的社会保障体系,这充分体现了实质正义。三是,引导学生具有创新改革的精神。客观来说,目前我国的工伤保险、养老保险、社会救助等制度还存在一些不完善的地方。要引导学生理性认识这些问题,明白中国改革开放以来所探索出的中国特色社会主义道路是光明的,也是曲折的。要引导青年学生认真学习法律知识,积极投身社会实践,避免以偏概全、人云亦云,充分发挥法科学生的专业优势,开拓进取,为中国的社会

---

① "过劳死"一词来自于日本,是指劳动者长期高强度劳动而引起的身心极度疲劳直至死亡。2006 年,毕业于成都电子科技大学年仅 25 岁的华为员工胡新宇因病毒性脑炎被诊断死亡。作为华为最优秀的员工之一,胡新宇在深圳华为公司从事研发工作,而他的亲友在其去世后认为是长期的超过负荷工作削弱了他的免疫系统,从而导致他的去世。这一案例被媒体关注后以"华为员工过劳死"进行报道。同时,也不断引发民众对我国工伤保险等制度的讨论。

保障制度的完善贡献自己的力量。

3. **思考讨论**

课后,可以设置思考题:"完善的社会保障制度应该包含哪些内容?""纯粹市场化的社会保障制度在现代社会能否发挥作用?"

第十六章

知识产权法学课程思政教学设计①

第一节　教学设计基本思路

一、设计思路阐释

　　课程教学中坚持以马克思主义为指导,结合知识产权相关法律制度及案例,帮助学生了解掌握我国知识产权领域的国家战略、法律法规和相关政策,理解法律制度背后的道德、文化及法治理念,从而实现丰富学识与塑造人格相结合,培育出经世济民、诚信服务、德法兼修的高素质法律人才。

二、思政教育结合点概况

序号	教材对应知识点	课程思政结合点	说　明
1	知识产权制度概述	知识产权是保护创新,鼓励创新的法律制度。引导学生理解改革创新是中国时代精神的核心。	通过"中美贸易摩擦"为例,阐述现阶段我国面临复杂多变的发展环境,唯有坚持以创新为核心,科技自立自强,才能在未来国际竞争中掌握主动权,从而实现中华民族伟大复兴的中国梦。引导学生理解改革创新是中国时代精神的核心,坚持改革创新是新时代的迫切要求。

---

① 作者简介:吴秀云,安徽寿县人,安徽医科大学法学系副教授,硕士生导师。主要讲授"知识产权法""国际私法"等课程。

　　杨文彬,安徽颖上县人,安徽大学法学院副教授。主要讲授"著作权法""网络版权法"等课程。

　　徐璟,安徽合肥人,安徽农业大学经济技术学院副教授。主要讲授"知识产权法""民法学"等课程。

序号	教材对应知识点	课程思政结合点	说　明
2	知识产权制度的历史沿革与发展趋势	我国知识产权法律的制定与修改，以及积极加入相关国际条约，体现了全面推进依法治国背景下，我国法治治理能力的提高。	通过介绍我国知识产权法律制度的历史及发展，引出我国为不断适应新形势的需要，加强知识产权保护，是国家治理体系和治理能力现代化的体现。我国已加入了绝大多数知识产权国际条约，体现我国积极履行国际义务，彰显大国担当。
3	著作权法的保护宗旨	保护著作权，乃是为了国家文化的发展。强调天下兴亡匹夫有责。	创作要重视文以载道。创作者要心怀国家民族的大业。要以化育天下万物为己任。青年学生要从我做起。
4	著作权法的基本原则	没有规矩不成方圆。	著作权法的基本原则，是著作权法的总纲。青年学生也要坚守传统伦理和社会主义道德规范，做一个好公民。
5	作品构成要件之一，独创性	没有独立思考，没有强大的创造力，民族复兴大业是不可能实现的。	周恩来：为中华之崛起而读书。我辈学子，也要为中华之崛起而创造而创作而传播。
6	在作品上署名的自然人、法人或者非法人组织为作者，但有相反证明的除外。（著作权法第十二条）	人过留名雁过留声。《左传·襄公二十四年》："太上有立德，其次有立功，其次有立言。虽久不废，此之谓不朽。"	青年学生不应该贪图虚名。但是，通过立言而留下自己的声名，是一个社会良性循环的表征之一。
7	著作权人行使著作权，不得违反宪法和法律，不得损害公共利益。	权利不得滥用，既是法律的原则，也是道德的准绳。	有内容的权利，才是真权利；有边界的自由，才是真自由。引导学生，善用自己的权利，约束自己的行为。
8	合理使用	长江后浪推前浪；历史是层累地形成的；罗马不是一天建造的。	前无古人，则后继乏人。每个人的成就，皆是站在前人成就之上的。同时，我们自己的成就，也会给后人提供一定的参考和底蕴。青年学生应当尊重前辈的创作，努力吸收其养分，让其变成自己的知识营养；同时，也应当努力完善自己，让自己成为后辈前行的基础和动力。
9	专利制度的作用、意义	引导学生理解专利制度不仅仅是一项法律制度，更是一种创新激励机制；同时激发学生的创新意识、民族自豪感和责任感。	以"李约瑟"难题为切入点，简要介绍中、西方科技发展史，引导学生思考：为什么以"四大发明"为代表的中国古代科技文明如此光辉夺目，而近代中国不论是科技还是经济发展却远远落后于西方？讲述专利制度对权利保护和激励创新的重要作用、意义。

序号	教材对应知识点	课程思政结合点	说　明
10	专利权主体	以职务发明纠纷案例引导学生理解并遵守职业道德和公民基本道德准则。	结合案例讲述职务发明创造的基本理论，引导学生：职业生活是人们参与社会分工，用专业知识和技能来创造物质或精神财富，获取合理报酬并丰富社会物质或精神生活的重要方式，引导学生树立正确的择业观和创业观，自觉地遵守职业道德，爱岗敬业，诚实守信，奉献社会，弘扬工匠精神，在劳动中实现价值，展现风采，感受快乐。
11	可专利主题：实用新型	引导学生正确认识国家设立实用新型专利制度的目的在于鼓励和保护改进型的发明创造，提高全社会的创新意识和权利保护意识，提升国际竞争优势。	结合案例讲述实用新型的专利授权条件，引导学生理解对处于全方位发展阶段、总体创新能力偏低的中国，实用新型作为改进发明的巨大市场价值，提升学生对实用新型的认可度。"五大发展理念"以共享为出发点和落脚点，国家之所以保护实用新型，目的在于鼓励"小发明"，更快地适应经济发展和社会生活的需要。
12	专利权的限制：强制许可	专利制度必须坚持发展为了人民、发展依靠人民、发展成果由人民共享的基本理念，这是对专利权限制的根本所在。只有推进共享发展，才能促进国家安定、民族团结，引领时代发展。	结合电影《我不是药神》的原型"陆勇案"阐述专利技术和知识产权当然需要保护，但有个适度问题，引导学生理解过于严格地保护专利和知识产权，可能阻碍科技成果的分享，成为获取暴利的手段，不利于科学家的创新进步。药品具有救死扶伤的特质，获得药品在性质上是人权的重要内容。维护和保障公共健康安全，有必要对药品专利技术和知识产权做出限制，体现人民至上、生命至上的立法原则。
13	专利法的排除对象	引导学生认识生命的本质，理解坚持节约资源和保护环境的基本国策，坚持可持续发展，加快建设资源节约型、环境友好型社会，为全球生态安全作出新贡献。	结合材料阐述专利制度及其他法律（《中华人民共和国人类遗传资源管理条例》）对人类遗传资源的保护和利用是"五大发展理念"中绿色发展的重要体现。对遗传资源研究开发的管理重在规范相关科研行为，防止生物技术研究开发活动中少数组织和个人实施严重悖逆社会伦理的行为，规范生物医学新技术应用行为，促进人口健康，维护人民群众健康权益。
14	商标注册与使用应当遵循的原则	申请注册和使用商标，应当遵循诚实信用原则。引导学生诚实为人、善意从事、信用至上，将诚实信用作为自己的价值导向。	结合案例阐述商标在申请注册时应遵循诚实信用原则，不得恶意注册，不得侵害他人与社会的利益，使用商标应当对商标质量负责。引导学生将诚实信用作为自己为人处事的原则和价值导向。

序号	教材对应知识点	课程思政结合点	说　　明
15	禁止作为商标使用的标志	有害于社会主义道德风尚或者其他不良影响的标志禁止作为商标使用。引导学生维护良好的道德风尚,弘扬社会正气。	通过案例讲解有害于社会主义道德风尚或者其他不良影响的标志不得作为商标使用。引导学生维护良好的道德风尚,弘扬社会正气,并自觉维护社会公共利益和公共秩序。
16	商标先用权	商标专用权不能对抗他人的在先使用权,体现商标法的公平原则。引导学生弘扬和践行社会主义核心价值观。	通过商标先用权举例,说明注册商标专用权人无权禁止先用权人在原使用范围内继续使用该商标。体现商标法的公平原则,公平合理地分配利益,才能实现社会的正义与和谐。引导学生自觉弘扬和践行社会主义核心价值观。
17	知识产权的利用	知识产权的利用应签订协议,引导学生培养规则意识和契约精神。	通过知识产权的利用方式介绍,阐释知识产权的转让、许可、质押、信托等双方当事人都应当订立合同,通过合同约束双方的权利义务。引导学生在工作、生活中培养规则意识,弘扬契约精神。
18	侵害知识产权的法律责任	侵害他人的知识产权需承担法律责任。引导学生树立知识产权法律意识、自觉尊重和维护法律权威。	通过知识产权侵权案例的讲解,阐释知识产权侵权应当承担的法律责任和后果,分别为民事责任、行政责任、刑事责任。引导学生在全面依法治国背景下,树立知识产权法律意识,自觉尊重和维护法律权威,运用专业知识和技能服务群众,做尊法学法守法用法的积极践行者。

第二节　教学设计典型课例

一、通过讲授知识产权制度的意义,阐述唯有创新才能赢得发展主动权

(一)知识点概括

1. 知识点

知识产权制度是与创新相匹配的制度,知识产权鼓励创新、刺激创新、保护创新,对我国构建创新型国家,并在国际竞争中赢得发展主动权具有重要意义。其所涉及的知识点包括知识产权的概念、特征及意义。

2. 传统讲授方式

通常教师讲授此知识点时,着重从理论上加以阐述,学生往往理解不够深刻,如果用“中

美贸易战"为例进行阐述我国为何坚持创新,走科技自立自强之路,学生就会深刻体会到创新关乎国家命运,民族兴衰。在此基础上进行引导学生理解改革创新是中国时代精神的核心。

(二) 结合思政设计

1. 课程引入

案例:2018 年美国根据其于 2017 年 8 月对中国发起的"301"调查[①],认定中国在技术转让、知识产权和创新等方面的政策行为不合理限制了美国企业,此后美国多次通过增收关税的形式发起针对中国的贸易战。在此过程中美国还通过制裁、断供核心芯片等手段,屡屡打压限制中国的高科技企业。此次中美贸易摩擦,美国发难对准中国知识产权,是因为在新一轮科技革命和产业变革的背景下,知识产权日益取代资源、资本等传统要素,成为国家重要的战略资源和国际竞争力的核心力量。世界未来的竞争是知识产权的竞争。

2. 思政结合

改革创新是时代要求,在当代中国,社会发展离不开改革创新,改革创新是社会发展的重要动力,坚持改革创新是新时代的迫切要求。创新始终是推动人类社会发展的第一动力,创新也决定着世界政治经济力量对比的变化和各国各民族的前途命运。我国近代落后挨打的重要原因是与历次科技革命失之交臂,导致科技弱、国力弱。创新能力是当今国际竞争新优势的集中体现,也是我国赢得未来的必然要求。面对美国的技术封锁,从某种程度可以倒逼我国企业更加重视技术创新。对于我国实现技术创新上的赶超,有着十分重要的意义。当前,创新驱动成为许多国家谋求竞争优势的核心战略。我国惟有勇立世界科技创新潮头,才能赢得发展主动权,从而实现中华民族伟大复兴的中国梦。

3. 思考讨论

请同学们思考,在当今世界,改革创新的时代意义? 学生在改革创新大潮中如何担当?

二、通过讲授著作权法的保护宗旨激发学生的社会责任感

(一) 知识点概括

1. 知识点

著作权法的保护宗旨,即著作权法以保护著作权及与著作权有关的权益为手段,鼓励作品的创作和传播,以此促进文化和科学事业的发展与繁荣。

2. 传统讲授方式

通常会从机制本身入手,引用"天下熙熙皆为利来;天下攘攘皆为利往"之句,来诠释法律赋予作者著作权之利益诱导的本质,以及国家运用这个诱导手段,激励国民积极创作,达

---

① 301 调查是美国依据 301 条款进行的调查,301 条款是指《1988 年综合贸易与竞争法》第 1301—1310 节的全部内容,其主要含义是保护美国在国际贸易中的权利,对其他被认为贸易做法"不合理""不公平"的国家进行报复。根据这项条款,美国可以对它认为是"不公平"的其他国家的贸易做法进行调查,并可与有关国家政府协商,最后由总统决定采取提高关税、限制进口、停止有关协定等报复措施。

到文化发展和繁荣的目标。若结合思政教育,则应强调创作与国家,个人与天下的关系。引导学生不要被权利保护所迷惑,而做出貌似维护个人权利,实则危害国家和民族利益的事情。

(二) 结合思政设计

1. 课程引入

蔡迪安等诉湖北晴川饭店拆毁壁画原件侵权上诉案。1982 年 4 月 15 日,被上诉人(原审被告)晴川饭店工程指挥部与湖北省美术院签订"晴川饭店"室内艺术作品协议书,湖北省美术院接受委托后,将壁画创作事项交由上诉人(原审原告)蔡迪安等四人来完成。1997 年,晴川公司对饭店进行整体翻修,涉案作品《赤壁之战》壁画被拆毁。原审法院认为,晴川公司拆毁美术作品原件行为,是对自己有形财产的处分,不侵犯著作权。二审认为,晴川公司拆毁壁画原件,不是导致蔡迪安等作者的著作权丧失或受损的原因,不构成对其著作权的侵害。

分析:在本案中,拆毁壁画的行为,导致优秀作品灭失,与著作权法"鼓励创作和传播,促进文化的发展和繁荣"的宗旨相左,是应当被否定性评价的行为,被上诉人(原审被告)晴川公司应当承担法律责任。

2. 思政结合

引导学生思考,著作权法究竟该怎样做,才能真正促进文化的发展? 进一步深思:个人的行为,若有益于国家和民族的进步,则是有益的;相反,若你的行为,小则损害他人权利,大则,阻碍国家发展和进步,则是有害的。

3. 思考讨论

狭隘的权利保护主义,对国家会有怎样的危害? 法科学生如何避免只见个人权利的树木,而不见国家和民族利益的森林?

三、通过讲授独创性原理引导学生认识独立思考的重要价值

(一) 知识点概括

1. 知识点

《著作权法》第三条著作权法所称作品,是指文学、艺术和科学领域内具有独创性并能以一定形式表现的智力成果。

2. 传统讲授方式

在作品的概念和构成要件一节中,重点讲授独创性概念。即主要从作品的表达形式上判断,作品是否具有独创性,从而,是否可以作为作品而受著作权法保护。若结合思政教育,则应当分析,为何作品构成要件中,要讲求独创性? 独创性要件,对于国家民族究竟有何意义?

(二) 结合思政设计

1. 课程引入

上海市测绘院与中华地图学社著作权纠纷上诉案。原告上海市测绘院编制了《上海市

道路交通图》等三幅地图，经比对，被告中华地图学社编制的《上海市道路图》与原告作品存在很多相同之处。法院认为：地图作品的编绘特点主要表现为对居民点、交通线路等要素的取舍与概括。在完全独立绘制的情况下，不同的作者，所编绘的地图差异是显而易见的。这种差异即反映了独创性。被告的行为属于剽窃。

分析：此案的关键点在于，如何把握公共元素与作品独创性的关系，以及如何证明自己作品的独创性问题。大千世界，万事万物，都可以纳入到作品中来，这里面有选择、描画、叙述、概括。这就是独创性之所在。

2. 思政结合

为何作品构成要件中，要讲求独创性？我们认为，这是文化进步的需要，思想、艺术的进步皆赖于此；这也是对作者的尊重，严谨的创作态度是文化良性发展的保障。独创性的创，即创作、创造之意，这是作品受保护的根源，是文化进步的阶梯。正是基于对作品独创性的要求，著作权法才可以借助这个文化的阶梯，"苟日新日日新"（《大学》），促进文化的发展和进步。

3. 思考讨论

创作，要讲求独创性；做人，也要有自己的个性格调；做事，要坚持原则，不随波逐流，不因循守旧。生活中，你是怎么做的？

四、通过讲授合理使用制度引导学生认识文化的延续性与继承性

（一）知识点概括

1. 知识点

著作权合理使用，是指在法律规定的条件下，使用他人已发表的享有著作权的作品，可以不经许可，也无须支付报酬，并不得损害著作权人其他合法权利的行为。

2. 传统讲授方式

一般围绕合理使用的判断标准，以及具体的作品使用行为展开。若结合思政教育，则应当提及文化的延续性与继承性，唤起学生对前人作品及思想贡献的感恩，并立志报效祖国的情怀。

（二）结合思政设计

1. 课程引入

何平诉教育部考试中心侵犯著作权案。

原告创作了漫画《摔了一跤》。被告教育部考试中心命制的 2007 年高考全国语文Ⅰ卷命题作文《摔了一跤》的漫画，与何平的漫画《摔了一跤》几乎完全一样。原告请求判令被告公开道歉；赔偿损失。法院认为，考试中心在高考作文中使用的漫画，系受原告漫画启发演绎创作而来的，应适用我国著作权法有关为执行公务合理使用的规定，不构成侵权。

分析：本案焦点在于，考试中心使用原告作品不署名的行为，是否构成合理使用。法院认为，考试中心在高考作文中未将相关漫画予以署名，属于《著作权法实施条例》第十九条规

定可以不署名的例外情况。

2. 思政结合

文化具有延续性(继承性)。任何国度的文化,都是由前人的创作和文化奠定的,是以历史的发展与积淀为基础的。所以,杜甫诗云:"读书破万卷,下笔如有神。"[1]意思可以概况为:①言读书与创作之关系,先进行良好的教育和自我教育,即读书;后才可能进行创造;②将创作的良好状态,寄托在读书上,而非才情等个人天赋上;③强调一个"勤"字。万卷,言其多也。前人的作品,为作家诗人提供了充分的营养,而他自己的作品,也将成为后人眼中的思想宝藏。

3. 思考讨论

如何认识对全人类文化的学习? 你将怎么做?

五、通过讲授专利制度的作用激发学生的创新意识

(一) 知识点概括

1. 知识点

专利制度的作用和意义,包括:有效地保护发明创造,鼓励公民、法人发明创造的积极性,促进发明创造的推广应用,推动国民经济的发展和科技进步。

2. 传统讲授方式

通常教师讲授此知识点时,会逐一讲述专利制度在鼓励发明创造、促进技术的商品化、开展和加强国际技术贸易和合作以及促进科学技术的发展等方面的意义。但是此种抽象、空洞的讲解难以使学生产生共鸣,无法深入理解专利制度的重要作用和深远影响。

(二) 结合思政设计

1. 课程引入

材料:中国是享誉世界的文明古国,在技术上曾有过令人自豪的成就。然而,从 17 世纪中叶之后,中国的科学技术却如江河日下,跌入窘境。据有关资料,从公元 6 世纪到 17 世纪初,在世界重大科技成果中,中国所占的比例一直在 54% 以上,而到了 19 世纪,骤降为 0.4%。1944 年,英国学者李约瑟在《中国之科学与文化》演讲中提出,中国古代有光辉灿烂的文明,但为何现代科技产生于西方而没发生在具有悠久文明的中国? 此后,《中国科学技术史》一书中,李约瑟对该问题作出进一步思考、阐述,被称为"李约瑟难题":尽管中国古代对人类科技发展作出了很多重要贡献,但为什么科学和工业革命没有在近代的中国发生?

2. 思政结合

科技是第一生产力,创造创新是中华民族最深沉的民族禀赋,改革创新更是时代的要求,但是创新离不开国家制度的支持。中国古代没有专利制度,国家只注重将智力成果与商

---

① 杜甫.奉赠韦左丞丈二十二韵.[清]仇兆鳌著《杜诗详注》卷之一(第一册)[M].北京:中华书局,2015:93.

业结合,却尚未考虑对发明创造的保护,这也是为何中国古代对人类科技发展作出了卓越的贡献,但科学和工业革命没有出现在中国的原因。对比之下,早在 1623 年,英国就颁布了世界上第一部专利法《垄断法规》,促使英国在工业革命时期一跃成为世界强国。新中国建立后,特别是改革开放以来,我国的创造创新取得了丰硕成果,专利制度也不断完善和发展,创造了世界专利制度发展史上的奇迹,为经济建设作出了巨大的贡献。专利制度的完善和实际运用,极大地鼓励了发明创造,激发社会创新活力,推动科技的发展,弘扬以改革创新为核心的时代精神,展现了中国特色社会主义制度的优越性。

3. 思考讨论

请同学们思考为什么近代中国经济、科技发展晚于西方? 总结专利制度对权利保护和激励创新的重要作用、意义。

六、通过讲授实用新型专利制度培养学生的创新意识和专利保护意识

(一) 知识点概括

1. 知识点

可专利的主题:实用新型。其所涉及的知识点包括实用新型专利的特点、实用新型专利授予的条件等。

2. 传统讲授方式

通常教师讲授此知识点时,会介绍实用新型授予专利权的实质条件。对初次接触专利制度的本科生而言,单纯从抽象的法律理论角度讲授此内容,略显深奥;若能融入国家创新发展战略的思政教育内容,将有助于引导学生正确认识并理解专利制度的本质就是激励创新,"创新"发展对时代和社会的重要价值,提升创新意识和专利保护意识。

(二) 结合思政设计

1. 课程引入

案例:请求人深圳市韵美饰界科技有限公司、东莞市品耀五金有限公司就专利权人源德盛塑胶电子(深圳)有限公司实用新型专利提出无效宣告请求。本案专利涉及自拍杆,获得第二十届中国专利奖金奖,并为源德盛公司创造了数以亿计的销售业绩。与此同时,自拍杆市场也出现了大量仿制专利的侵权产品,源德盛在全国展开大规模诉讼维权行动,目前多方请求人针对本专利共提出了 26 次无效宣告请求,引起了社会各界的广泛关注。本案的启示:在判断实用新型的创造性时,应该着重把握三个方面:一是审查员应站位本领域技术人员,整体理解技术方案。二是在判断技术方案所属的技术领域时,应该搞清楚发明创造本身直接应用的领域。三是在创造性判断时,应该考虑在现有技术中是否给出明确的启示。

2. 思政结合

我国作为发展中国家,总体创新能力仍然较低,原创性的发明创造不多,绝大多数的发明创造都是改进发明。这类发明创造不仅促进技术进步,且具有很高的市场价值。正如案

例中的实用新型发明创造,贴近生活,实用性较强,适应社会生活的需要,既体现了"十四五"规划的创新目标,也符合发展为了人民、发展依靠人民、发展成果由人民共享的理念,使全体人民在共建共享发展中有更多获得感,增强发展动力。专利保护制度可以提升技术改造的全民参与,最终提高专利的创造性和实用性。学生作为未来的法律人,应了解国家专利制度,在学习和生活中充分发展创新思维和创新能力,支持国家计划,自觉培养践行创新精神和能力,争做改革创新主力军。

3. 思考讨论

请同学们思考,作为未来的法律人应该如何理解和践行"五大发展理念",以及如何提高创新意识为国家创新发展作贡献?

七、通过讲授药品专利的强制许可制度引导学生理解共享发展理念

(一)知识点概括

1. 知识点

药品专利强制许可。《专利法》规定,为了公共健康目的,对取得专利权的药品,国务院专利行政部门可以给予制造并将其出口到符合规定的国家和地区的强制许可。

2. 传统讲授方式

通常教师讲授此知识点时,会直接引述法条并简单介绍"取得专利权的药品"的概念及允许特殊情况下颁发药品专利强制许可的理由。于此,该制度背后的立法意旨虽有阐释,但从思政教育的角度还应进一步让学生理解专利制度乃至整个知识产权制度都应遵循人民至上、生命至上的立法原则。

(二)结合思政设计

1. 课程引入

电影《我不是药神》原型:陆勇案。陆勇患有慢粒性白血病,需长期服用瑞士进口抗癌药品"格列卫",每盒人民币 2.35 万元。2004 年 9 月,陆勇间接购买到由印度生产的同类药品,每盒约为人民币 4000 元,效果与瑞士进口的"格列卫"相同。之后,陆勇开始直接从印度购买抗癌药物,并向病友推荐。随着购买药品的患者逐渐增多,药品价格降低至每盒人民币 200 余元。为方便给印度公司汇款,陆勇网购了 3 张信用卡,用于帮病友代购药品。2013 年,湖南省沅江市公安局在查办一个网络银行卡贩卖团伙时,将陆勇抓获、刑事拘留,并以涉嫌妨害信用卡管理罪和涉嫌销售假药罪对陆勇提起公诉。此后,上百名白血病患者联名写信,请求司法机关对陆勇免予刑事处罚。2015 年 1 月 27 日,沅江市人民检察院向沅江市人民法院撤回起诉。

2. 思政结合

生命健康权是公民参加国家政治、经济与社会生活的基础,是公民权利的重要内容。党的十九大报告指出:"始终把实现好、维护好、发展好最广大人民的根本利益作为党和国家一切工作的出发点和落脚点。"国家支持并鼓励专利保护,但药品具有救死扶伤的特质,获取药

品是人权的重要内容,药品专利的强制许可作为对专利权人权利的限制,是解决公众健康与药品专利保护冲突问题的一种平衡机制。在公民生命健康权面前,一切权利都应有所让渡。专利技术和知识产权需要保护,但也应适度,过于严格地保护可能阻碍科技成果的分享,违背人民至上、生命至上的立法原则。实现共享发展,必须坚持发展为了人民,发展依靠人民,发展成果由人民共享,使全体人民在共建共享中拥有更多的获得感和幸福感。

3. 思考讨论

请思考,是否可以拓宽对药品专利强制许可? 作为未来法律人,你是如何理解的?

八、通过讲授商标法中的诚信原则培养学生诚实信用精神

(一) 知识点概括

1. 知识点

诚实信用原则是商标法的基本原则,是指自然人、法人和其他组织在申请商标注册和使用商标过程中,必须诚实、善意、讲信用,行使权利时不侵害他人与社会的利益,履行义务时信守承诺和法律规定。其所涉及的知识点包括诚实信用原则在商标法中的功能和应用。

2. 传统讲授方式

通常教师讲授此知识点时,会解释诚信原则的含义,并就其在商标法中的功能与应用进行阐释,学生的理解往往就局限于此。若能在此基础上进一步进行思政教育,将有助于立德树人,强化未来法律人职业伦理目标的实现。

(二) 结合思政设计

1. 课程引入

案例:迈克尔·乔丹是美国 NBA 著名篮球明星;乔丹公司是国内体育用品企业,在国际分类第 25 类、第 28 类等商品或者服务上拥有“乔丹”“QIAODAN”等注册商标。2012 年,迈克尔·乔丹认为争议商标“乔丹”“QIAODAN”的注册损害了其姓名权,向商标评审委员会提出撤销争议商标的申请。商标评审委员会裁定争议商标予以维持。迈克尔·乔丹不服,向北京市第一中级人民法院提起行政诉讼。一审败诉后,迈克尔·乔丹上诉至北京市高级人民法院提起上诉。北京市高级人民法院判决驳回上诉。商标评审委员会、北京一中院、北京高院均认为,“乔丹”为英美普通姓氏而不是姓名,难以认定其与迈克尔·乔丹存在当然的对应关系。现有证据不足以证明“乔丹”确定性指向“Michael·Jordan”和“迈克尔·乔丹”,难以认定争议商标的注册损害迈克尔·乔丹的姓名权。迈克尔·乔丹不服,向最高人民法院申请再审。最高人民法院认为,乔丹在中国具有较高的知名度,为相关公众所知悉,“乔丹”与迈克尔·乔丹之间已经形成了稳定的对应关系,迈克尔·乔丹对中文“乔丹”享有在先姓名权。

本案中,最高院的判决树立了我国加强知识产权司法保护的负责任大国形象。判决中强调了诚实信用原则对于规范商标申请注册行为的重要意义。申请商标应遵守诚信原则不得侵害他人的在先权利,包括姓名权。乔丹在大部分中国消费者认知中指的就是美国篮球明星乔丹,乔丹公司将其用在体育用品上,容易导致消费者的误认,认为迈克尔·乔丹是乔

丹公司的形象代言人,无形中会促进乔丹公司商品的销售。

2. 思政结合

人无信,则不立。"诚信是人类社会普遍的价值要求,是个人立身处世的基本规范,是社会存续发展的重要基石。"诚信原则作为商标法的基本原则,意义在于当事人在市场活动中应讲信用,恪守诺言,诚实不欺,在追求自己利益的同时不损害他人和社会利益。"乔丹"案对于净化商标注册和使用环境,保护消费者合法权益,弘扬和践行社会主义核心价值观等均具有积极意义。因此,作为有理想有担当的未来法律人,我们不仅应要求自己在生活和工作中诚信为人,善意从事,也要将构建诚信社会作为自己的重要追求。

3. 思考讨论

请同学们思考,如何构建诚信社会?作为未来法律人,我们可以做出哪些努力?

九、通过讲解商标注册的消极条件引导学生维护良好的社会道德风尚

(一)知识点概括

1. 知识点

《商标法》第十条第一款第(八)项规定有害于社会主义道德风尚或者其他不良影响的标志禁止作为商标使用,其所涉及知识点包括该规定的具体适用与立法意旨。

2. 传统讲授方式

通常教师讲授此知识点时,会举例讲解有害于社会主义道德风尚和不良影响的商标类型,但学生的理解仅仅限于商标法领域的立法意旨。从思政教育的角度还可以进一步引导学生弘扬社会正气,并自觉维护社会公共利益和公共秩序。

(二)结合思政设计

1. 课程引入

案例:"叫个鸭子"及图商标(以下称申请商标)由北京味美曲香餐饮管理有限公司(即本案申请人)于 2014 年 11 月 19 日提出注册申请,后经审查,以申请商标标识文字部分使用在指定服务项目上,直接表示了该服务的内容等特点,并易造成不良社会影响,不得作为商标使用,违反了《商标法》第十条第一款第(八)项的规定为由驳回其注册申请。

本案中,"鸭子"通常指一种家禽,但在一定语境中也有"提供色情服务的男性"之第二含义。"叫个"+"鸭子"的特殊构词方式形成的语境容易使人产生"购买男性色情服务"的低俗联想。商标标志有悖于一定时期社会公认的行为准则、价值观念、道德标准的,属于该规定所指有害于社会主义道德风尚情形。商标是附着在商品上进入公共领域的商业标志,除了承载企业商誉之外,还自觉或不自觉地负载着一定的价值传扬和文化传播功能。

2. 思政结合

道德风尚亦称"道德风气"。是指一定时期社会上普遍流行的道德观念、善恶标准、道德行为模式和道德心理习惯的综合表现。树立和发展社会主义的新道德和新风尚,提高全社会的道德水平。树立良好的道德风尚,是社会主义精神文明建设的一项重要任务。案件中

申请人通过商标标志的低俗暗示打擦边球,制造营销噱头,吸引公众关注的行为本身也容易对公共秩序、营商文化、社会道德风尚产生不良影响。从而引导学生确立社会主义道德观念,树立社会主义荣辱观,弘扬社会正气。

3. 思考讨论

请同学们思考,社会主义市场经济中如何加强社会主义道德建设?

第十七章

国际公法学课程思政教学设计[①]

第一节　教学设计基本思路

一、设计思路阐释

　　思政教育的重要性已经毋庸赘言,重要的是如何将书本专业知识与思政教育相结合,让学生不反感思政教育并主动学习,大学生的三观尚未完全确立,还有很大的重塑可能性,我们要紧跟时代步伐,通过将专业知识与思政教育相结合的多样化方式将思政培养带入学生的生活甚至思想中。

二、思政教育结合点概况

序号	教材对应知识点	课程思政结合点	说　明
1	国家主权豁免	既讲法律,也讲政治。	以"湖广铁路债券案"为例,使学生理解在国家关系中,法律与政治是密不可分的,我们既要讲法律,也要讲政治。
2	国家领土主权	领土主权,不容侵犯。	以中印领土问题为例,探讨领土主权对国家和民族的意义,加强学生的主权意识。
3	国际条约法、国际组织法	守诚守信,有约必守。	以"《联合国会所协定》第21条的适用问题"咨询案为例,引出条约法"有约必守"原则,引导学生树立诚信理念。

---

① 作者简介:许楚旭,广东揭阳人,厦门大学嘉庚学院讲师,法学博士研究生。主要讲授课程为"国际公法""国际经济法""国际私法"等。

序号	教材对应知识点	课程思政结合点	说　明
4	外交和领事关系法、国家责任法	爱国精神，须当理性。	以"美国驻德黑兰使馆案"为例，探讨爱国的情感和理性问题，使学生理解非理性爱国的危害性，让理性爱国深入学生骨髓。
5	国际海洋法	平等互利，大局为重。	以"中日东海之争"为例，探讨我国主张的"搁置争议，共同开发"原则，使学生明白，在国际斗争中，并非一定要"你死我活"，而是也要讲"顾全大局"，要以平等互利为准则，尽可能地"和平解决争端"。
6	国际航空法	领空主权，不容侵犯。	以"中美撞机案"为例，探讨领空主权问题，树立学生的领空主权和国防意识。
7	国际人道法	爱好和平，守护人道。	以"东京审判"系列案为例，探讨侵略罪、战争罪、反人类罪等问题，引导学生对和平的追求。

第二节　教学设计典型课例

一、通过国家主权豁免实践认识国际法律实践中的政治因素

（一）知识点概括

1. 知识点

国家主权豁免也称国家豁免或主权豁免，是指国家根据平等原则享有的不受他国管辖的特权。[①] 国家主权豁免问题是一个极具理论和实践意义的国际法基本理论问题，它形成于早期资本主义国家的一系列国内司法实践中，并为近代和现代国际法所普遍承认。该问题包含的知识点主要有"绝对豁免主义"和"相对豁免主义"、国家豁免的主体、国家豁免的例外、国家豁免的放弃等。

2. 传统讲授方式

在传统课堂教学中，教师一般会先讲授国家主权豁免的概念以及绝对豁免主义和相对豁免主义之争，然后结合《联合国国家及其财产管辖豁免公约》重点讲授享受国家主权豁免的主体、不得援引管辖豁免的例外情形、国家主权豁免的放弃及执行豁免的放弃等。

（二）结合思政设计

1. 课程引入

在讲授完国家豁免的基础理论知识、特别是绝对豁免主义和相对豁免主义的理论知识之后，引入"湖广铁路债券案"。教师先简单介绍"两航公司案"的背景，然后重点介绍案件的

---

① 曾令良. 国际公法学（马工程重点教材）[M]. 北京：高等教育出版社，2016：156.

诉讼过程,特别是美国政府在该案中的态度。与此同时,教师可以援引"两航公司案"作为参考和对比,突出两个案件发生时国际形势、两国关系和地位(中英、中美)的差异。

2. 思政结合

1979年11月,美国阿拉巴马州杰克逊等九人在阿拉巴马州地区法院起诉中华人民共和国政府,要求中华人民共和国政府偿还清朝末年发行的湖广债券的本息。该地区法院受理了此案,将中华人民共和国列为被告,向中华人民共和国外交部长发出传票,并限中华人民共和国政府在传票送达后60天内到庭答辩,否则便进行缺席审判。在收到美方的传票之后,中国政府拒绝接受,并强烈指出阿拉巴马州地区法院的做法违反了国家主权豁免原则。但是,地区法院不顾中国的强烈反对,依然推动程序的进行,并缺席判处中华人民共和国赔偿原告41,313,038美元,外加利息和诉讼费。

判决出来之后,中国外交部长于1983年2月2日向美国国务卿递交备忘录,指出中国作为一个主权国家完全享有司法管辖豁免,美国地区法院的做法违反了国家主权平等原则和《联合国宪章》,中国政府对此坚决拒绝,并保留采取相应措施的权利。1983年8月12日,中国向美国联邦地区法院提出撤销缺席判决和驳回起诉的动议。同时,美国国务卿也向法院提出书面证词,表示支持中国的动议。美国联邦地区法院终于在1984年4月27日,主要以1976年的《国家主权豁免法》没有溯及力和"公益利益"为理由,撤销了法院于1982年所作的缺席判决。

在案例讨论结束之后,教师应作简要点评,使学生认识到国际法与国际政治之间错综复杂的关系,认识到国家政策和意识形态对国际法律关系的影响。因此,在国际政治斗争中,我们既要重视运用法律的武器,也不能忽视政治武器,我们在学习国际法的过程中,也要加强意识形态的培养,提高政治敏感性。

3. 思考讨论

在介绍和学习案例之后,教师开始组织学生进行分组或自由讨论,讨论的焦点应集中于以下几个问题:①美国阿拉巴马州地区法院和美国联邦地区法院判决的理由分别是什么?②在"湖广铁路债券案"中,当时的美国政府起到什么作用?③假如"湖广铁路债券案"发生在今天,结果会不同吗?

二、通过国家领土法学习强化学生的领土主权意识

(一) 知识点概括

1. 知识点

国家领土法是国际法中一个非常重要的分支。在现代国际法中,领土是国家要素之一,也是国家赖以生存的物质基础。国家领土法的知识点主要有领土的构成、领土的取得和变更方式、领土主权及其限制、边界和边境制度、边界和领土主权争端解决等。

2. 传统讲授方式

教师通常会用讲授法重点讲授五种传统领土取得方式,在此基础上,教师通常还会讲授现代国际法新出现的领土变更方式、领土主权的内容和限制、边界和边境制度等。结合国际法院的相关案例进行案例讨论和分析也是常见的传统教学方法,但通常较少涉及中国的案例。

（二）结合思政设计

1.课程引入

先从领土作为国家的构成要素之一和物质基础入手，阐述领土对于国家和民族生存和发展的重要性；指出领土争端和战争、国家安全及民族尊严之间的关系：在历史上，领土争夺往往是引起战争的主要因素，领土争端和战争具有极其密切的关系，而且领土争端往往和民族感情融合在一起，失去领土对一个国家和民族来说是难以接受的。所以，守护国家领土就是守护国家主权和民族尊严，也是守护国家的安全和民族的未来。在这个基础上，引出中印边界问题，介绍解放军驻藏和驻疆部队在维护国家领土主权和完整所做出的艰苦卓绝和伟大的贡献，号召同学们学习解放军戍边部队这种誓死捍卫祖国领土主权的精神。

2.思政结合

中印边界全长约2000公里，分为东、中、西三段。双方争议地区面积共约12.5万平方公里，其中东段约9万平方公里，中段约0.2万平方公里，西段约3.3万平方公里。中印边界问题是历史遗留下来的问题，1914年，英国炮制了非法的"麦克马洪线"，中国历届中央政府都不予承认。1947年印度独立后，不仅继承了英国对中国部分领土的侵占，而且进一步侵占中国大片领土，并于1954年扩展到"麦克马洪线"。在1959年人民解放军平定西藏叛乱之后，印度政府公开向中国提出东段和西段共计约12.2万平方公里的领土主张，这种无理要求自然遭到了中国政府的拒绝，印度军队进而便在两国边界东段和西段制造了朗久、空喀山口事件，打死打伤我军人多名。1962年10月，为了反击印度军队的侵略行为，人民解放军发起了对印自卫反击战，取得了重大的胜利。在中国军队的强力反击之后数十年，两国边界虽仍时有摩擦，但总体上没有太大的激烈冲突，在1975年10月中印边境部队在东段土伦山口发生武装冲突之后，中印边境45年未闻枪声。然而，进入2020年初夏之后，中印边界问题再度激化：5月5日，印军从加勒万河谷地区越线进入中国领土，构建工事，设置路障；6月15日晚，印军在中印边境加勒万河谷地区非法越过实控线，引发双方肢体冲突乃至人员伤亡；9月7日，印军非法越线进入中印边境西段班公湖南岸神炮山地域并向中方边防部队巡逻人员鸣枪威胁，1975年以来两国边境再现枪声。

3.思考讨论

在案例学习之后，引导学生进行分组或自由讨论。讨论的主题主要包括：①应该如何看待"麦克马洪线"？②中印边境45年无枪声的根本原因是什么？③面对中国的善意、克制和隐忍，为何印度却得寸进尺？对此我们应如何应对？

在讨论结束之后，教师应作简要总结，使学生理解树立领土主权意识的意义，学习边防部队誓死捍卫国家领土主权和完整的精神，提升学生的领土主权意识和民族感情。

三、通过国际条约实践培养守信守约信念

（一）知识点概括

1.知识点

条约法是国际法最重要的分支之一，主要知识点包括条约的概念、缔约程序、条约的保

留、条约的适用和遵守、条约和第三方的关系、条约的解释、条约的效力等。

2. 传统讲授方式

条约法是理论性和实践性都很强的国际法分支学科,传统课堂教学历来都重视理论讲授和实践案例分析的结合,特别是国际法院在条约保留、条约解释、条约适用等相关问题上的阐述,一直为人所津津乐道。但在传统课堂教学中,我们一般都从法律规范角度来讲授条约法问题,很少会从道德和国家利益方面借此对学生进行思政教育。

(二) 结合思政设计

1. 课程引入

"有约必守"是契约法的精神,也是条约法的精神,甚至可以说是整个国际法的基础。言而有信,不仅是个人应具有的品德和修养,也应该是国家具备的道义。然而在实践中,有些国家为了短期的利益或政治需要,却致条约信守原则于不顾,不但丧失了守信精神,违反了国际法,实际上即便从自身利益出发,长远来看也是不利的。我们应该倡导守信守约的精神,讲诚信,守信用,维护和谐稳定的社会环境和国际环境。

2. 思政结合

1987 年 5 月,美国参议院通过了一项法案,该法案第 3 条规定,在法案生效之后,在美国管辖范围内设立和维持巴勒斯坦解放运动组织的办事处、总部和馆舍或由该组织管理或提供资金的住所均为非法。该条将作为"1988—1989 财政年度的外交关系授权法"的修正案。该法案一旦生效,美国就将关闭巴勒斯坦驻联合国观察员办事处,这将违反美国和联合国于 1947 年签订的《联合国总部协定》。注意到这一情况之后,联合国秘书长于 10 月 13 日致信美国驻联合国常驻代表,指出美国这项法案与《联合国总部协定》中美国承担的条约义务相悖,巴勒斯坦也提请联合国与东道国关系委员会注意这个问题。在联合国大会第六委员会审议联合国与东道国关系委员会报告的过程中,美国代表指出:"美国国务卿已说过,关闭观察员办事处是违反会所协定的,美国政府坚决反对。美国常驻联合国代表亦对联合国秘书长提出过同样的保证。"

然而,当时的美国总统还是于 12 月 22 日签署了"1988—1989 年度的外交关系授权法"。于是,联合国决定根据《联合国总部协定》第 21 条规定的仲裁程序与美国解决这一问题。1988 年 3 月 2 日,联合国大会通过了两项决议:一项是重申巴勒斯坦解放组织应能建立馆舍和观察员办事处并维持足够的方便条件,如果美国执行反恐怖主义法与该决议不符,美国将违反《联合国总部决议》所承担的国际义务。第二项是请求国际法院对此问题发表咨询意见,回答下列问题:"根据秘书长在报告中所反映的情况,美国作为《联合国与美国会所协定》的一方,是否有义务按照协定第 21 条的规定进行仲裁?"

对此,国际法院一致通过:"美国作为 1947 年的美国与联合国会所协定的一方,有义务根据该协定第 21 条以仲裁解决美国与联合国之间的争端。"

3. 思考讨论

在学习和理解了案情之后,进行分组或自由讨论。讨论主要围绕几个问题展开:①美国能否以国内法及反恐为由,关闭巴勒斯坦驻联合国观察员办事处? ②为什么在美国尚未实施法案的情况下,国际法院就认为争端已经形成,美国有义务根据协定第 21 条的规定以仲裁方式解决其与联合国之间的争端？③为什么约定必须要信守？

在讨论结束之后，教师应作简要总结，阐明"有约必守原则"对国际法和国际关系的重要性，同时引申到讲诚信对国家和个人修养的意义。

四、透过外交领事关系法培养理性爱国思维

（一）知识点概括

1. 知识点

外交是国家通过其机关和代表与其他国家和政府间国际组织进行的职业化对外交往行为。① 在当代，领事关系实际上也是外交关系的延伸。外交和领事关系的知识点主要包括外交关系和使馆的建立、外交人员的派遣、外交特权和豁免、领事关系和领馆的建立、领馆人员的派遣、领事特权和豁免、特别使团及其成员的派遣，等等。

2. 传统讲授方式

传统教学通常只重视讲授外交和领事关系的国际法规则，较少会向学生讲授外交人员的职业特点和外交行为的专业性和特殊性，更鲜有将其与国家利益和爱国主义精神结合在一起的课例。

（二）结合思政设计

1. 课程引入

大使馆也称使馆，是一国在另一个建交国家首都派驻的常设外交机关，代表整个派出国的国家利益，全面负责两国的关系。使馆是国家最为重要的外交机关之一，受国际法特别保护，任何侵害使馆或使馆人员的行为，不论其动机为何，都是严重违反国际法的行为。《维也纳外交关系公约》第22条规定使馆馆舍不得侵犯，第29条规定外交代表人身不得侵犯，不受任何形式之逮捕或拘禁。然而在实践中，时有发生因民族主义情绪高涨而侵害使馆或外交人员的事例，既给外交人员带来严重的人身安全威胁，干扰外交事务的进行，同时也给接受国国家利益造成了不可估量的损失。发生于1979年11月的美国驻德黑兰外交和领事人员人质危机就是这样一个典型的案例。

2. 思政结合

1979年11月4日，在德黑兰美国驻伊朗大使馆门前发生大规模的群众示威游行，由于伊朗当局没有采取必要的保护措施，示威队伍闯进大使馆，扣留了使馆内的美国使馆人员和领事人员等达50余人，并破坏捣毁使馆档案文件等，造成外交史上极其罕见的外交和领事人员人质危机；11月5日，在伊朗大不里士和舍拉子的美国领事馆也发生同类事件。事件发生后，美国请求联合国安理会开会讨论解决危机，并于同年11月29日向国际法院提起诉讼，请求国际法院判令伊朗政府违反对美国承担的条约义务并立即释放被拘留的全部美国驻伊朗大使馆、领事馆和外交部的人员。虽然伊朗外交部长和伊朗政府先后向国际法院表示国际法院不能也不应受理此案，但国际法院还是继续开庭并于1980年5月24日在伊朗缺席下作

---

① 曾令良. 国际公法学（马工程重点教材）[M]. 北京:高等教育出版社,2016:382.

出判决：

"1. 根据本判决所指出的事实，伊朗伊斯兰共和国在许多方面业已违反，并正在违反它根据国际条约和长期确立的国际法规则所承担的义务。（13：2）

2. 伊朗违反对美国所承担的义务，根据国际法应负国际责任。（13：2）

3. 伊朗政府必须立即采取一切行动缓和由于1979年11月4日及其后发生的事情所引起的局势，为此目的，双方应达成协议。（一致同意）"

1981年1月19日，在阿尔及利亚政府的斡旋下，美伊两国签署了《阿尔及尔共识》，之后52名人质被释放并且离开伊朗，美伊还根据《阿尔及尔共识》设立了著名的美国——伊朗求偿仲裁法庭，解决两国之间与外交人质危机有关的索赔问题，德黑兰人质危机基本得到解决。但是，事件造成的影响还远远没有结束。伊朗因在该事件中由于严重违反国际法而遭到国际社会的普遍谴责，伊拉克也利用这一事件对伊朗发动了战争，美国公民则在美国——伊朗求偿仲裁法庭针对伊朗政府提起了约4700件索赔案件，而美伊两国之间的关系直到今天，仍然没有完全走出此次事件的阴影。

3. 思考讨论

对于1979年11月伊朗群众在美国驻德黑兰大使馆外的游行示威活动，毫无疑问是源于伊朗人民群众的爱国之心。然而，群情汹涌之下，爱国热情引发的示威活动很快就成脱缰之马，一发不可收拾，最终酿成了外交史上罕见的违反外交和领事关系法事件，并给新生伊朗政权带上了沉重的道德和法律责任枷锁。教师可以在课堂中引导学生进行自由讨论，并结合中国人民群众在1999年5月美国悍然轰炸我驻南联盟大使馆后在美国驻中国大使馆和多个领事馆外游行示威的表现，讨论两个事件中中伊两国政府和群众的不同表现，探讨理性爱国和非理性爱国所导致的截然不同的结果。

五、通过国际海洋法实践培养大局观

（一）知识点概括

1. 知识点

海洋法是国际法中的"显学"，主要有领海和毗连区制度、专属经济区制度、大陆架制度、海峡制度、群岛水域制度、公海制度、国际海底区域制度等知识点；此外，综合在这些制度中的海上划界规则、航行制度、管辖制度等，具有特殊的重要性。

2. 传统讲授方式

在传统课堂中，教师通常会先讲授海洋法的历史发展，其中会较为重点的介绍联合国第三次海洋法会议；然后，教师将重点讲授各海域的法律制度，并结合有关海洋争端案件巩固和深化学生的理解。

（二）结合思政设计

1. 课程引入

联合国第三次海洋法会议产生了一项被称之为"海洋宪章"的《联合国国际海洋法公约》（以下简称 UNCLOS）。UNCLOS 的通过，一方面是一个伟大的成就，它促进了海洋法的极大发展,协调了海洋大国和众多发展中国家的利益诉求;但另一方面,UNCLOS对新海域制度的创设和发展以及一些条款的模糊规定,使各国的海洋争端更加激化。在这种形势下,邓小平同志在20世纪70年代针对中日领土争议提出的"搁置争议,共同开发"倡议,具有建设性的意义。第一,它是对UNCLOS第74.3条和第83.3条的应用,这两款分别规定,在海岸相向或相邻国家尚未达成对专属经济区或大陆架公平划界之前,"应基于谅解和合作精神,尽一切努力作出实际性的临时安排,并在此过渡期间内,不危害或阻碍最后协议的达成。"①第二,它也体现了平等互利和国际合作等国际法基本原则。第三,它既避免了海洋争端引发冲突的扩大,有利于贯彻和平解决国际争端原则,同时也使海洋开发与利用不因争端的发生而耽搁。

2. 思政学习

随着200海里海洋权斗争的兴起和最后的确立,中日两国在东海的权利诉求发生了很大的重叠,两国在东海的海上划界和岛屿主权之争也就产生了。在海上划界方面,目前国际法主要是适用公平原则,但在具体操作上,究竟是适用中间线或等距离原则,还是适用大陆架的自然延伸原则,一直存在争议。日本作为岛国拥有漫长的海岸线,四面环海,很早就从事各种航海和捕捞活动;中国则长期是大陆国家,但却拥有广阔的自然延伸的大陆架。在这种情况下,日本自然坚持中间线原则,而中国则主张自然延伸原则,两个国家对对方的主张均不予承认。这样,两国希望通过谈判解决海上划界问题,难度是极大的。除了海域争端之外,中日两国对钓鱼岛主权归属也存在争议。根据"陆地统治海洋原则",谁拥有钓鱼岛,谁就能够获得钓鱼岛周边的大片海域,因此,想要通过谈判解决钓鱼岛主权归属问题,显然也不是短期内能够解决的。在这样的情势下,中国主张"搁置争议,共同开发",就是一个现实的过渡解决方法。遗憾的是,日本拒绝了中国的倡议。

虽然日本拒绝了中国"搁置争议,共同开发"的倡议,但该倡议体现了中国坚持合作发展、注重平等互利、顾全国际大局的信念。"搁置争议,共同开发"的倡议虽然没有在解决中日东海问题中被正式采用,但它在缓和局势,增进双方互信等方面,依然发挥了很大的作用。

3. 思考讨论

在介绍和学习中日东海问题之后,教师可引导学生展开分组或自由讨论,讨论主题包括但不限于:①你认为解决中日东海问题的难点在哪里?②你认为我们应该为赢得中日东海之争不惜采取一切手段和付出一切代价吗?③中国倡导的"搁置争议,共同开发"在解决中日东海问题中发挥了什么作用?该倡议能为其他国家解决海上争议提供帮助吗?

六、通过国际航空法强化领空主权和国防意识

(一) 知识点概括

1. 知识点

国际航空法也称空气空间法,主要是调整空气空间及飞行器法律地位、航空运输和航

---

① 虽然邓小平同志早在1978年就提出了"搁置争议,共同开发"的倡议,早于UNCLOS通过的时间,但事实上,UNCLOS的相关规则和制度在70年代早就已经成形了。

空安全等的国际法律制度。① 国际航空法对国家领土安全具有重要的意义,其主要知识点有关于空气空间法律地位的法律制度、国际民用航空运输法律制度、国际航空安保法律制度等。

2. 传统讲授方式

在传统国际法课堂中,国际航空法通常并不会占据很重要的地位,一般只是简单讲授一下几个知识点,不会做过多的延伸。

(二) 结合思政设计

1. 课程引入

领空属于国家的领土,国家对其拥有"完全和排他的主权",其他国家的航空器未经许可不得进入该国领空,这早就为 1919 年《巴黎航空公约》所确认。领空主权和领海还有所不同,前者是"完全和排他的",后者则受到外国船舶"无害通过权"的限制,这种不同很大程度上也是源于领空和领海对国家安全具有不同的意义。在 2001 年 4 月 1 日的中美南海撞机事件中,美国的 EP - 3 侦察机不但在中国海南岛附近海域上空侦查,威胁中国的国防安全,在其与王伟驾驶的歼 8 战斗机相撞之后,还未经中国允许侵入中国领空,迫降于海南陵水机场。美国侦察机的做法,侵犯了中国的领空主权。

2. 思政学习

在"4·1 中美撞机"事件中,美国的 EP - 3 侦察机先是在抵近中国海南岛的海域上空从事侦察活动。在国际海洋法和空气空间法中,专属经济区上覆空域是允许外国飞机自由飞行的,但是,美国侦察机在中国专属经济区上空并不是正常的飞行,而是在针对中国进行侦察行动,这是违反国际法的,中国有权对其进行跟踪和驱离,甚至要求美国承担相应的国际责任。在撞机事件发生之后,美机未经许可就进入中国领空并迫降中国机场,严重侵犯了中国的领空主权。事件发生之后的同一天,中国驻美国大使杨洁篪在华盛顿紧急约见美国国务院负责人,奉命就美军侦察机撞毁中方军用飞机事件向美方提出严正交涉和抗议;4 月 5 日,时任国家主席江泽民在访问智利时说,美国应该就美侦察机同中国战斗机相撞一事向中国人民道歉。在中国政府和人民的强烈要求之下,美国政府最后给中国发来了一份含糊其辞的"道歉",而出于大局考虑,中国也同意释放美方人员,但美国的 EP - 3 侦察机必须在"大卸八块"之后经由民用飞机运回美国。

3. 思考讨论

在介绍学习完"4·1 中美撞机"事件之后,教师可引导学生进行分组或自由讨论,讨论的主题主要围绕维护国家领空主权进行。教师可引导学生思考:为何美国的侦察机可以打国际法的擦边球甚至是无视国际法到我国的沿海上空进行侦察活动? 为何我们最后要释放美国侦察机及其机组成员? 如何才能维护国家的领空主权和安全? 通过这些引导和讨论,培养学生的领空主权观念,树立学生维护领空主权的信念。

---

① 曾令良. 国际公法学(马工程重点教材)[M]. 北京:高等教育出版社,2016:333 - 334.

七、通过国际人道法树立爱好和平和人道主义精神

（一）知识点概括

1. 知识点

国际人道主义法也称国际人道法，是保护战争和武装冲突受害者和适用战争与武装冲突行为的法律规范。[①] 国际人道主义法主要有日内瓦法体系和海牙法体系。其主要知识点包括对战争受难者的保护、对作战手段和方法的限制及对战俘的待遇等。

2. 传统讲授方式

在传统课堂中，国际人道主义法主要是结合 1949 年日内瓦四公约及其 1977 年两个附加议定书和 1907 年海牙系列公约讲授战争和武装冲突中对平民、战地伤病者和战俘等的保护，较少会结合国际刑法来讲授国际人道主义法问题。

（二）结合思政设计

1. 课程引入

在人类历史上，战争给人类带来了无穷的灾难。然而，那些发动战争的人，以及那些为了在战场上获得胜利而在作战方法和作战手段上无所不用其极的人，从来都没有得到应有的惩罚，直到第二次世界大战结束的时候。在这次世界大战中，人类遭遇了史无前例的伤亡和灾难，为了严惩战犯，警示后人并告慰伤亡者，盟军先后在纽伦堡和东京进行了两场针对战争罪犯的审判。这两次审判向世人声明：发动侵略战争者、在战争中违反交战规则者、以及反人类者，必将接受正义的审判，受到法律的严厉制裁。

2. 思政结合

在 1943 年的《开罗宣言》、1945 年的《波茨坦公告》以及 1945 年 2 月 26 日的莫斯科会议声明等国际文件中，盟军作出了在战后惩治日本战争罪犯的决定。1946 年 1 月 19 日，盟国驻日最高统帅麦克阿瑟发布通告，宣布设立"远东国际军事法庭"（IMTFE），以"审理犯有破坏和平罪行在内的个人、团体成员以及兼有此双重资格而被起诉者"。法庭由中国、苏联、美国、英国、法国、澳大利亚、加拿大、印度、新西兰、荷兰、菲律宾等 11 国各派一名法官组成，由盟军最高统帅指派一人为庭长；开庭法定人数为 6 人；判决由表决决定，如票数相等，庭长可投决定票。法庭权限是审判于 1928 年 1 月 1 日到 1945 年 9 月 2 日这段期间犯有破坏和平罪、违反战争法规以及惯例和反人道罪的日本甲级战犯，被告包括东条英机、板垣征四郎、土肥原贤二、松井石根、广田弘毅、木村兵太郎、武藤章、荒木贞夫、桥本欣五郎、畑俊六、平沼骐一郎、星野直树、松冈洋右、永野修身、木户幸一、小矶国昭、南次郎、冈敬纯、大岛浩、佐藤贤了、岛田繁太郎、铃木贞一、贺屋兴宣、白鸟敏夫、重光葵、大川周明、东乡茂德、梅津美治郎等共 28 人。经过两年半的审理，法庭在 1948 年 11 月 4 日作出了判决。28 名被告中，两名被告在判决前已经死亡，一名被告因精神失常逃过了审判，东条英机、板垣征四郎、土肥原贤二、松井石根、广田弘毅、木村兵太郎和武藤章 7 人被判处绞刑，16 人被判处无期徒刑，剩下

---

① 曾令良. 国际公法学（马工程重点教材）［M］. 北京：高等教育出版社，2016：495.

两名战犯分别判处 20 年和 7 年有期徒刑。

3. 思考讨论

纽伦堡审判和东京审判是人类历史上第一次对战犯进行国际审判,开创了国际人道主义法、战争法和国际刑法的新时代。虽然审判仍存在种种不尽如人意之处,但它向世人明确宣告:发动侵略战争、破坏和平、在战争中违反交战法规和违反国际人道主义等是非法的,构成国际罪行,必将受到法律的制裁。在教学中,教师可以引导学生就东京审判的意义进行分组或自由讨论,主题包括但不限于:①用国际审判的方式对待战犯,与传统方法相比(如结束第一次世界大战的巴黎和会),有何特殊意义? ②为何在战争中还要限制作战方法和手段、还要讲国际人道主义? ③对战犯进行审判,能够促进国际和平与安全吗? 在讨论结束之后,教师可以做简要的总结。

第十八章

国际经济法学课程思政教学设计[①]

第一节　教学设计基本思路

一、设计思路阐释

学生应当在掌握国际经济法的基本概念、原则、制度和规则的基础上,树立国家经济主权观念,认识和理解建立国际经济新秩序的重大意义和法理基础,培养现代法治思维、全球视野以及爱国情怀,坚定维护国家经济安全,立志投身祖国现代化建设,在奉献社会的过程中提升个人修养、实现个人价值。

二、思政教育结合点概况

序号	教材对应知识点	课程思政结合点	说　明
1	国际经济法的原则	人类命运共同体、可持续发展理念。	以埃及"金字塔"酒店案为例,解读国际经济法三大基本原则,引导学生树立人类命运共同体、可持续发展的理念。
2	国际经济法的渊源	规则意识、遵纪守法的意识。	以"灰脚法庭"为例,引出国际经济法的渊源之一:国际商事惯例,引导学生自觉树立规则意识。
3	国际经济法与国际经济秩序的变革	改革创新、勇于挑战的精神。	以"《中国关于世界贸易组织改革的立场文件》"为例,引出中国在国际经济秩序改革中的地位和作用,引导学生树立改革创新的精神,以实际行动提高创新能力,投身祖国建设。

---

① 作者简介:罗芳,湖南衡阳人,厦门大学嘉庚学院法学院副教授,法学博士。主要讲授课程为"国际私法""国际经济法"等。

序号	教材对应知识点	课程思政结合点	说　明
4	《联合国国际货物销售合同公约》规定的"保全货物的义务"	善意原则。	以《联合国国际货物销售合同公约》规定的"保全的货物义务"为例，引出善意原则，引导学生形成为他人着想的美德、培养构建和谐社会的意识。
5	承运人的责任	人本主义理念。	以"海上救助"为例，解读海上货物运输中承运人的责任和免责事项，引导学生树立以人为本、尊重生命的人道主义理念。
6	提单保函	诚实守信的原则。	以"恶意保函"的效力为例，引导学生树立正确的利义观，正确认识诚信和利益的关系，将诚实信用作为做人做事的基本准则。
7	信用证欺诈	责任意识、担当意识。	以"信用证欺诈例外"为例，引导学生培养责任意识、担当意识，勇于承担责任，正确面对挫折和困境，并能够在逆境中不断学习和成长。
8	外资并购的国家安全审查	爱国情怀、国家安全意识。	以"中资企业国际并购案"举例，说明国家安全的重要性，引导学生树立正确的爱国理念，积极履行爱国责任和义务。

第二节　教学设计典型课例

一、通过"国际经济法的基本原则"的知识点引导学生树立"人类命运共同体""可持续发展"的理念

（一）知识点概括

1. 知识点

"国际经济法的基本原则"是国际经济法基础理论部分单独的一节，要求学生掌握国家经济主权原则、公平互利原则、国际合作以谋发展原则三大基本原则的具体内容。

2. 传统讲授方式

按照教材的内容讲授，要求学生记住三大基本原则，背诵具体内容。三大基本原则本身表述比较简单，学生容易记忆，但不会去认真领会，难以在心中形成深刻的印象。

（二）结合思政设计

1. 课程导入

外国投资商希望在金字塔旁边建造七星级酒店，从初步的设计方案来看，这个豪华酒店的客房窗户可以俯瞰金字塔的全貌，与埃及法老亲密接触。这一合作项目引起很多外国富商、游客的极大兴趣，项目前景极好，利润极其丰厚。投资者与埃及政府达成了合作开发土

地、建造酒店的意向，并签订了合作协议，投资商投入大量资金进行勘探、设计等工作。酒店尚未正式建设，埃及政府突然宣布终止合作，投资者诉诸解决投资争端国际中心，要求埃及政府赔偿损失。

2. **思政结合**

传播和培养"人类命运共同体""可持续发展"的理念。

第一，在国际经济交往中，国家经济主权原则、公平互利原则、国际合作以谋发展原则是一个有机统一的整体，不能割裂。各国应相互尊重主权、加强国际合作，构建人类命运共同体，让每一个国际交往参与者都成为贡献者和受益者。

第二，习总书记在 2020 年中国国际服务贸易交易会全球服务贸易峰会上致辞："经济全球化背景下，各国经济彼此依存，利益交融前所未有，以诚相待、普惠共享是根本之计。"随着全球化的发展，发展中国家和发达国家均意识到，国际社会是一个利益共同体，片面强调一方利益的保护不合理，国际经济合作应当寻求共同发展、兼顾各方利益。

第三，人类社会的发展不仅是经济效益的提升，也应当关注生态和谐、保护人类共同的文化遗产，坚持"创新、协调、绿色、开放、共享"的发展理念，实现经济、社会、文化、生态的持续协调发展。

3. **思考讨论**

第一，从国家经济主权原则来看，埃及政府是否可以终止合作协议，收回土地开发权？基于国家经济主权原则，国家对其自然资源享有永久主权，有权自由开发和利用其自然资源，可以允许本国国民或外国投资者开发自然资源，也有权实行国有化。

第二，从公平互利原则来看，埃及政府终止合作协议的同时，应当注意哪些问题？基于公平互利原则，在国际交往中，应当照顾各方利益，不能为谋求单方利益而无视或损害他方利益，埃及政府虽有权单方面终止合作协议，但应当对外国投资者造成经济损失予以考虑，采取相应的解决方案。

第三，从国际合作以谋发展原则来看，埃及政府是否可以终止合作协议？国际合作以谋发展原则中的"发展"是指可持续发展，是可持续经济、可持续生态和可持续社会的协调统一。埃及政府为保护世界文化遗产，终止开发协议，符合可持续发展原则。

二、通过"国际经济法的渊源"的知识点引导学生树立规则意识

（一）知识点概括

1. 知识点

"国际经济法的渊源"是国际经济法基础理论部分重要的知识点，要求学生重点掌握国际经济条约、国际商事惯例等国际法方面的渊源，以及国内立法、判例等国内法方面的渊源。

2. 传统讲授方式

将各种法律渊源的概念、特点进行理论讲解，要求学生记忆、理解和区分各类法律渊源，学习起来比较枯燥，学生对知识点死记硬背，理解不深。

（二）结合思政设计

1. 课程导入

中世纪的欧洲,市场经济发达,各城邦、城市之间商事交易繁荣,商人们在交易过程中发生纠纷,不是去法院起诉,而是在交易市场中选择双方信任的商人,居中进行裁判。作为裁判者的商人将依据市场交易习惯、普遍做法就双方的争议评判是非,作出决定。双方都会自觉履行这一决定。争议双方和居中作出裁判的都是风尘仆仆、奔波于市场的商人,争议解决的场所往往条件简陋,甚至可能是市场的一个角落。人们称之为"灰脚法庭"。"灰脚法庭"的裁判依据不是国家制定的法律,"灰脚法庭"的裁判者也不是真正的法官,而是同样在市场上做生意的商人。

2. 思政结合

人们在交往过程中需要遵循一定的规则,包括国家从上而下制定的法律法规,也包括人们自发形成的道德规范、行为准则,不能因道德规范缺少国家强制力的后盾而随意违反。

法律规范和道德规范都是人们的行为准则,都是维护社会秩序必不可少的规则,且可能相互转化,在法治建设的过程中,道德规范转化为法律规范的例子非常多,说明社会整体的道德水平不断提高,人们的规则意识不断增强。

树立规则意识,是建设和谐社会的需要,也是提升公民法律素养和思想道德素质的基础。大学生应当不断提升规则意识,遵纪守法,遵守社会公德、校纪校规、家庭美德等,以实际行动践行社会主义基本道德准则。

3. 思考讨论

"灰脚法庭"不是国家公权力机构,作出的决定无法通过国家强制力予以执行。为什么商人们会自愿服从"灰脚法庭"的裁判结果?

商人们之间的交往需要建立在一定的规则之上,才能实现市场的稳定、交易的顺畅、持续的互惠互利。在市场交易发达的中世纪,国家尚未建立起商事法律体系,商人们自发形成各种市场交易习惯、普遍做法,并自觉遵守这些交易习惯、普遍做法,以实现交易的顺利进行。这些交易习惯、普遍做法就是商人们内心的法律,并逐渐得到了国家公权力的认可,成为"国际商事惯例"这一正式的国际经济法法律渊源,"灰脚法庭"则逐渐演变出国际商事仲裁制度。

三、通过"国际经济法与国际经济秩序改革"的知识点引导学生树立"改革创新"意识

（一）知识点概括

1. 知识点

"国际经济法与国际经济秩序改革"是国际经济法概述部分单独的一节。国际政治、经济实力不断变化,现行国际经济秩序也面临变革,某些传统的国际法律制度和规则的不合理性逐渐凸显,国际社会应当建立更为公平合理的经济秩序。

2. 传统讲授方式

通常简述一下国际经济法各个领域的制度改革与发展,并介绍中国在其中作出的贡献

和取得的成果,要求学生理解中国在国际经济秩序改革中的地位和作用。传统讲解局限于教材内容,不会延伸到学生自身的学习和生活。

(二) 结合思政设计

1. 课程导入

中国商务部于 2018 年 11 月 23 日发布《中国关于世贸组织改革的立场文件》,提出关于世贸组织改革的三个基本原则和五点主张。三个基本原则包括:第一,世贸组织改革应维护多边贸易体制的核心价值;第二,世贸组织应保障发展中成员的发展利益;第三,世贸组织改革应遵循协商一致的决策机制。五点主张包括:第一,世贸组织改革应维护多边贸易体制的主渠道地位;第二,世贸组织改革应优先处理危及世贸组织生存的关键问题;第三,世贸组织改革应解决贸易规则的公平问题并回应时代需要;第四,世贸组织改革应保证发展中成员的特殊与差别待遇;第五,世贸组织改革应尊重成员各自的发展模式。

2. 思政结合

引导学生树立"改革创新"的自觉意识

第一,增强改革创新的责任感。现实告诉我们,绝对不能躺在历史的功劳簿上自满自足、裹足不前。创新决定着世界政治经济力量对比的变化,也决定着各国各民族的前途命运,大学生是国家、民族的未来,要不断增强改革创新的责任感和使命感。

第二,增强改革创新的能力和本领。缺乏深厚的专业知识积淀,盲目追求改革创新,只会流于不切实际的空想和盲干。大学生应当努力加强专业知识学习,才能担负改革创新的重任。

第三,从个人的发展和前途来看,勇于尝试新的方法、学习新的知识,对于实现个人价值、完善自我意义重大。大学生在学习中应当培养"批判意识",善于思考和挑战,不断更新自身的知识体系。

3. 思考讨论

改革创新四十多年以来,中国的经济发展已经取得了举世瞩目的成就,各方面实力显著上升。加入世界贸易组织、进入国际市场,我国是既得利益者,为何还要支持对世界贸易组织进行改革?

中国支持对世界贸易组织的改革,不是否定世界贸易组织的意义,而是回应时代的需要、解决现有体系的问题。中国一方面积极维护合理的国际秩序,同时也致力于促进不合理制度和规则的改革,推动其向更加公平合理的方向发展。改革开放以来,党带领人民奋力拼搏,取得世人瞩目的巨大成就,正是不断改革创新、推陈出新的结果。

四、通过"《联合国货物销售合同公约》中'保全的货物义务'"的知识点引导学生理解和践行为他人着想的善意原则

(一) 知识点概括

1. 知识点

《联合国国际货物销售合同公约》(以下简称"《公约》")是国际货物买卖法重要的法律渊

源之一。学生应当全面掌握该公约的适用范围、主要内容以及实际运用。其中,《公约》规定的买卖双方的义务是非常重要的知识点,涉及较多的条文,包括"卖方义务""买方义务""保全货物的义务"等。

2. 传统讲授方式

传统教学过程中,教师会——讲授、分析《公约》的主要条款,要求学生背诵、记忆。由于需要掌握的条款较多,学生容易记忆错误,将买卖双方的权利义务、法律责任相混淆。

(二) 结合思政设计

1. 课程导入

甲国公司和乙国公司签订一份大米销售合同。合同规定,按照卖方仓库交货条件买卖,买方提货时间是8月。合同订立后,卖方于8月5日将提货单交给买方,买方据此付清了全部货款。由于买方未在8月底前提货,卖方遂将该批货物移放到另外一座废弃的仓库。直到9月15日,买方前来提货时发现,该批货物已经部分腐烂变质。双方为此损失由谁承担发生争议,最后诉诸法院。法院认定卖方违反了保全货物的义务,应当承担大米腐烂变质的损失。

2. 思政结合

传播善意原则,引导学生养成"为他人着想"的美德

《公约》将"为对方考虑"上升为交易中买卖双方的义务,体现了善意原则,从个人角度而言,增加交易双方之间的信任感,降低交易风险,交易双方能维持更好的合作关系;从整体角度而言,有利于营造良好的交易环境,最大限度地保障社会资源。

在日常的工作和生活中,也应当弘扬为他人着想的美德,将之作为与人交往的行为准则,形成"我为人人,人人为我"的社会氛围,构建美满家庭、和谐社会,实现各方的互惠互利。

基于公平原则和善意原则,在上述案例中,若卖方履行了保全货物的义务,买方应当自觉承担卖方为保全货物而支出的合理费用。"投我以木桃,报之以琼瑶"是中华民族的传统美德,我们应当以善意回报善意。

3. 思考讨论

在上述案例中,买方未按照合同约定收取货物,明显违反《公约》关于买方"收货义务"的规定,应当承担相应的违约责任。且根据《公约》所规定的风险转移规则,在此情形下,风险自买方应当收货之时转移。既然是买方违约,货物风险已经转移至买方,为何卖方要承担损失?《公约》为何规定卖方有保全货物的义务?

买方应当收货而未收取货物时,尽管货物的风险已经转移到了买方,但货物还在卖方的掌控之下,卖方有能力保全货物。在经济交往中,各方应当秉承善意原则,为对方考虑,采取合理的措施为对方减轻损失,而不能因损失由对方承担而听之任之。本案中,卖方将风险已经转移的货物放置在废弃仓库,毫不考虑买方的利益,其行为直接导致了货物损失,缺少对他人的善意,导致社会资源的浪费,违反了《公约》的规定,需承担相应的责任。

五、通过"承运人责任"的知识点引导学生树立"以人为本"的理念

(一)知识点概括

1. 知识点

"国际海上货物运输法"是国际经济法重要的分支,学生需要全面学习海上货物运输领域的四大公约,掌握各个公约的重要规则,理解各公约的异同,并了解我国《海商法》的相关规定。其中,"承运人责任"是公约中最重要的内容,学生不仅要理解和掌握承运人的基本义务,包括适航义务、管货义务、运送货物的义务等,还要理解和掌握公约关于"承运人的免责"的具体规定。

2. 传统讲授方式

将各个公约及我国《海商法》中关于"承运人责任"的规定进行一一讲解和对比,要求学生理解、区别并记忆,由于涉及好几个公约及国内法,规则较多,学生死记硬背较为吃力,在判断承运人是否应当承担责任时容易出错。

(二)结合思政设计

1. 课程引入

中国 A 公司与美国 B 公司签订手机销售合同,约定 A 公司向 B 公司出售 10 万台手机。A 公司按照销售合同的约定将手机交由中国远洋公司的 C 货轮运输。C 货轮比预期时间晚了半个月到达目的港。经调查,该货轮在运输途中收到求救信号,于是偏离既定航线寻找求救船舶。C 货轮找到求救的海轮,发现其发生了海难事故,C 货轮为了救助人命耗费了一些时日,最终导致运输迟延。

2. 思政结合

传播"以人为本"的理念

第一,海上航行充满未知的风险,人类利用海洋的同时,也可能遭遇各种危险。人类社会应当守望相助、共同面对自然的挑战。

第二,在海上航行中,救助人命是国际义务。海上救助人命一般不得要求获救人支付报酬,不能因为救助人命可能导致的物质成本、经济利益损失而拒绝施以援手。

第三,在疫情期间,曾有人将救治病危老人需要支出的费用与老人病愈后能够为社会创造的经济价值做比较,质疑救治病危老人的意义。人命无价,我们应当树立"以人为本"的理念,尊重生命、珍惜生命,正确看待生命与物质之间的关系,坚决抵制将经济利益凌驾于生命之上的错误思想。

3. 思考讨论

依据海牙-维斯比规则、汉堡规则以及我国《海商法》的规定,承运人应当按照约定的、习惯的或者地理上的航线将货物运往目的港。上述案例中,C 货轮偏离既定路线,导致运输迟延,是否违反了承运人的责任?

在国际货物运输合同中,管理货物和运送货物是承运人最基本的义务,承运人应当按照

约定的、习惯的或地理上的航线将货物运往目的港,不得"不合理"绕航。承运人"合理"的绕航无需承担责任。在海上航行中,救助人命是国际义务。依据1989年《国际救助公约》第十条的规定,"只要不致于对其船舶及船上人员造成严重危险,每个船长都有义务援救在海上有丧生危险的任何人员"。上述案例中,C货轮偏离航线进行海上人命救助,属于"合理"绕航,未违反承运人的基本责任。

六、通过"提单保函"的知识点引导学生树立"诚实守信"的理念

(一)知识点概括

1. 知识点

提单是海上货物运输中的重要单证,是用以证明海上货物运输合同和货物已经由承运人接收或者装船,以及承运人保证据以交付货物的单证。学生需要对提单的概念、内容以及法律功能、类别进行全面的学习。"提单保函"是其中一个重要的知识点。

2. 传统讲授方式

通常教师讲授提单保函这个知识点时,会重点讲授善意保函和恶意保函不同的法律效力,要求学生理解、掌握。学生死记硬背,不理解规则的价值基础。

(二)结合思政设计

1. 课程引入

中国A公司与新加坡B公司签订白糖买卖合同,约定FCA交货条件,交货地点为B公司所在地。7月3日,A公司派人到B公司所在地提货,B公司已将货物放在简易货棚中,货物包装受损。A公司将货物运到港口,交由承运人。承运人拟出具不清洁提单,A公司为获得清洁提单向承运人出具保函,承诺若因包装问题造成货损,A公司将全权负责。承运人遂签发了清洁提单。A公司凭清洁提单顺利结汇,提单和保险单转移至C公司。C公司提货时发现货损,要求承运人承担赔偿责任,承运人赔偿30万美金后,随即凭保函要求A公司承担责任。

依据《汉堡规则》和《海商法》,善意保函在承运人和托运人之间有效,但恶意保函一律无效。若A公司将货物交由运输时,包装虽有破损、但内部货物依然完好无损,承运人接受保函出具清洁提单,此提单保函为"善意保函",在承运人和托运人之间有效,承运人可以要求A公司履行保函中的承诺、承担所有损失;若A公司将货物交给承运人时,包装损坏严重,明显可见货物已损坏,承运人接受保函出具清洁提单,此提单保函为"恶意保函",不具有法律效力,若承运人依据该保函向A公司追偿,法院不予支持。

2. 思政结合

传播"诚实守信""遵纪守法"的理念。

第一,诚实守信是商事交往的基石,因眼前利益背信弃义,往往会丧失长远利益,得不偿失。托运人出具恶意保函获得清洁提单,虽能获得短期利益,但会大大降低提单的信用,对提单交易造成负面影响。否认"恶意保函"的效力,提单本身的合法性、真实性得以保障,有利于促进提单交易的安全与繁荣。

第二,诚实守信是做人做事的基本准则,只有人人恪守诚信,彼此信任,真诚协作,才能构建生活稳定、安全感强的社会氛围,个人才能获得良好的生活环境和公平的发展机会。

第三,大学生应当遵纪守法,通过诚实劳动获取正当的个人利益、实现人生价值,践行正确的"义利观",坚决抵制利用非法或不道德的手段获取不正当利益的错误思想。

3. 思考讨论

托运人向承运人出具保函,获得清洁提单,该保函是托运人对承运人作出的承诺,可以视为托运人与承运人之间的协议。为何《汉堡规则》和《海商法》只认可善意保函的法律效力,却否认恶意保函的效力?托运人无需为自己"恶意"的欺诈行为承担责任,岂不是不公平吗?

托运人出具保函以获得清洁提单,在实践中较为常见。承运人以托运人的保函为基础,为其签发与事实明显不符的提单,承运人与托运人之间形成了欺诈的合谋。若法律认可此类保函的效力,将导致承运人的欺诈行为得以免责。法律否认该保函的效力,承运人无法依据保函从托运人处获得赔偿,承运人将为其接受恶意保函出具虚假提单的行为承担全部的法律责任。这一规定可以最大限度地提高承运人的欺诈成本,有效地遏制承运人的欺诈行为。只要承运人拒绝接受恶意保函,托运人的欺诈行为就无法实施。

七、通过"信用证欺诈例外"的知识点引导学生树立"责任意识""担当意识"

(一)知识点概括

1. 知识点

信用证交易相关知识是国际贸易支付法最重要的内容。信用证独立原则是信用证交易的基石,但同时给信用证欺诈创造了条件。最高人民法院发布司法解释,就信用证欺诈问题作出具体规定。

2. 传统讲授方式

就司法解释的相关内容予以讲授,要求学生记忆、背诵司法解释的具体规定,包括信用证欺诈的情形、救济方式、例外等。学生通常对信用证交易较为陌生,只能死记硬背,知识点容易遗忘。

(二)结合思政设计

1. 课程引入

甲国 X 公司(卖方)与中国 Y 公司(买方)订立货物买卖合同。中国某银行应 Y 公司的申请开出不可撤销信用证,指定甲国 Z 银行为议付行。在合同履行过程中,Y 公司派驻甲国的业务人员了解到,X 公司发运的货物很可能与合同严重不符且没有价值,于是紧急通知 Y 公司总部。Y 公司随即向有管辖权的中国法院提出申请,请求法院裁定止付信用证项下的款项。经调查,甲国 Z 银行已经善意支付了该信用证下的款项。中国法院遂驳回 Y 公司的申请。

2. 思政结合

引导学生树立"责任意识""担当精神"。

第一，Y公司遭遇信用证欺诈，错过了及时止损的最佳机会，只能自行承担损失。一个国家、民族有其国家责任，一个企业、单位有其社会责任，每一个公民对社会、集体、家庭也有相应的责任，只有人人各司其职、各担其责，社会才能和谐运转、持续发展。在疫情期间出现的各种"甩锅"行为目光短浅，终将失去国际社会及他人的信任。

第二，Y公司中止支付的申请被驳回，接下来应当积极搜集证据，通过其他的合法途径积极挽回损失，不能因此丧失信心。每个人的一生都将不断面对各种挑战和挫折，我们应当有足够的勇气和信心突破各种局限、克服各种困难。

第三，Y公司应当及时总结经验教训，提高风险防范意识，在今后的商事交往中更加谨慎。在生活和学习中，我们也应当辩证地看待困难和挫折，将逆境转化成机遇，学会在挫折和错误中不断成长、完善自我。

3. 思考讨论

若法院作出中止支付的裁定，可以避免中国Y公司的损失，损失由国外议付行承担，不正是"利国利民"的好事吗？为何法院要驳回申请？

信用证项下，开证行与开证申请人形成委托关系，开证行代开证申请人向受益人付款，开证申请人向开证行偿付；开证行与指定的议付行形成信用证上的委托关系，同时也有票据法上的议付关系。议付行系基于对开证行的信任代为付款，议付行向受益人实际付款后，有权主张对开证行的偿付权或票据法上的付款请求权，收回其代为支付的款项。

本案中，甲国Z银行已经善意地对受益人付款，不存在过失，若我国开证行拒绝偿付，Z银行将损失巨大，银行之间的信任与合作遭到破坏，对我国银行在国际上的声誉产生负面影响；同样的，若Y公司拒绝向开证行付款赎单，也将破坏整个信用证交易的基础，此时，法院不会裁定中止支付，Y公司只能通过其他途径向X公司追究责任。

八、通过"外资并购的国家安全审查制度"的知识点引导学生培养"爱国情怀"

(一) 知识点概况

1. 知识点

国家安全审查制度是国际投资法一章中重要的知识点。为了防止外资对东道国经济的控制或对东道国国家安全造成威胁，许多国家，包括美国、日本、加拿大和澳大利亚等一些发达国家和发展中国家，均建立了外资并购的国家安全审查制度。

2. 传统讲授方式

就国外相关制度进行介绍，并就我国《外商投资法》《国家安全法》以及相关规范性文件中的具体规定进行列举和分析，要求学生理解和掌握该制度的特点、立法目的、具体内容等。学生对相关条文容易理解，但印象并不深刻。

(二) 结合思政设计

1. 课程引入

近年来，美国对中资并购越发敏感，诸多中资企业赴美收购交易频频被否，中国企业因为美国外资投资委员会的国家安全审查丧失了多起收购交易机会,例如:2018年1月,阿里巴巴旗下的蚂蚁金融服务集团以12亿美元收购美国汇款公司速汇金,被否;2018年2月,湖北鑫炎以5.8亿美元收购美国半导体测试公司科利登,被否;2018年3月,博通以1170亿美元收购美国的无线电通信技术研发公司高通,被否。

2. 思政结合

引导学生树立"国家安全意识""爱国情怀"

第一,树立正确的主权观念,在充分利用经济全球化所提供的机遇发展的同时,坚决维护国家的主权和尊严。国家安全问题事关国家安危和民族存亡,大学生要增强国家安全意识,对境内外敌对势力的渗透、颠覆、破坏活动保持高度警惕,切实履行维护国家安全的义务。

第二,大学生要用实际行动做忠诚的爱国者,自觉致力于中华民族伟大复兴事业,投身祖国的现代化建设;关心时事、积累知识,正确看待国际形势和国际关系,理性爱国。

第三,国家安全不能成为某些国家推行贸易保护主义、单边主义的幌子。我们尊重他国主权和安全,同时也反对某些国家以国家安全为借口违反国际义务、破坏国际合作。

3. 思考讨论

美国是世界第一大经济休,一直奉行自由主义,在世界范围内推行"国民待遇"标准。那么,美国为何对外资并购制定国家安全审查制度,且在实践中审查得如此严格?

经济利益与国家安全利益相比,国家安全置于更重要位置。在国际贸易领域,《关税与贸易总协定》第21条、《服务贸易总协定》第14条均规定了安全例外。在国际投资领域,国家安全审查制度主要由表现为国内层面的立法和制度。外资并购是国际直接投资的重要方式,对促进东道国的经济发展和市场竞争有积极作用,也可能会给东道国经济发展、国家安全带来一定的隐患,甚至可能对东道国的产业安全和经济安全构成严重威胁,此外,外资进入军工行业或重要的国防区域,更有可能危及东道国的国家军事安全。因此,不论是发展中国家,还是发达国家,均将国家安全视为核心利益,对外资涉及重点企业、核心技术行业的并购行为进行安全审查。

第十九章

教育法学课程思政教学设计^①

第一节 教学设计基本思路

一、设计思路阐释

教育法学是一门正在发展中的交叉学科,由于与教育学联系紧密,其中有很多知识点可以与课程思政相结合。以习近平总书记关于教育的重要论述为指引,如何落实立德树人根本任务,如何培养德法兼修的法治人才,都需要教育法学作出回答。为此,在教育法学的教学中,融入课程思政理念,对于教育法学学科的发展是有重要意义的。

二、思政教育结合点概况

序号	教材对应知识点	课程思政结合点	说　明
1	教育法学	鼓励学生探索创新,加强跨学科知识和能力的学习和培养。	以教育法学的诞生为背景,即法学和教育学的交叉的可能与可行,分析交叉学科的发展前景。
2	受教育权	分析受教育权的平等保障,培养学生对家国的爱、对教育的爱、对学生的爱。	通过"齐玉苓案"谈起,结合最近的替考入刑,分析国家为了保护受教育权的平等所作出的巨大努力。

---

① 叶强,湖北鄂州人,中南财经政法大学法治发展与司法改革研究中心讲师,硕士生导师,法学博士。主要讲授课程为"社会治理"等。
段斌斌,湖南冷水江人,华中科技大学教育科学研究院讲师,硕士生导师,管理学博士。主要讲授"教育法学""教育管理学""教育与心理研究方法"等课程。

序号	教材对应知识点	课程思政结合点	说　明
3	国家教育权	分析国家教育权的功能，展现社会主义制度扫除文盲、提高人口素质的优越性。	以国家教育扶贫攻坚案为例，展现党的十八大以来我国教育改革发展的重大成就与宝贵经验。
4	学生的法律地位	引导学生既要注重法律知识的学习，也要注重道德的修养，成为德法兼修的社会主义建设者和接班人。	以《刑法修正案（九）》增设刑法第248条之一为例，分析学生作为受教育者，应以成为社会主义建设者和加班人为己任，遵纪守法，爱岗敬业。
5	高等学校的法律地位	落实立德树人根本任务，扭转学校重智育轻德育，忽视对大学生的思想政治和德育工作的倾向。	以党中央、国务院以及教育部等部门制定的教育科研评价文件为例，分析高等学校落实立德树人根本任务的主体责任，坚定不移走中国特色社会主义教育发展道路。
6	教师的法律地位	捍卫师道尊严，培养有道德情操、有扎实学识、有仁爱之心的"四有"好老师。	通过相关案例的引入，分析教师的法律地位及权利救济，并结合习近平总书记关于教师的重要论述，展现国家对教师的关爱和扶持。
7	学生伤害事故	培养学生的安全意识和对生命的敬畏，培养学会与人和谐相处以及风险预见和处置的能力。	结合学生伤害事故的经典案例，探讨学生伤害事故的类型、后果与归责原则，引导学生认识到安全的重要性，学会规避风险。
8	纪律处分	引导学生认识到自由的边界和违规的责任，学会对自己的行为负责。	通过分析开除学籍经典案例，明晰开除学籍的事由与原因，使学生认识到自由的相对性与行为的边界，培养责任意识。
9	校园欺凌	培养学生正确对待人与人的差别，乐于与人合作的精神。	结合新修订《未成年人保护法》等相关规定以及相关典型案例，分析校园欺凌产生的原因，为此需要学生之间互相关心和爱护。
10	学位撤销纠纷	引导学生注重对于法律正当程序的学习，培养程序意识和诚信精神。	通过引入经典案例，回答如果注重程序意识，可以让校园更和谐，学生权利得到更好的尊重。

第二节　教学设计典型课例

一、通过讲授教育法学的诞生培养学生探索交叉学科的能力

（一）知识点概括

1. 知识点

教育法学的诞生是与教育法制建设的进步分不开的。1980年2月12日，第五届全国人

大常委会第十三次会议通过了《中华人民共和国学位条例》，这是新中国成立以来的第一部教育法律，标志着我国教育法制的开始。由此，以教育法为研究对象的交叉学科——教育法学也不断发展起来。

2. 传统讲授方式

教师在讲授此知识点时，通常会结合教材内容、历史事件、教育法制建设进程讲授教育法学的调整对象、基本原则、法律关系和法律责任等内容，从而使学生系统掌握该知识点。但从课程思政的角度来说，还应该进一步鼓励学生探索创新，加强交叉学科知识和能力的学习和培养。

（二）结合思政设计

1. 课程引入

对教育法的研究，较早是从行政法学的角度来切入的。德国行政法学家施泰因（Stein, L. v, 1825—1890）在19世纪末即提出了教育的法律适应性原则，从而开创了对教育立法问题的理论研究。[①] 随着20世纪50年代以来教育立法领域的日益复杂，教育法开始同行政法学相分离，就提出了教育法学的学科属性问题。

虽然我国教育法学的研究起步较晚，但是发展较快。在《中华人民共和国学位条例》通过后，学术界陆续发表了一系列有关教育立法的文章，但是"教育法学"作为一个概念则首次出现于《教育研究》杂志1986年第11期上的《国外教育法学发展概述》。此后，关于教育法学学科建设的讨论日渐增多，尤其是关于教育法学的地位问题成为争论的焦点议题。

教育法学的地位问题主要是回答教育法学能否成为一个独立的法律部门。从教育法学涉及的领域来看，其不单单研究教育权、受教育权、教育培训机构市场监管等公法问题，还要研究教育活动中的侵权责任、教育契约、教育债务等私法问题。从本质上讲，教育法律关系涵盖行政法律关系和民事法律关系，还包括宪法关系，例如研究教育法学必然会涉及学术自由等议题，这样教育法学不是行政法学所能涵盖的。从教育法学回应教育现实，助推教育强国建设来看，彰显教育法学的独特法律地位，是十分必要的。

2. 思政结合

教育法学的诞生很好体现了交叉学科的发展理念。2020年8月，全国研究生教育会议决定新增"交叉学科"作为新的学科门类。交叉科学是学科间发生的外部交叉以及学科内发生的内部交叉所形成的综合性、系统性的知识体系。但是，学科交叉不是简单将不同学科拼装在一起，而是运用辩证和系统的思维回应人类社会面临的重大科学问题和社会问题。在当下的产业、科技背景下，尤其为了培养国家急需的高层次人才而需大力发展交叉学科。据此，通过学习教育法学的诞生这一知识点，引导学生从法治的角度去思考教育中的突出问题，比如依法治校问题、学校办学自主权问题、民办教育发展、教育财税问题，有意识地培养学生进行交叉学科知识学习的能力。

3. 思考讨论

请结合教育法学作为一个独立的法律部门进行思考，教育法学之下可能包含哪些研究

---

① 劳凯声. 教育法论［M］. 南京：江苏教育出版社，1993：26.

领域? 这些研究领域对于教育法学的深化有何作用?

二、通过讲授受教育权的平等保障培养学生的爱国情感

(一)知识点概括

1. 知识点

《中华人民共和国宪法(2018 年)》第 33 条第 2 款规定:中华人民共和国公民在法律面前一律平等。第 46 条规定,中华人民共和国公民有受教育的权利和义务。国家培养青年、少年、儿童在品德、智力、体质等方面全面发展。据此,受教育权是公民的一项基本权利,国家保障每一个公民平等享有受教育权。

2. 传统讲授方式

教师在讲授此知识点时,通常会结合中外受教育权的法律规范和案例讲授受教育权的法律性质、受教育权纠纷、受教育权救济等内容。但从课程思政的角度来说,还应该进一步阐述改革开放以来我国在受教育权的平等保障方面所取得的伟大成就,培养学生对家国的爱、对教育的爱、对学生的爱。

(二)结合思政设计

1. 课程引入

"齐玉苓案"是我国保护受教育权的一个经典案例。[①] 1990 年,山东省滕州市第八中学的初中学生齐玉苓和陈晓琪参加了中等专科学校的预选考试。1998 年,齐玉苓偶然发现了陈晓琪的冒名顶替之事,遂提起民事诉讼。不服一审判决后其又上诉至山东省高级人民法院,山东省高院随后请示最高人民法院。2001 年最高人民法院做出批复:"陈晓琪等以侵犯姓名权的手段,侵犯了齐玉苓依据宪法规定所享有的受教育的基本权利,并造成了具体的损害后果,应承担相应的民事责任。"山东省高院据此作出判决:认定齐玉苓姓名权受到侵犯;认定齐玉苓受教育权受到侵犯,并获得经济赔偿和精神损害赔偿。

"齐玉苓案"之后,全国各地又曝光了一些冒名顶替事件,如罗彩霞案等。经过司法程序后,受害人的受教育权也都得到了保护。进入 2020 年,随着"农家女被顶替上大学"事件被媒体曝光,山东省教育厅在省内高校共排查出 242 人涉嫌冒名顶替他人身份入学。2020 年 7 月初,教育部就高考要求各高校认真开展新生入学复查,对企图冒名顶替的新生进行严肃处理。2020 年 10 月,《刑法修正案(十一)(草案)》增加了"冒名顶替上大学拟处三年以下有期徒刑"的规定。用刑法治理冒名顶替行为是充分保障受教育权的重大举措。

2. 思政结合

重拳治理冒名顶替是我国践行新发展理念、实现教育公平的一个缩影。冒名顶替事件大多发生在网络信息技术不甚发达的年代,随着高考阳光工程的实施,以及相关制度的完善,冒名顶替现象已经越来越少。近来年,教育部门大力推进依法治教工作。教育部先后制定了《普通高等学校招生违规行为处理暂行办法》(2014 年)和《高校考试招生管理工作八项

---

① 王磊. 宪法实施的新探索——齐玉苓案的几个宪法问题[J]. 中国社会科学,2003(2).

基本要求》(教学〔2018〕9号)等法律文件,使得人民的教育获得感日益增强。根据《为人民谋幸福:新中国人权事业发展 70 年白皮书》(2019 年)披露,改革开放以来,中国大力实施教育优先发展战略,加快推进教育现代化,切实保障公民平等接受教育的权利,高等教育即将跨入普及化发展阶段。据此,通过学习受教育权的平等保障这一知识点,引导学生从改革开放史的高度感受祖国在人权领域所取得的伟大成就,激发学生对家国的爱、对教育的爱、对学生的爱,从而投身于伟大的社会主义实践。

3. 思考讨论

请结合受教育权的平等保障进行思考,平等保障对于受教育权的实现意味着什么? 哪些因素会影响受教育权的平等保障?

三、通过讲授国家教育权的功能展现社会主义制度的巨大优越性

(一) 知识点概括

1. 知识点

《中华人民共和国宪法(2018 年)》第 19 条是关于国家发展教育事业的方针条款,规定了国家与教育之间的关系。其具体包括四个条款:第 1 款规定了国家发展教育事业的一般义务;第 2 款规定了国家举办各类学校的义务;第 3 款规定了国家发展各种教育设施,扫除文盲的义务;第 4 款规定了国家鼓励社会力量发展教育事业的义务。据此,学术界通常从国家教育权的角度来定性本条款,分析国家教育权和公民受教育权的关系。

2. 传统讲授方式

教师在讲授此知识点时,通常会结合国家教育权和公民受教育权的关系来讲授国家教育权的性质、边界与责任等内容,具体分析国家教育权对公民受教育权的义务,以及公民受教育权对国家教育权的制约等问题。但从课程思政的角度来说,还应该进一步分析国家教育权的积极功能,尤其是在教育扶贫攻坚领域所发挥的突出作用,展现我国社会主义制度集中力量办大事的巨大优越性。

(二) 结合思政设计

1. 课程引入

党的十八大以来,我国教育扶贫攻坚成效显著。根据教育部 2019 年初发布的数据显示:在教育扶贫重大工程项目方面,我国连续实施了三期学前教育行动计划,全国学前三年毛入园率达 79.6%。全面改善贫困地区农村义务教育薄弱学校基本办学条件,832 个贫困县已基本完成建设任务。实施农村义务教育学生营养改善计划,覆盖所有国家级贫困县,让 3700 万名农村学生受益。实施消除义务教育大班额计划,截至 2018 年 10 月底,义务教育大班额、超大班额数量比 2017 年分别减少了 18.9% 和 48.7%,促进了城乡义务教育均衡发展。[①] 此外,我国还大力推动实施乡村教师支持计划、农村教师特岗计划、银龄讲学计划,建设精准到人的学生资助体系和持续实施定向招生专项计划等等,确保如期高质量完成脱贫攻坚目标

---

① 焦宇. 我国教育扶贫攻坚成效显著[N]. 中国民族报,2019-1-8(3).

任务。

为了全面总结提炼教育扶贫先进典型，2019年5月由教育部脱贫攻坚工作领导小组办公室指导，北京师范大学中国扶贫研究院承办，面向全国征集教育扶贫典型案例。经评审，共评选出全国教育扶贫典型案例235项。如其中的典型案例《渭南市研发教育扶贫软件助力教育脱贫》充分利用现代化手段和技术，组织力量率先在陕西省开发了"渭南教育扶贫"微信小程序，有力促进了教育脱贫工作精准实施。

2. 思政结合

习近平总书记强调，"让贫困地区的孩子们接受良好教育，是扶贫开发的重要任务，也是阻断贫困代际传递的重要途径"。教育扶贫攻坚是发挥国家教育权功能的一个重要方向。如何发挥权力的效能是新时代以来学术界关注的一个重点。党的十八大以来教育扶贫攻坚的伟大成就证明：通过优化国家教育权行使的内部结构，激励各种力量积极参与教育治理过程，能有效提升国家教育权的效能，从而实现宪法规定的国家发展教育事业的义务。据此，通过学习国家教育权的功能这一知识点，引导学生从社会主义现代化建设的角度体悟社会主义制度的巨大优势，大力培养学生的"五个认同"。[①]

3. 思考讨论

请结合国家教育权的功能进行思考，该引入怎样有效的教育治理体系释放教育治理的能力，进而实现国家教育权的功能达到帕累托最优？

四、通过讲授学生的法律地位培养德法兼修的法治人才

(一) 知识点概括

1. 知识点

学生在宪法层面的法律地位为"公民"，在教育法层面的法律地位为"受教育者"。根据《中华人民共和国教育法（2015年）》第43条的规定，受教育者享有参加教育教学活动，使用教育教学设备，获得奖学金、贷学金、助学金等法律、法规规定的各项权利。根据其第44条的规定，受教育者应当履行遵守法律、法规，遵守学生行为规范，完成学习任务等义务。据此，学生在教育法上的法律地位是权利与义务的复合体。

2. 传统讲授方式

教师在讲授此知识点时，是把学生的权利作为授课重点，主要是分析学生享有的包括受教育权在内的各项基本权利，以及作为"未成年人"享有的其他权利，而附带讲授学生的义务。从课程思政的角度来说，学生的义务也应该作为重点，尤其要引导学生注重道德的修养，成为德法兼修的社会主义建设者和接班人。

(二) 结合思政设计

1. 课程引入

2019年9月，最高人民法院发布了六起组织考试作弊犯罪典型案例。其中的一个典型

---

① 五个认同：对伟大祖国、中华民族、中华文化、中国共产党、中国特色社会主义的认同。

案例——"侯庆亮、虎凯代替考试案"的基本案情是：2015 年 10 月间,被告人虎凯通过他人联系被告人侯庆亮,让其代替自己参加 2016 年全国硕士研究生招生考试。2015 年 12 月 26 日上午,侯庆亮代替虎凯参加上述考试中的管理类联考综合能力科目时,被监考人员当场发现。虎凯主动向公安机关投案,并如实供述犯罪事实。[①] 北京市海淀区人民法院判决认为二被告人的行为均已构成代替考试罪,根据《中华人民共和国刑法(修正案九)》的相关规定施与刑事处罚。

随着 2015 年 11 月 1 日起施行的《刑法修正案(九)》增设了刑法第二百八十四条之一,规定了组织考试作弊罪、非法出售、提供试题、答案罪和代替考试罪,各级考试主管部门和公检法机关依据修改后的刑法规定,严肃惩处考试作弊犯罪。为此,2019 年 9 月,最高人民法院、最高人民检察院联合发布了《关于办理组织考试作弊等刑事案件适用法律若干问题的解释》(法释〔2019〕13 号),对考试作弊等行为的准确适用作出了清晰规定,将有利于遏制这类违反犯罪行为。

2. 思政结合

组织考试作弊等行为严重违反了诚信精神,损人害己,既有损于考试公平,也有违法律要求。习近平总书记于 2017 年 5 月 3 日在中国政法大学考察时强调,全面推进依法治国是一项长期而重大的历史任务,要坚持中国特色社会主义法治道路,坚持以马克思主义法学思想和中国特色社会主义法治理论为指导,立德树人,德法兼修,培养大批高素质法治人才。据此,在讲授学生的法律地位时,应按照总书记的重要讲话精神,通过典型案例分引导学生一方面积极学习法律知识,严格遵纪守法,另一方面加强道德实践与个人修为,内化诚信精神。

3. 思考讨论

请结合学生的法律地位进行思考,如何通过学生权利与义务的有效配置达到德法兼修的效果?

五、通过讲授高等学校的法律地位落实立德树人根本任务

(一) 知识点概括

1. 知识点

高等学校的法律地位,尤其是公立高校的法律地位是教育法学研究的重要问题。《中华人民共和国教育法(2015 年)》第 32 条第 1 款规定,学校及其他教育机构具备法人条件的,自批准设立或者登记注册之日起取得法人资格。《中华人民共和国高等教育法(2018 年)》第 30 条第 1 款规定,高等学校自批准设立之日起取得法人资格。《中华人民共和国民法典(2020 年)》改变了过去的法人分类,其第三章"法人"将法人分为营利法人、非营利法人和特别法人,其中非营利法人包括事业单位、社会团体、基金会、社会服务机构等。从这三部法律的规定看,高等学校的法律地位应定为于非营利法人。但是考虑到公立高校的特殊性,特别是公立高校与国家之间关系的变迁,学术界过去就其法律地位主要有三种观点:事业单位法人、

[①] 考试作弊犯罪典型案例[N]. 人民法院报,2019 - 9 - 4(3).

法律法规授权组织或者公法人。未来,有必要制定《高等学校法人法》,明确高等学校的公法属性。①

2. 传统讲授方式

教师在讲授此知识点时,通常会结合我国教育体制改革的历史进程,分析高等学校与国家关系的变迁规律,研讨有关高等学校法律地位的主要观点,尤其是借鉴大陆法系国家关于公法人制度的有关规定,为高等教育行政诉讼提供理据。从课程思政的角度来说,应该结合高等学校立德树人根本任务要求,坚决扭转不科学的教育评价导向,坚定不移走中国特色社会主义高等教育发展道路。

(二) 结合思政设计

1. 课程引入

党的十八大以来,党中央、国务院以及教育部、科技部等有关部门出台了一系列文件,坚决扭转不科学的教育评价导向。2013 年底,教育部印发《关于深化高等学校科技评价改革的意见》(教技〔2013〕3 号),提出根据不同类型科技活动特点,建立导向明确、激励约束并重的分类评价标准和开放评价方法。2016 年中共中央印发《关于深化人才发展体制机制改革的意见》(中发〔2016〕9 号) 和《关于深化职称制度改革的意见》(中办发〔2016〕77 号)等文件,强调持德才兼备、以德为先。教育部制定了《关于深化高校教师考核评价制度改革的指导意见》(教师〔2016〕7 号)提出将教师考核评价作为高等教育综合改革的重要内容。

2018 年 9 月 10 日,习近平总书记在全国教育大会上就深化教育评价改革做了集中论述。为此,中共中央办公厅、国务院办公厅印发《关于深化项目评审、人才评价、机构评估改革的意见》(中办发〔2018〕37 号),国务院印发《关于优化科研管理提升科研绩效若干措施的通知》(国发〔2018〕25 号),科技部、教育部等五部门印发《关于开展清理"唯论文、唯职称、唯学历、唯奖项"专项行动的通知》(国科发政〔2018〕210 号),教育部办公厅印发《关于开展清理"唯论文、唯帽子、唯职称、唯学历、唯奖项"专项行动的通知》(教技厅函〔2018〕110 号),教育部、科技部印发《关于规范高等学校 SCI 论文相关指标使用 树立正确评价导向的若干意见》(教科技〔2020〕2 号),大力推进科研评价机制改革。

2020 年 10 月,中共中央、国务院印发《深化新时代教育评价改革总体方案》,将坚持立德树人,牢记为党育人、为国育才使命作为主要原则进行规定,对"破五唯"、实施"四个评价"等作出了一系列新部署,有利于从根本上激发高校内涵式发展的内在驱动力,是未来一段时期指导我国教育评价改革的纲领性文件。

2. 思政结合

我党历来重视德育在人才培养中的重要作用。党的十八大报告首次将"立德树人"确立为教育的根本任务,党的十九大报告进一步指出"落实立德树人根本任务"。习近平总书记在全国教育大会上强调,要把立德树人融入思想道德教育、文化知识教育、社会实践教育各环节,贯穿基础教育、职业教育、高等教育各领域。据此,在讲授高等学校的法律地位时,应通过梳理总结教育科研评价的相关文件,讲深讲透立德树人的内涵和要求,引导学生树立正

---

① 劳凯声. 教育体制改革中的高等学校法律地位变迁[J]. 北京师范大学学报(社会科学版),2007(2).

确的评价观和事业观。

3. 思考讨论

请结合高等学校的法律地位进行思考,如何将立德树人根本任务与高校办学自主权结合起来,形成中国特色高等教育发展道路?

六、通过讲授教师权益纠纷引导学生树立"四有"好老师行为规范

(一) 知识点概括

1. 知识点

教师的法律地位及权利救济是教育法学的重要知识点,也是《中华人民共和国教师法(2009年)》重点规范的内容之一。我国《中华人民共和国教育法(2015年)》第33条、第34条以及《教师法》第3条、第7条、第8条、第37条、第39条等法律条款分别对教师的法律地位、教师权利义务、处分解聘情形、权利救济途径进行了规范。

2. 传统讲授方式

教师在讲授教师权益纠纷时,通常会结合法条和具体案例进行讲解,讲授教师的权利义务、法律责任、救济途径、处分解聘事由与程序、不服申诉处理结果的救济渠道等内容。然而,传统课程讲授中仅注重知识的系统传授,却未结合习近平总书记关于教师的重要论述,这不能不说是传统讲授方式的一大缺憾。

(二) 结合思政设计

1. 课程引入

案例:2016年1月22日,原告蒋林与被告上海海事大学签订"聘用合同书",约定被告聘用原告为外国语学院教授,聘期为5年。2016年4月14日,被告纪委部门收到被告外国语学院在读学生林某的实名举报邮件,举报内容为:蒋林对其威逼利诱,要求发生性关系,其不得不屈从。经司法鉴定,举报人林某提供的精液样本确实是原告的。2016年5月3日,被告纪委部门又与原告进行了谈话,并以原告与女学生存在不正当关系为由给予原告撤职处分。2016年5月25日,被告向原告发出"解除聘用合同通知书",以原告与女学生之间存在不正当关系为由,根据《教师法》第37条第3款规定,决定自2016年5月6日起与原告解除聘用合同等。

蒋林不服,向法院起诉。法院认为,举报人林某能取得并提供留有原告精液的湿纸巾和纸巾本身即表明原告与该女学生之间存在不正当的师生关系,且原告也未对此有合理解释和相应证据,据此被告根据上述鉴定结论并结合林某的相关举报内容,以原告与女学生存在不正当关系为由解除聘用合同的做法,有事实和法律依据,并无不妥。虽然原告在本案中坚持主张其与林某不存在性关系,但一方面被告解聘事由中的所称"不正当关系"并非限指"性关系",另一方面原告的上述主张与其与林某的名誉权纠纷生效判决所认定的事实亦不相符,遂支持了上海海事大学的解聘决定。①

---

① 中国裁判文书网. 蒋林与上海海事大学劳动合同纠纷一审民事判决书[EB/OL]. [2020-11-23]. https://www.qcc.com/wenshuDetail/259d87d413cd5df174963f0974e959fc.html.

2.思政结合

从学理上看,这起案件主要涉及到《教师法》第 37 条的适用与教师解聘的法律救济,但这起案件的思政内涵也极其丰富。教师是人类灵魂的工程师,对学生身心健康成长与良好行为习惯的养成具有潜移默化地影响。正因如此,习近平总书记指出,教师要争做有理想信念、有道德情操、有扎实学识、有仁爱之心的"四有"好老师,这不仅是道德层面的殷切期望,也是法律法规的隐性要求。因此,通过"以案说法"让学生明晰品行不良的法律后果,培养未来的"四有"好老师。

3.思考讨论

师生之间的哪些关系属于"不正当关系"? 如何防治师生之间的"不正当关系"?

七、通过讲授学生伤害事故引导学生树立安全意识与风险防范意识

(一) 知识点概括

1.知识点

学生伤害事故及责任归结是教育法学的重要知识点,《中华人民共和国民法典(2020 年)》第 1199 条、第 1200 条、第 1201 条与《学生伤害事故处理办法(2002 年)》对学生伤害事故的类型及其责任认定做了详细规范,旨在区分学校承担责任与不承担责任的情形。

2.传统讲授方式

教师在讲授此知识点时,通常会结合法条规定及相关案例讲解学生伤害事故的概念、特征、归责原则、责任认定、处理程序与处理方式等内容,从而使学生系统掌握该知识点。但从思想政治教育的角度来说,还应进一步引导学生树立安全意识与风险防范意识,建设平安校园。

(二) 结合思政设计

1.课程引入

案例:2015 年 4 月 23 日,长辛店二小组织在校学生春游,途中原告蒋×被高年级同学解×推倒,造成三颗牙齿受伤,上唇、面部挫裂伤。经诊断治疗,仍有一颗牙齿无法修复,需等到 18 周岁之后才能视情况进行牙齿补种。原告认为,本案发生于学校组织的活动中,由于老师看护不利,导致解×将原告推倒磕伤。长辛店二小及直接侵权人解×均应承担赔偿责任。

法院认为:根据法律规定,无民事行为能力人、限制民事行为能力人造成他人损害的,由监护人承担侵权责任;无民事行为能力人在幼儿园、学校或者其他教育机构学习、生活期间受到人身损害的,幼儿园、学校或者其他教育机构应当承担责任,但能够证明尽到教育、管理职责的,不承担责任。本案中,蒋×事发时不满 10 周岁,系无民事行为能力人;解×事发时已满 10 周岁,系限制民事行为能力人。经庭审查,解×在活动中未尽到安全注意义务,将一旁站立休息的蒋×撞倒并致伤,其作为直接侵权人对此负有重大过错,应承担主要责任。

鉴于解×事发时系限制行为能力人,故其侵权行为产生的法律后果应由其监护人承担。

长辛店二小作为春游活动的组织者、管理者,对于学生在自由活动期间进行的具有一定对抗性、危险性的游戏活动,疏于组织、管理,未能及时加以提醒、引导或制止,且事发后亦未及时发现、了解情况,积极救治伤者,并及时通知家长,未尽到安全保护义务,故其对于导致事故后果的发生具有一定过错,应承担次要责任。蒋×对于本案发生无过错,不承担责任。

2. 思政结合

风险社会,意外和风险无处不在,这就要求要培养学生的安全意识与风险防范意识,有效规避学生伤害事故的发生,尽量将伤害控制在最低限度。事实上,一些学生伤害事故的发生看似意外,但只要提前预防、措施得当是可有效避免伤害发生的,这一方面要求学校与教师等主体要做好安全预警与防范工作,另一方面也要求提高学生的安全意识与风险防范意识。因此,作为未来的教育法学人或教育从业者,不仅要让学生掌握学生伤害事故的责任认定等具体知识,更要培养其安全观念与风险防范的意识。

3. 思考讨论

请结合案例思考,此次学生伤害事故是否可以避免? 如何预防?

八、通过讲授纪律处分引导学生认识自由的边界与违规的责任

(一) 知识点概括

1. 知识点

纪律处分是学校对违反法律、法规、规章及学校纪律的学生施加的惩戒性措施,《中华人民共和国教育法(2018 年)》第 29 条、《中华人民共和国高等教育法(2018 年)》第 41 条和《普通高等学校学生管理规定(2017 年)》第 51 条至第 58 条都对纪律处分有相应规范,其所涉及的知识点包括纪律处分的类型、事由、程序与救济等。

2. 传统讲授方式

教师在讲授此知识点时,通常会结合法条讲解纪律处分的类型、实施程序及救济途径等内容,并结合具体案例探讨学校实施纪律处分存在的问题及改进策略。然而,如何在此基础上进一步进行思想政治教育,则能使学生认识到自由的边界与违规的责任,进而培养自律意识和社会责任感。

(二) 结合思政设计

1. 课程引入

案例:甘露系暨南大学学生,其撰写的课程论文被任课教师发现是抄袭,遂对其进行批评、教育后,要求重写论文。甘露第二次提供的考试论文又与已发表论文雷同。于是,暨南大学经研究讨论后作出了给予甘露开除学籍的处分。甘露不服,向广东省教育厅提出申诉,广东省教育厅认为暨南大学对甘露作出处分的程序违反《暨南大学学生违纪处分实施细则》第 33 条的规定,影响甘露的陈述权、申诉权及听证权的行使,责令暨南大学对甘露的违纪行为重新作出处理。暨南大学在补正程序后,仍然给予甘露开除学籍处分。

甘露以暨南大学作出的开除学籍决定没有法律依据及处罚太重为由,分别向广州市天

河区人民法院与广州市中级人民法院提起行政诉讼,但两级法院均维持了开除学籍决定。甘露仍不服,向最高人民法院申请再审,最高人民法院最终提审了此案,并通过解释《普通高等学校学生管理规定》第54条第(四)(五)项的具体含义,认为甘露提交的课程论文属于课程考核的一种形式,即使存在抄袭情形,也不属于《普通高等学校学生管理规定》第54条第(五)项情形,因此认定暨南大学作出的开除学籍决定是适用法律错误,应予撤销。①

2. 思政结合

虽然暨南大学因错误适用法律而被判决败诉,但对甘露在课程论文写作中存在的抄袭和剽窃行为应进行否定评价。大学生理应遵守国家法律、法规、规章以及学校的规章制度,不得在考试中抄袭作弊或有学术不端行为,因为这些行为不仅是不诚信的行为,也会冲击学校的人才培养质量,引发学风的浮躁和社会道德的滑坡。即便在"走向权利的时代",自由和权利并不意味着毫无约束,学生也不可以为所欲为。当学生出现这些行为时,学校就有权进行纪律处分,学生就应当承担相应的法律后果。

3. 思考讨论

当好友要求你为其考试作弊提供便利时,你会怎么做? 如何处理友情与纪律的关系?

九、通过讲授校园欺凌的危害引导学生践行社会主义核心价值观

(一)知识点概括

1. 知识点

随着校园欺凌的频发,如何预防和治理校园欺凌成为管理实践与教育法学关注的重要议题。课堂教学主要围绕校园欺凌的定义、类型、识别标准、危害后果及防治措施等内容进行展开。

2. 传统讲授方式

教师在讲授此知识点时,通常会结合教育部等九部门《关于防治中小学生欺凌和暴力的指导意见》(教基一〔2016〕6号)、教育部等十一部门关于《加强中小学生欺凌综合治理方案》(教督〔2017〕10号)以及新修订《中华人民共和国未成年人保护法(2020年)》第39条等规定,重点讲授如何防治校园欺凌,以及校园欺凌的认定标准、社会危害、法律后果、处理措施等内容。为此,还需深入挖掘校园欺凌背后的思政因素,未启发学生进一步思考同伴关系,践行社会主义核心价值观。

(二)结合思政设计

1. 课程引入

案例:李莹莹与李2、秦1、龚1均是实验中学同班同学。2008年10月,李2、秦1、龚1共同书写小册子,主要内容有:全班乃至全校男生都被李莹莹勾引过,李莹莹有一双勾魂的

---

① 中华人民共和国最高人民法院. 甘露诉暨南大学开除学籍决定再审行政判决书[EB/OL]. [2020 - 11 - 23]. http://www.chncase.cn/case/bulletin/1120176.

眼睛,见一个勾一个;李莹莹长着水桶腰、大象腿、馒头脸、丑得像猪、长得像妖精、衣服穿得像裸体,没有一处优点,还自以为是,真该死;李莹莹跳舞像蛇一样疯狂地扭动,简直不堪入目,每次都想吐,等等。并将小册子在同学间传阅,尔后传到李莹莹手中。

之后,李莹莹的性格发生较大变化,上课喜欢睡觉,经常夜间做噩梦,说同学要害她,说头不舒服,不肯上学,上课精神不集中,后来发展到在家自言自语,说同学跟踪她、监视她。2009年4月,李莹莹休学在家,后经司法鉴定诊断为"精神分裂症",并认定李莹莹的患病与李2等三人的侵权行为存在一定因果关系。

法院认为,被告实验中学负有教育及管理的法定职责,由于其对学生在思想品德方面教育不力,导致被告李2、秦1、龚1对原告李莹莹有意见时采取不正当的方式进行人身攻击,使其受到严重的精神伤害,且原告所患精神分裂症与李2等人编写小册子并进行传阅具有因果关系,三人应共同承担相应赔偿责任。另外,在此过程中,被告实验中学未尽到教育、管理责任,应承担40%的民事赔偿责任。

2. 思政结合

文明、平等、和谐、友善是社会主义核心价值观的重要内容,校园欺凌的出现本质上是用弱肉强食的丛林规则主宰乃至取代平等友善的同学关系,是一种不文明、不友善的同伴交往行为,也会影响校园和谐与他人身心健康成长。诚如案例所示,校园欺凌不仅引发了同伴关系的扭曲,违背了社会主义核心价值观,也给李莹莹造成了严重的心灵创伤,给本应快乐的童年蒙上了灰色乃至痛彻心扉的伤痛。因此,在《未成年人保护法》大修的背景下,在课堂教学中,应让学生认识到校园欺凌并非开玩笑、恶作剧或嬉戏打闹,而是违背社会主义核心价值观的不文明、不友善行为,同时也需为此承担相应法律责任。

3. 思考讨论

校园欺凌会给欺凌者与被欺凌者分别带来哪些危害?你是如何看待"欺凌行为会随着年龄增长而逐步消失"这一观点的?

十、通过讲授学位撤销纠纷开展学术诚信教育

(一) 知识点概括

1. 知识点

学位授予单位对于已经授予的学位,如发现存在舞弊作伪、学术不端等情况时,有权撤销已经授予的学位。这是《中华人民共和国学位条例(2004年)》第17条的明文规定。学位撤销涉及的知识点主要有学位撤销的主体、条件、程序及救济等内容。

2. 传统讲授方式

教师在讲授此知识点时,主要是围绕"于艳茹诉北京大学违法撤销博士学位决定案"等经典案例,来讲授学位撤销的法律关系及撤销程序等问题,并就学位撤销实践及学位立法提出相应的改进建议,甚至有教师仅大肆渲染正当程序的重要性,却忽略对学生进行学术诚信教育,并对于艳茹的学术不端行为避而不谈,反而对其抱有更多的同情。

（二）结合思政设计

1. 课程引入

案例：于艳茹系北京大学历史学系 2008 级博士研究生，于 2013 年 7 月 5 日取得历史学博士学位。2013 年 1 月，于艳茹将其撰写的小论文向《国际新闻界》杂志社投稿，后于同年 7 月 23 日刊登。2014 年 8 月 17 日，《国际新闻界》发布《关于于艳茹论文抄袭的公告》，认为于艳茹刊发的论文构成严重抄袭。北京大学经调查认为，于艳茹刊发的论文"基本翻译外国学者的作品，因而可以视为严重抄袭，应给予严肃处理"，据此作出《关于撤销于艳茹博士学位的决定》。于艳茹不服，先后向北京大学学生申诉处理委员会和北京市教育委员会提出申诉，均遭到驳回。于艳茹为此诉至法院。

一、二审法院经过审理，以程序违法为由撤销了北京大学作出的学位撤销决定。其中，二审法院认为，正当程序原则是裁决争端的基本原则及最低的公正标准，即使法律中没有明确的程序规定，行政机关也应自觉遵守。本案中，北京大学作为法律、法规授权的组织，其在行使学位授予或撤销权时，亦应遵守正当程序原则。而北京大学在作出撤销学位决定前，未能履行正当程序，构成程序违法，据此驳回了北京大学的上诉，维持原判。①

2. 思政结合

人无信不立，学无信不兴。学术诚信是学术创新的前提，也是学者安身立命的根本。正因如此，学术不端与学术失信行为不再被视作学者个人与学术共同体的内部事务，政府与社会越来越介入其中，并要求加大对学术不端与学术失信行为的处理力度，旨在让失信者在学术界寸步难行。虽然轰动一时的"于艳茹案"最终以北京大学程序违法而败诉，但这并不是对于艳茹学术不端行为的庇护和宽宥。事实上，北京大学在补正程序后，可以再次作出撤销博士学位的决定，于艳茹也应当为自己的学术不端行为承担相应的法律后果。虽然法院在实体法没有明确规定的情况下创造性地适用正当程序原则是这起案件的一大亮点，但与此同时这起案件也是开展学术诚信教育的鲜活素材，展现了学术的尊严及对学术不端的"零容忍"。借此案件，可以对未来的学术人进行警示和学术诚信教育，起到良好的思政效果。

3. 思考讨论

哪些行为属于学术不端行为？学术共同体可以在防治学术不端中发挥怎样的作用？

---

① 中国法院网. 北大博士于艳茹诉北京大学撤销博士学位决定案［EB/OL］.［2020 - 11 - 23］. https：//www. chinacourt. org/article/detail/2018/01/id/3145181. shtml.

第二十章

卫生法学课程思政教学设计[①]

第一节　教学设计基本思路

一、设计思路阐释

卫生法学的主要研究对象是与卫生相关的法律、法规以及卫生法律关系、卫生法的历史，是一门实践性的学科，其对于培养学生的医学人文精神和卫生法治思维具有重要的作用。医学人文精神和法治精神是卫生法学的教学重点。根据"课程门门有思政，教师人人讲育人"的要求，卫生法学课程中融入思政教育，可以通过职业精神的培养，在思想层面上引导帮助大学生树立正确的人生观、确立科学的理想信念、践行社会主义核心价值观。同时，结合卫生法治具体制度，帮助学生在了解和掌握我国卫生法学知识的同时，理解卫生法治的基本原则、健康权的基本内涵和卫生法治理念等，从而实现立德树人，教育培养出有理想、有担当、有精神、有道德、有专业水平，也有职业伦理的优秀法律人的目标。

二、思政教育结合点概况

序号	教材对应知识点	课程思政结合点	说　明
1	保障公民健康权原则	引导学生理解我国基本人权的理念。	结合案例阐释党和政府落实保障公民健康权的具体举措，引导学生从民法层面和宪法层面理解健康权。作为未来法律人，不仅应在理论层面掌握卫生法的基本原则，也要通过对知识的学习认同党和政府为保障公民健康权做出的努力。

① 作者简介：王苏野，安徽郎溪人，安徽医科大学副教授，法学博士研究生，主要讲授课程"民法学"等。
　彭瑞楠，安徽合肥人，安徽医科大学讲师，法学博士。主要讲授课程为"卫生法史"等。
　隋世锋，安徽亳州人，安徽医科大学法学系讲师，法学博士。主要讲授课程为"卫生法学"等。
　郑和园，安徽安庆人，安徽医科大学法学系讲师，法学博士。主要讲授课程为"生命法学""经济法学"等。

序号	教材对应知识点	课程思政结合点	说　明
2	中西医结合原则	引导学生了解中医、认同中医，进而尊尚中国传统文化。	结合案例阐明中医在新冠疫情防控中的重要作用，引导学生认识中医，增强对中医的热爱，进而增强文化自信。
3	《传染病防治法》(修改草案征求意见稿)修订背景	引导学生了解生命至上、举国同心、舍生忘死、尊重科学、命运与共的伟大抗疫精神。	中国人民和中华民族以敢于斗争、敢于胜利的大无畏气概，铸就了生命至上、举国同心、舍生忘死、尊重科学、命运与共的伟大抗疫精神。生命至上，集中体现了中国人民深厚的仁爱传统和中国共产党人以人民为中心的价值追求。举国同心，集中体现了中国人民万众一心、同甘共苦的团结伟力。
4	传染病防治法的立法宗旨	引导学生深入领悟传染病防治的重要性。	预防为主，防治结合，分类管理，依靠科学，依靠群众的原则，积极开展传染病防控工作是传染病防治法的立法宗旨。
5	艾滋病防治法律规定	引导学生理解坚持以人为本的科学发展观要求。	对艾滋病防治相关法律规定的介绍，特别是艾滋病的治疗与救助制度体现了坚持以人为本、执政为民的科学发展观要求。
6	突发公共卫生事件应急法律制度	引导学生领悟党的十九大明确提出"实施健康中国战略"精髓。	结合相关材料，指出随着社会转型的加剧及全球化的进程，当前中国正处于风险多发阶段，突发性、国际性、持续性的传染病及其他突发公共卫生事件的可能性不断增大。突发公共卫生事件的有效解决是实施健康中国战略的题中之意。
7	公共场所卫生和控烟法律制度	引导学生践行"坚持厉行法治"。	"依法治国"作为治国方略为社会发展提供了秩序支撑。因此，建设公共卫生场所卫生法律体系，也是衡量一个国家社会文明程度的重要标志。
8	医疗行为管理法律制度	提升学生为人民健康事业服务的能力，扎实有效地为社会主义卫生事业工作。	救死扶伤的人道主义精神正是"友善"的具体表现；不畏艰难勇于攀登的创新和热爱医护工作的奉献精神正是"敬业"在医学工作中的落实；对患者全方位关怀的人文精神是"文明"在医疗工作中的体现；诚信服务和维护患者利益的诚信精神是"诚信"的要求。
9	医疗技术临床应用法律制度	培养医学生的社会主义道德观和医生职业精神。	涉及到现代医学新技术引发的法律问题，例如基因工程、安乐死等。这不仅仅是法律问题，同样也是道德和伦理的问题。如"基因编辑婴儿事件"不仅是法律问题同样也是医学人文精神和医学伦理道德问题。
10	医疗用品管理法律制度	引导学生牢记为人民群众服务的根本宗旨。	利用来自人民网的专题报道，向学生讲述屠呦呦如何临危受命，凭借顽强毅力四十年百折不挠，最终研发出青蒿素的过程。最终培养学生以人为本、热爱生命、爱岗敬业、科学诚信的精神和对传承与发扬优秀传统文化的自信心。

第二节　教学设计典型课例

一、通过讲授保障公民健康权原则,增强同学们对我国基本人权理念的深入认识

(一) 知识点概括

1. 知识点

卫生法是调整因公民健康事务而产生的各种社会关系的法律规范的总称。保障公民健康权原则是卫生法的首要原则,公民健康权是公民的基本权利,保障公民健康权是国家法定义务,包括消极义务和积极义务。其所涉知识点包括保障公民健康权原则的含义、功能和应用。

2. 传统讲授方式

通常教师讲授此知识点时,只解释保障公民健康权原则的含义,并就其在卫生法中的功能与应用进行阐释,在此,对于初涉卫生法的本科生而言,案例教学法是一个值得推崇的方式。这种教学方式就法学专业教育本身而言基本可以实现教学目标,但是,若能在此基础上进一步进行思政教育,将有助于立德树人,强化未来法律人法治思维和职业伦理目标的实现。

(二) 结合思政设计

1. 课程引入

案例:2020 年初新冠疫情全球大流行。1 月 23 日,武汉正式发布"封城通知",那个被称为"九省通衢"的大武汉似乎就将于此陷入沉睡,但中国,没有让它沉入黑暗。在习近平总书记亲自部署、亲自指挥下,全国各族人民众志成城构筑起一道联防联控的抗疫战线。全国数万医务工作者毅然逆行驰援武汉,火神山、雷神山医院十几天内拔地而起,16 座方舱医院先后设立,宁要"病床等人",不能"病人等床",应收尽收……在这次疫情防控中,全国确诊患者医疗费用全部由国家负担,上至 104 岁的老人、下至刚出生的婴儿都得到精心救治,治愈者中80 岁以上的老人就有 3600 多人。无论男女老幼,无论病情轻重,决不放弃一个生命,决不放弃一丝希望,人民至上、生命至上是理念,更是行动。

中国在此次抗击新冠疫情中采取的强有力措施深刻诠释了尊重和保障人权的宪法精神。生命权和健康权是最基本的人权。免费医治每一个确诊患者、应收尽收、不放弃每一个患者……均体现了政府在保障公民健康权方面所履行的积极义务。

2. 思政结合

生存权、发展权是首要的基本人权。判断一个国家有多尊重人权,就要看在危急面前有多尊重生命、捍卫生命。中国动员举国力量、不惜付出巨大代价,保卫人民群众的生命安全,这是对保障人权最好的诠释。中国抗疫,不仅创造了人类传染病防治史上的奇迹,更书写了人类人权事业的辉煌篇章,推动了世界人权事业发展进步。

3. 思考讨论

请同学们思考,保障公民健康权原则在宪法、行政法、民法等部门法中的体现? 保障公民健康权原则背后的法理基础是什么?

二、通过讲授中西医结合原则,引导学生理解了解中医、认同中医、崇尚中医,进而增强文化自信

(一)知识点概括

1. 知识点

《传染病防治法》第八条、《基本医疗卫生与健康促进法》第九条等法律分别规定了中西医结合原则在传染病防治、医疗卫生健康事业发展中的独特作用。其所涉及知识点包括该中西医结合原则的内涵、具体适用与立法意旨。

2. 传统讲授方式

通常教师讲授此知识点时,仅会结合具体案例讲解中西医结合原则的内涵。但该规定背后的立法意旨虽亦加阐释,但从思政教育的角度还应进一步引导学生理解中医、认同中医、崇尚中医,进而增强文化自信。

(二)结合思政设计

1. 课程引入

材料:几千年来,在中国历次疫病的防治过程中,中医药已经形成了一整套系统且独特的理论和实践体系。新冠肺炎疫情发生以来,党中央、国务院多次强调坚持中西医结合治疗。多地推动中医药及时介入诊疗全过程,打出中西医结合救治"组合拳",有效降低了轻症变成重症、重症变成危重症的发生率,进一步提高了疾病救治率。越来越多的成功治疗案例证明,在新冠肺炎疫情防控阻击战中,中医药疗效显著,发挥了不可替代的重要作用。这次新冠肺炎疫情防控中,我们再次见证了中医药的作用,如减轻症状、控制病情进展、减少激素用量、减轻并发症等。面对今天的重大疫情和将来还会不断发生的疫情,我们应该弘扬先人的智慧,重视和正视中医药在防治此类新发传染病的价值和作用。①

2. 思政结合

作为中国优秀传统文化的重要组成部分,中医药文化是中医药事业的根基和灵魂,中医药文化建设成为新时期中医药事业发展的一项重要而紧迫的任务。与时俱进地大力发展中医药文化,是促进中医药事业科学发展的重要举措,也是弘扬中华优秀传统文化的重要任务中医药作为中华文明的杰出代表,对世界文明进步产生了积极影响。目前,中医药文化的传播已经达到了 180 多个国家和地区,为中医药发展打下了坚实基础。

"传承精华,守正创新",这是习近平总书记对中医药工作作出的重要指示。坚定文化自信,以传承为根基,强化中医思维。传承是为了保根,没有传承就不能正本清源;创新是为了

---

① 吴浩,欧阳梦云,温济聪. 如何让中医药在疫情防控中发挥更大作用[N]. 经济日报,2020 - 3 - 9.

提升,没有创新就不能与时俱进。

3. 思考讨论

请同学们思考,近些年,国家高度重视中医药事业发展,然而中医药事业发展仍面临诸多挑战与瓶颈,如何通过立法促进中医药事业的发展?

三、结合《传染病防治法》(修订草案征求意见稿)内容,讲述修订背景,引导学生深刻理解中国抗疫经验,进而增强对我国防疫抗疫的制度自信

(一)知识点概括

1. 知识点

《传染病防治法》(修订草案征求意见稿)具体修订要点与修订背景。

2. 传统讲授方式

通常教师讲授此知识点时,会结合具体案例讲解修订要点。于此,立法要点和意旨虽亦加阐释,但从思政教育的角度还应进一步引导学生理解修订要点与中国抗疫经验,对我国防疫抗疫的制度自信。

(二)结合思政设计

1. 课程引入

材料:2020年10月2日,国家卫生健康委公布了《中华人民共和国传染病防治法》(修订草案征求意见稿),其中,修订草案的一大亮点是总结了重大疫情各项防控工作的成功经验,将其上升为法律制度。例如,征求意见稿在修订内容中,强调"坚持政府主导、依法防控、科学防控、联防联控、群防群控"的防控原则;构建和完善传染病防控的领导体制机制,建立联防联控机制;将建设方舱医院等成功做法上升为法律规定;在完善防控措施方面,要求建立由传染病专科医院、综合性医院、中医医院、院前急救机构、临时性救治场所等构成的综合救治体系,根据患者疾病分型和病情进展情况进行分级、分层、分流的救治;增加公安、工信、交通等部门配合疾控部门开展流调职责,强化大数据等技术手段作用,增加分区分级精准防控相关规定,等等。

2. 思政结合

习近平总书记在全国抗击新冠肺炎疫情表彰大会上发表重要讲话,生动阐述了中国人民抗击疫情的英勇壮举,全面总结了抗击疫情的重要经验,科学提炼了生命至上、举国同心、舍生忘死、尊重科学、命运与共的伟大抗疫精神。《传染病防治法》(修订草案征求意见稿)强调"坚持政府主导、依法防控、科学防控、联防联控、群防群控"的防控原则是对中国共产党坚强党领导下疫情防控经验的总结。对口支援、方舱医院建设征用、大数据分级精准防控、中西医结合治疗等具有中国特色的防疫抗疫经验将被上升为我国传染病防治法律制度。

3. 思考讨论

请同学们结合中国抗疫经验分析"中国之治"的内涵?

四、传染病防治法

（一）知识点概括

1. 知识点

《中华人民共和国传染法》第一条 为了预防、控制和消除传染病的发生与流行，保障人体健康和公共卫生，制定本法。

国家对传染病防治实行预防为主的方针，防治结合、分类管理、依靠科学、依靠群众。以及疫情报告、通报和公布，疫情控制，医疗救治，法律责任等相关规定。

2. 传统讲授方式

通常教师讲授此知识点时，会解释传染病防治法的相关条例，并就其在卫生法中的功能与应用进行阐释，若能在此基础上进一步进行思政教育，将有助于立德树人，强化未来法律人法治思维和职业伦理目标的实现。

（二）结合思政设计

1. 课程引入

2019 年 12 月以来，武汉市持续开展流感及相关疾病监测，发现病毒性肺炎病例若干例，均诊断为病毒性肺炎/肺部感染。世界卫生组织正式将造成此次肺炎疫情的新型冠状病毒命名为"2019 新型冠状病毒（COVID‐19）"，并宣布该疫情是国际关注的突发公共卫生事件。中国国家卫健委将新型冠状病毒感染的肺炎纳入乙类传染病，按甲类管理。2020 年伊始，武汉爆发重大新型冠状病毒肺炎疫情，全国上下科学防控，依法防控，终取得阶段性胜利，但同时也暴露出我国公共卫生服务体系应急处理能力的短板，因此需进一步完善《传染病防治法》的立法宗旨。于 2020 年 10 月 2 日，国家卫生健康委员会官网发布新修订版《传染病防治法》（修订草案征求意见稿），其中条款总数增加，且把原来第六章监督管理和第七章保障措施顺序调整。

2. 思政结合

中华民族精神是中华民族之魂，是中华民族赖以生存的精神纽带、支撑和动力。在此次抗疫中形成的伟大抗疫精神则是中华民族精神的时代体现，它体现了创造、奋斗、梦想、团结精神，具体概括为一方有难、八方支援的团结协作精神，与时俱进、开拓进取的创新精神，逆行向前、壮士断腕的奋斗精神，誓斩病魔、攻关克难的梦想精神。我们应当学习发扬这一伟大的抗疫精神。

党和国家坚持一切从实际出发，与时俱进，反对思想僵化，同时坚持群众观点，走群众路线，保障最广大人民的根本利益。将贯彻总体国家安全观，保障人民群众生命安全和身体健康。积极开展传染病防治工作，是《传染病防治法》的立法宗旨。预防为主，防治结合，防微杜渐，分类管理。中国必当战胜新冠疫情，赢得发展。

3. 思考讨论

请同学们进一步理清《传染病防治法》的立法宗旨，并思考在新冠疫情期间《传染病防治法》所起到的重大作用及其不足是什么？

五、艾滋病防治条例

（一）知识点概括

1. 知识点

艾滋病防治法总则第一条　为了预防、控制艾滋病的发生与流行，保障人体健康和公共卫生，根据传染病防治法，制定本条例。

第二条　艾滋病防治工作坚持预防为主、防治结合的方针，建立政府组织领导、部门各负其责、全社会共同参与的机制，加强宣传教育，采取行为干预和关怀救助等措施，实行综合防治。

第三条　任何单位和个人不得歧视艾滋病病毒感染者、艾滋病病人及其家属。艾滋病病毒感染者、艾滋病病人及其家属享有的婚姻、就业、就医、入学等合法权益受法律保护。

2. 传统讲授方式

通常教师讲授此知识点时，会教授艾滋病相关知识、在我国传播历史，以及中国现有防艾规定和措施，艾滋病传播对我国发展造成严重后果，我国应当采取相应措施加以控制，艾滋病防治条例应该重点介绍。但是，还应从思政教育广大大学生，拒绝不良喜好，避免感染艾滋病以及对这一社会现象有清晰的认识。

（二）结合思政设计

1. 课程引入

2020 年 12 月 1 日是第 33 个"世界艾滋病日"，今年的宣传主题是"携手防疫抗艾，共担健康责任"。根据国家卫健委疾控局的通报，2020 年 1 月至 10 月，全国新报告艾滋病感染者 11.2 万例。如同抗击新冠肺炎疫情一样，在社会各方的合力之下，中国有效遏制了艾滋病的蔓延态势。截至 2020 年 10 月底，全国报告存活艾滋病感染者 104.5 万，疫情持续处于低流行水平，但由于传播影响因素更加复杂，防治形势依然严峻。2004 年是中国艾滋病防治的转折点，这一年，"四免一关怀"政策施行，包括免费抗病毒治疗、免费自愿咨询检测、免费母婴阻断、艾滋病遗孤免费就学、对艾滋病患者家庭实施关怀救助。"四免一关怀"政策的提出，彻底改变了中国艾滋病防治的被动局面，也是中国艾滋病防治工作的根基。回顾"四免一关怀"政策落地的过程，既是梳理全社会在危机之下所作出的共同努力，也是对未来的借鉴。

2. 思政结合

我国艾滋病病人的治疗和救助制度体现了人民主体地位，党全心全意为人民服务，代表最广大人民利益，尊重艾滋病患者隐私，保障其生存发展权利，使其对生活充满爱，防止仇视社会。所以此举也是建设和谐社会的重举。更表明党和国家秉持以人为本，执政为民的科学发展观。

3. 思考讨论

结合社会现实，请同学们谈谈自己对艾滋病病人权益的认识？ 如何进一步保障艾滋病病人的权益？

六、突发公共卫生事件应急法律制度

(一) 知识点概括

1. 知识点

国际关注的公共卫生紧急事件（英语：Public Health Emergency of International Concern，简称 PHEIC）是世界卫生组织的一项正式声明，指的是通过疾病的国际传播构成对其他国家的公共卫生风险，以及可能需要采取协调一致的国际应对措施的不同寻常事件。

根据疫情的发展，世界卫生组织宣布 PHEIC 后随时可以撤销及修改。发布后有效期为 3 个月，之后自动失效。世卫组织仅宣布了六次公共卫生应急事件，最近一次是新型冠状病毒疫情。

2. 传统讲授方式

一般情况下，在讲授突发公共卫生事件应急法律制度时会介绍突发公共卫生事件的概念，构成要件，以及法律制度现状，介绍当公共卫生事件突然爆发时应采取何种应急方案以及实施何种措施。这些内容对于法学生，尤其是未接触过医学实践的学生来说是比较抽象的，如果不结合具体实例，可能很难理解。

(二) 结合思政设计

1. 课程引入

案例：2019 年 12 月初，27 例武汉市民被诊断为：不明肺炎病症。2020 年 1 月 7 日，导致不明肺炎病症的元凶被判定为：新型冠状肺炎（下称"新冠"）。1 月 16 日，新冠肺炎冲出国门，引起国际媒体的注意。1 月 20 日，钟南山院士告知，新冠肺炎可以人传人。此后，"口罩"被抢购一空。1 月 23 日，武汉封城！各地相继启动一级响应。全国 41 支医疗队支援武汉。2 月 4 日，火神山开始收治首批患者。火神山从方案设计到建成交付仅用 10 天。2 月 7 日，李文亮医生因"新冠"去世，截至 2020 年 6 月 30 日 24 时，全国累计治愈出院病例 78479 例，累计死亡病例 4634 例，累计报告确诊病例 83534 例，现有疑似病例 8 例。累计追踪到密切接触者 762744 人，尚在医学观察的密切接触者 6479 人。在这场波澜壮阔的抗疫斗争中，习近平总书记亲自指挥，亲自部署，提出"坚定信心、同舟共济、科学防治、精准施策"的总要求，明确"坚决遏制疫情蔓延势头、坚决打赢疫情防控狙击战"的总目标，因时因势调整防控策略。

2. 思政结合

"新冠"肺炎疫情是第二次世界大战结束以来最严重的全球公共卫生突发事件。"新冠"疫情的爆发使得很多人为此失去了生命，而由此引发的社会、经济问题也不断发生，全球经济总值下降。而身体是革命的本钱，没有健康的身体何来健康的社会，何来健康的中国。健康中国战略，既是推进健康中国建设、解决好健康领域主要矛盾的重大制度安排，又是促进经济高质量发展的实战路径，也是实现经济社会协调可持续发展的国家重大战略，可以为实现"两个一百年"奋斗目标，进而实现社会主义现代化和中华民族伟大复兴的中国梦打下坚实的健康基础。健康问题不再是单一的问题，已经上升为影响国家发展的综合性、整体性、全局性问题。

3. 思考讨论

请同学们思考,当突发公共卫生事件来临时应采取什么样的措施?作为未来法律人,我们可以作哪些努力?

七、公共场所卫生和控烟法律制度

(一) 知识点概括

1. 知识点

公共场所卫生主要内容包括公共场所的主要单位应建立公共场所检查制度;经营单位负责所经营的公共场所的卫生管理,组织本单位人员卫生知识的培训和考核;公共场所直接为顾客服务的人员须持有健康合格证方能从事本职工作;经营单位须取得卫生许可证方可申请办理营业执照。

控烟是指对烟草危害加以控制,主要控制方式为包装警语、立法执法等手段。

烟草流行问题是全球公共卫生的重点控制领域,全世界每年约 300 万人因吸烟引发的疾病身亡,实施控烟是对人民生命的负责和保护。

2. 传统讲授方式

通常教师讲授此知识点时,会结合具体案例讲解其中涉及到的法律和道德问题。于此,该规定背后的立法意旨虽亦加阐释,但从思政教育的角度还应进一步引导学生弘扬社会正气。

(二) 结合思政设计

1. 课程引入

案例:2019 年 5 月 26 日王源吸烟的事件刷爆全网,引发网民热议。在一段视频中,王源在《哈哈农夫》的聚会上手夹香烟,简直"老烟民"的既视感。王源作为某偶像团体中的一员,自 13 岁出道以来创作出很多广为人知的作品,其粉丝年龄段上至 80 多岁的老奶奶,下至几岁的小朋友。2017 年,受联合国邀请,王源作为青年代表参加了联合国经济及社会理事会 2017 青年论坛,并在论坛上就"优质教育"发表了全英文演讲。更值得骄傲的是,王源的英文演讲全文还被写进初三课本,俨然一个优质偶像。而此次,王源刚成年就在室内抽烟,显然做了一个很不好的示范。对此他主动承认错误并道歉,并接受相应处罚。

2. 思政结合

依法治国是依据体现人民意志和社会发展规律的法律治理国家,而不是依照个人意志、主张治理国家;要求国家的政治、经济运作、社会各方面的活动通通依照法律进行,而不受任何个人意志的干预、阻碍或破坏。"依法治国"作为治国方略为社会发展提供了秩序支撑。因此,建设公共卫生场所卫生法律体系,也是衡量一个国家社会文明程度的重要标志。

3. 思考讨论

如何理解公共场所卫生和控烟法律制度所体现的使命、责任和担当精神?结合我国公共场所卫生和控烟法律的发展和创新历程,谈谈社会主义核心价值观的先进性。大学生应当如何做有理想有本领有担当的时代新人?

八、医疗行为管理法律制度

(一) 知识点概括

1. 知识点

医疗行为基本规范是医师、护士、药剂人员以及其他专业技术人员实施医疗行为的基本要求。医务工作者应当遵守法律、法规,遵守技术操作规范;遵守职业道德,履行医师职责;关心、爱护、尊重患者,保护患者的隐私;努力钻研业务,更新知识;宣传卫生保健知识。

为了保障病人安全,医疗行为应当严格遵守医疗安全核心制度的要求。《医疗质量管理办法》总结提炼了18项医疗质量安全核心制度,要求医疗机构及其医务人员在临床诊疗中严格执行,这些制度包括首诊负责制度、三级查房制度、术前谈论制度、分级护理制度、危机值报告制度、抗菌药物分级管理制度等。

2. 传统讲授方式

一般情况下,在讲授医疗行为管理法律制度时,会介绍医疗行为的概念,构成要件以及法律制度现状,继而从医师、护士、药剂人员以及其他专业技术人员等主体出发,介绍其相关医疗行为中的权利、义务和责任。这些内容对于法学生,尤其是未接触过医学实践的学生来说是比较抽象的,如果不结合具体实例,可能很难理解。

(二) 结合思政设计

1. 课程引入

医疗行为涉及医务人员和患者的切身利益,深刻关联医疗卫生秩序稳定及卫生健康事业发展,是医疗科学进步和医疗技术发展的关键活动。医疗行为与普通民事行为有着诸多共同性和差异性,可以通过从两者的比较入手,在共同性的基础上开启话题,继而发现医疗行为的特殊性,对医疗行为的知识点进行梳理和总结,提升学生为人民健康事业服务的能力,做社会主义核心价值观的积极践行者。

2. 思政结合

卫生健康事业的发展告诉我们,医疗行为管理的法制发展,应当不忘初心,牢记使命。正是因为党和国家始终高度重视发展卫生健康事业、增进人民健康福祉,广大医务人员恪守宗旨、辛勤工作,才得以建立中国特色基本医疗卫生制度,开创我国卫生健康事业新局面。

卫生健康事业的发展需要新理念,新理念来源于新实践,实践是创新的源泉。推动卫生健康事业高质量发展,需根植于医务人员的日常医疗行为。医疗行为既是个体医务人员的具体实践,亦是广大医务人员秉承医者仁心传统,爱岗敬业,精钻技术,围绕人民群众的所需所急提供更好的医疗健康服务的体现。医务人员的任何一项医疗行为,都应当不忘初心,不负重托,敬业奉献,守护健康。

医疗行为管理法律制度是法律规定,更是医务人员的职业坚守。救死扶伤的人道主义精神正是"友善"的具体表现;不畏艰难勇于攀登的创新和热爱医护工作的奉献精神正是"敬业"在医学工作中的落实;对患者全方位关怀的人文精神是"文明"在医疗工作中的体现;诚信服务和维护患者利益的诚信精神是"诚信"的要求。

3. 思考讨论

为什么说只有不断进行实践创新和理论创新才能对我国卫生健康事业发展起到真正的促进作用? 医务人员"敬佑生命,救死扶伤,甘于奉献,大爱无疆"的崇高精神给与各行各业的发展以什么样的启示?

九、医疗技术临床应用法律制度

(一) 知识点概括

1. 知识点

医疗技术是指医疗机构及其医务人员以诊疗和治疗为目的,对疾病作出诊断和消除疾病、缓解病情、改善功能、延长生命、帮助患者恢复健康而采取的诊断、治疗措施。临床应用是医疗技术用于临床诊断或治疗疾病的过程。技术是一把双刃剑,医疗技术临床应用应当保障医疗安全,遵循社会价值原则、知情同意原则、权利平等原则、传统习俗原则、隐私保护原则和伦理监督原则。

现代医学的发展,有赖于临床科研的发展,医疗技术临床研究管理发挥重要作用。现行法律制度从资质管理、伦理审查、立项与备案管理、财务管理、实施管理和监督管理方面进行了规定

2. 传统讲授方式

一般情况下,在讲授医疗技术临床应用法律制度时,教师首先会介绍其概念和发展现状,继而再介绍几种常见的医疗技术临床应用,如人体器官移植技术、人类辅助生殖技术、放射诊疗技术、限制临床应用医疗技术等,最后再介绍医疗技术临床研究等内容。这种讲法可能会导致授课体系庞大而凌乱,影响学生的理解。

(二) 结合思政设计

1. 课程引入

医疗技术临床应用涉及医疗技术的安全性、有效性、经济性和社会适应性等问题,医疗新技术、新项目的发展给人类带来健康福音的同时,也有很大的风险性和高度复杂性。因此,可以医疗技术的"双刃剑"属性开启话题,培养学生的职业道德规范,明晰社会主义道德的核心和原则。

2. 思政结合

医疗技术临床应用涉及到现代医学新技术引发的诸多法律问题,例如安乐死可能构成故意伤人罪;同样,也涉及多方面的道德和伦理问题。例如基因编辑婴儿事件是医学人文精神和医学伦理道德问题。医疗技术临床应用直接关涉行为实施对象,更有可能影响全人类的健康维护。

医疗技术临床应用依赖爱岗敬业、勇于奉献、开拓进取的职业道德,更依赖为人民服务、为社会主义服务的义不容辞。本课程内容具有大量鲜活生动的案例,可以以此为切入点,引导学生领悟其中的内涵。

3. 思考讨论

医疗技术临床应用法律制度在哪些方面体现了敬业奉献的职业道德？针对科学技术发展的"双刃剑"属性，如何使技术更好地服从社会发展的需求？作为新时代的大学生，该如何更好地奉献国家和服务社会？

十、医疗用品管理法律制度

（一）知识点概括

1. 知识点

医疗用品是针对处理伤口或者处理疾病所用物品的总称，包括医疗器械、医疗设备、医疗耗材等。目前，我国医疗用品管理的法律体系主要由《药品管理法》《献血法》《传染病防治法》《固体废物污染环境防治法》等法律、法规、规章等组成，建立了完善的规范体系，覆盖各个领域和环节。

2. 传统讲授方式

一般情况下，教师在讲述医疗用品管理法律制度时，相关法律法规重点较多，学生在学习时常常难以体会其管理的差异性、法律规定必要性及实践中的差异性，如果对医疗用品管理的理解仅仅停留在客体层面，很难对相关知识点有比较好的掌握。

（二）结合思政设计

1. 课程引入

随着医疗改革的全面展开，我国医疗用品管理法律制度得以不断完善，医疗用品管理与人民群众的生命和财产高度关联，规范的医疗用品管理实践能够有效提升人民群众的幸福感。课程以中国首位诺贝尔医学奖获得者、药学家屠呦呦如何临危受命，凭借顽强毅力四十年百折不挠，最终研发出青蒿素的过程为切入点，引导大学生明确新时代的使命、责任和担当。

2. 思政结合

医疗用品是处理伤口和治疗疾病的重要物质因素，只有加强医疗用品管理，保证医疗用品质量，增进医疗用品效用，才能够保障人民使用医疗用品的安全性，维护人民健康权益。医疗用品的购买、储存、使用和报废等过程，都应当充分确保其安全性、高效性和经济性，需要相关人员爱岗敬业、诚实守信、办事公道，医疗用品的研发更需要长期的探索和奉献，奉献精神是社会责任感的集中体现。

奉献才能承担时代赋予的使命，敬业才能创造更大的人生价值。医疗用品多数直接作用于人体，是人体抵抗疾病的"直接力量"。只有用心呵护并壮大这一"直接力量"，才能够承载起一个民族、一个国家的发展需要和精神追求。

3. 思考讨论

如何理解医疗用品管理法律制度所体现的使命、责任和担当精神？结合我国医疗用品发展和创新历程，谈谈社会主义核心价值观的先进性。大学生应当如何做有理想、有本领、有担当的时代新人？